The power of fashion
時尚的力量

國家圖書館出版品預行編目資料

時尚的力量／Nanda vav den Berg等人著—初版— 台北市：積木文化出版：家庭傳媒城
邦分公司發行 民99.05 譯自：The power of fashion: about design and meaning
416面；19*26公分 ISBN 978-986-6595-46-2（精裝） 1.時尚 2.設計
541.85   99004803

deSIGN no.19

時尚的力量

原 著 書 名／The Power of Fashion: about design and meaning
作　　　者／娜達·凡·登·柏格（Nanda van den Berg）、簡·布蘭德（Jan Brand）、羅賽特·布魯克斯（Rosetta Brooks）、派翠西亞·克雷費托（Patrizia Calefato）、金吉·葛利格·達根（Ginger Gregg Duggan）、深井晃子、漢克·霍克斯（Henk Hoeks）、艾瑞克·迪·凱波（Eric de Kuyper）、德克·洛維特（Dirk Lauwaert）、尤瑞奇·雷曼（Ulrich Lehmann）、吉爾斯·利波維茨基（Gilles Lipovetsky）、傑克·普斯特（Jack Post）、泰德·波西莫斯（Ted Polhemus）、凱琳·夏奈特（Karin Schacknat）、安妮可·斯梅麗科（Anneke Smelik）、荷西·突尼辛（José Teunissen）、克里斯·湯森（Chris Townsend）、芭芭拉·范肯（Barbara Vinken）、安妮·凡·德·瓦格（Anne van der Zwaag）
譯　　　者／韋曉強、吳凱琳、朱怡康、許玉鈴
選 書 人／劉美欽
責 任 編 輯／李嘉琪
特 約 編 輯／劉綺文
協 力 編 輯／劉慧麗

發 行 人／涂玉雲
總 編 輯／蔣豐雯
副 總 編 輯／劉美欽
行 銷 業 務／黃明雪、陳志峰
法 律 顧 問／台英國際商務法律事務所 羅明通律師
出　　　版／積木文化
　　　　　　台北市104中山區民生東路二段141號5樓
　　　　　　電話：(02)25007696　傳真：(02)25001953
　　　　　　官方部落格：http:// www.cubepress.com.tw
　　　　　　讀者服務信箱：service_cube@hmg.com.tw
發　　　行／英屬蓋曼群島商家庭傳媒股份有限公司城邦分公司
　　　　　　台北市民生東路二段141號2樓
　　　　　　讀者服務專線：(02)25007718-9　24小時傳真專線：(02)25001990-1
　　　　　　服務時間：週一至週五上午09:30-12:00、下午13:30-17:00
　　　　　　郵撥：19863813　戶名：書虫股份有限公司
　　　　　　網站：城邦讀書花園　網址：http://www.cite.com.tw
香港發行所／城邦（香港）出版集團有限公司
　　　　　　香港灣仔駱克道193號東超商業中心1樓
　　　　　　電話：852-25086231　傳真：852-25789337
　　　　　　電子信箱：hkcite@biznetvigator.com
馬新發行所／城邦（馬新）出版集團
　　　　　　Cité (M) Sdn. Bhd. (458372U)
　　　　　　11, Jalan 30D/146, Desa Tasik, Sungai Besi,
　　　　　　57000 Kuala Lumpur, Malaysia.
　　　　　　電話：603-90563833　傳真：603-90562833

封 面 設 計／林小乙設計工作室
內 頁 編 排／劉小薏
製　　　版／上晴彩色印刷製版有限公司
印　　　刷／東海印刷事業股份有限公司

城邦讀書花園
www.cite.com.tw

2010年（民99）5月4日初版　　　　　　　　　　　　Printed in Taiwan.

@2006, Uitgeverij Terra Lannoo BV. For the original edition.
Original title: De macht van mode. Translated from the English language
www.lannoo.com
@2010, Cube Press. For the Complex Chinese edition

售價／1000元
ISBN: 978-986-6595-46-2

時尚的力量
經典設計與文化意涵

The Power of Fashion
About design
and meaning

由TERRA與ArtEZPress出版社
力邀藝術史、文化評論、媒體攝影等
19位跨領域重量級時尚專家共同執筆

Contents

辜振豐

自千禧年以來，時尚研究呈現百花齊放的樣態，有的聚焦於文化史，有的以品牌為主題，有的則純粹以設計師的創意為視角。然而，《時尚的力量》則邀請世界頂尖的學者論述時尚，試圖從歷史、哲學、文化、美學、藝術、文學和全球化等層面，透視時尚炫目華麗的表象下，多元而豐富的文化意涵，讀完確實讓人獲益良多。

說到時尚，得從法國的古典時尚為起點。首先，王公貴族擁有經濟力和文化霸權，因而可以主導時尚。以宮廷的服飾品味而言，最受矚目的莫過於十七世紀時的法國宮廷，尤其當時主導流行的中心人物便是自號太陽王的路易十四（Louis XIV）。他帶動流行文化，並重修凡爾賽宮，閒來無事更經常舉辦派對和舞會。有趣的是，他從小便長髮披肩，深獲眾人的稱羨，於是宮中大臣開始模仿他的穿著，每一位貴族一亮相，總是頭頂著假髮、腳上穿著白長襪和高跟鞋，而衣服更鑲上金鏈條。

接著，再回顧過去的大航海時代，葡萄牙跟西班牙起步較早，率先到美洲攻城掠地，獲益甚為可觀。追隨其後的法蘭西就必須要另闢蹊徑，才能夠跟這個國家爭雄。法國的皇室頗有遠見，開始大力發展時尚產業。路易十四任用讓-巴普蒂斯特‧柯爾貝（Jean-Baptiste Colbert）擔任財政部長，並由他擬定時尚產業發展的政策。柯爾貝指出：「法國的時尚產業若發展起來，可以媲美西班牙在中南美洲的金礦銀礦。」這句名言在法國政府目前的產業發展中，依然受用無窮。

柯爾貝首先成立「皇家時尚公司」，將布商和裁縫師的行業分開。以裁縫行業而言，舉凡徒弟制度、薪資、工作時間都有嚴格的規定。了避免雙方競爭，於是嚴格禁止裁縫師販賣布料。顧客若要訂製衣服必須先向布商購買布料和其他配件，然後再找師傅製作。

1675年他又下令成立「女性裁縫行會」，負責製作女裝和女用 衣，且規定女徒弟必須學藝三年才能執業。當時的皇室，還以里昂（Lyon）為布料製造重鎮，並大量聘請義大利籍的師傅來法國指導織布技術，後來里昂便日漸成 絲織中心。

現在的時尚品牌服飾要造勢，必須透過服裝秀和真人模特兒示範，和電子媒體和文字媒體的廣為宣傳。但在當時，假人模特兒是非常重要的道具，其材料不外乎蠟、木材以及陶瓷。服飾店除了在店頭陳列穿著新衣服的假人模特兒，另另一方面，裁縫師也會將一座座的假人模特兒帶到各國的宮廷，以便展示給那些上流社會的貴婦參考，再向她們取得訂單。

到了十七世紀，印刷術越來越發達，時尚版畫逐漸地取代過去的假模特兒。隨著新時代的來臨，法國一些出版社開始推出時尚版畫，並且大量外銷。接著，法國的時尚雜誌更是風起雲湧，到十八世紀末已經有上百種時尚雜誌出版。不過，歐洲此時開始掀起工業革命，男人的服飾日趨單調而貧乏，因為他們除了享受權力，也熱衷於追求財富，以致於將服飾之美讓位給女性。

1789年法國大革命爆發，路易十六和皇后瑪莉‧安東尼（Marie Antoinette）遭到革命黨

逮捕，他們倆在四年後先後被推上斷頭臺。值得一提的是，瑪莉皇后的罪名是「浪費」！不過，巴黎時尚如今能夠揚威世界，這位皇后可是功不可沒。例如瑪莉皇后的御用女裁縫師蘿絲‧波提（Rose Bertin）還被戲稱宮廷的「時尚部長」。

蘿絲‧波提是位精明的女商人，不但在聖‧奧諾赫大街開設服飾店，同時也打出設計師品牌。她為瑪莉皇后設計的服飾，不但遵循鑲褶邊的洛可可傳統，而且也引入當時的英國時尚。她不受制於過去的設計理念，敢於創新，又有皇后的加持，讓許多巴黎的上流貴婦對她青睞有加。不過，蘿絲的設計理念其實是由她跟瑪莉皇后所討論出來的。所以設計師能夠取得社會地位，並擁有知名度，則肇始於十九世紀中期的第二帝國。

從時尚史的角度，路易十四、瑪莉皇后、歐仁妮皇后相繼為巴黎時尚奠定基礎。十九世紀中期的歐仁妮皇后是「時尚女教主」，主導「法蘭西第二帝國」的流行品味。顯然1868年時尚體系開始萌芽。法蘭西第二帝國正式登場，高級訂製服和名牌商品開始亮相，如路易‧威登（Louis Vuitton）、愛瑪仕（Hermès）卡地亞（Cartier）、嬌蘭（Guerlain）香水。當時，法國舉辦萬國博覽會，更趁機宣傳時尚名品，路易‧威登和愛瑪仕這兩大品牌在會中還得了大獎，此後便開始名聞於國際。

至於來自倫敦的設計師沃斯（Charles Frederick Worth），也在巴黎開店，為上流貴婦製做高級訂製服。接著，來往大西洋兩岸的輪船開始啟航，美國的貴婦也前來巴黎消費，尤其是「高級訂製服」。沃斯其實就是歐仁妮皇后的御用服裝設計師。皇后就是流行品味的代

表，貴婦們也以模仿她的品味為榮。

除了沃斯之外，保羅‧波瓦雷（Paul Poiret）拋棄束腹馬甲，為女性設計圓筒服飾，同時又引進東方色彩，也因此成為二十世紀初期服飾界的明星。接著，香奈兒（Coco Chanel）更以黑白色系、小圓帽、短裙馳名歐美，而戰後則有迪奧（Dior）、聖羅蘭（Yves Saint Laurent），讓時尚展現一股新活力。

香奈兒說過，時尚就是要擷取時代的訊息。義大利米蘭的喬治歐‧亞曼尼（Giorgio Armani）、吉安尼‧凡賽斯（Gianni Versace）、朵伽與伽巴納（Dolce & Gabbana）也紛紛推出作品以便為時尚作見證，而英國的薇薇安‧魏斯伍德（Vivienne Westwood）更以詼諧嘲諷（parody）手法來設計創作，如白金漢宮的衛兵制服也可以變成女裝，龐克風尚也在她的創意之下於時裝秀亮相。

後來，日本的設計師開始揚威巴黎，如高田賢三（Kenzo Takada）、三宅一生（Issey Miyake）、山本耀司（Yohji Yamamoto）、川久保玲（Rei Kawakubo）。尤其1981年四月川久保玲和山本耀司攜手合作，在巴黎服裝發表會初試啼聲，同年十月又陸續推出春夏裝。川久保玲當時在國際間是位沒沒無聞的設計師，但是在兩次發表會後，立即震驚巴黎的服裝界。

川久保玲的作品僅以黑色為基調，同時刻意強調不均衡的表現。如此整件衣服的前後、左右、表裡在她手中，總會變得顛三倒四，甚至模糊不清。以她的大膽表現、敢於創新，法國《費加洛》時尚雜誌甚至表示，她的作品就像原子彈爆炸之後的殘留物。川久保玲和山本耀司經過數年的努力，終於在國際服飾界掀起一場「黑色革命」。川久保玲之

後更在時尚界掀起了一股解構風潮，從而影響歐美新世代的設計師，如亞歷山大‧麥昆（Alexander McQueen）、約翰‧加里亞諾（John Galliano）、馬丁‧馬傑拉（Martin Margiela）。

馬傑拉的作品充滿了實驗風格。如果說八〇年代的川久保玲掀起一股前衛風潮，那麼馬傑拉更向前推進一步。他的裙子可以用西裝布拼貼，而毛衣套到頭頂，頭部和脖子便能結合為一。馬傑拉曾對此發表服飾宣言：女人的美不在於臉部，而是透過身體與服裝產生新的辯證關係。他以超前衛技巧將服飾推向極限，也呈現二十一世紀服裝發展的可能性。

誠然，每個設計師總有意無意要擺脫前輩的陰影，從而打出一片新天地。尤其在時裝秀讓作品亮相，以為詮釋時尚的新義。早期的時裝發表會，設計師通常會跟編舞家合作，如三宅一生邀請法蘭克福芭蕾舞團團員來走秀，而川久保玲則跟美國摩斯‧康寧漢（Merce Cunningham）舞團合作。但新世代則開始親自設計舞臺秀。

例如金吉‧葛利格‧達根（Ginger Gregg Duggan）在〈史上最精彩的演出：綜觀當代服裝秀與行為藝術的關係〉指出，麥昆在1999年春季發表會的謝幕上，安排了一位模特兒在伸展台地面的一個轉盤上緩緩旋轉著，她身上白色的洋裝，看起來就像是將一條裙子以皮帶繫在胸上，而當她一邊旋轉著，場上的兩支機器人噴槍突然猛烈地朝她身上噴灑黃色與黑色的顏料。

至於胡笙‧夏拉揚（Hussein Chalayan）則在秀場安排四位模特兒出現後，立刻把沙發布套在身上。這體現出時尚是分分秒秒在變化，而這就是法國學者吉爾斯‧利波維茨基（Gilles Lipovetsky）強調，時尚就是「瞬間的帝國」。

然而，光是表現前衛的觀點和作品還是讓人覺得缺乏歷史的基礎，也因此本書也沒有忽略古典的時尚論述。書中結尾也附上古典大師如波特萊爾（Charles Baudelaire）、齊美爾（Georg Simmel）、馬拉美（Stephane Mallarm）、班雅明（Walter Benjamin）、羅蘭‧巴特（Roland Barthes）等人的簡介和論述，讓讀者能夠在時尚的時光隧道中出今入古。

綜觀《時尚的力量》，不但內容豐富，同時更能夠兼顧當代與古典的論述，令我更驚嘆於時尚背後的豐饒精采、深刻與雋永，堪稱近年探討時尚的大作，我誠摯地推薦這本好書。

前言

時尚現象如今史無前例地百花齊放，潮流與時尚成為一個備受討論的話題，也是許多著作的主題，而我們對這最貼近肌膚的種種知識，也逐日增長。報亭的架子上滿滿都是時尚雜誌，提供最新訣竅、並描述時尚世界中的最新發展。但就智識層面而言，即使時尚這現象已經在現代社會中佔有重要的一席之地，但仍是個未開發的領域。

　　ArtEZ 藝術機構將當代時尚視為時代的一面鏡子，它反映出重要的社會與文化發展。其研究方式是將時尚置於一份理論與社會的脈絡中，從而揭露其底層下的意義，並促其開放供人討論。

　　我們秉持這種研究方式，開始編輯這本嶄新的時尚專冊，立足於當代的有利位置上，回顧時尚的歷史。《時尚的力量》前後耗時三年編撰，將時尚視為在這視覺主導的文化中的一種現象，並融入人類學、社會學、哲學和符號學等觀點，來豐富時尚的歷史。

　　透過本書的出版，ArtEZ 藝術機構希望能促進時尚設計的理論架構，尤其是針對大專院校學生、以及對設計有興趣的一般大眾。

荷西・突尼辛（Jose Teunissen）
ArtEZ 藝術機構時尚課程講師

簡介

時尚到底是什麼？時尚和服裝有何不同？本書將試圖回答這個重要的問題，當然還包括其他問題。某些理論學家認為，時尚——這裡指的是衣著品味的持續變遷——起源於文藝復興時期。其他人則認為法國宮廷名媛的創新角色是關鍵時點。法王路易十四時期的宮廷名媛姑且不論她們的其他功能，至少她們是第一個決定「美麗的理想」以及「高貴品味」的非貴族階級。她們是以自身的獨特品味，而非社會階級的出身而贏得尊敬。

當中產階級於十九世紀興起時，民主化浪潮也迅速地在各地蔓延，啟蒙運動的概念更廣泛為人所接受，特徵與個性成了現代文化的核心概念。時尚的功用在於反映內在自我、靈魂和獨特的個性。因此在十九世紀，時尚變成現代性和單調城市生活的重要元素。它帶給當代重要思想巨擘不小的衝擊，包括波特萊爾（Charles Baudelaire）、馬拉美（Stephane Mallarmé）以及稍後的齊美爾（Georg Simmel），他們不得不嚴肅地思考時尚對現代文化的影響，並試著理解時尚的運作法則。

而班雅明（Walter Benjamin）、羅蘭·巴特（Roland Barthes）的研究更凸顯了時尚在二十世紀的重要性——本書所有作者都受惠於這些大師。這些人是當今時尚理論的先驅。最後一章有他們的生平簡介，由漢克·霍克斯（Henk Hoeks）以及傑克·普斯特（Jack Post）執筆。時尚設計的實務操作則穿插於整本書當中，囊括了時尚設計師與攝影師的重要原則與理論，並附上他們的作品，內文也會不時地提及這些名字。

書中所有文章都證明了時尚是體現當代文化最重要的媒介之一。為了徹底地剖析時尚的文化現象，我們得採取宏觀且跨領域的研究方法。包括社會學、人類學、符號學、心理學，以及當前新興的視覺文化等領域，都發展出相關的有趣觀點與理論。你可以在其他文章和作者的著作中看到它們的多元化。

時尚與歷史

第一章的三篇論述文章，探討時尚與歷史間的特殊關係。時尚本身不與任何既定的意義或習俗有所連結，每一季它會自動更新、生成新的意義系統，傳統文化的地位或宗教等既定象徵在其中並不存在。德克·洛維特（Dirk Lauwaert）在〈道德與時尚〉一文中也提到，時尚是如何永遠「不朽」，又持續地與當代的道德與文化主題發生連結。

芭芭拉·范肯（Barbara Vinken）她在〈永恆〉一文說明馬丁·馬傑拉（Martin Margiela）、山本耀司（Yohji Yamamoto）、川久保玲（Comme des Garcons）等概念性設計師，如何以服裝設計體現「時間的流逝」和「磨損的布料」，透過像是時間和歷史等概念，使九〇年代的時尚更接近概念性的藝術世界。

時尚從歷史中汲取元素以凸顯當代特性。1863年，波特萊爾在《現代生活的畫家》（La peintre de la vie moderne）中論及時尚如何將強調當下、轉瞬的美學和永恆相結合。在〈虎躍〉這篇文章中，尤瑞奇·雷曼（Ulrich Lehmann）試圖定義時尚與歷史的關係。他主要以班雅明於三〇年代末期所提出的「虎躍」概念，證明時尚這種獨特的文化現象不斷在變化，並實現了我們的歷史觀。班雅明所提出的

時間概念也同樣是芭芭拉・范肯〈永恆〉一文的主題。

時尚與社會

時尚並非如知識分子所以為的曇花一現和虛無。在裙襬長度、不同顏色的表象之下，時尚其實是反映社會和與其連結的一面鏡子。哲學家吉爾斯・利波維茨基（Gilles Lipovetsky）早期曾研究時尚如何與個人化概念的普及與興起相互連結。他在〈時尚社會的藝術與美學〉中表示，就文化現象而言，藝術將愈來愈趨向時尚。過去兩者之間的界線分明：藝術是永恆的，時尚追求的是當下。藝術是原創、獨一無二的，時尚是追隨流行的。時尚是針對大眾，藝術只留給知識分子欣賞。時尚只是創造毫無意義、稍縱即逝的經驗，藝術則是體現永恆之美。如今兩者的界線已漸趨模糊。不僅是藝術，包括博物館和文化遺跡也臣服於時尚行銷的引誘定律之下，同樣強調消費主義、誘惑、體驗和當下瞬間。

與吉爾斯・利波維茨基齊名的艾瑞克・迪・凱波（Eric de Kuyper）在〈如果一切都是時尚，那麼「時尚」發生了什麼事？〉中強調，時尚不斷地攻城掠地擴延至其他不同領域，她最後結論道，時尚其實不再與時尚有任何關聯，時尚在我們文化中一直代表某種矛盾。時尚使男女之間的關係變得緊張，時尚讓你變得有個性，但同時也讓你成為團體的一份子。如今時尚變得普及，人人垂手可得，以上所說的矛盾已不復存在。

舉例而言，男女之間的差異已經從時尚層面的文化差異，降低至生理上根本的不同。隨著體形雕塑和美容手術的盛行，只剩下明顯的生理面差異，所以時尚系統身為文化現象的角色已逐漸消失。

時尚的意義系統

羅蘭・巴特在他於1967年寫成的《流行體系──符號學與服飾符碼》（*Système de la Mode*）率先嘗試從符號學的觀點來定義時尚的意義系統。他指的時尚只限於照片圖像，例如時尚雜誌內頁的照片。2006年，派翠西亞・克雷費托（Patricia Calefato）同樣將所謂的「真實」時尚──透過媒體傳遞，例如電視、網路、音樂與時尚雜誌的照片等，定義為一套意義系統。因此她從宏觀的跨界觀點（她稱之為時尚理論）進行研究。她將時尚視為一套意義生成系統，主要研究穿著服裝的身體的文化與美學。

克雷費托在〈時尚的符號系統〉一文中回答了某些問題，例如：時尚系統如何產生意義？時尚如何溝通？符號與身分認同之間是何種關係，時尚如何處理男性與女性之間和大眾文化與精品之間的差異？

安妮可・斯梅麗科（Anneke Smelik）在〈時尚與視覺文化〉文章中指出，少了媒體，時尚便不存在。若沒有時尚，時尚雜誌、照片、女性雜誌便不存在，但沒有了這些媒體，時尚也無法存在。時尚要成為某種藝術形式、商業實體，就必須依賴媒體。斯梅麗科解釋了媒體如何在複雜的文化現象中扮演舉足輕重的角色，使時尚成了當今視覺文化不可或缺的一部分，她同時更進一步地闡述這種轉變的過程。

德克・洛維特在他的四篇系列評論中，試圖解釋穿衣的意義。服裝幫助穿衣者定義他的自我身分：服裝反映了其內在自我，同時也為他塑造出另一個社會形象，讓他得以面對外在

世界。時尚也與身體相互結合。性別、性誘惑力、性欲唯有透過服裝以及服裝所代表的符碼才得以展現。並提到男性對服裝的體驗與定義不同於女性。

時尚是一種表演藝術

時尚的本質就是表演藝術，最理想的表演平台便是走秀與時尚攝影。有段時間坊間出版了大量的禮儀書籍，硬性規定何謂合宜的舉止，然而，到了十九世紀，隨著風尚型男（dandy）的出現——這群人將毫無特色的城市當作他們的表演舞台——表演、面無表情的行走成了時尚的固定元素。到了二十世紀，表演變得抽象化、風格化，形成今日我們所看見的時裝秀。荷西‧突尼辛（José Teunissen）在〈從風尚型男到時裝秀〉中寫道：時尚是一種表演藝術。金吉‧葛利格‧達根（Ginger Gregg Duggan）在〈史上最精彩的演出〉更點出了時裝秀、劇場與表演藝術三者間的相似處。她同時也描述不同類型的時裝秀和這些多元變化對於時尚展示的意義。

人們常說，所謂的風格，不在於你穿了什麼，而是你如何穿著和你詮釋的某種形象的態度，這一點正是羅賽特‧布魯克斯（Rosette Brooks）在〈布魯明戴爾的嘆息與耳語〉一文的主題，這篇文章探討了一九七〇年代蓋‧柏丁（Guy Bourdin）為布魯明戴爾百貨公司（Bloomingdale's）的郵購目錄所拍攝的照片。她特別指出七〇年代的時尚攝影出現了重大的轉變，拍攝焦點從產品本身轉移至產品形象。這代表了時尚攝影愈來愈類似娛樂，甚至是藝術，而不再只是傳遞產品訊息。

時尚與全球化

時尚原本是只存在於西方的文化現象，其他地區相對而言較為陌生。然而2006年其他地區文化也開始站上了巴黎時裝舞台。時尚一直是國際事件，以巴黎和倫敦為中心。現在憑藉著全球傳播系統和網路，世界各地都可同時觀看巴黎時裝秀。巴黎依然是時尚中心，但如今在各大洲，特別是西方世界之外，都有舉辦時裝周。1980年之前，時尚界就開始關注其他文化的時尚發展，但多半從歐洲本位的角度（性吸引力）出發。歐洲之外的一切成了刺激靈感的來源，並依照西方人的品味轉化為西方的時尚。根據西方標準，民族服飾不屬於時尚。但這種嚴格的區分現在已不存在。取材於地方傳統的時尚反而受到重視與珍藏。泰德‧波西莫斯（Ted Polhemus）在〈地球村的世界該如何穿著〉當中，深入分析了這些時尚新進者應具備哪些要件。

深井晃子（Akiko Fukai）在〈日本與時尚〉一文中，分析了日本設計師三宅一生（Issey Miyake）、高田賢三（Kenzo）、山本耀司與川久保玲等人，是如何在八〇年代征服了巴黎和整個西方世界，導入日式美學與觀點，發揚和服文化。

時尚與藝術

隨著八〇年代後現代主義的興起，時尚設計師被賦予了新角色。凱琳‧夏奈特（Karin Schacknat）在〈混搭的藝術〉中解釋，時尚設計師現在不再專注於創作令人讚嘆的完整畫面，他們成了符號學元素的製造者。時尚因此變得更為抽象，也更接近視覺藝術。時尚與藝術的聯繫早已存在數世紀之久，但是夏奈特認

為，這份關聯已有了改變。以往很長一段時間這份關係僅是單向的：藝術家用時尚當作描繪人們的表現手法之一。但是這種情況在十九世紀中葉出現了變化，部分原因是攝影的發明和首位女裝設計師的出現，也就是查爾斯・沃斯（Charles Worth）。沃斯受到當代浪漫精神的影響，為藝術家塑造出獨特天才的明星形象，他也樂於這樣推銷自己。

二十世紀初的保羅・波瓦雷（Paul Poiret）則是更進一步與藝術家合作埋首於藝術創作。女裝設計師的出現使裁縫師的技巧提升到了藝術層次，時尚與藝術有了融合的可能。二十世紀初期相繼發展出不同的概念，更加促成時尚與藝術的結合，正如同古斯塔夫・克林姆（Gustav Klimt）、約瑟夫・霍夫曼（Josef Hofmann）、亨利・范・迪・菲爾德（Henry van de Velde）努力要達成的境界。

克里斯・湯森（Chris Townsend）為這本書撰寫兩篇不同的專題，仔細說明如何與藝術合作。在〈喜愛差異性〉一文中，他探討藝術家席薇亞・科爾波夫斯基（Silvia Kolbowski）和建築師彼得・艾森曼（Peter Eisenman）於1995年為川久保玲設計的紐約門市。

在另一篇文章〈沈溺於節奏〉，湯森分析了桑妮亞・德洛內（Sonia Delaunay）並非將服飾視為時尚作品，而是當作放置現代軀體的外太空器具，特別是她為布麗葉夜總會所設計的服飾。她的服飾展現了流動且不連續的主體，並且在流動性與不連續性上賦予個人風格。

時尚理論

最後傑克・普斯特和漢克・霍克斯討論了當今時尚與現代性理論領域中最重要的五位理論家。普斯特和霍克斯不僅說明他們的創意概念是如何在當時的環境下生成的，同時也分析了他們是如何相互影響。

Fashion and history
時尚與歷史

德克・洛維特（Dirk Lauwaert）

道德與時尚

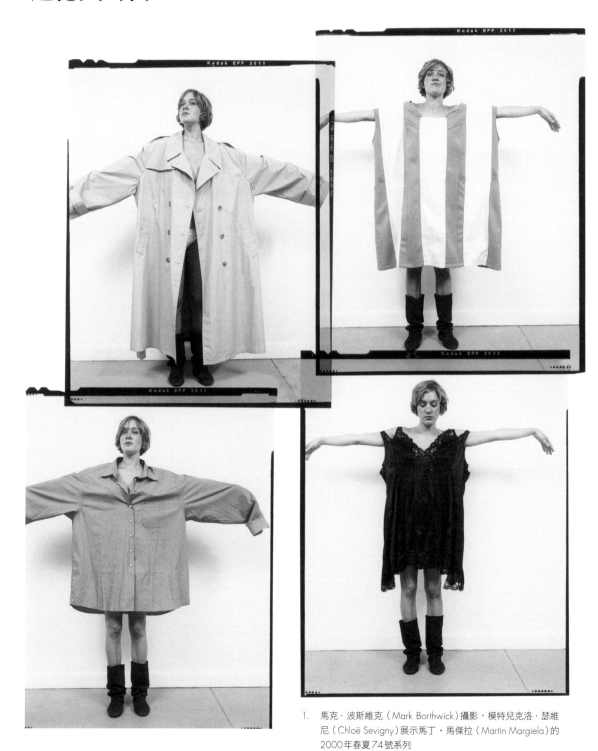

1. 馬克・波斯維克（Mark Borthwick）攝影，模特兒克洛・瑟維
   尼（Chloë Sevigny）展示馬丁・馬傑拉（Martin Margiela）的
   2000年春夏74號系列

人類是需要衣裝的物種。遠古時代的人類，根據實用目的穿著，服裝的變化速度緩慢[1]：現代人則隨著變化快速的時尚潮流穿著。人們過去無法自行選擇要穿什麼，一切以傳統習俗為依歸。不可諱言的，傳統框架之下仍允許某種程度的個別差異，但畢竟有限地存於細節之中。就好比語言：雖然你無法改變規則，但這些規則可以彈性調整，讓你得以說出或思考你想要說或心裡所想的事情。

如今則出現了另一套系統，那就是時尚。人們不再遵循傳統習俗穿衣，而是根據自己的判斷。在這樣的前提下，每個人每天早上必須為自己的外表負責，但這份責任也帶給人們困擾、不確定感與焦慮（我們常聽到女性在一早大聲地抱怨：「不知道今天到底要穿什麼」，這在以前是難以想像的事，因為所有事情都是規範好的）。

在時尚系統中，人們依自己的心情和慾望穿衣，不再遵從季節、場合和角色，最終便是必須大手筆投資自我形象，催化情慾。我們的情慾有很大一部分是由穿著所決定，大家透過衣著與鏡子逃離孤獨。每個人都希望可以「自由地」「盛裝打扮」，由裁縫師轉化某個人的願望，再由設計師提供數種不同構想（商品），最後交由市場決定。

身體與裁縫師之間的公開對話，甚至到後來是身體與時尚界代言人，也就是服裝設計之間的公開對話，大幅地衝擊人們的衣著習慣。衣著行為本身被歷史化記載：風格可以被辨識，並持續變換。

為了裝扮，服裝成了公開的歷險活動，人們透過服裝建立社會與性形象，但形象的建立必須與個人過往的某個東西相關。時尚的功能在於創造對話模式：每一次的服裝主張都是對前一次的反動，並宣告全新的服裝主張。其實服裝是第一個被歷史記載的活動：我們一般稱「歷史片」（historical film）為「古裝劇」（costume drama），因為我們能即時從演員穿著的戲服，判斷戲劇的時代背景。史實（小說、電影、繪畫都是）也通常由服裝考古學開始。

盛裝打扮 VS. 挑選衣服

時尚源起於法國布根第宮廷，那裡輪番流行著不同的服裝風格。十九世紀末經濟與科技條件俱足，現代的時尚產業才開始萌芽，到第二帝國時期（1852至1870年由拿破崙三世建立的君主制政權）正式成熟。巴黎當時想要成為精品業的城市，成熟的紡織業可以提供原料，也就是所謂的「硬體」。第一位女裝男裁縫師沃斯（Worth）則是販賣「軟體」：具體而獨特的設計。他顛覆了所有角色的互動關係：統治階級主動登門造訪他的工作室，而非他上門去求見；他主動提供女性顧客設計建議，而非被動地接受女性顧客的要求。由一位男性為女性穿著裝扮，這是1675年以來首見[2]。

後來到了二十世紀後期，時裝秀促成了時尚的民主化[3]。所有服裝都事先製作好各種不同的尺寸，由消費者自行挑選。這可是從未聽聞過的運作模式！過去的裁縫師必須量好身體的尺寸、觸摸身體的線條，才能作出合身的衣服。服裝與身體的關係是直接的。

但是在服飾店，只有試衣，沒有量身。如今的時尚業製造了假象，讓顧客以為自己與服裝之間存有直接關係（畢竟是你自己選擇了衣

服），但消費者與生產者、身體與衣著之間的關係，其實早已被打破。銷售員缺乏深厚的服裝知識，頂多只知道看起來好看與否。他們不是裁縫師，只會討好消費者，卻看不出衣服哪裡出了差錯。他們最多只能說出哪件衣服比較適合。他們只知道你穿起來的樣子，卻不知道衣服是怎麼作成的。前者一點都不重要，但後者若不知道就顯得愚蠢。這就好比一位技師告訴你某台機器故障，卻不知道如何修復。

這種反常的現象正是個人化產業的典型矛盾。消費者選衣的決定不是來自與製造者的討論，而是由製造者提供建議。銷售員將這些建議傳遞給消費者；他不僅大量推銷，甚至帶著過度急切的眼神為你試穿。他看的是你是否適合亞曼尼的衣服，而不是亞曼尼是否適合你（這行為實在很沒禮貌）。

但我們不能將以上現象解讀為人們自由地選擇自己的服裝。若要說有哪件事不自由，非服裝莫屬。藉由服裝表達「我」，並不等於進行一段自我中心獨白。一旦穿上服裝，你就不是你自己，只能說你變成了你自己。如果你以為可以透過服裝實現個人的自由，那就大錯特錯了。不過卻可以更深刻、精準地表達當代精神，因為人們認為，他們可以透過服裝作自己。

試衣間之外

青少年時期的我，不太理解祖母和母親在忙些什麼。我們在某個街角挑選我生平第一套西裝。我實在無法忍受他們打量我的身體，欣賞著這個脾氣古怪的男孩穿上這套西裝看來挺有模有樣。其實她們只是在塑造一個形似她們身體外型的年輕男子。正如同電影《迷魂記》（Vertigo）中男主角詹姆斯・史都華（James Stewart）為金・諾維卡（Kim Novak）打扮一樣：塑造出女性版的鬼影。

鬼影：奇妙的一刻就發生在你穿上新衣走出試衣間時。你第一次看到自己穿上新衣的模樣、擺出各種姿勢、在鏡子前興奮地踱步。你希望自己看起來煥然一新。女性打扮時渴望地看見美麗的自己，就像個小女孩。她真正想看的是衣服嗎？不，是她自己。

數十年之後，你到一家精品店。你看到一件完全適合你的三件式西裝，這真是驚奇的發現。你立即動作身體：你覺得這套西裝改變了某個重要的東西，也就是你身體與空間的關係。現在要動作不需太花力氣。你的動作愈來愈閒適自如，你更有自覺、更為優雅，而且在空間中愈加自然放開，整個人顯得更為體面。就像舞蹈音樂，這套西裝引誘你動作，界定了你的空間。換句話說，服裝改變了你當下的生活空間。

怡然放鬆是表現優雅的重要關鍵。它是由內而外散發出來，比獲得他人的肯定眼光還重要。我不會因為別人的眼神傳遞出肯定的訊息而覺得自己優雅，相反的，是因為我展現出優雅的姿態，才吸引了他人的目光。所以，服裝不僅具有社交的功能，更重要的功能是自我支持。

服裝——想想緊身胸衣或是令人興奮的女性貼身內衣——會讓我們的皮膚與肉體更有自覺。服裝有自動催化情慾的作用，它會引發情慾與驕傲，情慾本身就是一種驕傲。一個人能感覺到他自己——自戀但大方，大膽表露自我，但同時也賦予。所謂的優雅就是：展現

印象深刻的權威感的同時，又散發出具誘惑力的慷慨。

服裝反映出你與自我的關係。在有服裝之前，所謂的關係，是指自我與其他人之間。服裝洗滌了自我，重新回歸身體，恢復原有形象。這個身體形象第一次為了身體的本身、身體的自我而覺醒，不是為了自己的眼睛（鏡子前），更不是為了他人的眼神（世界）。自我感受到自己不是自我之外的一幅畫面，而是一股道德力量，一種內在品行。自我的感受狀態取決於身體與服裝接觸當下：衣服如何讓我感受與被感受。或者更精確地說，對我而言，它展現出何種主張，所以我感受到自我。

服裝在地化

探討服裝時，有一個關鍵與在地化有關。即使是最簡單的陳述——像是行人、時尚攝影師、電台播報員對服飾店的隨意評論——都會試圖將這個問題導向某個面向，簡單來說也就是客觀化。服裝永遠是他人的問題（而不是具有批判力的自我）、是形象問題（而非個人身體）、是符碼問題（而非個別的人）。所有時尚歷史與理論都將現象投射在作者和讀者之外，在展示者與觀看者之外。其中最惡名昭彰的評論，便是羅蘭・巴特（Roland Barthes，1915-1980，法國哲學家、文學家、社會學家，著有《戀人絮語》、《符號帝國》等）在其名作中將時尚議題置於形象之外，而是在有著形象的文本中論述（Barthes 1976）。

但我認為這完全忽略了最根本的事實：時尚與服裝正是從此時此地、在我的身上開始。沒有任何關於時尚的探討可以自外於穿著衣裝

的作者和讀者。服裝不應被他人評斷，討論的起點應聚焦在更根本的行為上，也就是「盛裝打扮」。如此就可以清楚理解到服裝不是身分識別，而是表述行為。

換句話說，服裝不是符碼，不是宣揚——這是文化專案的功能——而是一種實踐（praxis）。服裝並非指涉某物，而是一種創造。服裝不是再現（represent），而是呈現（present）[5]。服裝不是定義，而是提出主張。服裝不是語用學，而是語意學。服裝不在撰寫文本，而是界定場域。這個場域唯有透過「我、此地、此時」，透過身處在某種情境、有性別的身體，才得以理解。

時尚與女性

時尚似乎是由女性所主宰，因為自十九世紀開始，女性服裝早已經歷了劇烈而明顯的變化。最徹底遵循時尚原則的莫過於女裝，相較之下，男裝從十九世紀至今沒有多大改變，較不受流行影響，也少了想像空間，而且在顏色和概念上愈來愈趨向中性，簡而言之，就是無聊、暗沉和單調（Harvey, 1995）。男裝仍固守傳統系統，唯有女裝變換至時尚系統。

這樣的區分也呼應了舊有對於時尚的道德化評論，認為時尚是女性浮誇的表現，與男性的樸實是強烈的對比。所有對時尚的批評與貶低，全都指向女性。

時尚界似乎只有女性，完全與男性無關。只有女性對自己的外表有興趣，男性則是毫不在乎。只有男性是理性和節制的，女性是不理性和虛榮的。這個命題在日常生活的經驗中或許成立，但絕不適用於時尚界。男性與女性不應

愛爾柏‧艾爾巴茲（Alber Elbaz）

生於1961年（摩洛哥卡薩布蘭加）

在二十世紀的最後幾年和二十一世紀的最初幾年，有一些值得尊敬但奄奄一息的時裝公司，任命了對的人擔任對的職位，因而增添了嶄新的魅力。浪凡（Lanvin）或許就是這種現象最成功的案例。2001年，台灣的媒體女強人王效蘭以投資人的身分買下這家公司，並任命以色列設計師愛爾柏‧艾爾巴茲擔任女裝設計師。從2002年首度為浪凡推出春裝系列開始，艾爾巴茲的設計便獲得了國際性的認可。自從他上任以來，浪凡的成衣與配件銷售業績倍增，銷售據點的數量更是扶搖直上。2005年6月，美國時裝設計師協會（Council of Fashion Designers of America）將艾爾巴茲封為對時尚有「傑出創意貢獻」的國際設計師。

「國際」這個字眼十分適合用來形容艾爾巴茲。他出生於卡薩布蘭加，父母都是猶太人，在以色列台拉維夫的郊區長大，從1982到1986年在以色列的申卡設計學院（Shenkar Academy）研讀時裝。艾爾巴茲在25歲的時候前往紐約，並且待了7年，後來成為傑佛瑞‧賓恩（Geoffrey Beene）的左右手；賓恩以極高的標準著稱，也厭惡所謂的「時尚與時裝業的庸俗」。艾爾巴茲表示，賓恩教導他運用不同種類布料的技巧，以及「洋裝的正面與背面之間有一個女人的身體」。1996年，艾爾巴茲擔任姬‧龍雪（Guy Laroche）設計總監一職，1998年則接掌聖羅蘭左岸（Rive Gauche）系列。聖羅蘭在2000年出售給古馳集團之後，艾爾巴茲也被湯姆‧福特（Tom Ford）取代。接下來，他為克里琪亞（Krizia）效力了一年。

時尚記者蘇西‧門克斯（Suzy Menkes）曾經寫道，他為浪凡所創作、亮麗而女性化的設計，特色在於「曖昧的剪裁，以少許不完美加以裝飾……寬鬆、自在的洋裝輕撫著身體」。艾爾巴茲在一次訪談中提到他的創作方法：「你可以從檔案裡面找到靈感，但是也必須加點什麼東西，一點不確定性……重點在於對比：如果你設計一件甜美的粉紅色洋裝，就得加點東西，加點都會風格。或許是灰色的東西，有點醜，而且和粉紅色形成對比，卻可以達到絕佳的整體效果。」

愛爾柏‧艾爾巴茲的溫和個性備受讚揚，略像小丑的外貌則讓他和魅力四射的湯姆‧福特判若雲泥。他已成為一個炙手可熱的設計師，廣受女性顧客和許多設計公司青睞。然而，最近他和浪凡續了新約，並宣稱這項舉動是出於他對王效蘭女士的敬愛，因為「在沒有人願意接納他的時候，只有她慧眼識英雄」。

參考資料

Brana Wolf, `Alber Elbaz, Lanvin', Paris, France', in Sample, 100 Fashion Designers – 010 Curators, Cuttings from Contemporary Fashion, p. 112 – 115. London/New York: Phaidon, 2005.

圖片

1. 浪凡（Lavin），形象廣告，2005年

該存在於兩個不同的人類學系統，儘管男性對女性希望看到有趣男性的這點沒有意識。

所有生平第一次（即使心裡反抗）站在鏡子前刻意梳頭的青少年，都是因為這個令男性窘迫的結論。但是，反抗也成了男性外表魅力的一部分。女性絕對不希望她的另一半在穿衣間扮演她的角色。但她們卻喜歡把男性拉到鏡子前——女性化的空間——讓他看到自己邋遢的模樣。而且顯然每個男性似乎天生就習慣扮演這種反抗角色。

其實每個人都是為了另一個性別而裝扮自己，絕不是為了男性或女性自身，而是以一個面對男性的女性身分（身旁有另一個面對男性的女性）或是面對女性的男性（身旁有另一個面對女性的男性）。人著裝永遠都是為了勾勒出兩性的界線——甚至是、或特別要凸顯。我們利用差異化的形式或細節，顯示男性或女性特徵。所以其中有兩種機制在運作：在男性陽剛與女性陰柔之間，和形式與意義兩種層次之間。在一個性別對另一個性別傳遞出有吸引力的主張，同時也產生了意義。

展示與遮掩

時尚有時是大膽的展示，有時則是謹慎的遮掩。時尚其實是一種文化手段，以遮掩與展示巧妙地變換身體的曝光程度。遮掩與展示，低調與高調，樸實與虛浮、節制與誇耀。時尚牽引著他人的目光——從某人身上移開，轉向另一個人，將人的注意力導向人體和性特徵、財富與精品、浮華或羞恥心之上。

時尚形塑了身體和隱而不現的「道德」。時尚總在遮掩與展示、何者該遮掩和展示兩者之間尋求最完美平衡。而且很重要的是，遮掩與展示之間是相互連結的：唯有透過凸顯某樣東西才能真正遮掩，凸顯往往表示遮掩。裸體或是完全遮掩人體的假設，根本不存在。服裝是唯一的可能，因為在不同的部位會有不同的需要。正是不同的遮掩區域產生了交換的可能。「我給你這個，交換那個」，時尚如此對人體說道。

這個原則不僅存在於個別身體，也存在於不同的身體之間[6]。男性與女性、高層與低層社會、年輕與年長世代之間，便存在著這種內部交換。其中一方試圖要征服另一方的空白空間，我們藉由遮掩與展示回應其他人的主張，這是表現者與觀看者之間一場細微而持續的決鬥，所有的運作都在遮掩與展示原則之下。這個置換系統非常清楚，而且實務上不會有終結之時[7]。我們會產生持續重複的印象（因為排列組合的可能性有限），但同時，在這框架中可表現的花招卻是無限。也因此時尚總給人千變萬化、無窮無盡的印象，讓人們目眩神迷。

正因如此，身體被劃分成不同區塊，可任意組合。可以被切割的是人體。這裡指的不是醫學上的身體劃分，而是情慾的身體劃分，這個身體是一個整體，可被分割；也是部分，可再重組。唯有在反常情況下才可能出現極端的分割（典型的例子就是變成戀物癖）；時尚本身頂多是構想天馬行空，但最終仍會創造出整合而成的身體形象。

整合而成的身體形象確實反映出人體被迫分割的永恆宿命，但是它也同時代表了未曾實現的烏托邦理想：透過服裝、時尚與文化抵抗分割化，實現裸體夢想。但是裸體是沒有意義

的[8]。所以可想而知，極端的權力會剝奪所有人的衣服，但他們也因此失去所有的意義。全裸代表虛無，連意義與情欲都不存在。在這種狀態下，身體再也無法提出主張。唯有透過服裝，身體才能取得意義，進行交換。明顯地，少了服裝，身體就成了封閉的物體：完全可見，卻無法被社交目光所看見，因此不能夠重組與結合。

時尚的當代隱喻

時尚是一種後現代隱喻，目的是為了社交。所有依附時尚的道德化陳述，在許多憤世嫉俗的演說中一再得到熱烈迴響，他們讚美社會完全由時尚原則所主導。犬儒主義不過是反對自身的道德主義，以為只要視而不見，問題自然消除。不幸的是，唯有避免牽涉到道德面，為他們利用的過時道德主義才不至於受到干擾。犬儒主義完全不合理。

當今的文化是個脆弱的遊戲，時尚正是最好的隱喻。首先，我們必須注意時尚是脆弱遊戲象徵的看法。以這種觀點來思考衣著與時尚太過薄弱，它所揭示的其實是專斷、本質空無與純粹虛華的對立面，服裝與時尚可被歷史記載、催化情欲，是私密與社交、時事與史實、生活物質肉慾與哲學思考的親密交會。置換只是遊戲規則，而非遊戲本身。符碼只是有生命的時尚手段，而非本質。

劇院是後現代主義的隱喻。這是完全不同的觀點。至少劇院的隱喻是就智性層面探討兩種極端：舞台場景與觀眾席、此地與他處、遊戲與所指、文本與表演之間。但時尚呢？因為它被蓄意地錯誤理解（清教徒式道德化解釋），對形象的莫名狂熱其實是在破除偶像崇拜，理想的幻滅起因於一切簡化為時尚（同時也始於時尚的簡化）。因為缺乏理解，時尚的地位遠不如劇院。

男性建築

一件織品不只是放在動作的身體上：我們得先將衣服展開、鬆開，再穿上去。我們都還記得小時候曾試著將床單穿在身上。每個人小時候都穿過寬大長袍，然後不斷重複服裝的歷史：從結構最簡單的到最複雜的。

當我們的身體看似被這種長度的布料笨拙地包裹著，可以親身體驗到服裝如何為我們而改變，就像是建築體結構一般。有清楚明確的開口與縫合點，有內裡與頂端，有高有低。依據型態剪裁布料，縫合處將不同布料接合在一起，依據織布的纖維方向任意接合，或是加入某些配件（像是女性的束腹[9]，也曾經有男性的束腹），這些種種都使得這個建築體不再只是一個隱喻，而是由不同的實體部分組合而成的衣著。它成了支撐牆壁的桁架。它就像是移動中的房子。

布料的結構通常隱藏在一連串的折疊、裝飾與效果中。建築的邏輯是每件服裝的核心，但幾乎無法構成時尚的主題。時尚通常只關乎裝飾（織品的類型、顏色、刺繡、珠寶），而背後的建築架構依然不變，很少發生革命性的轉變。

但曾幾何時，建築架構開始被凸顯，成為服裝的主題：服裝概念被徹底翻轉，人們可以清楚看到基礎結構：例如三件式西裝[10]。男裝開始現代化：因為結構外顯，使男性服裝在樸素

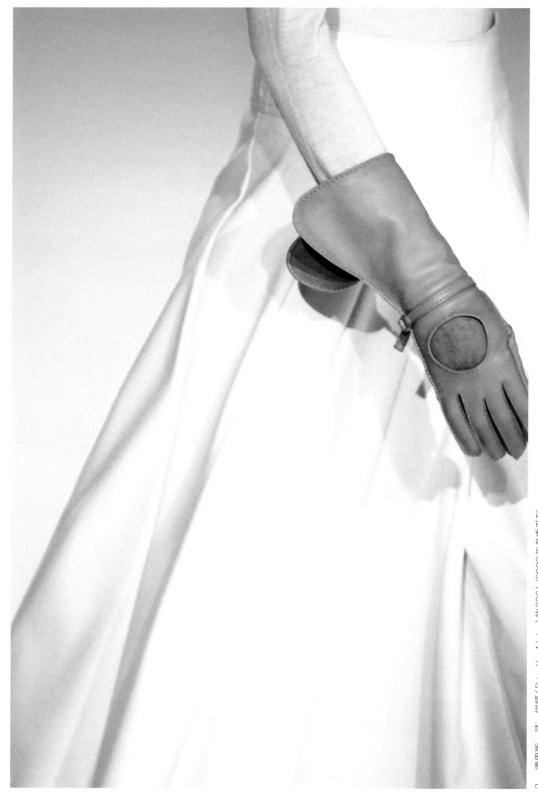

2.　德里斯‧范‧諾頓（Dries Van Noten）的 2001/2002 年冬季系列

中更顯得高雅。男裝在邏輯與道德上獲致成功，但也因此不被視為時尚。

男裝的道德層面在於它對於男性活力提出了明確、且令人極度滿意的定義：務實而有效（就運動與軍事意義而言）、冷靜而自主（要讓西裝展現叛逆風格可是輕而易舉）、中性而低調、易於辨識且自我控制（穿起西裝就像是專業人員）。

男性服裝通常覆蓋四肢（即使在時尚系統，女裝只遮掩兩條腿）。直線條、修長、易於活動，自十九世紀以來男裝一直維持如此樣貌。結合了新古典主義的簡潔與理性主義結構，但同時融合些許浪漫元素。雖然形式上講求精確，但在許多細節上卻有不同變化，理性之外不乏感性。

換句話說，關於何謂具有「我」與性別身分的身體，男裝展現了完全不同的觀點。男裝不依靠裝飾（沒有裝飾品；布料與顏色都是統一），也不是依靠織品的變化。男裝的功用不在於取悅他人的目光。相反地，它完整地呈現服飾的結構，因此一方面易於活動，另一方面也展現出低調的優雅。男性氣概應該是直率坦白的，而非依靠華麗修飾；是肯定果斷的，而非性感的（例如以透過肯定展現魅力）。

然而，問題來了，它牴觸了以下的假設：服裝是一種對話、是兩性的遊戲場、男性與女性原則上是透過服飾彼此相遇。穿著西裝的男性似乎跳脫時尚觀點的易變性，但女性卻更加陷入時尚的驚人變動性。男裝逐漸成為功能性穿著，時尚的發展因此趨向兩種結果：女性服裝極速汰換，在社交表達與一致性上，越來越難以理解；但男性服裝卻沒有太大改變（兩個世紀以來一直維持相同外貌）。

服裝以及個人理論

傳統服裝與時尚系統都實際應用了個人化與社交化相關的假設。這項實用哲學的特點在於，它曾牽涉到道德與性議題。時尚並非是針對一個人所扮演的社會角色直接進行資訊編碼，而是根本性地指明一個人如何扮演該社會角色。儘管就理論而言，「我」和「社會」是抽象的實體，但卻可以透過一個人所穿著的服裝，清楚而具體地（再具體不過）表達。

服裝不僅是地位的表徵；更彰顯了一個人的意圖。就如此直接且務實的哲學思考而言，女性扮演完全主動的角色。透過她所穿著的服裝，持續表露關於「我」的主張，這個「我」是相對於其他人而言，而且帶有性別，但同時具有道德本體。

就「外表」和「時髦」（舊時的說法）而言，除了一個人所創造的「形象」之外，還牽涉其他更多問題，儘管被遮掩或緩和，但仍然可清楚辨識。布希亞（Jean Baudrillard，1929-2007，法國社會學家與哲學家，後現代主義代表人物之一）道德化的反對意見認為，時尚只是幻影。但事實卻相反。服裝展現了內在力量與生命意志的主張，更清楚傳達了個人在社會上的存在。如果我們（錯誤地）將時尚視為女性專屬，便會在其中看到女性的靈巧，持續地以機敏的手法，在她自己與世界之間、自己與性別化的身體之間尋求平衡。

在挑選服裝與穿衣時通常就有許多課題，從女性熱烈且情緒激昂地評斷彼此就可以明顯看出：她們不是依據美醜來提出批判或讚

美，而是根據生活態度。然而她們的意見很少被聽見，她們甚至一點也不了解自己，這是因為我們對於「我」、「人」的概念有所扭曲。我們現在分析人的形象，是用心理學來取代只剩下剩餘功能的舊價值。

對我來說，舊價值就是「道德」（moral）這個字（我們越來越用另一個字「道德品行」[morality]來理解）。然而，「道德素養」（moral quality）不同於「道德品行」，而是與一個人在面對危險、失敗、反對與磨難時的挫折忍受力有關（這便是「士氣低落」[demoralise]這個字的由來）。一個人的道德素養反映的是他的精神力量（不等同於智慧、道德品行、性欲）。每天穿著的服裝正重現了這種古老的形象，但在當今社會卻已消失無蹤。

對我們來說，不幸的是「主觀」（subjective）錯誤地與「個人」這個字結合。主觀的概念持續使得個人相對化，個人被排擠在談話的中心之外。根據個人觀點而提出的宣示或說服都不具任何效用。所有的討論必須是客觀的、而非武斷的，才是比較好的結果。時尚同樣引發深入的思考：時尚是個人與社會制約的交會點，而且正如我們每個人所經歷的，時尚既不武斷、也不客觀，但也正因為如此，它是不可或缺的。

我們對於時尚的理解遭到扭曲——道德化與反倫理——使我們忽略了現象的根本：服裝其實源自於某個社會的歷史，源於一件衣服、墊肩、開領、釦子、高跟、束腹背後的實用哲學。

所以這沒什麼好驚訝的——雖然值得注意——我們體認到時尚是多變的，是暫時性的，有著微弱的歷史性。我們越來越將時尚視為只具有時事（流行的時刻）的一段歷史，沒有過去（原本流行的東西變得落伍的時候）。簡言之，過往的時尚就是過時的東西。因此，我們再也無法看到如何透過服裝或是在服裝上展現具哲學思考與情感的歷史表達。

注釋

1. 「服飾」（costume）與「顧客」（custom）押韻，1987年在巴黎的一項展覽在標題中便提到這點。

2. 路易十五頒布的政令允許女性擔任裁縫師。之前女性裁縫師專門為男性裁縫師服務。

3. 1973年設計師開始進入大量生產模式，專門設計可量產、走大眾通路的服飾。請參考：Grumbach 1973。

4. 請參考：Alix Giroud de l'Ain, in *Elle*, December 1997.

5. 它們之間的關係是直接的，因此較不具表達力、較沒有延展性。但是因為服裝本身是「誠實」的，因此風險大過語言：服裝不會說謊，但它可能義無反顧地背叛你。

6. De Kuyper 1993中解釋得相當清楚。也可參考：Lauwaert 1994: 25。

7. 這部分內容主要受到弗瑞德・戴維斯（Fred Davis）所寫的一本書的啟發（Davis 1992）。

8. 正因為此種缺乏穩固基礎的狀態，開啟了另一個與親密性行為有關的討論議題。

9. 藉由束腹的存在與否分析女性服裝結構的問題，可參考：Thesander 1997。

10. 關於此議題，可參考安妮・侯蘭德（Anne Hollander）的著作（Hollander 1994），論述十分精彩。

參考書目

Barthes, Roland. *Système de la mode.* Paris Éditions du Seuil, 1967.

Davis, Fred. *Fashion, culture, and identity.* Chicago: Chicago University Press, 1992.

Grumbach, Didier. *Histoires de la Mode.* Paris: Éditions du Seuil, 1993.

Harvey, John. *Men in black.* London: Reaktion Books, 1995.

Hollander, Anne. *Sex and suit.* New York: Knopf, 1994.

Kuyper, Erik de. *De verbeelding van het mannelijk lichaam.* Nijmegen/Leuven: SUN/Kritak, 1993.

Lauwaert, Dirk. 'De geest gaat steeds door het lichaam (v/m). Over de verbeelding van het mannelijk lichaam van Eric de Kuyper', *De Witte Raaf* 49 (May 1994): p. 25.

Thesander, Marianne. *The feminine ideal.* London: Reaktion Books, 1997.

伊夫‧聖羅蘭（Yves Saint Laurent）

生於1936年（阿爾及利亞奧倫），卒於2008年（法國巴黎）

法國設計師伊夫‧聖羅蘭1936年出生於阿爾及利亞，年紀輕輕就受到法國《Vogue》雜誌的注意。他在一九五○年代初期遷居巴黎，短暫地研讀過時裝設計。《Vogue》雜誌隨即刊登了他的設計草圖，該雜誌總監也介紹他給迪奧認識，迪奧便請他擔任助理。迪奧在1957年過世後，年輕的聖羅蘭成為這家時裝公司的設計總監。他為迪奧推出的首次系列作品，是舒適且充滿年輕朝氣的梯形裝系列（trapeze line），結果大獲成功。

聖羅蘭的設計風格與他的師父迥然不同。他和自己所景仰的大師夏帕瑞利（Schiaparelli）一樣，極力往時尚概念極限以外的地方探索。迪奧珍愛過往的奢華高級訂製服傳統，聖羅蘭則將自己的注意力轉移到街頭所發生的現象。他採納當代青年文化的元素，再融入高級訂製服當中。我們可以從他在1960年推出的黑色皮革外套和高領毛衣中看到這一點，這也是他「頹廢風」（Beat Look）的一部份，而其創作基礎則是搖滾風格。不過，他的革命性創意在迪奧並未受到賞識，後來自己也被馬克‧波罕（Marc Bohan）所取代。在伴侶皮耶‧貝爾惹（Pierre Bergé）的幫助之下，他在1962年用自己的名字推出以海軍服與工作服為靈感來源的系列作品。

1966年，聖羅蘭成立左岸（Rive Gauche）品牌，並在他的訂製服系列增加一條極具創意的成衣產品線。他喜歡從男裝中擷取靈感，結果開啟了女性西裝的傳奇。聖羅蘭率先為女性設計出一種既實穿又休閒、既特殊又時髦的服裝。雖然透明洋裝和成衣的推廣也是聖羅蘭的創舉，但是他的全球知名度要歸功於女性西裝的設計，而這對婦女解放也功不可沒。

當下依然是他最主要的靈感來源。這造就出他以普普藝術和其他藝術潮流為基礎的系列作品，還有受東方啟發以及嬉皮風等設計。他對遠方文化的著迷，也反映在受到秘魯、中國、摩洛哥與俄羅斯影響的系列作品上。舉例來說，設計於1967年的「非洲」（Africaine）系列運用了大量的亞麻、木材和青銅，還有他在1976/1977年秋冬推出的系列作品，則是以豐富多彩的俄羅斯芭蕾舞團（Ballets Russes）為靈感來源。他作品的多樣風貌有時候會引發批評，但通常都是佳評如潮。

1998年，聖羅蘭延攬愛爾柏‧艾爾巴茲，但是當古馳在1999年接手該公司之後，湯姆‧福特成為設計總監。

2002年一月，聖羅蘭從時尚界退休；在他的眼中，那個世界已經太過商業化了。

參考資料

Duras, Marguerite. Yves Saint Laurent: *Images of design, 1958-1988*. New York: Metropolitan Museum of Art, 1988.
Vreeland, Diana et al. (exhibition catalogue) *Yves Saint Laurent*. New York: Metropolitan Museum of Art, 1983.

圖說：
1. 聖羅蘭，全套透明裝系列，1968年，理察‧艾維頓（Richard Avedon）為Vogue雜誌拍攝。
2. 聖羅蘭，晚裝外套，繡上尚‧考克多的詩句，1980/1981年秋冬系列
3. 聖羅蘭，女性西裝，1975年，攝影：赫爾穆特‧紐頓（Helmut Newton）

芭芭拉・范肯（Barbara Vinken）

永恆：服裝的褶邊

華特·班雅明（Walter Benjamin）在他所寫的《拱廊計畫》（*Passagen-Werk*）書中曾不經意地談到：「永恆無疑存在於衣服褶邊，而非一個想法。」（Benjamin 1983, I: 594）這樣的論點極為挑釁，而且乍看之下顯得荒謬：衣服的褶邊不就是無意義的瑣碎細節，只不過是時尚界武斷、變換無窮的幻想？你我皆知，時尚帝國的一切僅是曇花一現，倘若與概念的深奧與沉穩的美麗相較，更是如此。時尚世界的時間並非是永恆的，而是僅有當下。時尚界存在的最親密關係就是它自身與時間的關係。香奈兒（Coco Chanel）將設計師藝術定義為「擷取時代氣息的藝術」。因此她的幕後操刀手兼好友保羅·莫蘭（Paul Morand）將她比喻為希臘神話中的復仇女神（Nemesis）：生命才剛開始萌芽，時尚便痛下殺手。香奈兒如此點出時尚藝術的精髓：「愈短暫的時尚，愈完美。你無法保護已死去的事物。」（Morand 1976: 140-141）

時尚的藝術關乎完美的當下，它總是這樣突如其來、出乎意外，但卻是等候已久的和諧的體現——跨入不久的未來之前的「現在」（Now）。在它成形的同時，也就是破壞的開始。一旦它出現、完成了最終的形式，就幾乎成了昨日的一部分，開始衰敗、陳舊。庫瑞吉（Andre Courreges，法國知名設計師，因推出革命性的太空迷你裙而名噪一時，其設計永遠透露著青春氣息）所塑造的女性形象是一位純淨無瑕的年輕女孩、是一位現代而極簡的處女，身體斜倚一旁、身著白色服裝，在等待著什麼，這個形象完美地反映了時尚的藝術精神。同樣的道理，每場時尚走秀的壓軸都是披著白紗的新娘，內心滿懷期待。此時此刻，時間不再是我

們所認知的時間概念，它抹去了時間的痕跡，消除了歷史，此刻成了絕對、不證自明、完美無缺——當下變成了永恆，是永恆的體現。憂鬱的面紗只是更加凸顯時光流逝的深刻之美，以及極度的短暫與脆弱。

班雅明這段值得被引用的悖論其實影射了波特萊爾（Baudelaire，1821-1867年，法國詩人，象徵主義先驅，著有《惡之華》）在〈巴黎寫真〉（Tableaux parisiens，《惡之華》詩集中的一個章節）一篇名為「給一位過路女子」（A une passante）的作品，其實班雅明這段話也引自這篇作品。作品中的女主角不是懷抱期待、身穿白紗的新娘，而是一位身著典雅黑色喪服的寡婦。瞬息與永恆之間的對立構成了這篇詩作的主要結構：「一陣閃光，復歸黑暗」，瞬間的亮光照亮了她那稍縱即逝的美麗。

> 你短暫的一瞥讓我復活，
> 但你我難道只能於來世相會？

褶邊的意象就出現在之前的幾行詩句中：

> 身材修長，一身喪服，莊重而憂愁。
> 一個女人走過，華麗閃耀的手
> 提起又擺動裙襬的彩色花邊。

因為這個動作，在某一瞬間，她那如雕像般的雙腿被赤裸裸的看見。

就這篇詩作而言，時尚似乎未達成傳統所賦予的時間任務：它無法消除歷史的差異，無法為了現在的完美時刻而拋棄時間。古老隱身在現代的面紗之下，死亡在生命的中途現身，愛神愛洛斯與死神桑納托斯在此相遇。最後的結果不是和諧，而是衝突與暴力的摩擦。短暫

無法成為永恆。時間與死亡已留下印記，這正是班雅明借助普魯斯特的「追憶」，在過路女子臉上讀出的城市生活表徵。

海涅（Heinrich Heine，1797-1856，德國浪漫主義詩人，同時也是熱心於政治的新聞工作者）是第一個將時尚視為現代典範的人，法文用la mode或la modernite兩個字代替，德文則是用mode或moderne。時尚的短暫性構成了現代性的基本動能。古老與現代、永恆與短暫不再相互對立，而是相互影響；我們可以這麼說，古老不再是安全的。但這種新關係也引發新的衝突：雕像的永恆理想之美以及摧毀美麗的短暫時尚，也就是高與低之間的衝突。就詩的術語來說就是拙劣的模仿（travesty）。面對當下時尚對古典美的理想所造成的破壞，海涅運用深刻而詼諧的筆調表達他的痛惜：「最驕傲的胸部在粗糙的蕾絲花邊下堅挺著，最有靈性的乳頭被包裹在無趣的棉布中。」

噢，你的名字是棉布，有著棕色條紋的棉布。沒有任何事情讓我感到更沮喪，看到一位來自特洛昂、身材如大理石雕像女神般光彩耀眼，然而這身高貴古典的身體卻穿著一件棕色條紋棉質衣，就像是變成石頭的妮娥碧（Niobe，希臘神話中的女神，為了自己被殺的子女哭泣而化為一塊石頭，卻仍流淚不已）突然之間破涕為笑，穿著現代服裝，帶著乞丐般的驕傲，笨拙地走在特洛昂街道上。（Heine 1969: 349）

波特萊爾就如同海涅，透過時尚與雕像的衝突（貫穿過路女子這篇詩作的主題）發展出新美學。兩者的衝突激發出新火花，也就是第三種美的形式，但卻是負面的。由這種暴力衝突

而形成的新外表我們稱為浪漫嘲諷（romantic irony）。它的魅力就在於調性唐突而魯莽的斷裂、不協調、高與低之間任性且隨意的組合、滑稽與端莊的混搭。浪漫嘲諷便存在於這樣的裂解縫隙中，同時解構了古典雕刻的永恆之美與時尚的完美時刻的定義。波特萊爾的「過路女子」便是此種新風格的展現，凸顯不同時尚當下之間的極端不協調，並形成詭異的對比。持續逃離我們極力擺脫、卻總是徒勞無功的一件事實：時間的差異（differential of time），這是波特萊爾所創造的用語。生命與死亡、哀悼與情慾、古老與現代、永恆與飛逝的時刻在亮光下相互映照，然而這亮光絕非理想。透過精準的幾何衡量，雕像是完美體驗了永恆美的標準與規範，這是對於神之美的超凡映像。身為旁觀者，最適當的反應就是驚奇與無私的讚嘆。

在浪漫主義，雕像是由欲望組成的象徵體——不妨想想高第耶（Gaultier）、巴爾貝·多爾維利（Barbey d'Aurevilly，1808-1889，法國浪漫主義作家）、詹姆斯（Henry James，1843-1916，美國出生的英國作家，十九世紀重要的寫實主義作家）、霍桑（Nathaniel Hawthorne，1804-1864，美國小說家與短篇作家，最重要的長篇小說為《紅字》）、馬索克（Sacher-Masoch，1836-1895，奧地利作家兼記者）。雕像創作完全沒有任何慾望表現，大理石四肢所呈現的冷白純淨，更激起旁人想挑動她的欲望。基督教遺留在古代的痕跡之一便是男性的性欲是殘暴的，只想玷汙潔淨無暇的女性。然而雕像怪異的另一面，也就是它的黑暗面便是布偶，就如同霍夫曼（E. T. A. Hoffmann，1776-1822，德國浪漫主義作家、作曲家、樂評家）的小說〈沙人〉

（Sandman），它的美不在於見證上帝之美，而是反映人類的操弄機制。時尚操弄雕像與布偶的感染力，奇特地結合生命與死亡，創造出栩栩如生的外表。波特萊爾如雕像般女人的現身，不僅僅暗示「支離破碎的人體」（corps morcelé）與戀物癖（Steele 1996）。班雅明認為時尚是戀物癖慣用的傳統主題，在無生命（例如雕像）與有生命之間來回擺盪：「所有的時尚都是有生命的形體與無生命世界的結合。時尚伸張的是有生命形體的權利。戀物癖則是根源於對無生命物體的性吸引力，是時尚的活神經」（Benjamin 1983, I: 130）。這種有生命與無生命結合的最佳象徵，便是隱身在設計師工作室裡的人體模特兒，設計師必須利用這些模特兒設計衣服。波特萊爾的「過路女子」揭露了這神祕的背景意義：人體模特兒其實是古老雕像美的殘影。

純白之美、古代大理石的壯麗與現代時尚其實都交錯著有生命與無生命：一座如茶花女般的雕像栩栩如生，一位有生命的女子如雕像般毫無生氣。她的外表枯死，但也走向重生與新生。當下時刻的情慾挑動，被永恆化，是一種「性高潮」（piccol'morte）狀態，如同班雅明的名言：「沒有一見鍾情，而是最後一眼才愛上。」（Love not at first, but at last sight）（1968:169）。永恆化的代價便是如同十四行詩般利用分裂、並列與分解方法，造成拙劣的模仿結果。無邊際藍天的全然寧靜，遍布藍與白光線照亮這座雕像，而後轉換成現代化的首都中震耳欲聾的吵雜街道，引領著她與大眾一起向前行走。情慾的緊張以及裙襬花邊恣意的擺動，與服喪的寡婦形象和雕像沉靜的

美麗（這種美麗建構出超出欲望之外的完美境地）形成明顯的不協調對比。但這不同於對完美美麗的狂熱、昇華以及抽象崇敬，而是奇特的古式愛戀場景，所有角色都被反轉。如今女性的目光擁有丘比特的閃電與光亮：「蒼白天空即是暴風起源點」。突如其來的強風和閃電刺激旁觀者的目光——「一陣閃光，復歸黑暗」——暗示了丘比特的本體令人難以抵擋，必須加以變形才能避免他的欲望目標不被化成灰燼，不至落入賽勒莫神（Semele，宙斯愛上的凡間女子賽勒莫，承諾願意為她做任何事情，在宙斯妻子哈拉的詭計下，賽勒莫要求宙斯顯現原形，宙斯是雷神，結果賽勒莫死在宙斯的雷殛之下）的悲劇命運。在這裡，詩人作品中的主角被模糊不清的欲望目標的目光如閃電般擊中；他因性狂喜與性欲的高度緊張而顫抖——「如精神失常般身體蜷縮」——彷彿是觸電般。「身體蜷縮」只是個人反應，但卻是優雅之人行為的一部分，這是泰克席爾‧德洛斯（Taxile Delors）在《放蕩的巴黎人》（ Paris-Viveur）書中所描述的人物，班雅明也引用了其中一段文字：

> 優雅之人的臉部必定具備某種讓人興奮到全身顫抖的東西。我們可以將這種臉部引起的躁動歸因於天生的撒旦崇拜，或是情感的狂熱，或是任何你喜歡的原因。（1983, I:126）

透過這種最典型、最常見的城市生活描述——完全陌生的行人帶有情慾的眼神交換，這些路人代表的是時尚的類型、而非個人——波特萊爾改寫了情詩的歷史，勾勒出現代欲望的樣貌、指出新時尚的結構。被我們

所遺忘的稍縱即逝的瞬間。如果這個行人是無法被遺忘的，相反的那是因為詩經過重製，傳統可見的靈光經過衝擊。外形的破壞反而製造了人體的痕跡。「在時間的差異中，辯證的形象本身是真實的，但這並非波特萊爾所熟悉的，」班雅明寫道。「他試圖透過時尚去展現。」不過，一位路人在時間的差異下精準地創造了這種形象（Haverkamp 1992: 77-78）。透過兩種否定時間的形式間的碰撞，區隔了肉體般的時尚外貌與雕像的永恆，此時歷史的出現就如同宙斯神的閃光一般，創造了差異。真正顯現的並非全部的歷史，而是外型的破壞，在古代中創造現代，在現代中創造古代。身著喪服的行人是穿載了時間與死亡的烙印。不同時間點的碰撞在其中一個時間點形成某種氛圍，這也是唯一營造這種氛圍的方法：成為流逝的時刻。永恆的完美理想出現而後崩塌。不過讓我們回到班雅明，「試圖透過時尚去展現」。

「時尚」時期，也就是所謂的「百年風尚」，是從查爾斯・沃斯（Charles Worth，1826-1895，高級時裝的始祖，第一位在歐洲出售設計圖給服裝廠商的設計師，也是服界第一位開設時裝沙龍的人）到伊夫・聖羅蘭（Yves Saint Laurent）為止，多數時尚專家都同意這樣的觀點，這其中還包括香奈兒和夏帕瑞利（Schiaparelli）。在我所謂的「時尚後時尚」（fashion after fashion）中，最根本的改變是時尚與理想以及時間的關聯（Vinken 1993）。在百年風尚時期，老去的過程不存在，老化是流行的對立，也就是所謂的「不流行」。時尚藝術表現的是破壞但狂歡的時刻。時尚體現的是極其短暫的時刻，但卻巧妙地運用欺瞞的方法否定了時刻的短暫性，創造了永

恆的「顯現」，也就是「理想」。

我想強調的是，時尚後時尚是起於一九八〇年代初的現象。但是，它試圖要做的卻是完全相反——設計時間。因此出現了山本耀司（Yohji Yamamoto），他的方法是預洗（pre-wash）所有的布料，破壞新布料的光亮感。朵伽與迦巴納（Dolce & Gabbana）的做法更激烈，就像是虐待狂，他們在男性夾克上用香菸燒出洞，然後把夾克撕裂。手法較為溫和的則是吉利（Gigli，一九八〇年代頗富盛名的義大利設計師，以具文藝復興精神與蛹形剪裁等特色，迅速在時尚圈竄紅，但在九〇年代之後卻逐漸走下坡，2008年以新品牌重返時尚圈），運用可以展現褪色古典華麗光彩的手工藝，或是其他工業革命後逐漸消失的手工技巧。Comme des Garçons品牌的創始人與經營者川久保玲（Rei Kawakubo）則是鬆開織布機的某個螺絲釘讓布料呈現出陳舊、不完美的視覺感。十二年前她所推出的「蕾絲毛衣」，上面還有些破洞，根據那些友善媒體的評論，這些毛衣看起來就像是在拾荒女人的行李包裡歷經好幾個月的摧殘後倖存下來。她最近發表的時裝系列，則是將一塊塊年代久遠、顏色褪去、上有刺繡花紋的手工補釘縫在布料上，看上去有些破爛。1994與1995年的冬季系列，則是根據體型嬌小的小孩衣服而剪裁的，透過尺寸大小的差異凸顯世代間的時間推移。

短暫瞬間的痕跡是時尚後時尚的組成要素。服裝承載了時間行走的軌跡。不過，這與時尚歷史主義的復興無關，後者通常被稱為「後現代」，原因就在於它的折衷性與武斷性。後現代風格與歷史有關，它模仿的是過往的時代

（Koda and Martin，1989）。但時尚後時尚則完全不同，它沒有讓我們回想起不同於當下的另一個年代；相反地，它展現了某個不為人知的記憶的痕跡，某個無法再重現的失落時刻。以一種斷裂的方式留下了持續期間（duration）的印記。

因此，一件服裝的製作期間，也就是完成製作所需的時間，可從完成品的表面觀察出來，我們可因此看出特定剪裁與織法隨著時間演進的歷史發展。時尚後時尚是一種全新的記憶藝術。它是舊時尚重生循環的一部分，是昨日被遺忘的時尚的再循環，因此，新的時尚後時尚將時間，也就是持續期間，作為其骨幹：時尚的組成包括時尚持續的時間、從布料到服飾的完成期間、顏色褪去的時間、投入的工作時間、其他身體穿著這件衣服的時間痕跡。

將時間與其短暫性作為時尚要素，並成為時尚本質的最有趣例子，便是畢業於安特衛普學校（Antwerp school）的比利時設計師馬丁・馬傑拉（Martin Margiela）。他已逐漸成為時尚的經典人物，他是高第耶之外唯一有能力與日本設計師在時尚創新上一較高下的歐洲設計師，其中最有名的莫過於當紅多年的川久保玲。她不僅是第一個提倡時尚新時間結構的設計師，更徹底顛覆了身體與服裝之間的關係。透過重新組合創造完美身體曲線的合身服飾不再是主流，川久保玲瓦解的不僅是時尚的禁忌，更是古典美學的禁忌，後者最終強調的是完美的對稱。川久保玲徹底拆解服裝的對稱性，也因此完全打破了古典的理想形象。

馬傑拉同樣解構了時尚的舊有概念，包括它的時間核心與理想性，但是他的手法沒有川久保玲激烈與極端。1991年在流行服飾博物館（Musée de la Mode et de Costume）的「創造者世界」展覽中，他的參展作品正是象徵了時尚後時尚所發展與運用的負面關係。為了體現這種負面性，他所設計的亮眼白色夾克看起來就像是照相的底片，彷彿有一道X光穿透過去，既刻意卻又自然地揭露了隱藏於服飾表面下的一切，過去不可見的如今變成可見的。時尚的技藝，像是縫製、完美的剪裁、隱藏與不留痕跡，如今被徹底反轉，技藝成了時尚主題。過去創造出完美的永恆時刻的手工藝，成了新的永恆形式。服飾之所以永恆，是因為揭露了製作過程。就在魔術師成功的迷惑時刻，形成此種效果的知識與努力完全被抹除。

在馬傑拉的設計作品裡，從最細微的細節處都可見到製作過程的不同階段。永恆的力量不在於隱藏。技術細節的歷史發展，像是鈕扣、拉鍊與暗扣等，如今轉化為美學特色，抵銷了過去強調的瞬間成功的永久性訴求。過去被隱藏的剪裁、皺褶、縫合細節，如今都顯露在外。過去時尚習慣消除當下時刻的時間性，而且是暫時性的，唯有當細節的歷史發展有助於重現已逝的過往，而且這段已逝的過往成了謎團，消失無蹤，歷史才具有參考意義：換句話說，一個人無法從這一生中想起任何事。這種如幻覺般的過往還原，在馬傑拉的時尚後時尚裡被徹底翻轉。這種反轉所創造的結果不僅僅是另一種體現時間與短暫性的方式。正如同班雅明所預見的，藉由公開技藝細節，透過時尚以及藝術的辯證意象，顯現了兩性差異之間的連結。

設計師就像是魔術師，習慣隱藏他的技

梅森・馬丁・馬傑拉（Maison Martin Margiela）

馬丁・馬傑拉，生於1957年（比利時詹克）

比利時設計師馬丁・馬傑拉在1985年以「安特衛普六君子」（Antwerp Six）之一的身分現身倫敦，並呈現明顯帶有山本耀司與Comme des Garçons日本美學痕跡的系列作品。後者還在1997年和他聯合發表了一系列作品。

　　1957年出生於比利時的馬丁・馬傑拉，曾就讀於安特衛普美術學院。畢業之後，他為尚-保羅・高第耶（Jean-Paul Gaultier）工作了幾年，不過1988年便與珍妮・梅倫斯（Jenny Meirens）共同合作，在巴黎成立自己的品牌。一年之後，馬傑拉的第一批系列作品也在那裡推出。設計是梅森・馬丁・馬傑拉品牌哲學的焦點，因此外界極少獲知與馬丁・馬傑拉有關的資訊。雖然他現在透過東京（2000）、布魯塞爾與巴黎（2002）的服裝店，已經享有全球知名度，但還是刻意對大眾隱藏自己的身分。馬丁・馬傑拉的照片或訪談都相當罕見；他從未以個人的身分出現，不過卻一向是梅森・馬丁・馬傑拉系列作品的一部份。梅森・馬丁・馬傑拉的設計作品會展現在用面紗遮掩或蒙住眼睛的模特兒身上（身分無法辨別的模特兒），以免觀眾的注意力從服裝上移開。梅森・馬丁・馬傑拉的標籤不是空白，就是由號碼組成，幾乎不曾指稱設計師或公司。白色標籤上的黑色號碼表示的只是該設計所屬的系列；因此，十五號是郵購系列，〇號則是手工作品。

　　在梅森・馬丁・馬傑拉的創作中，現有的服裝、布料和配件都經過解構，重新製作成有時稱為「反時尚」（anti-fashion）的設計，進一步探究了服裝本質。例如，碎布形成了外套、洋裝和襯衫的基礎，加上新的布料後，它們又轉變為獨一無二的服裝。在看似未完成的設計中，譬如一件沒有袖子的外套，強調的重點在於整體的建構。明顯可見的內裡、縫線和打褶揭露了設計的過程，拉鍊和鈕釦不再具備任何功能，純粹只有裝飾作用。運用這樣的方法，這個系列除了服裝以外，還設計了鞋子、用品和出版物。梅森・馬丁・馬傑拉製作與藝術密切相關的「集合」，近年來不但在伸展台上展示，同時也在無數的博物館展出，例如紐約大都會博物館、鹿特丹布尼根美術館，以及倫敦的維多利亞與亞伯特博物館。

參考資料

Borthwick, M. '2000-1' Maison Martin Margiela. Paris: Maison Martin Margiela, 1998.
Maison Martin Margiela (exhibition catalogue). Rotterdam: Boijmans van Beuningen, 1997.

圖片：

1. 馬丁・馬傑拉，戴上面罩的模特兒穿著紅色外衣，1995/1996年秋冬系列
2. 馬丁・馬傑拉，這個系列的服裝一邊已完成，另一邊尚未完成，甚至還與布匹相連，2006年春夏

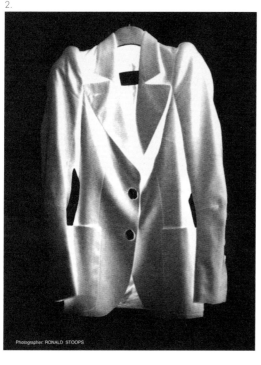

2. 馬丁・馬傑拉,「X光」夾克,1989年春夏系列,攝影:羅南・史多普斯(Ronald Stoops)
3. 馬丁・馬傑拉,以拉鍊將多塊紡織布料連結起來的衣裝,1999年春夏
4. 馬丁・馬傑拉,可以看到接縫的衣裝,1999年春夏系列

藝。馬傑拉把裁縫的過程當成主題,公開交易過去被謹慎守護的時尚祕密。菲利浦・薩爾加多(Felipe Salgado)將其稱之為「解碼」(decodification)或是技藝「解剖」(dissection),他在比較馬傑拉激進的顛覆手法與時尚之都巴黎裙長的縮短之後,發現了無法揭露的祕密。借用心理分析的術語來說,時尚其實是將女性身體偽裝成陰莖,藉以隱藏原本帶有威脅性的性徵,使其變得具誘惑力。馬傑拉藉由建構過程的曝光,展現被盲目崇拜的女性軀體,拆解時尚的祕密策略;他直截了當地裂解了完美。身為比利時設計師——也許你會說這是矛盾的說法——馬傑拉的設計重點在於不優雅、法式優雅中的法蘭德斯異國性,以及人體模特兒。人體模特兒的標準化其實是將古典雕塑規範化。古代雕像被拆解,成了精準測量

的人體模型。馬傑拉將人體模特兒從髒亂的後台搬上裝有投射燈的舞台,他要表現的是,完美無瑕的軀體是人造的、是藝術創作。他刻意運用碎裂的設計,呈現完美軀體的原始樣貌。他的時尚是測量、尺寸的測量,所有的身體都成了人體模特兒、木偶、洋娃娃。他把我們當成人體模特兒般地打扮,衣服上有大頭針、裁縫線,所有皺摺和縫合裸露在外,衣服看起來就像是未完成的半成品,馬傑拉倒轉衣服的製作過程,毫不掩飾地將時尚中被隱藏的無生命組織呈現在眾人面前:沒有生命的模特兒成了有生命的人物角色,有生命的人類成了木偶。

藉由解構人類對軀體的盲目崇拜,馬傑拉如實地重現被時間遺棄的痕跡、重現時間的記號。在一九八〇年代末與一九九〇年代初,他

去跳蚤市場選購印花軟薄綢製作成襯衫，或是重新剪裁、修補舊衣，再加上新的元素，最後又成了新的設計作品，或是運用舊襪子製作成套衫，又或是在棉質襯裡留著之前秀展的紅色鞋印。但是，不要把這種製作流程與環保回收或是其他實用目的混淆；回收再利用是重新使用舊東西，製作成新的。但是，馬傑拉設計的新穎之處就在於舊有東西的重新呈現，它還是舊的，這是完全不同的美學操作手法。藉由對舊有一切的熟悉，揭露了人類最古老的故事，那便是兩性之間的差異，陰莖的權威遭到瓦解，成了人體模特兒，成了設計師的玩偶。

馬傑拉並非是讓舊有模特兒重生，讓它們看起來像新的，而是運用舊有素材，將它們轉化為全新的東西。時尚也因此獲得了有段時間一直無法得到的東西：對於獨特的迷戀。每件元素都是原創的。沒有一件軟薄綢和其他一樣，沒有一個足印和其他相同。時間已被融合在服裝當中，馬傑拉希望老化可以讓這些服飾變得完整；就如同繪畫作品會隨著時間老化。馬傑拉創作出某樣全新的東西，只剩下時間的痕跡、時間的運用、時間的耗盡，也因此他找出了解決時尚後時尚最頭痛的問題之一的方法。他的服飾從來就不是新的，時間的遺跡清晰可見，因此不會褪流行，只會老去。馬傑拉玩弄了時尚的核心標記：在眾人期待已久的新作品中，他展現了永恆復返的概念。這是他服裝設計史上的一大里程碑。在1994與1995年推出的博物館系列中，他使用已經有點歷史的服裝人體模特兒——通常用來做洋娃娃或是給小孩玩，他的目的不是讓它們看起來是新的，而是要凸顯它們的年紀，彷彿覆蓋著一層厚重

Comme des Garçons

川久保玲（Rei Kawakubo），生於1942年（日本東京）

川久保玲和山本耀司一樣，用她突破傳統的概念來挑戰西方的時尚規範。對於什麼是服裝、服裝與身體的關係，她都有獨到的見解。她同時利用天然與合成布料進行實驗，並輔以複雜的圖案，特殊的製作方式使她有些服裝比較接近雕塑或建築，而非時裝──寬大的設計（因此十分好穿）以和服為基礎，將女體隱藏了起來。她的設計和她的品牌名稱Comme des Garçons（意指：宛如男孩），都讓川久保玲遠離一般人印象中的性感女性形象。

1942年出生於東京的川久保玲，在慶應義塾大學研讀文學，接著到一家日本紡織公司上班。擔任自由造型師兩年之後，她在1969年成立自己的品牌Comme des Garçons。她第一次推出的系列作品很樸素，主要都是黑色，並充滿了磨損的尾端、皺褶和洞。川久保玲的中性流浪漢風格是十年後名為邋遢（grunge）潮流的前兆，後來不但展現在街頭文化中，也在高級訂製服上看得見。她1981年首度在時尚之都推出秋／冬系列，設計風格與巴黎常見的奢華超女性化時尚大相逕庭。這些手藝精緻、大膽創新的服裝，引起極大的騷動。蒼白的模特兒踩著平底鞋，身穿寬大的男性化長褲、外翻的不對稱外套，以及袖子超長、有洞孔和鬆垮褶邊的毛衣。因為這些種種，川久保玲的設計在知識與藝術圈大受歡迎，證明了非西方設計師也可能成功。她的作品啟發了其他人，年輕一代的設計師並加以仿效；馬丁・馬傑拉、胡笙・夏拉揚（Hussein Chalayan）、維克托＆羅夫（Viktor & Rolf）等人都表示，川久保玲是他們概念性設計的靈感來源。

過了一段時間，川久保玲捨棄她的典型單色設計，服裝變得較為多彩。這樣的風格也能在Comme des Garçons於1997年推出的「碰撞系列」（bump collection）看到，川久保玲在其中對女性身體的著迷或許是最明顯的。服裝上增添了隨意擺放的絨毛填充區，使得腰、腹或臀等女性身體部位遭受控制。川久保玲破壞了傳統的女性形象，公然挑戰西方社會早已存在的美麗與性的概念。

Comme des Garçons的服裝在一九八〇年代得到外界驚訝的眼光，如今卻行銷全世界，而川久保玲不只讓人聯想到前衛時尚，也讓人想到家具、建築，還有她從1988年開始發行的雜誌《Six》。就像它們所陳列的系列服裝一樣，Comme des Garçons的店在概念與執行上同樣具有革命性──從八〇年代近乎空蕩蕩的店面，到近期開幕

的東京店與紐約店的豐富內裝，都是如此。

參考資料

Grand, F. *Comme des Garçons*. Paris: Assouline Publishers, 1998.

Sudjic, D. *Rei Kawakubo and Comme des Garçons*. New York: Rizzoli, 1990.

圖説
1. Comme des Garçons，縫線外露的外衣，
   1981年系列
2. Comme des Garçons，完全以將布纏繞在
   人體模型上，並在沒有草圖的情況下裁剪的
   方式製作完成的系列，2006年春夏系列
3. Comme des Garçons，團塊系列，1997年
   春夏系列

5.

Photographer: TATSUYA KITAYAMA

的閣樓灰塵。同一年他推出的冬裝系列，就如同標示年份的葡萄酒：它是1992年的系列作品，被時尚標準無情地視為過時的創作。

　　這位設計師就像是拾荒者：循環已經結束，我們再度回到波特萊爾的巴黎，強調的是現代性與後現代性。無疑地，馬傑拉再也無法為他的作品找到更好的性格描述，班雅明形容他的作品不過是他自己的消逝作品（Passagen Werk）：「這種蒙太奇式的拼貼創作手法沒什麼可說的，只能用展示的。我不會竊取任何珍貴的東西，也不會盜用機智的才華。但是那些破布剩料：我不想保存它們，只會用唯一可能的方法發揮它們應有的功能：那就是使用它們。」（Benjamin 1983: I: 574）

6.

Photographer: Photographer: ANDERS EDSTRÖM

7.

參考書目

Baudelaire, Charles. *Les fleurs du mal*. Edited by Antoine
    Adam. Paris: Garnier, 1961 (1857).

Benjamin, Walter. *Das Passagen-Werk*. Two volumes, edited
    by Rolf Tiedemann. Frankfurt a. M.: Suhrkamp, 1983.
    Translated by the present author.

— 'On Some Motifs in Baudelaire', in *Illuminations*, edited
    by Hannah Arendt. New York: Schocken, 1968 (1936).

Haverkamp, Anselm. 'Notes on the "Dialectical Image": How
    Deconstructive is It?' *Diacritics* 22:3-4 (1992): 70-80.

Heine, Heinrich. 'Die Reise von München nach Genua
    (Reisebilder III)', in Sämtliche Schriften, vol. 2, edited by
    Klaus Briegleb Munich: Hanser, 1969 (1829). Translated
    by the present author.

Koda, Harold, and Richard Marrin. *The historical mode*:
    Fashion and art in the 1980s. New York: Rizzoli, 1989.

Morand, Paul. *L'allure de Chanel*. Paris: Hermann, 1976.

Steele, Valerie. *Fetish: Fashion, sex, & power*. Oxford: Oxford
    University Press, 1996.

Vinken, Barbara. *Mode nach der Mode: Geist und Kleid am Ende
    des Jahrhunderts*. Frankfurt a. M.:Fischer, 1993.

尤瑞奇 ‧ 雷曼（Ulrich Lehmann）

虎躍：時尚的歷史

1. 帕昆夫人，禮服，1904年

「老虎用兩隻後腳像極了人類在走路；牠身穿時髦的西裝，精緻而高雅，這套西裝剪裁完美，你很難分辨動物身體，以及包裹著這身體的耀眼灰色褲子、有著刺繡花紋的背心、無可挑剔的亮白胸部花邊皺褶，以及大師手工打造的貼身晨禮服。」

——珍・費利（Jean Ferry）

（Ferry 1992: 105）

以下我們將解釋為何運用一隻跳躍的老虎，將時尚認定為改變我們歷史認知的文化客體。這種論述的焦點在於「老虎跳躍」（Tigersprung）：一九三〇年代晚期，班雅明將老虎的跳躍視為「辯證意象」，並抨擊主流意見運用過去與當代的歷史哲學，評斷文化客體的做法。

　　班雅明於十九世紀以唯物主義觀點探討戀物現象（這點在心理學具有不可忽略的重要性），他所談論的便是時裝。這是他在《拱廊設計》中最常提及的商品，同時也是探討波特萊爾與普魯斯特寫作與超現實主義時，最常被運用的隱喻。〈漫談歷史概念〉（These On the Concept of History）（1939/40）這篇文章，探討了班雅明未完成之經典著作的知識架構，其中我們發現了以下段落，這是了解班雅明對歷史與時尚的理解的重要線索。

　　歷史是一個建築體，並非由同質與虛無的時間組成，而是以現時時間（now-time）構築而成。對羅伯斯比爾（Robespierre，1758-1794，法國革命家）而言，古羅馬充滿了現時，穿破了歷史的延續性。法國大革命將自己視為羅馬轉世。他們

引用古羅馬，就如同時尚借用古老服飾一般。不論時尚擾動了過往何時曾存在的一切，它永遠散發出現代氣息。老虎跳躍進入了過去。然而，這個跳躍只發生在由統治階級支配的競技場。但相同的跳躍若發生在開放的歷史天空下就成了辯證跳躍，也就是馬克思所認為的革命。（Benjamin 1991c: 701）。

班雅明認為歷史的評論必定得藉由現時的投入，才能活化過去。我們可以從虛假的、實證主義的歷史連續性中界定出不同的時期，並注入現時，而且在當代的文化詮釋下，擁有了意義與革命潛能。

歷史唯物主義與歷史主義

歷史不僅是我們生活所經歷、聽到或閱讀到的某樣東西，同時被我們描述與分析，而且更重要的，它是被我們納入某個結構中的客體。其中很重要的一種結構形式便是歷史唯物主義（historical materialism）。這觀點認為，要了解歷史，必須基於以下五個基本前提：

1. 個人的自我保護與自我實現必須建立在社會結構與工作關係之上，這種觀點反對理想主義與個人主義；
2. 要能客觀觀察社會運動必須借助社會矛盾（階級戰爭）的激化，而無法透過「普世精神」（universal spirit）的自我實現達成（正如同黑格爾所強調的）；
3. 歷史的發展必定遵從符合自然律法的客觀法則；
4. 這種發展可以經由辯證法被重新建構，與現時產生關聯；

　　　　　　　虎躍：時尚的歷史

5. 任何歷史發展的揭示，可以、而且必定會刺激革命的發生，最終將因此創造無階級的社會。

另一種認知歷史則與歷史唯物主義相反，特別是關於文化現象的論述，它強調歷史是單一、個別事件的組合。這種方法被稱為歷史主義（historicism）。它將歷史事件與物件劃歸為過去，不試圖區分社會歷史型態與結構。

這兩種理解歷史的方法都起源於十九世紀後半葉。兩者均強調科學化的論述，同時與「現代性」（modernité）的緣起有關，modernité這個字是由波特萊爾、高第耶與其他法國作家於1850年所創造的。正如同接下來我們所要討論的，「現代性」的界定主要是透過服裝時尚（「現代性」與它的姊妹字la mode詞源相近）。服裝具備的象徵意義以及作為隱喻的可能性，促使班雅明決定在其知識論文章裡提及老虎的跳躍。

在他複雜難懂、有時甚至古怪的現代性論述文章中，班雅明遵循兩大主軸：一是詩學詮釋思路，透過波特萊爾、普魯斯特、超現實主義的詮釋，並從藝術歷史角度描繪物體，例如拱廊設計；二則是採取歷史唯物主義，借用馬克思（另外加上黑格爾與恩格斯）的評論，透過史料調查、挑戰歷史主義、分析政治制度（社會民主與社會主義的對立），最終的結果便是使得整體論述染上了厚重的猶太神祕主義色彩，同時引起更多關於救世主的質疑。

這兩種方法在班雅明的〈拱廊設計〉文章中交錯出現，運用不同的組織結構探討不同的主題，其中服裝時尚是核心議題。班雅明這本探討拱廊設計的未完成著作引用了大量的材料

與參考資料，留給後世雖不完整、但冗長的分析調查；因此在這篇文章，我不準備列出所有影響他對於服裝觀點的人物。這裡我主要探討的是對於歷史演進的線性觀點的批判，以及時尚對於形成這種觀點的影響力。

把領子翻出來

信奉馬克思主義的評論家詹明信（Fredric Jameson）曾如此形容歷史主義：「在今日你得偷偷摸摸地豎起領子、小心提防，才能說出這個字。」（Jameson 1979: 43）

以上這段話所描述的形象不僅反映了史料調查方法被汙名化，得暗地裡祕密支持，同時也可以看出服裝在此作為隱喻的功能。豎起的領子形成了語意連結，詹明信創造的這個形象與班雅明所運用翻領（revers）的意象正好相呼應（Benjamin 1991b: 584; 1991d: 304）。對他而言，翻領呈現了樣式規範不同於服裝外在的內裡。

十九世紀的時尚，夾克或晨禮服翻領的絲質襯裡為——稍後班雅明所承認的——歷史唯物主義建構了辯證對立，灰暗的呢絨是其命題，艷麗的襯裡則是其對立面。因為接下來班雅明藉由他對於時尚的詮釋，強烈批評歷史主義，他對於服裝的獨特認知，促使我們採取不同於歷史主義的歷史方法，但這方法有部分也與歷史唯物主義有所差異。

至於史料方法所造成的問題，詹明信寫道：

> 「歷史主義」面臨的兩難情況，將因為一致性與差異性之間詭異的、無可避免、以及無法解決的交替，而變得更加戲劇化。這是我們第一

次針對過去的形式或物體武斷地做出決定。
（Jameson 1979:43）

正是這種與自我、與主體的指涉關係，使得源自於過去的文化客體特別適合做為歷史認知的元素。當我們看到一件人工製品，便會立刻思索與自我經驗之間的接近程度。如果這個經驗超出我們智性的理解範圍之外，而且牽涉到感官層次，例如觸動了我們認知範圍內的情感線索，那麼上述的「一致性與差異性的交替」就變得相當重要。運用時尚作為主要的參考點，就能明白任何一件服裝都有助於凸顯這個論點。

如果我們以十九世紀晚期的眼光欣賞服飾，我們可以選擇認同它，了解它的剪裁完全符合當時的流行，而且我們可以輕易地從現代設計師的系列作品中找到類似的臀墊裙（bustled skirt），例如克利斯瓊・拉克華（Christian Lacroix）。但相反地，我們也可以選擇關注它內在的差異性，強調這件服飾只不過具有歷史趣味，完全不同於那些引發我們想像、真正具有歷史意涵的服裝，而且這件衣服與我們現代的穿著風格毫無關聯。

當我們選擇認同，讓歷史物件與現時產生關聯，就會面臨詹明信所說的兩難。然後，我們去除一開始將其視為歷史物件而產生的奇特特性。但如果我們以觀看當季時裝秀的眼光去思索臀墊裙，便無法欣賞臀墊裙禮服的真實風格與社會影響力。另一方面，如果我們採用歷史主義的做法，專注於文化客體在歷史主觀上的極端差異，便是將我們自己的文化與過去切割，如此一來，過去仍與我們的經驗無

2. 莫里斯・里洛爾（Maurice Leloir, 1951-1940），賈克・杜賽（Jacques Doucet, 1853-1929）所作之洋裝素描，出自其「路易十四系列」，1907-1909年。收藏於巴黎時裝博物館服飾部門。
杜賽不僅以十八世紀風格設計洋裝，同時也熱衷於收集路易十四時期的家具、裝飾品與藝術品；他對慣用語的調換，例如將鑲嵌細工（marqueterie）改為建材（fabrics）一詞，顯示出其對歷史之引證的一種見解。莫里斯・里洛爾自一八八〇年代起，便是位著名的插畫家、舞台設計家兼服裝收藏家；他也為道格拉斯・費爾班克斯（Douglas Fairbanks）1929年的最後一部電影「鐵面人」（The Iron Mask）擔任服裝設計。

3. 賈克・杜賽（Jacques Doucet, 1853-1929），晚宴洋裝，1910年。女演員德斯普瑞茲（Desprez）穿著由女裝設計師杜賽所設計之具歷史意義的洋裝。其如希臘羅馬時代寬鬆附帶長袍的設計，和攝影棚中的背景布幕相得益彰，因而引發了當時對希臘羅馬時尚品味的一股風潮。

4. 愛彌兒・品蓋特（Emile Pingat），外出服，1888年。絲絨加上金屬銀線刺繡。紐約布魯克林美術館現代棚內攝影部收藏。根據龔固爾（Goncourt）兄弟的說法，品蓋特提到時尚時，似乎總覺得是在提供某種非法、不道德的事物；他不僅擷取十八世紀的風格，也改變了男式服裝的性別。他會把一件刺繡的男性騎士外套擴大，並且在一個世紀之後，變成了女性在日間穿著的服飾。這種因男性服飾而被記憶的名聲無疑是不敬的。

關，也無法觸動我們的感官知覺。

歷史主義與歷史唯物主義都面臨了這個難題，兩種方式都尊敬地將過去視為學習的來源，以及作為建立某種重要服飾型態的範例，但若對於歷史物件必須被視為具有持續影響力，與現時產生關聯這點，兩種方式的看法便有不同。

時尚則是解決了這個問題，不過當然不是典範上的，因為它主要關注的仍是商品的成功與否，但是藉由設定關於風格的權威論述，提供可辯證的環境，使任何過去的歷史物件，例如服飾或配件都屬於歷史（它源於過去，屬於過去），但這些物件可作為現代詮釋的基礎，是舊有形式的新版本，因最新流行而重生，甚至成為未來時尚流行的指標。

歷史敘事

我們通常以因果論描述歷史。傳統的服裝歷史描述便是採取此種模式，分析某種形式的服裝是某種珍貴的化身、是改進，或是基於社會習俗與政治想法的改變而批判某種形式的服裝。多數的歷史方法都偏愛線性的說故事方式描述服裝歷史。

時尚是沒有進程的。它並非遵循漸進演化的路徑，從某種形式轉化至更高等的化身或是更好的服裝形式。雖然因為工業的進步，得以研發新的原料、紡織品、織法、裁縫法，甚至是新的剪裁形式，但是就目標、目地，或是物質目的而言，並沒有實質的進步，每季最重要的就是要銷售更多的衣服。

時尚的引用方法沒有一定的規則。它聰明地借用過去的風格，創造全新設計或是符合現

代的風格。服裝的類型或許沒有改變，但是透過過去元素的運用，創造出新的樣式。因此，時尚建構了歷史的美學結構。它也為歷史的辯證哲學提供了適當的支持，人們追求的是想法與概念，而非事件的線性發展。採用辯證觀點，歷史學家可以從某個概念跳躍到另一時期的相關概念，不需透過中間媒介。

但諷刺的是，儘管時尚沒有進程，但是它卻支持歷史唯物主義，原因就在於時尚在資本社會所扮演的角色。就最先進的形式而言，傳統的高級訂製服一直主導服裝的演進，而時尚是中產階級的象徵，更是地位的表徵。儘管許多馬克思主義者可能不以為然，但是商品文化固有的短暫易逝與過時特性，已遠遠超出它的飽和點。

因此根據馬克思的說法，就最終的社會結果來看，穿著與敘說歷史就顯得膚淺、無意義；但是我要強調的是，時尚與歷史的關係，遠超出它作為文化客體所發揮的影響力。時尚運用有想像力的方式，編織歷史結構，塑造了我們對於歷史的全新認知，根據班雅明的說法，時尚可以幫助我們理解歷史，它的功能不亞於歷史唯物主義。

十九世紀至二十世紀第一個十年，時尚不斷改寫服裝歷史的解釋，以及對於過去服裝風格的詮釋，因此大幅加速歷史與文化的發展。不僅時尚發展的腳步加快，現代社會成功重組的速度也同樣加快不少，因為時尚正是現代性的先導者，更是變革的首要與持續指標。班雅明便引用具革命精神的布朗基（Auguste Blanqui，1805-1881，法國革命家，十九世紀法國左翼運動的主要領袖之一，參與和領導1848年的革命）的話寫道，「所

有人類可期待的新事物彷彿早已存在般被揭露在眾人面前；新事物無法解放，新時尚也無法革新社會。」（Benjamin 1982: 1256）時尚與資本主義的生產模式極為相似，它推翻了自我詮釋的信條。

時尚的原料結構並未改變，但是多數人可見的外在樣式卻與過去的風格有了顯著的不同。例如，拉克華採用了十九世紀的服飾風格，他的第一場高級時裝秀被譽為「革命性」與「先進」。不論我們對這些誇張的讚美有何想法，事實是，設計看起來就是新的，儘管包裹人類身體的形式並未（也不能）改變。因此，班雅明的時尚觀點並非源自於它的社會角色；對他而言，真正的革命存在於結構上的挑戰。

現代性的進步──即使布朗基在牢房裡不願相信──可經由兩種觀念辨別出：它的進步是快速且不可預測的。這個特點使得現代性與時尚產生了連結。因此，為了評斷現代時期，不同形式的歷史主義、辯證法和唯物主義歷史成了不可或缺的工具，而展現資本主義現代性表相的時尚，成了某些詩人與理論家在組織結構與分析時的主要元素。

時尚是反映美學現代性與社會指標的主要客體，它的功用在於打破歷史的連續性。這個顯著的特性必須擺脫歷史與政治的影響，才能真正打破歷史的連續性。時尚構成了歷史的唯物主義結構中的辯證元素，但同時，時尚也在自我對立、自我否定，因為它是資本主義炫耀式消費、大眾剝削（紡織廠的惡劣工作環境）以及社會差異具體化的罪惡幫兇。

時尚本有的辯證特性，使其成為歷史唯物主義思想的重要標的。它的短暫與膚淺外在以

及永恆的重現，促成了資本主義式生產的興起，但也因此導致服裝無法在全新的歷史架構中成為主角。當我們以歷史唯物主義觀點探討文化，文學、繪畫或音樂必定是相關的討論話題，然而服裝的新發展通常被視為與資本家有關，因此就社會意涵而言便顯得微不足道。

舉例而言，在馬克思解釋資本主義經濟理論的著名文章中，馬克思用二十碼的亞麻布與大衣的故事說明所謂的剩餘價值（Marx 1996: 59 et passim）。馬克思及時地舉出這個例子，原因就在於恩格斯與曼徹斯特紡織業有頗深的淵源。不過案例中的服裝也可作為「辯證意象」，因為故事呈現出兩方的對立，一是具體事物，也就是成綑的布料，一是抽象事物，那就是大衣的剪裁必須符合時尚的樣式。這裡要探討的並非僅是商品A與商品B之間的關係，或是「相對價值形式」與「等值形式」之間的關係，還包括原物料與文化產品之間的關係（ibid.: 68-69）。

時尚必須存在於時間架構下，但它又暗地裡推翻了自身的線性時間特性，因此使得上述例子所描述的關係不再只是布料與服飾之間，而是轉化為暫時獨立的產品（亞麻布）與具有歷史和文化內涵的事物（連身大衣的剪裁與風格）之間的關係。故事中提到的時尚成了克服歷史主義限制的範例，藉由引用當代的風格，誇示超歷史跳躍（trans-historical leap）的潛力，將大衣帶進現時。

躍入歷史

班雅明希望找出詮釋、寫作與改寫歷史的新方法。在他嘗試寫作歷史的過程中，特別是撰寫十九世紀的巴黎歷史，他開始為時尚哲學奠定基本架構。在〈拱廊設計〉這本書中，他以小說手法撰寫巴黎歷史，運用了歷史唯物主義的結構、超現實主義的動人詩作，以及普魯斯特「非自主回憶」（mémoire involontaire）的筆調。班雅明試圖結合十九世紀後半葉現代性初期對於細節的技術認知，創造出歷史哲學的美學融合。

從歷史唯物主義的觀點來看，過去必須與現在有關，特別是就革命這件事。但是，班雅明將歷史與革命和時尚結合的方式看來太過新穎與獨特。不過，相較於馬克斯提出的亞麻布與大衣之間的關係，某個社會革命引用前朝的觀點以及當代時尚的某種服裝風格借用自過去的設計風格這兩者之間的相似處，反而更能清楚地讓人理解其中的含意。班雅明刻意運用服裝商品作為挑戰歷史的媒介。

時尚從過去覺察出現代元素，實現了那些對現時具有重要性的想法。就這點來說，時尚遵循著歷史唯物主義的歷史觀點，不斷自我重複：每一次過去的行動都成了現在的範例，因為它會再次發生——也許樣貌有所不同，但是它的社會政治結構必定相似。因此，我們必須革新過去，才能從中學習。這正是時尚設計師讚揚其最新作品優點時，所宣揚的主張。但是，班雅明也認同馬克思關於服飾（或是大衣）的某些附帶條件。在當下，革命的誘因只會出現在資本家的世界；一旦這個可能性在「開放的歷史天空下」得到滿足，也就是在後革命時期歷史意識被歷史唯物主義觀點所強化，那麼時尚就成了現代性的典範，以及必要變革的實質指標。

班雅明引用的老虎跳躍的歷史案例出自於馬克思所寫的《路易‧波拿巴的霧月十八日》（ *The Eighteenth Brumaire of Louis Bonaparte* ）的開門頁，這本書探討的主題是法國於1848年發生的革命。

> 人們創造自己的歷史，但並非隨著自己的意願去創造；並非在自己選定的環境下去創造，而是在他們被迫直接面對、既定的、從過去繼承而來的條件下去創造……當他們忙著革新自我與事物、創造某個不曾存在的事物，正是在這革命危機時刻，他們焦慮地急於召喚過去的幽靈，為他們服務，借用過去的名字、口號、服裝，穿上這身歷史悠久的服裝以及借用來的語言，演出新的世界歷史劇幕。因此路德戴上保羅使徒的面具、1789到1814年的革命打著羅馬共和國以及羅馬帝國的名號，1848年則只會愚蠢地模仿1789的革命，時而又模仿起1793到1795的革命傳統。（Marx 1979: 103-104）

引用過去革命的想法，或是班雅明所說的服裝風格的借用（從社會的陽性革命到服裝的陰性革命），似乎只存在於資本社會。一旦天空「打開了」，「始終如一」（ever-same）的負面無限終將被打破，符合真實的歷史意識足以承受邁向自由的最後一躍。若這意味著必須與時尚分道揚鑣，摒棄設計與穿衣的詩學藝術以及引用，那麼便會引發相對應的矛盾：時尚將過去曾被挑戰與克服的負面面向視覺化，但這負面面向卻有可能導致時尚走向死亡。這種矛盾並非新的發現。如同齊美爾（Georg Simmel，1858-1918，德國古典社會學大師，與馬克思、韋伯[Marx Weber]並稱現代資本主義理論三大經典思想家）所說，一旦

時尚變得大眾化，注定走向死亡，而後在相同的時刻再度重生，重新開啟服裝潮流的另一個循環，媒體大肆宣揚，大眾競相跟隨，而此時正是時尚死亡的開始。（Simmel 1904: 138-139）

《老虎跳躍》除了是理解時尚潛力的重要讀物之外，它也反映了服裝的四種不同意義：1. 借用過去的服裝風格，打破歷史的連續性，讓時尚變得更加瞬息萬變、超越歷史；2. 就借用本身而言，時尚是傲慢的；它完全獨立於可辨識的內容之外──也因此得以進一步延伸其他的詮釋；3. 在一種想像的、「過時的」情況下，時尚最能引起情感共鳴；像是「五年前的衣服」（如同班雅明對應超現實主義的描述）（Benjamin 1991a: 1031）這種對於不再流行的過去的描寫，最能激發人的想像，以及班雅明的個別史料調查所需的幻景（phantasmagoria）；4. 班雅明認為「老虎跳躍」具有辯證特性；它遵循了黑格爾、恩格斯、馬克思與盧卡奇（George Lukács，1885-1971，匈牙利哲學家、美學家、文學史家與文藝批評家）的哲學傳統。

透過服裝風格的借用，時尚將永恆或「經典」理想的命題與它本有的短暫反命題相互融合。時尚的跳躍必須借用過去以延續現時，在此情況下，永恆與瞬息之間的對立便不再存在。因此，超歷史觀點認為時尚既不依附永恆，例如某個美學理想，也不遵循歷史的連續演進。藉由老虎跳躍，時尚得以從現代跳躍入古代，而後再回到當代，無需定著在某個時期或美學型態。這也促成了看待歷史發展的新觀點形成。在開放的歷史天空下，加上辯證意象，老虎跳躍代表了一種聚合（convergence），而其本質則是一場革命。

也的粉絲說他的系列作品充滿原創性、豐富且光芒四射；毒舌派人士則說那是誇張的低俗之作、令人厭煩的賣弄。不過有一點是相當清楚的：極簡主義者裡面絕對找不到克利斯瓊‧拉克華的作品。他的高級訂製服創作中過度使用絲絨、絲、首飾和蕾絲，令人想起十七與十八世紀法國宮廷那種奢華的富麗堂皇。

拉克華在蒙特佩利爾研讀藝術史，他的職業生涯剛開始是以博物館館長或舞台設計師為目標。1973年，他搬到巴黎進行十七世紀服裝的論文寫作。開始從事設計之後，他日後的太太芳絲華（Françoise）鼓勵他繼續創作。

拉克華在1978年跨出進入時尚世界的第一步。他在愛馬仕擔任助理，接著為東京的皇室工作（與皇室裁縫師共事），然後在一九八〇年代初期成為巴度公司（House of Patou）的設計師。這是個勇氣十足的舉動——當時的高級訂製服乏味而陳腐，小康中產階級的時尚主流是寬肩類型，全都是從同樣的布料裁剪出來，再搭配剪裁嚴謹的設計師西裝。拉克華宛如歌劇服裝的創作似乎沒有發揮的空間，但結果他的作品卻大獲成功。他在1986年勇奪聲譽卓著的金頂針獎（Golden Thimble），並於1988年再度論元，不過這次卻是以他自己的品牌系列作品得獎。

克利斯瓊‧拉克華的訂製服公司成立於1987年，出資人則是LVHM集團傳奇多金的董事長伯納德‧阿諾特（Bernard Arnault）。根據某些歷史學家的說法，拉克華第一次推出的系列作品，引起的騷動不下於第二次世界大戰之後迪奧晚期的「新風格」（New Look）。這種說法或許有點誇張；不過拉克華的豐富風格、結合了昂貴材質（有些用各種設計予以加強），以及大膽的用色，贏得了媒體與大眾的極力好評。有個典型的例子就是打褶膨膨裙（pouf），亦即長度在膝蓋以上的燈籠裙，而且主要是由拉克華最鍾愛的白髮模特兒瑪麗‧馬丁妮茲-塞茲內克（Marie Martinez-Seznec）展示。美國時裝設計師協會在1987年封他為最具有影響力的外國設計師。

早在一九八〇年代晚期，拉克華的訂製服系列便增加了第一個成衣系列以及配件產品線，一九九〇年代則推出木間的Bazaar系列、克利斯瓊‧拉克華牛仔，以及一系列的居家織品。2004年則推出第一個男裝系列。

拉克華的第一款香水C'est la vie（1990）並不成功，幾年後也悄悄地下市。自此他便著手研發一種男女款皆有的

2002年，拉克華擔任普奇（Pucci）的藝術總監。

除了時裝系列之外，拉克華也設計劇場和歌劇服裝，包括《蕩婦卡門》（尼姆）和《費德爾》（巴黎）。

參考資料

Baudot, François. Christian Lacroix. London: Thames & Hudson, 1997.

Seeling, Charlotte. Mode: De eeuw van de ontwerper. Cologne: Könemann, 2000.

圖片：

1. 克利斯瓊‧拉克華，瑪麗‧馬丁妮茲‧塞茲內克穿著打褶蓬蓬裙，1987年系列

2. 克利斯瓊‧拉克華，首次高級訂製服系列的洋裝與圍裙，1987年春夏

5. 尤金・德拉克洛瓦（Eugene Delacroix），「自由領導人民」
（Liberty Guides the People）（局部），1830年，帆布油畫，
259 x 325cm，巴黎羅浮宮美術館收藏。

6. 弗拉迪米爾・洛林斯基（Vladimir I. Lozlinsky），「法國人民
公社的死者在蘇維埃紅旗之下復甦」（The dead of the Paris
Commune Have Been Resurrected Under the Red Banner of
the Soviets），1921年，油氈版畫，72 x 47.7cm，聖彼得堡
俄羅斯國立美術館。

馬克思和班雅明在歷史引證中所見到的「虎躍」，在此視覺化
為兩份政治宣言的圖畫，而兩者間幾乎相隔了一個世紀。

革命——在歷史上總是稍縱即逝——的概
念引用自過去，如同時尚將馬克思的政治思
想應用在美學研究一般。政治爭議的具體化
以及社會的抽象化必定與最新的服裝樣式有
關，因為時尚以強有力的方式體現了資本主義
的架構。突然之間，來自過去、短暫存在的實
體，透過風格的引用，在自身的影響力之中被
孤立，而後被丟入現時。歷史學家跳躍了一大
步，在消逝已久的過往中找到瞬間與即時。在
德文，Katzensprung（貓跳）這個字指的是某
樣東西非常接近，僅有箭步之隔。在《老虎跳
躍》中，體型更大、更兇殘的老虎大步一躍，
而後在距離遙遠的某個定點落地，靜止不動，
歷史唯物主義方法自此找到了精準、符合詩意
的隱喻。

原始跳躍

在探討了班雅明對時尚的認知背後的某些想
法之後，接下來我想說明，從歷史唯物主義到
班雅明的觀點，關於形象的發展。

在唯物主義思考中，「跳躍」的概念其實源
自於恩格斯的詮釋，而非馬克思，而後在黑格
爾的著作中得到進一步發展，特別是他對於客
觀與自然法則的詮釋。馬克思主義理論中，最
早運用大跳躍，取代過去曾使用過、更具實驗
性質的「轉變」（Umschlag）一詞，是在恩格
斯於1858年七月從曼徹斯特紡織廠寫給人在
倫敦的馬克思的信件中：

這是可以確定的，比較生理學讓我們有理由蔑
視人類面對其他動物時展現出的完美自大……
黑格爾提出的數量序列中的質的躍升亦完全符

合。（Engels 1983: 327）

在《共產黨宣言》（Communist Manifesto）中，所謂「質的躍升」指的正是以下這句名言：「一切堅固的東西都已煙消雲散。」大自然的演進從來就不是連續性的；而是一連串的跳躍式演進，最明顯的跳躍就發生在物體（元素或組成結構）的形式破除了連續性，呈現完全不同的狀態；例如，水會逐漸變熱，直到蒸發為止（Engels 1987a: 61）

不過黑格爾道德學中的理想主義僅是辯證唯物主義的一部分。恩格斯必須將他閱讀的黑格爾辯證內容應用至社會政治歷史。在他於巴黎為《社會主義評論》（La Revue soicaliste）期刊重新撰寫的一篇論文中他首次提到，跳躍可被認定為革命事件（Engels 1987b: 270），之後這意象被班雅明用來挑戰歷史主義的觀點，正如先前我們所看到的，班雅明運用時尚作為最重要的例子。然而，恩格斯卻認為商品將會嚴重阻礙人類社會走向「自由國度」，言外之意是指商品化物品支配了消費主體。

在資本主義社會，沒有任何商品像服裝這般明顯。它的短暫特性、不斷追求樣式的更新，需要持續的消費。對一般消費者來說，追隨流行就代表了必須不斷重新儲藏他的服裝。很明顯地，就歷史唯物主義觀點，經過大跳躍之後，我們便可擺脫對於最新流行服飾的依賴。因此諷刺的是，班雅明應該將解放時尚的老虎跳躍作為對歷史提出革命性挑戰的工具。

對恩格斯而言，透過刻意打破歷史演進的連續性（也就是透過革命）的烏托邦社會主義

解放構想，就科學與哲學觀點而言，是建立在人類環境的辯證跳躍的基礎之上。然而，理論基礎的錯綜複雜並無法滿足某些馬克思主義的批評者。對於遲遲不發動革命，他們越來越感到不耐。盧卡奇在1919年發表的〈歷史唯物主義功能的變遷〉（The Changing Function of Historical Materialism）演講中說道：

> 辯證法的基本教條：「並非人的良知決定他的存在，相反地，是他的社會存在決定了他的良知」，這必然會產生以下的結果——若被正確地解讀——在革命的轉捩點，全新的範疇、經濟結構的翻新、演進方向的改變（例如跳躍的範疇）都必須認真地加以考量（Lukács 1971: 249）。

盧卡奇界定了跳躍的社會經濟意涵。對他而言，跳躍不僅是因為體現了「自然的辯證法則」而具有辯證性，更是因為它本身的行為是辯證性的。他強調，跳躍並非一次性的行為，「突如其來，沒有事先預告，瞬間便造成人類歷史上最偉大的改變」，而是原本已存在的事物就已預示（Hegel 1929: 390）。正如同時尚，跳躍必須符合社會流程，而且是「有意識地理解每個時刻」，有意識地加速朝向流程演進的必要方向，跳躍的特性才得以被保存。它要讓內在的結構變得可見，而歷史早已預示了這些結構。為了揭露歷史演進的真實原因，跳躍必須「早於流程一步，此外出於自身需要，革命得避開『內在本有的怪獸』，這預示了它的不穩定，最終不得不折衷妥協」（Lukács 1971: 250）。

在他更早之前的演說中，盧卡奇確立了恩格

斯與馬克思對於跳躍（最初源自於黑格爾的觀點）的看法是合理的。我們可因此看到這與班雅明的歷史跳躍之間存在著明顯關聯。對盧卡奇而言，這段引文只是更進一步地分析革命的運作，但是對班雅明來說，它卻能「清除天空」，激發人們對於主體以及文化客體的歷史認知產生新的觀點。盧卡斯在布達佩斯的一場演說，之後刊登於1923年出版的《歷史與階級意識》（*History and Class Consciousness*）德文版，書中班雅明寫道：

> 對馬克思與恩格斯而言，「從必要跳躍至自由」與其說是美麗的形容，不如說是抽象而空洞的願景，只是一連串易於被傳頌、華而不實的詞彙，成功阻止現代的批評，但缺乏系統性的承諾。我們應該清楚且有意識地在理智上去理解歷史所選擇的路徑以及方法論的內在意涵，才能深入解釋當前的問題。」（inid.: 247）

跳躍的概念有助於我們了解「歷史所選擇的路徑」的想法，必定在班雅明的耳中反覆響起。他在其中看到了將批評規格化的可能性，不僅僅是歷史「演進」、推進資本主義、人類條件的客觀化以及人類彼此疏離的方式，還包括資本主義歷史於十九世紀與二十世紀初期自我改寫的方式。班雅明清楚，這是他的大好機會，挑戰社會經濟結構的勞動形態，透過線性歷史演進觀點的傳遞，為資本主義辯解。因為他的批評目標主要是文化，因此班雅明必須認知這是很好的諷刺，運用現代性最重要的商品，也就是時尚，體現他的挑戰。

班雅明提及盧卡奇的想法，認為馬克思和恩格斯的批評只是美麗的裝飾品，他運用了最富

7. 馬克思・恩斯特（Max Ernst），「男人與裸女」（Man and Nude Woman），1929年。紙上拼貼，14.3 x 11.2 cm，巴黎私人收藏。
恩斯特運用了流行雜誌上的插畫小說、商業目錄、十九世紀的醫學論文等作為他拼貼作品的原始材料，喚起了資產階級表層下的某種無意識集合性。

有意味的元素來美化生命——裝飾人類的形式——並作為他的隱喻；也因此導致他的論點變得模糊不清、晦澀難解，但是卻賦予了班雅明在政治與藝術中一直尋求的詩意。

服裝記憶

對班雅明而言，服裝時尚促使歷史朝向更繁榮的方向演進，因為透過技術發展、生產流程的簡化、消費環境的更加便利，更多人可以擁有更複雜、更奢華、更精緻的衣服。紡織機器、更先進的版型、新的百貨公司並沒有讓西方資本主義成為更平等的社會，反而因為所能購買的商品不同而加深社會階級的分化。要達到所謂的平等，既不是法律之前的平等，也不是接觸文化表達管道的平等，而是取得商品化物品的平等。

不過對班雅明來說，至少時尚在那精緻刺繡的袖口展現出它的典範特質。班雅明將馬克思與恩格斯的看法結合自己對於波特萊爾、普魯斯特（他有翻譯與分析普魯斯特的作品）的深入理解，引用了衣服擁有「自主性記憶」的說法，作為現代性的特性。

在時尚界，引用是一種服裝記憶——創造了複雜精細的短暫關係以及形而上的體驗。對班雅明而言，在他的家鄉法國與德國語言中，現代性／時尚這兩個字有非常緊密的詞源關係，在結構上其中一個字包含了另一個字。時尚必須透過引用去改寫，甚至架構自己的歷史。這並非是為了掩飾過去的不完美或是風格罪惡，而是容許服裝基調的改變，借用過去的風格，重新評估其自身對現時的影響力。過往因為現時而被活化，而且重要的是，在時尚設計，現時會快速地調整自己，與自身的過去達成一致。

就服裝而言，最新的潮流一旦觸及更廣大的受眾，就被認為是過時的（cf Simmel）。時尚先鋒體認到，所謂的現時其實已是歷史，因為服裝產業的變動越來越快速，設計師的形象與地位才是讓新的設計、借用、徹底的模仿具有獨特性的重要因素，而非創作出在時間點上是最新流行的設計。

就唯物主義的評論者來說，服裝借用使得超現代現時與史前過去之間形成了辯證關係，前者指的是二十世紀服裝的最新流行，後者指的則是十九世紀資本主義現代性，它界定了時尚的社會與歷史意義。施密特（Alfred Schmidt，1931-，德國哲學家與社會學家）在他的《歷史與結構》（*History and Structure*）中寫道，馬克思「反對的是資本主義日常生活中的物化、假客觀結構，他追求的是讓那被結構凍結的歷史再度回到人們的生活；他所面對的是人為造作、變形扭曲的現實。」（Schmidt 1981: 61）

就如同資本（capital）並非只是單純的物質事實，而是存在兩人之間的關係，歷史發展也必須透過人類的行為與顯現才得以被記憶、有生命。在班雅明的《老虎跳躍》文章中提到的事件要能體現，必須透過服裝，在歷史主角之間建立有形的關係。同樣地，服裝借用是其中的關鍵。正如同馬克思所言，法國於1830年與1848年發生的七月與二月革命，均試圖回到1789年的源頭，借用當時的道德與倫理訴求。馬克思寫道，「就像時尚借用過去的服裝風格一樣。」對許多人而言，古羅馬理想一再被提起，並成為法國革命的效法典範；但對

其他人來說，正如同你在1800年之後的帝國時尚所觀察到的，過去的革命主要是服裝，充滿了魅力與當代之美。

藝術與時尚

老虎跳躍的核心仍在於對歷史演進的線性觀點提出批判。透過對歷史主義的挑戰，班雅明期望消除他內心的恐懼：植基於資本主義經濟的現代性可能會運用時尚，使其得以適應二十世紀前十年前衛派推動新運動或意料之外的行動時所帶來的衝擊。班雅明的好友阿多諾（Theodor W. Adorno，1903-1969，德國出生的社會學家、哲學家、音樂學家與作曲家）借用了班雅明的詮釋觀點寫道：「時尚是藝術永遠的告白，藝術無法達到當下的理想。」（Adorno 1984: 436）

我們無法完全切割時尚與藝術，如同資本家偏愛的「藝術如宗教」（Kunstreligion）的說法，也就是所謂的短暫與崇高之間的區別。阿多諾認為，藝術家，也就是所謂的美學主體，在前衛派的爭論中將自我隔離於社會之外。在現代性當中，藝術透過時尚與「客體精神」（objective spirit）溝通，但這客體精神有可能會被偽造或墮落。對阿多諾而言，藝術無法維繫先前理論所提到的武斷性與無意識特性。藝術完全是人為操作的結果，但同時獨立於需求之外，雖然需求必定會在某個時點納入方程式中，因為我們討論的主題是屬於資本主義的範疇。

阿多諾強調，在獨佔時期，消費者的操作成為產品製造的社交關係的主流原型，因此在社會與文化面，時尚形成一股客體力量。阿多諾引用了黑格爾的觀點，黑格爾在其所寫的《美學》（Lectures on Aesthetics）中提到，藝術的任務在於整合與其本質相異的事物。然而，正因為這種整合的可能性使得藝術的面貌陷入模糊，此時時尚開始介入，試圖整合異質性、具體化、或是客觀化文化本身的系統化。因此阿多諾認為，如果藝術希望避免被出賣，就必須抵抗時尚，但同時它必須吸納與接受時尚，才不至於無視於社會與文化存在的重要動力，例如進步與競爭。不過，由於阿多諾依據的是班雅明選定的文化環境（topoi），因此可想而知他對於曾被波特萊爾譽為「現代生活畫家」（painter of modern life）的康斯坦丁・蓋斯（Constantin Guys，1802-1892，法國寫實主義畫家與戰地記者）讚美有加，認為他是真正的現代藝術家，專注於短暫，卻仍保有自我的權力。阿多諾遵循馬克思與齊美爾的觀察：

> 在主體精神面對社會客體性逐漸失去權力的年代，時尚顯現了主體精神內社會客體性的剩餘，痛苦地自我遠離，並破除主體精神僅是在己存有（being-in-itself）的錯覺。不顧其他人的鄙視，時尚採取的最強有力的回應方式便是參與適合的、充滿歷史氛圍的個別運動……藉由時尚，藝術得以與它曾正式宣告放棄的東西共眠，並獲得力量，否則這股力量將因藝術所取決的放棄聲明而枯竭。藝術是幻覺，僅是給可見軀體穿戴的服裝。時尚則是服裝的絕對標準。」（Adorno 1984: 436）

如同齊美爾在《金錢哲學》（Philosophy of Money）中所認定的，藉由將客體精神置入主體精神中，主體與客體之間的隔閡便能消除，儘管阿多諾批評齊美爾的「生命哲學」過於含

糊，不過他和班雅明均認同上述的觀點。對這三人來說，時尚具有歷史矯正的作用，甚至更重要的，具有詮釋潛能（雖然程度有所不同）。它完美地將客體注入個別的主體中。顯然地，時尚主導了服裝，同時也超越了服裝。因此與傳統對於文化客體的評估相反的是，在現代性範疇，藝術僅能「裝扮」社會或歷史，時尚則是代表其自身的絕對最高原則。

流行的商品

班雅明認為，過去的時代存有許多未曾實現的期望。「過去遺留下秘密的標示，等待救贖。」他在一九三○年代晚期寫道（Benjamin 1991e: 693）。急於等待未來來臨的現時必須記得過去，並實現曾有過的期望。對班雅明來說，偏愛古代或現代的爭論或意識形態的對立並不存在，而是古代與現代融入客體當中——這對於時尚的跳躍潛能來說是正面的，但是對於十九世紀巴黎的商品化社會卻造成負面的影響。這也是為何在班雅明的辯證意象，也就是老虎跳躍中，衝突的元素相互交疊。

在這些意象中，古代因為現代（美學）的詮釋而凝結。其中包含了一再重複過去錯誤的威脅，以及作為制衡現代物化社會、疏離人群的破壞潛能的總體力量。這股力量便是班雅明所說的「救贖」。這不同於在過去世紀商品殘留物中發現的神秘特質。（可參考超現實主義，特別是路易·阿拉貢（Louis Aragon）的小說）。當時尚運用這些殘餘物，借用過去服裝風格，創作新風格，便是在知識層次上視覺化與物質化由班雅明的辯證意象所激發的需求。

在一封寫於1935年的信件中，阿多諾曾對班雅明的這項觀點提出質疑。他質疑所謂的救贖以及商品含有的神秘特性。

> 將商品理解為辯證意象，等同於將其視為自我死亡與「廢棄」的動機，而不是將其視為單純的回歸老舊。一方面，商品是遠離其初始原點的客體，因此它的使用價值已開始遞減，另一方面，它是商品化是倖存的客體，因為與其源頭疏離，而超脫自身的即時性（immediacy）。
> （Scholem and Aorno 1994: 497-498）

當我們在探討將過時服裝認知為具有引用功能或僅是具有歷史趣味、一再自我重複，必須將其以上兩種角色均視為商品。一八八○年代的臀墊裙服裝便是一種商品，當人們不再穿著這種裙子，只能在特別場合的裝扮或戲劇中看到它的出現，那麼它的使用價值便歸於零。但另一方面，如果人們穿上引用自過去服裝的臀墊裙服裝（例如先前提到的拉克魯瓦的設計），根據阿多諾的說法，我們所穿著的其實是「超脫其自身即時性」的一件商品，遠離其初始原點，因為現時而被活化。很明顯地，真正流行的設計絕不僅僅是希望為了現時而存有；如果它無法克服這層阻礙，就如同我門之前早已看到的，它將不再是時尚，而是成為具備另一種功能的物件，也許是有其自由意志的崇高「藝術品」。

然而，時尚商品可以做到的是，唯有透過提前死亡、無止盡地自我翻新，才能真正超脫死亡的命運。一旦設計被服裝主流所接受，真正的創新便逝去，創造或推行新風格或樣貌的流程再度啟動。（服飾）歷史的以飛快的速度一點一滴被改寫，藉由持續的自我滅絕，時尚完

帕昆夫人（Madame Paquin）

生於1869年（法國聖但尼），卒於1936年（法國巴黎）

帕昆夫人本名珍妮·貝克斯（Jeanne Beckers），1869年生於法國。她和先生自稱帕昆先生與夫人。帕昆夫人在巴黎知名的梅森·羅夫（Maison Rouff）服裝公司接受訓練，一八九〇年代初期，這對夫婦成立了他們自己的服裝公司，帕昆先生將精神專注於公司的經營層面，帕昆夫人則負責設計工作。

帕昆夫人很快便以精湛的手藝而聞名，並將當時盛行的輕淡色調換成生動活潑的色彩。她非常喜愛奢華與高品質的材質，例如毛皮和蕾絲，也經常將之運用在自己的設計當中。當時的人認為她的設計不算創新，因為他們謹守傳統的S曲線。帕昆從過往汲取靈感，而那正好與當時的時代精神一致。十八世紀是她絕佳的範例，尤其是法國大革命的典型。她創作出浪漫的晚禮服，在風格上直指那個年代，有時候甚至連名稱也是如此。她就像一個世紀之前的同胞一樣，從古典事物中尋求靈感。

在倫敦開設第二家店之後，帕昆成為第一家在其他國家成立分店的服裝公司，接著布宜諾斯艾利斯、馬德里和紐約的分店也陸續開幕。1900年，帕昆夫人受邀為巴黎世界博覽會挑選與會的女裝設計師。將這個責任交給女性被認為是一件相當了不起的事情，因為當時的高級訂製服界依然由男性主導。

她的名聲主要來自她著名的發表方式。早在1910年，帕昆夫人就讓女人穿著她的設計作品在公眾活動期間四處展示。她派出模特兒巡迴美國各地炫耀她的服裝，還在倫敦舉辦第一場搭配音樂的時裝秀。帕昆夫人和保羅·波瓦雷（Paul Poiret）一樣，將常與藝術家合作，像是喬治·巴爾比耶（George Barbier）以及保羅·伊瑞比（Paul Iribe）。當帕昆先生在1919年過世之後，她決定將公司藝術指導的工作交給一位瑪德琳小姐。1936年，帕昆夫人與世長辭，公司仍然繼續經營，直到1953年與沃斯（Worth）合併。沃斯公司後來在1956年結束營業。

參考資料

Sirop, D., *Paquin*. Paris: Edition Adam Biro, 1989.

圖片：

1. 帕昆夫人，洋裝，1907年，攝影：博斯森納斯（Boissonnas）與塔波尼爾（Taponier）為Modes雜誌所拍攝
2. 帕昆夫人，洋裝，1940年，攝影：曼·雷（Man Ray）為Harpers Bazaar雜誌所拍攝
3. 帕昆夫人，皮草晚禮服，1938年，攝影：安德烈·得斯特（André Durst）為Vogue雜誌所拍攝

8.

8. 格蘭威里（Jean Ignace Isidore Gerard Grandville），時尚（為「Un Autre Monde」一書所作之插畫），1844年。平版印刷，巴黎國立圖書館（Bibliotheque Nationale）。
   畫中的角色十分活潑，時尚驅動命運之輪，決定接下來的風格將如何發展、哪種服裝將再度復甦。風度翩翩的公子哥兒們對她仰慕甚切。根據格蘭威里的插畫，1992年應該可以見到法國大革命時期賈克賓帽（Jacobin）的再現。這位藝術家的預言只有些微的不正確：時間提前到了1989（大革命兩百週年紀念），當時高第耶的夏季服飾系列，顯著地著重在這頂帽子上。

9. 保羅‧波耶（Paul Boyer，年代不詳）。蒙代斯旅館（Hotel des Modes）一景的照片，1988年。右邊的兩件洋裝，是由曼森‧德雷特（Maison Deuillet）所作，中間的則是出自恩斯特‧勞得尼茲（Ernest Raudnitz）之手，牆上的的兩幅全身肖像為喬凡尼‧波迪尼（Giovanni Boldini）的作品。左邊的是「瑪爾特‧雷妮埃（Marthe Regnier）夫人肖像」（1905），以梅森‧帕昆（Maison Paquin）的晚宴裝盛裝打扮；右邊則是「邁爾‧蘭特梅（Mile Lantelme）肖像」，1907年時穿著賈克‧杜賽（Jacques Doucet）所作之整套服裝。時尚與藝術在這沙龍中並駕齊驅，是一幅比巴黎百貨公司內更複雜的時尚雕塑之展示，並顯示出法國高級訂製服裝的正式走向，展現其與藝術作品之間的一致性。

9.

美地避免了退化逆行的傾向。因此，被量身訂作僅用於作為辨證意象的商品必定是服裝，而班雅明在他的老虎跳躍中便以時尚作為例子。

　　阿多諾亦同意班雅明的觀點，因為他預見了未來問題所產生的壓力，包括在當下必須隨時準備好採取行動，並對過去負責，但同時要能覺察行動本身對未來所代表的意義。班雅明透過延展這種對於過往的覺察意識，創造了錯綜複雜、可任由選擇的未來型態、「流動的」過去（透過服裝時尚被視覺化）、以及瞬間的現在。「時尚是新事物的永恆再生。但是否能找到任何救贖的動機，特別是在時尚當中？」他問道，這是他進行史料調查時提出的重要問題（Benjamin 1991c: 677）。社會上一再重複出現的錯誤與缺點並非時尚所要考量的。但是它的「永恆再生」特性，顯示出它具備的獨特架構可用來挑戰資本主義自我宣傳時所採取的歷史認知以及自我辯解的核心。

　　對波特萊爾與班雅明而言，當現在成了瞬間，就成了「現代性」的同義詞，時尚再現的是現代性的本質（essence），而非實體（substance），因為時尚本有的短暫性格必須否定其實體，這個濃縮萃取而成的本質體現了「現時」、公開引用過去，因此建構了具引誘力的未來。班雅明對於時尚的詮釋，促使他得以結合如救世主般的過往的形而上層面以及社會歷史批評的唯物層面。後者雖受到恩格斯與馬克思對於黑格爾的批評所影響，但它並非正統的辯證，而是在辯證方法以及歷史唯物主義的應用中找到美學立足點。

　　由於焦點轉向了我所謂的詩學詮釋以及歷史唯物主軸，特別是在〈拱廊設計〉的後半段

（from c.1934 onwards），許多涉及新形式的社會、文化與歷史批評的論述雖然表面上已有所進步，但是仍處於發展中階段。不過，班雅明費盡心思要摒棄歷史主義，決心採取與歷史唯物主義完全相反的觀點。真正重要的是，建構一個錯綜複雜的歷史形態，其中發生的所有偶發事件儘管彼此相關，但發生的時間點並不存在線性連結，例如巴黎人發動的革命事件，而非遵循實證哲學觀點，膚淺地觀察十九世紀社會結構的連續發展。

　　為了做出結論，我想透過簡短的例子說明老虎跳躍的意象如何在設計師的作品當中被視覺化。這裡的「跳躍」——並非是為我的論點提供結論式的證明，而是作為視覺輔助——指的是字面上的意義，並非風格上的跳躍，例如1795與1810年間法國大革命後督政時期的服裝彰顯的是希臘羅馬民主的城市美德；而且在一百年後的設計師保羅‧波瓦雷（Paul Poiret，1879-1944，法國設計師，擅長吸收各種文化精神，尤其是中國服裝、和服、土耳其後宮女裝及俄國芭蕾舞啟發，作為創作靈感）拋棄束腹、高腰設計的服裝中又再度重現。這正好呼應了班雅明對於時尚的觀察：在歷史主義的重重阻礙中，「嗅出」並「改寫」了因為政治變化而被活化的現代。

帕昆夫人的虎躍

歷史學家米歇烈（Jules Michelet）在評論他自己所處的十九世紀時，卻開始緬懷更早世代的夢想與希望，特別是十八世紀末，也就是法國大革命的理想。當時的時尚也曾夢想著階級與性別在物質與精神上達成平等的美好未來，男性與女性激進黨員習慣穿著的無套褲以及由

印花棉布製成的男女兩用長衫正是體現這種主張。在1795年，被稱為「反叛的道德學家」（the moralist of the revolt）的尚福爾（Chamfort，1741-1794，法國作家）將服裝置於其格言的核心：「一個人寧可先小人，後君子，就如同寧可先選擇亞麻衫，而後再選擇有蕾絲邊的襯衫。」（Chamfort 1968: 82）

一個世紀之後，當代時尚選擇跳躍返回這個具革命精神的年代。法國設計師帕昆夫人（Jeanne Paquin）在她1898年的夏季作品中，公開地「改寫」歷史，其中一件設計作品便是以歷史學家的名字而命名，稱為「米歇烈」（Michelet），這是一件天藍色的禮服，上半身為裝飾有精緻刺繡的緊身馬甲。看起來就像是農夫於周日穿著的禮服的華麗版，因為帕昆夫人的品牌而顯得更為獨特：複雜的羽毛裝點在翻領處以及禮服的褶邊。對帕昆夫人而言，透過服裝設計表達對於一位歷史學家的敬意，米歇烈在法國學苑（Collége de France）發表了一系列演說，名為「透過女性教育女性」（1850），不厭其煩地強調女性服裝在社會所扮演的角色。

米歇烈對於服裝意義的認知，在龔固爾兄弟（brothers Goncourt，為 Edmond de Goncourt 與 Jules de Goncourt 兩兄弟，同為十九世紀法國自然主義作家）的日記中有所著墨，他們兄弟倆在1864年三月參加了米歇烈在巴黎寓所舉辦的慶祝活動。「我們穿著『便服』參加在米歇烈家所舉辦的舞會，所有女性都裝扮成受到壓迫的國家：波蘭、匈牙利、威尼斯等。彷彿在觀看歐洲未來即將發生的革命在舞蹈著。」（De Goncourt 1956: 25）這位中產階級歷史學家基於對政治

10. 厄文・布魯門菲爾德（Erwin Blumenfeld），「珍珠公主」（The Princess of Pearls）（為卡地亞珠寶[les Bijoux Cartier]所作之公開照），1939年，紐約瑪麗娜，申茨（Marina Schinz）收藏。布魯門菲爾德拍攝某張十九世紀時尚肖像的一部份，將負片放大，並結合一串真實的珍珠，然後再拍一次而後將其發表在1939年九月份的 Harper's Bazaar 雜誌上；它成了一個時尚嘲諷自身過往的最佳引證。

反抗的熱愛，將他對於平等與自由的承諾轉換為知識份子與上流社會舉辦一場化裝舞會。他夢想歐洲能擺脫普魯士與俄國的統治，然而他的抗議聲卻被當晚女性賓客所穿戴的絲質與雪紡綢禮服褶邊的沙沙聲給掩沒。

帕昆夫人1898年的設計作品同樣借用了歷史素材，但這次手法更為直接，取名為「羅伯斯比爾典範」（modéle Robespierre），這是一件色調暗沉的黑色禮服，大量運用絲與府綢，搭配寬版腰帶，凸顯出抑制與沉著的形象。黑色的材質與剪裁象徵了政治的嚴苛，腰帶則是代表了控制的需求，否則道德的純粹追求有可能因此逆轉為非理性的狂熱與恐懼。

兩季之後，也就是1899年的夏季，帕昆夫人又更進一步地將歷史改寫的視覺化拉到更高層次。其中一件長禮服取名為「熱月」（Thermidor），這名字原本代表的意思是法國革命時期月曆的十一月，禮服的剪裁看上去就像是由米色與白色絲質與塔夫綢布料製成的希臘羅馬圓柱體，褶襉布滿整件禮服；但沒有緊身胸衣，而是藉由複雜精細的針法凸顯胸線，這在當時是非常大膽的設計。禮服的頂端有兩件像是手絹的設計：她將兩片薄蕾絲縫入絲質禮服中，代表柯林斯雕刻圓柱的柱頂。

在以上的例子中，引用革命理想的手法，例如對於希臘羅馬公民道德的反思，並非是透過以當代觀點詮釋古希臘長袍或外袍的方式，像是督政時期的高腰禮服設計，一再變成流行。但相反地，帕昆夫人試圖要映現古代社會的構形理想。她追溯古代的建築與美學結構元素的自然源頭，例如圓柱體，然後將其應用在人體穿著的服飾上。這符合了七十年前黑格爾

在《美學》中對於時尚的要求。

> 衣裳的藝術原則就在於將其視為建築體……此外，穿著與被穿著的建築特性必須由其自身依據其機械本質所形成。我們可在完美的長者雕像中看到符合這項原則的衣裳（例如古典希臘）。特別是披風看起來就像是可任由人們在其中自由移動的房子。（Hegel 1975, II: 746-47）

「熱月」長禮服要求穿著的人必須擺出挺直與自覺的姿勢。身體移動上的限制使得每做出任何一個肢體動作都得再三思索。在經歷十九世紀後半葉誇張與過度的服裝設計——襯布、裙撐、褶邊——之後，帕昆夫人的設計反映了某種程度的嚴厲與壓抑。特別是在服裝結構（比過去更為奢華）與剪裁更凸顯出這點特性。「熱月」長禮服也顯現了時尚固有的辯證意象，原本堅固有力的直立圓柱體，應用在服裝上卻成了流動的絲質布料。然而，透過服裝的「建構」，褶襉使得布料變得畢挺，達到了同樣的象徵價值。而且因為是穿著在女性身體之上，與人類身體之間產生了高度感官的關係，它的象徵意義將更為深遠，對社會的影響也將更為即時。

班雅明在寫作〈拱廊設計〉時，特別是後期撰寫「漫談歷史概念」期間，他戰勝了歷史主義，並採用歷史唯物主義的方法，在過往的文化體系中連結有意義的軸線，創造出另一種歷史形態。時尚作為現代性的文化客體典範，人們依據再生形態分析時尚。透過老虎跳躍的意象，以辯證法重建其影響力。這種二元功能促成了物件的活化或具體化，成為政治運作

的一部分。然而，儘管表面上固守歷史唯物主義，班雅明的方法學卻更有個人風格、更難以捉摸。或許是基於某些理論上的疑慮，但可確定的是因為班雅明試圖要保留現代性的詩意美學，因此轉向歷史的建構，捨棄嚴謹的歷史唯物主義方法。他運用服裝作為隱喻凸顯了他刻意遠離馬克思的分析。然而，藉由老虎跳躍顯示時尚的辯證特性，卻讓他與馬克思之間的距離縮減到最小。

在班雅明最後的著作中，他的歷史學家身分終於得以穿上十九世紀唯物主義嚴肅而拘謹的晨禮服，鮮艷的襯裡卻凸顯了個人風格的解釋學與詩學觀點，這種風格對於時尚主體產生了同理心，促使他的哲學首次有了突破性的發展。

11.（左上）帕昆夫人,「米歇烈」設計,1898年夏,水彩畫;（右上）「羅伯斯比爾」設計,1898年夏,水彩畫;還有「熱月」設計（右下）,1898年夏,水彩畫。倫敦維多利亞＆亞伯特博物館收藏。

參考書目

Adorno, Theodor W. *Aesthetic theory*. London/New York: Routledge, 1984. (The text was written between 1966 and 1969; Gretel Adorno and Rolf Tiedemann edited the unfinished book for publication in 1973.)

Benjamin, Walter. *Das Passagen-Werk*. Vols. 1 and 2, *Gesammelte Schriften*. Frankfurt a.M.: Suhrkamp Verlag, 1982.

— 'Die Gewalt des Surrealismus', in *Gesammelte Schriften*, II.3. Frankfurt a.M.: Suhrkamp Verlag, 1991a (1928/29).

— 'Pariser Tagebuch', in *Gesammelte Schriften*, IV.1. Frankfurt a.M.: Suhrkamp Verlag, 1991b.

— 'Über den Begriff der Geschichte', in *Gesammelte Schriften*, I.2. Frankfurt a.M.: Suhrkamp Verlag, 1991c. (First published by Adorno in 1942 in New York.)

— 'Der Ursprung des deutschen Trauerspiels', in *Gesammelte Schriften*, I.1. Frankfurt a.M.: Suhrkamp Verlag, 1991d (1924/25).

— 'Zentralpark'. I.2, *Gesammelte Schriften*. Frankfurt a.M.: Suhrkamp Verlag, 1991e.

Camus, Camus. *L'Homme révolté*. Paris: Gallimard, 1951.

Chamfort, Nicolas Sébastian-Roche. *Maximes, pensées, caractères et anecdotes*. Paris: Garnier-Flammarion, 1968. (The text was begun in 1779/80 and expanded until its original publication in 1795.

Engels, Friedrich. Letter to Karl Marx, in Karl Marx and Friedrich Engels. *Collected works*. Vol. 40. London: Lawrence & Wishart, 1983.

— 'Anti-Dühring', in Karl Marx and Friedrich Engels, *Collected works*. Vol. 25. London: Lawrence & Wishart, 1987a (1876-78).

— 'The Development of Socialism from Utopia to Science', in Karl Marx and Friedrich Engels, *Collected works*. Vol. 25. London: Lawrence & Wishart, 1987b (1880).

Ferry, Jean. 'Le Tigre mondain', in *Le Mécanicien et autres contes*. Paris: Maren Sell/Calmann-Lévy, 1992 (1953). Goncourt, Jules & Edmond de. *Journal: Mémoires de la vie littéraire*. Tome II. 1864-1874. Paris: Fasquelle Flammarion, 1956.

Hegel, Georg Friedrich Wilhelm. *Aesthetics: Lectures on fine art*. Vols. I and II. Oxford: Clarendon Press, 1975.

— *Science of Logic*. Vol. 1. London: Allen & Unwin, 1929 (1812/13).

Jameson, Fredric. 'Marxism and Historicism', *New literary history* IX, no.1 (Autumn 1979): 41-73.

Lukács, Georg. *History and Class Consciousness*. London: Merlin, 1971 (1923).

Marx, Karl. *The Capital*. Vol. 1, Karl Marx and Friedrich Engels, *Collected works*, Vol. 35. London: Lawrence & Wishart, 1996. (First published in 1867; the fourth edition of 1890, edited by Engels, is generally accepted as the most authoritative.)

— *The eighteenth Brumaire of Louis Bonaparte*, in Karl Marx and Friedrich Engels, *Collected works*. Vol. 11. London: Lawrence & Wishart, 1979 (1852).

Schmidt, Alfred. *History and structure*. Cambridge, Mass./ London: The MIT Press, 1981 (1973).

Scholem, Gershom and Theodor W. Adorno, eds. *The correspondence of Walter Benjamin 1910-1940*. Chicago/ London: The University of Chicago Press, 1994 (1975).

Simmel, Georg. 'Fashion', *International Quarterly X* (October 1904): 130-155.

Smith, Gary, ed. *Benjamin: Philosophy, history, aesthetics*. Chicago/London: The University of Chicago Press, 1989.

Fashion and society
時尚與社會

瑪莉・關（Mary Quant）
生於1934年（英國倫敦）

瑪莉・關的革命性設計是「搖擺的六〇年代」（Swinging
Sixties）的時尚象徵。她在那個時期的設計與當時風行的
時尚形成根本的決裂，讓人強烈聯想到童裝，其特色包括
鮮明的色彩、圖案，以及瑪莉・關聞名世界的標誌——
雛菊，都不斷出現在她的作品上。

　　瑪莉・關在1934年出生於倫敦，並在倫敦的哥德史
密斯藝術學院（Goldsmith's College of Art）研讀藝術。
1955年，她開設了自己的精品店Bazaar，第一次販賣其
他設計師的作品，但是不久也開始銷售自己的服裝。瑪
莉・關痛恨當時的時尚，因此推出一種與之大相逕庭的
前衛風格，也就是後來所謂的「雀兒喜風格」（Chelsea
look）。沒有羊毛衫、長裙、襯裙和罩衫，不強調腰線和
胸部，只有簡單、短而直的緊身裝。

　　瑪莉・關在時尚領域的主要創新包括尼龍緊身衣、
PVC雨衣，以及最重要的迷你裙，她也因為迷你裙而創造
了歷史。她是最早鎖定時髦青少年的設計師之一；這個
目標族群的預算有限，因此她將自己服裝的價格降低。瑪
莉・關設計服裝的對象不是上層社會，而是普羅大眾。在
受到許多人崇拜的模特兒崔姬（Twiggy）的展示之下，她
向世人介紹了一種女性的新理想典型：脆弱而中性。除了
模特兒獨樹一格，瑪莉・關的時裝秀也非常與眾不同——
宛如孩童的模特兒在伸展台上隨著音樂的節拍舞動。除了
服裝，她也銷售青少女的配件和一條化妝品產品線。

　　她的設計很快就受到忙著反抗體制的青年運動的熱情
擁抱。到了1960年代中期，瑪莉・關的設計大受歡迎，
並且行銷全世界。當青年文化在六〇年代晚期走入尾聲，
瑪莉・關也失去了她在時尚界的影響力。她在一九七〇年
代晚期賣掉自己的公司，此後主要都在為其他品牌設計服
裝，並繼續經營自己的化妝品線。她的產品至今在日本依
然非常受歡迎。

參考資料
Carter, E., ed. *Mary Quant's London*. London: London
Museum, 1979.
De la Haye, Amy, ed. *The cutting edge of 50 years of British
fashion*. London: Victoria & Albert Museum, 1997.

圖片：
1.　穿著迷你裙的崔姬，1960年

吉爾斯・利波維茨基（Gilles Lipovetsky）

時尚社會的藝術與美學

1.

在這個為大眾消費與大眾傳播重新設計過的社會裡，時尚已經不再像過去數百年那樣，僅限於特定的服裝範疇。相反地，時尚現在是一種包羅萬象的過程、一種跨界現象，逐漸攻佔愈來愈多的生活領域，因此也改造了整個社會——包括實體與文化、物質習慣與論述和影像。競賽與運動、報紙與電視、廣告與設計、健康與食物、出版、管理，甚至倫理（為援助非洲飢荒而舉辦的搖滾演唱會和唱片，以及電視募款節目等等），如今全都受到時尚的影響。如果消費社會（現在已可說是超級消費社會[hyper-consumer society]）能夠用幾個特點——例如生活水準、舒適度、廣告、休閒、假日等來形容的話，那麼它在結構上也能夠這麼看：人們的生活不斷分化為更多部分，而它們正被時尚帝國所吞噬。我們現在正處於完全時尚（total fashion），或者說是超級時尚（hyper-fashion）的年代——矛盾的是，家庭的服裝花費卻愈來愈少。

我們這個年代處處都留下「時尚邏輯」（fashion logic）大幅擴張的痕跡。在消費、休閒與傳播產業當中，存在著要不斷尋找新款式與新程式、要創新、要加速改變步調的壓力。歐洲市場每年出現兩萬種新的大眾消費產品，而光是美國市場就有一萬六千種。時尚的特有現象就是新產品推出愈來愈快，連「過時」也經過規劃，而這些對於要迎合消費的經濟領域來說都是絕對必要的。

此外，邊際差異（marginal difference）的原則一向是服裝時尚的一部分，如今對於因為大量客製化，以及版本和選擇激增而面臨挑戰的各種產業部門來說，邊際差異更是至為關鍵。現在每種款式的汽車都生產數十種版本，在一九九〇年代，精工（Seiko）每個月還推出六十種左右的新款手錶。大眾行銷正逐漸被分眾行銷（segmented marketing）所取代，商品會分成許多不同的等級，選擇範圍也不斷地擴大。

於此同時，我們也見證到日常生活的全面美學化，它反映在設計、廣告影像、銷售端點與展示櫥窗佈置、內城區規劃、遺產保護，以及美容產品、刺青和整形手術的蓬勃發展上。超級消費社會的出現與美學魅力的無限擴張同時發生，而我們的日常生活在其中完全受到了操控。形體、空間與身體的美化伴隨著一種誘惑的過程，而這種過程植基於在輕鬆幽默、年輕酷炫、性感時髦的氛圍中，擁有多樣的選擇和自主性。現在，日常生活全面向歡樂、休

3. 在海灘上慢跑的女性

閒、欣喜、把握當下的生活風氣靠攏——「當下」正是時尚的主要時間框架。歡樂購物與「零售娛樂」(retailtainment)、城市的劇場化(theatricisation)與多感官設計、文化活動與無止盡的派對：無所不在的時尚誘引邏輯目前正在重新設計都市生活的分佈、目標與整體面貌。時尚的三個獨特要素——短暫性、微小差異以及誘引，已經不再僅限於社會某部分，而是整體超級消費社會的構成原則[1]。

這隨即引發了一個問題：超級時尚帝國會擴張到什麼程度。尤其，它是如何成功改變藝術世界的面貌？它有什麼新的特徵，又是如何被人理解？在這個誘惑、行銷和完全時尚盛行的年代裡，美學經驗代表著什麼意義？我將試圖在接下來幾頁當中回答這些問題。

藝術：超級時尚

根據古典派的觀點，藝術與時尚之間的界線是涇渭分明的。時尚產業不脫追求銷售量與利潤；藝術原則上則是受到非商業精神所支配。時尚會過時；藝術是永恆的。時尚屬於大眾；藝術比較不容易接近。時尚意味著一致性；現代藝術重視原創性與獨特性。時尚膚淺、無益、無足輕重；藝術則具有深層意涵，能提升美學素養。

這些界線至今似乎依舊存在。從它們的生產方法（工業體系相對於個人創作）、參考系統（商業主義相對於純粹創作）、展示場所（商店相對於博物館、藝廊與藝術中心）以及宣傳管道（女性雜誌相對於藝術期刊）來看，時尚與藝術依然是兩個天差地別的世界。然而有誰不知道，藝術和時尚之間的那條分隔線已經

變得多麼模糊了呢?在一個完全時尚體系中,這些界線已經不再清晰而絕對。以下就是許多例證中的幾個。

藝術博物館快速激增,但如今它們主要是以觀光與大眾娛樂為訴求。既然有愈來愈多的流行銷售管道談到「體驗消費」(表演、比賽、休閒、觀光等)以及「行銷體驗」[2],藝術中心便不再只是舉行作品展供人欣賞,而是要讓人體驗,產生興奮感和特定的情緒。畢卡索現在已經成為一種汽車的名稱,索爾・勒維特(Sol LeWitt)也為香水設計包裝。品牌不遺餘力地透過容易辨識的商標和Logo來強化自己的形象,某些當代藝術家似乎也無止盡地重複可辨識的風格和技巧來推銷自己。博物館和展覽愈是不將自己視為讓人們前來膜拜的美之聖殿,時尚類型的藝術就愈能強而有力地突顯出來。歷史已經翻過一頁:涇渭分明的時代已經過去,舊時的區分逐漸模糊,這是一種不確定的過程,它正將藝術變成時尚。

當然,這一切都不是什麼新鮮事。在十九世紀中葉,波特萊爾就已經明白地將美學的現代性與時尚、短暫、瞬間的事物連結在一起(Baudelaire, 1955)。後來,受到前衛派藝術的激勵,人們對「新」的崇拜加強了藝術與時尚之間的關係,因為時尚的基礎是建立在對改變的無盡追求,以及對傳統時間框架(也就是過去)的否定。

藝術的世界不再受制於傳統與對美的追求,而是像時尚一樣,為不斷更新、決裂與意外所控制。重要的是打破與過去的連續性關係,即創造破壞並創造新的開始。現代藝術一如時尚,呈現出來的面貌就像是快速成為過去

的事物加以批評,是中斷,是迅速變動的。「時尚不斷地抵銷自己」,而且「它的命運就是抹滅自己」(König, 1969: 95-96),前衛派藝術的現代性也是「自我否定」和「創造性的自我破壞」(Paz, 1976:16),重點在於創作出絕對當代、絕對現代,且完全不參考過去(無論過去有多麼近)的作品。前衛藝術就像時尚一樣,將焦點置於現在而非過去,其作品看起來彷彿是嚴格現代性的讚美詩。在藝評家哈洛德・羅森伯格(Harold Rosenberg)所謂的「新的傳統」(the tradition of the New)(Rosenberg, 1959)之下,新的美學和日益快速的過時原則在引導時尚的走向之餘,同時也成為藝術內涵的一部分。

在此同時,現代主義藝術也以它與時尚成直接對比自居,展現其破除偶像、未來主義,以及阿多諾所說的「不妥協」(intransigent)意圖。前衛派藝術拒絕大眾品味,不理會美的美學,而支持無侷限的創作自由。它的野心是為了藝術而頌讚藝術,否則就要改變人們的生活、打破藝術與生活的藩籬、破壞博物館、讓「全人」(total man)變成真實的存在。結果呈現出來的作品深奧、不和諧、混亂且令人震驚——這正好與時尚的輕盈誘引背道而馳。時尚奠基於立即誘引的邏輯,而前衛派藝術則試圖對抗影像的戲劇性誘引、對抗美學的和諧、對抗透視敘述的魅惑。

如今呢?藝術與時尚之間的這種默許和分裂依然存在嗎?在一個誘惑無所不在的時代,這個問題亟需重新加以檢視。

首先要說明的是,目前不再有任何大型的革命性藝術運動,沒有時尚的「主義」,沒有與

4.

5.

4. 傑夫‧昆斯，〈麥可‧傑克森與巴伯斯〉（Michael Jackson and Bubbles），達吉斯喬諾收藏基金會，雅典；舊金山現代美術館與布羅德藝術基金會，加州，聖塔莫尼卡

5. 丹尼爾‧伯瑞（Daniel Buren），亞斯佩倫堡的旗子（Flags at Fort Asperen），裝置藝術，1987

6. 莫瑞吉歐‧卡特蘭（Maurizio Cattelan），〈第九個小時〉（La Nona Ora），1999年，艾曼紐佩羅坦美術館，巴黎，圖：巴塞爾美術館的裝置藝術

7. 匹皮羅提‧瑞斯特（Pipilotti Rist），〈女雨人，我被稱為一棵植物〉（Rainwoman, I Am Called a Plant），錄影裝置藝術，1999年，巴黎市立現代美術館、根特市立當代美術館、蒙特妻美術館收藏

過去的斷然切割——例如野獸派、立體派、表現主義、幾何抽象、構成主義、達達主義或超現實主義。今天，「重複」（repetition）大行其道、創作萎縮；千篇一律隨處可見，差異罕有；慣例公式屢見不鮮、美學顛覆退居冷門，這些似乎都是相當明顯的現象。單調與似曾相識的印象，比起絕對新穎的感覺來得多。如同歐塔維歐‧帕茲（Octavio Paz，1914-1998，二十世紀墨西哥著名詩人、散文作家、拉丁美洲三大詩人之一）所強調的：「前衛藝術的對立已經成為儀式性的重複：反叛轉變為過程、批評轉變為修辭、違抗轉變為儀式。」（Paz 1976: 190）我們所看到的愈來愈像是為原創而原創，一種往往最終一事無成的誇張過程。

第二，當代藝術已經失去了以往那種激怒人們的能力，逐漸傾向於擁抱徒勞與無意義，甚至是欺騙和奸詐。藝術擁有推翻的力量（抽象派作品、杜象的尿壺、達達的秀）的那種日子早已過去；如今想讓人們震驚是愈來愈困難，因為「挑釁」實質上都制度化了。「新」的原則、甚至是挑釁的原則，已經被大眾所消化吸收；事實上，再也沒有任何的反抗或憤慨，或真正的醜聞，因為人們習慣了任何事情，對於震驚幾乎已經免疫[3]。前衛派藝術不再是一個帶著革命或激進意涵、反偶像崇拜的世界；如今剩下的都是「無事不可」的共識感，也就是冷淡或無聊的結果（De Duve 1989: 107-144）。

於是，當代藝術往往變得與純奇觀或非奇觀（non-spectacular）愈來愈混淆不清，好融入時尚，融入一個過剩與酬金的世界，一切的一切都在展示；一個缺乏標準、缺乏較高理想的

獨裁世界。當一切都可以是藝術，這個世界就沒有真正的投入、挑戰，或主要的對比——在失去了所有的深層意義感之後，它不再能真正地激怒任何人，也不再能真正地喚起情感或熱忱。

裝置藝術、表演藝術、偶發藝術（art happening）、極簡主義及觀念藝術作品的快速激增，暗示藝術為藝術已經進入了事件的時代、瑣碎與誇張的時代。如今藝術差不多就是一件小玩意兒——這正好就是時尚的本質。當然，這些與服裝的吸引力相距甚遠，但它卻使藝術轉變為時尚的過程更為完整，因為其中包含一種純粹的效果邏輯、免費提升的邏輯、逐漸消失的物品（原本就不是以持久為目的）的邏輯，還有在近乎虛無上出現複雜變化的邏輯，創造出一個膚淺、完全獨斷共鳴的空間，

就像時尚一樣（Clair 1983）。

這種無意義符號的過剩，這種藝術的矯枉過正，破壞了一個無用奇觀（這種奇觀看來像一種鋪張浪費）當中的所有意義。坦白講，當代藝術已經變得比時尚還像時尚，變得比時尚更膚淺、更無根據，甚至更沒有意義。藝術現在將自己視為超級時尚的示範性表現形式。當然，並非所有的當代藝術都處於相同的低標準，一定還是有高品質的作品和才華橫溢的藝術家。然而普遍說來，藝術目前正逐漸地變成一個缺乏本質、意義、弦外之音和奉獻藝術的領域。

這是種新的藝術觀點。從一開始，藝術表達的是神聖與不可知的力量，它是專制的語言，社會與政治階級的語言。藝術作品原本是要創造一種崇高感，預計帶來威望與尊敬。如

今，這種情況即將在我們眼前消失。我們來到了班雅明眼中「靈光散盡」（dissolution of the aura）的終點，藝術俗化（desublimation）與民主啟蒙的最終階段。

藝術世界現在散發出空虛、過剩和炫耀式畫價的氣質。黑格爾強調，藝術絕對不是一種「愉悅的遊戲」，因為它將普遍性與特殊性連結了起來，透過感性來表達絕對與真理。這個普遍的面向如今愈來愈少見，而藝術作品除了個別的幻想、私人的執迷與全然的主觀之外，似乎不再表達任何東西。這不禁讓人覺得，藝術已經變成一個單一、自戀的超級個人主義世界，缺乏意義或重大的集體投入。透過藝術的極端個人化，超現代時代（hyper-modern era）已經與這種精巧化和膚淺化的過程同時出現。或許，這就是黑格爾所謂的「藝術的終結」。

當然，這並不意味著藝術從此消失（史上從來沒有出現過這麼多的藝術家、藝術作品，或展示藝術的地方），而是它被無端的、膚淺的、反覆無常的時尚規則所吸納了。

日常生活的美學化

讓我們把話說清楚：藝術與時尚的超現代結合，並不是代表大量製造產品與美學品質的分割，也不代表平凡或媒體製造的庸俗獲得勝利。應該是說，它反映了日常環境的全面美學化，以及美學誘引原則的力量。流行風格無疑是商業化的、往往顯得老套而且是安全的，但這並不是說美學價值已經遭到摒棄。誠如美國工業設計師雷蒙・洛伊（Raymond Loewy）所言，既然「醜陋沒有賣點」，現在沒有任何工業產品能逃得了設計公司的注意，也躲不掉

10.

11.

對「裝飾性」誘引與外型品質的需求:風格、外觀與美學誘引如今已是「物品」生產的一部分——無論是透過設計、包裝或色彩。同樣的趨勢也能夠在品牌傳播中觀察到,而現在的廣告視覺影像則充斥著頂尖名模、美麗的胴體與臉孔、好看的畫面,以及精緻的室內裝潢。主題商店、酒吧和餐廳正努力設法在功能之外增添魅力,利用精心規劃的環境與氣氛,期望在追求概念與形象、流動與曲線、新的透明度與優雅時,能爭得一席之地。雜誌的設計不僅是為了閱讀,也要達到美學上的愉悅效果。電視頻道與攝影棚的「外觀」也經過研究以及重新設計,希望提升「美學的享受」。連美食料理都運用了外觀的魅力,例如廚師會以禪意十足、具有創意的方式來呈現食物。

此外,透過時髦的影像和較易接觸到的產品種類,奢華的複雜觀念不斷傳播出去;城市中心轉變成博物館和美學展示櫃,吸引人們日益關注遺產保護;還有美化身體、年輕人流行刺青、愈來愈普遍的整形手術等等。無論這些現象的差異有多大,它們都反映了在超級消費時尚社會當中,供給、需求以及美學實踐所掀起的漩渦。

因此,時尚文明是在日常環境與集體的渴望及行為中,美學價值民主化過程的一部分。同時,這種文明中的美學創新比較不是透過「由上而下」或「專制」來達成,而且與大眾的期望及品味較為一致。在「顧客永遠是對的」的觀念下,還有感性消費的崛起,我們已經從「貴族美學」(在高級訂製服全盛時期展現出它的眩目風采)轉移到「行銷美學」,也就是民主時尚的最終階段「行銷時尚」。

薇薇安‧魏斯伍德（Vivienne Westwood）
生於1941年（英國格羅索普）

古怪的英國時裝設計師薇薇安‧魏斯伍德從未受過正式
的時尚教育，卻已經影響我們的時尚觀點好幾十年。魏斯
伍德出生於格羅索普，本名薇薇安‧伊莎貝爾‧史懷爾
（Vivienne Isabel Swire）。她曾經短暫就讀於哈洛藝術學
院（Harrow Art School），後來還在那裡擔任過教職。她
在倫敦認識了性手槍樂團（Sex Pistols）的經紀人馬爾康‧
麥克羅倫（Malcolm McLaren），兩人在1971年一起開設
了名為「讓它搖滾」（Let It Rock）的店。剛開始他們專門
販售五〇年代的服裝，但是不久之後受到龐克的啟發，便
開始賣有戀物特色的服裝：上面有大量的皮革、橡膠、鍊
子以及拉鍊。這家店與裡面銷售的服裝，和倫敦的街頭文
化有密不可分的關聯性。它的目標族群年輕、抱持無政府
主義，主要都是龐克和搖滾客。魏斯伍德很快就被封為
龐克女王，並以1976年推出的「奴隸」（Bondage）系列
震撼英國時尚圈。雖然媒體認為她的服裝不實穿，仿效之
作卻到處出現，而她的服裝店也創下驚人的業績。

　　當龐克在一九八〇年代商業化之後，魏斯伍德的興趣
也轉向時尚史和其他文化。結果，她作品當中的時尚技術
面變得愈來愈重要。她研究了歷史服裝，將古老的剪裁
原則運用在自己的設計上。在倫敦第一次舉辦伸展台發
表會的期間，她推出以十七世紀為靈感來源的海盜系列，
一年之後又推出強烈受到美洲原住民影響的「水牛女孩」
（Buffalo Girls）系列。1985年的「迷你克莉妮」（Mini-
Crini）系列則是以十七與十八世紀為基礎，維多利亞時代
風格的胸襟、硬箍襯裙和束腹隨性地與拉鍊等當代元素
結合了起來。內衣外穿，美的典型（臀部與胸部）不但強
調了出來，在魏斯伍德的眼中也是女性力量的媒介。相同
的手法在十年後的「蕩婦萬歲」（Vive La Cocotte）系列也
可以看到，其靈感來源是英國維多利亞與亞伯特博物館的
展覽品。她與麥克羅倫的合作關係在一九八〇年代初期
劃下句點，接著薇薇安‧魏斯伍德以自己的品牌展開單打
獨鬥的事業。她返回倫敦，在1987年推出以英國女王伊
莉莎白二世為靈感的哈里斯斜紋呢（Harris Tweed）系列。
她對英國時尚傳統與剪裁的喜愛，在此表露無遺。

　　接下來的十年間，歷史也在她對主題與材質選擇上扮
演了重要的角色。1990年推出的「肖像」（Portrait）系列
充滿了各種畫作的影子，而後續的系列則以二十世紀時尚
為靈感。英格蘭依舊是她喜愛的主題，在1993年的英國

1.

狂（Anglomania）系列中，她經常運用斜紋呢和格子呢等英國布料。同年，魏斯伍德推出「紅標」（Red Label）成衣產品線，還接受柏林藝術學院（Berliner Hochschule der Kunste）的邀請擔任時尚學教授。接下來的幾年，她在全世界各地開店，其中包括東京與紐約的旗艦店，也推出了男性產品線和「密室」（Boudoir）香水。

　　魏斯伍德的座右銘很實際，就是她說的「邊學邊做」。她自律甚嚴，極度重視細節。魏斯伍德偏愛傳統，但是卻會把過往轉化為當代的東西，有時候甚至是幽默的諧仿。她處理時尚的古怪手法極為成功，也在全世界各地受人仿效。2004年，維多利亞與亞伯特博物館為她舉辦作品回顧展，以表彰她的成就。

參考資料

Molyneux, M. and G. Krell. *Vivienne Westwood: Universe of fashion*. New York: Universe Publishers, 1997.

Wilcox, C. *Vivienne Westwood*. London: Victoria & Albert Museum, 2004.

圖片：

1. 薇薇安‧魏斯伍德，蕩婦萬歲系列，1995/1996年秋冬
2. 薇薇安‧魏斯伍德，裝扮系列，1991/1992年秋冬
3. 薇薇安‧魏斯伍德，英國狂系列，1993/1994年秋冬
4. 薇薇安‧魏斯伍德，形象廣告，2005年
5. 薇薇安‧魏斯伍德，奴隸系列，1976年
6. 薇薇安‧魏斯伍德，迷你克莉妮系列，1985年春夏

在這樣的環境下，傳統上那種將藝術放在崇高地位膜拜，並且摒除商業設計或所謂「次等」藝術的態度，愈來愈不容易維持，因為今天「次等」藝術往往較「高級」藝術表現得更令人驚艷。廣告經常遠比前衛派裝置藝術或表演來得有創意。順便提一下，我觀察到現在的廣告已經比藝術更具煽動性，引發大眾更多的辯論：著名的班尼頓（Benetton）形象廣告以及色情時尚（porno chic）只是其中的一些例子。比起「實驗」電影，商業電影令我覺得更具新意、更有趣，普世意義也更為豐富。時尚攝影、銷售賣場的佈置和工業設計，也讓我覺得比許多前衛派繪畫及雕塑來得有創意和前瞻性。

這並不是說創意是時尚、廣告和設計的專利，而是「高貴」與「庸俗」藝術之間的階級劃分已不復存在。再一次，工業設計、廣告或商業電影中的創意往往比前衛學院派來得多。問題已經不再是「高級」與「工業」藝術之間的對比，而是無論在哪個領域，富創意、豐富且出色的作品，與重複、累贅的作品之間的差異。廣告與設計並不會因為它們的商業性質就比較次等，而「高級」藝術也不會因為其非商業性和深奧難解而理應受到膜拜。我們必須停止以這樣的階級眼光來看待這些原本就不同的領域，重點不在作品是不是「偉大」藝術或「商業」藝術，而是作品本身：即使遵循商業法則，也可以既美麗又有創意，提供真正的美學愉悅。我們可以這麼說，這個超現代時尚的時代至少已經成功地打破了傳統的美學階級和分類。

超現代博物館與建築

想要觀察洪流般的時尚過程，不是只有從藝術作品上才看得見。展出藝術品的場所和博物館，也會遵循時尚邏輯來進行重新設計和安排。自從一九七〇年代末期開始，巴黎的龐畢度中心（Georges Pompidou Centre）便展現時尚與魅力的新優勢。當然，龐畢度中心的設計師皮亞諾（Renzo Piano）和羅傑斯（Richard Rogers）心中的構想，是1968年五月法國學生運動精神的延伸、一個反權威的設計案，希望讓所有人都能接近文化，而不僅是保留給菁英階級。高科技、透明、金屬風格的建築設計風格令人聯想到工廠或煉油廠，是個極為前衛的決定。

然而，龐畢度中心以它色彩鮮豔、體積碩大、宛如組合模型，再加上電扶梯與走道的外觀，構成了一種輕鬆、親切、易變而透明的文化景觀。皮亞諾與羅傑斯並不想興建一座與城市切割的內向型殿堂。整棟建築亟欲拋棄嚇人的傳統文化意象，擺脫博物館就是寧靜威嚴的聖殿這樣的概念。龐畢度中心不再是以啟迪心靈為目標的「大教堂」，而是「一個慶典，一個大型的都會玩具」（皮亞諾語）。

換句話說，時尚的準則（享樂主義、輕鬆愉悅、挑釁、輕浮、活力和容易接近）至此都已成為實際博物館空間的一部分。收藏藝術的建築有史以來第一次擺脫神聖性與教育性，以其工業大樓的暗示而變得輕鬆無憂。人們以逛超市的方式在這架「文化機器」中穿梭；神聖的博物館氣氛被輕鬆、享樂、互動的觀光氛圍所取代。時尚成功攻佔了博物館空間。

從此，時尚邏輯便繼續探索新的途徑，其

12. 龐畢度中心，巴黎，建築師：皮亞諾與羅傑斯
13. 發電廠，巴爾的摩（美國），購物中心

中一個驚人的例證就是位於西班牙畢爾包（Bilbao）的古根漢現代美術館（Guggenheim modern art museum）。在這裡，首度出現博物館沒有屬於自己的藝術品或展品的情況，而是向一座美國的博物館租借展品。最重要的是，它相互交錯連結的結構體和混亂無序的形式，提供了一種不可思議的都會奇觀，一個「輕鬆」而美妙的巨大結構——因為它的外觀誇張，而且看來與其主要功能沒有關係。建築師法蘭克‧蓋瑞（Frank O. Gehry）的這件傑作帶來意外、驚奇與迷醉，完全吸引了大眾的注意力：建物本身比展覽重要，容器比內容物重要。超戲劇性的建築讓這座美術館本身就成為一個事件，這艘「大型鈦船」是一件融合了藝術與時尚、精準與無度、權力與娛樂舞台美學的作品。它不再是教育性的博物館，而是

化身為魅力、情感與震撼的博物館。以上這些意見並沒有批評的意味——而且正好相反，我認為這棟有如雕塑般的建築令人興奮、啟發人心、壯麗，證明了時尚邏輯也能達到至善至美的境界。

不是只有博物館留下了時尚體系的震波，在許多當代的建築作品上也能看到。當然，從某個角度而言，沒有什麼能比工業化都市主義（industrialised urbanism）和建築更進一步地從時尚邏輯中移除。在都市邊緣或新的城鎮裡，我們目睹了醜陋、單調、缺乏詩意、毫無驚喜的空間出現，它們與時尚的愉悅及誘引完全對立。面臨同樣情況的還有為數眾多的當代大型建築，例如巴黎的拉德方斯新凱旋門（Arch at La Défense）、羅浮宮金字塔（Louvre pyramid）、巴士底歌劇院（Bastille Opera），以

及法國國家圖書館（French National Library）。這些現代的巴黎建築，形式都相當貧乏，降低到基本幾何學的水準；它們表面覆著的光滑材質和玻璃片大大地影響了形式。許多擁有帷幕外牆和玻璃結構的建築，例如法國國家圖書館，顯得脫離實體、透明、去物質化；它們的美學參考架構是帶有苦行意涵的冰冷和漸逝抽象概念。這與時尚的輕薄或歡樂戲劇性正好完全相反。

所以，時尚在這當中沒有作用嗎？當然有，不過是用不同的方式來運作。效果、形象與行銷的邏輯在此再度佔據了優勢。這些新穎大型建築的特色，就是能夠一眼看盡。它們的形式不需要一再地觀看，在瞬間就能被吸收。你會感到驚訝，但只在第一眼；情緒反應很短暫，不留痕跡。一如以往，誘引當場耗

盡（Genestier 1992）。簡而言之，這些建築就像時尚中的現象一樣，都是強而有力卻短暫的形象，無法延伸出任何的想像。人們對這些聲望卓著的建築的認知，如今也伴隨著時尚的特色——稍縱即逝的愉悅。

這樣的建築，是城市對其新需求所做出的反應；這些新需求包括管理自己的呈現方式，獲得形式簡單、容易辨識的「推銷型」建物，用立即就認得出來的象徵性景物來建立其形象和吸引觀光客——也就是現在所謂的城市品牌（city branding）。這種形象獨大的現象意味著，「嚴格」的新巨大形象竟然矛盾地近似於時尚邏輯——品牌邏輯、商標，以及推銷的影響力。

這就是整體時尚體系的力量，它已經成功地改變了我們與文化過往的關係，就整體而言，

16.

17.

14. 兒童博物館，巴爾的摩（美國），發現港
15. 古根漢美術館，畢爾包，建築師：法蘭克・蓋瑞
16. 泰特現代美術館，倫敦，外觀
17. 泰特現代美術館，倫敦，內部

也改變了我們與文化遺產的關係。超現代的時尚年代充滿矛盾，因為社會剛剛開始根據時尚邏輯來運作，時尚邏輯則與現時有關，但在遺產保護及保存的熱潮下，人們卻對過去愈來愈著迷。大型展覽吸引的參觀人數愈來愈多（在法國介於三十萬至八十萬人之間），從未參觀過博物館的法國人如今只佔百分之十五。人們有時候會開玩笑說，歐洲每天都有一座新的博物館開幕。現在每座城市都想要有一座以上自己的博物館，地方與地區當局也不斷推出成立新博物館的計畫，或是重新整修現有場館（二十年來，法國約有六百個相關計畫）。對過往的喜愛與好奇反映在各處。建構出時尚社會不是一個絕對或自給自足的現在，而是一個充滿矛盾、不斷上演及「重新發現」過往的現在。今天的一切事物幾乎都屬於

遺產與博物館循環的一部分，這是保存與「博物館化」（museification）的藉口，包括最近的「事物」在內。超現代時代是充滿遺產與紀念的時代。

超級時尚體系並未否定過往。相反地，它還恢復、保留過往，加以重新磨亮、設計，以回應現在的品味與需求。城市的中心經過妝點，轉變為觀光客消費的產品，過去的倉庫和修道院改成了文化中心、旅館、辦公室、博物館或劇院。老舊的鄉間小屋經過重新整修，保留橫樑，但卻安裝了各種現代設施——運用老舊來創新。現代時尚是「國際性」的，沒有記憶或可見的根；超現代時尚則在進行回收[4]，是新與舊的混血種。在龐畢度中心現代主義的高科技「全視外觀」之後，如今我們有了閣樓的超現代美學、記憶與過往的混合（英國倫敦的

18. 羅森（Zosen）、艾維安卓（Aviadro）與密斯特（Mister）（ONG collective），〈希望〉（Esperanza），巴塞隆納，塗鴉／街頭藝術

泰特現代美術館[Tate Modern in London]）、民主美學戲劇性的終極形式。

美學體驗、消費主義與個人主義

人們感受藝術作品的方式，與奠基於消費及娛樂的時尚社會具有相同的特徵。我們不再以近乎敬畏與沉默的態度去思考過往的作品，而是用大批觀光客的放鬆喧鬧來看待。從某個角度來看，藝術品像速食一樣被人吞食與消耗，而且快、狠、準。近期的研究顯示，每位參觀者平均只花費十五至四十秒鐘的時間欣賞賈克-路易・大衛（Jacques-Louis David, 1748-1825）的畫作《薩賓的婦女》（Les Sabines），其間的差距端視是否看了解說牌而定；而欣賞尚・奧古斯特・多明尼克・安格爾（Jean Auguste Dominique Ingres, 1780-1867）的《大宮女》（Grande Odalisque）則平均花了五到九秒鐘不等。作品中如煙飄渺的神聖氣氛已經被輕鬆、活潑的娛樂體驗所取代。

人們與藝術的關係，已經成為時尚與體驗構成的超級消費循環的一部分。在我們的社會中，藝術作品的功能是作為大眾娛樂的目標，和充滿吸引力的表演，也是休閒多元化與「殺」時間的方法。觀光客追求的無非是不斷的刺激、一秒鐘的感動與消遣娛樂的時間，而非特定的美學體驗。參觀博物館的人不再是熱愛美學思考、啟發之旅與心靈薰陶的藝術愛好者；我們現在看到的是尋找娛樂、想辦法打發閒暇時間的消費人（homo consummator）。這甚至不再是特別、明確的消費，而是本質上屬於觀光客流浪式的消費。藝術已然進入了體驗式消費主義（experiential consumerism）的時

代，亦即文化休閒大量民主化的最終階段。

人們一再說，大眾文化的特色就是極大的一致性。觀光客蜂擁至相同的「必遊」景點；他們去看「必看的東西」、廣受好評的展覽，只要是媒體上談論的、走紅受歡迎的東西都好。這不就是海德格所謂的常人（das Man），以及大衛・雷斯曼（David Riesman）所謂的他人導向個人（other-directed individual）的集體模仿行為嗎？這些的確是無法否認的，但卻也只是問題的其中一面。伴隨著一致性常人而來的，我們還能看見較以往更自由、更有個性的行為。這種個人主義是什麼？

首先，如果有集體的一致性，那麼它首先就是對當代藝術的冷漠與拒絕。對當代藝術的批評與抨擊隨處可見，而且愈來愈多，即使在藝術愛好者之間也不例外。直到一九七〇年代還有人認為，人們對前衛派藝術的反應就會像他們對印象派的反應一樣：一開始先加以嘲諷，但後來卻轉為欣賞。不過這種情況顯然並未發生，當代藝術將不會享有同等的待遇。它在未來將會有自己的支持者，但也不乏中傷者。對於美學作品的異議與反對，如今已成為結構的一部分——這也進一步證明品味的個人化已經伴隨著完全時尚的時代而來。

第二，相互矛盾的態度逐漸浮現。一方面，自一九八〇年代起對藝術發展出一種典型個人主義的、工具性的態度：投機與「商業」。然而同時間，也存在著一個或多或少建立在私人關係網絡上的藝術市場。人們購買藝術品是因為他們認識藝術家、見過他、跟他交談過、造訪過他的工作室；不是因為傳統或投機的理由購買，而是為了情感或交情上的原因。

在這樣的情況下，購買行為表達出一種私人的聯繫、一種選擇，在某個環境中以感性的方式自我定位。它反映的是一種具有表情、對使用者友善的個人主義。同樣地，這並不涉及單純的藝術愛好，因為在這一塊市場，人們經常是為了室內裝潢的目的而購買畫作。這些作品被人買下的原因主要是它們的裝飾功能，而非內在價值。我能夠理解藝術家為什麼不贊同這種態度，不過這裡的重點是，無論如何，它都是一種客製化的美學態度，也是人們與藝術關係中的一種個人化過程。

第三，雖然我們這個年代已經製造了去詩意化、冷酷、了無新意的都市空間，不過也可以視為私人空間與私人住家的裝飾逐漸變得個人化，每個人都試圖重新創造符合自己品味的客製化世界。超符碼（hyper-coded）、浮誇、低俗的中產階級禮儀與安樂的時代，已經被一種更個人化的美學追求所取代，較不受明顯受尊崇的標準所左右。這種現象可以見諸於義賣會與舊物拍賣會的大量出現、古董市場的成長、古董與現代物品的結合、海報與各類壁紙的使用變得更大量，以及「家庭與園藝」類雜誌日益受歡迎等情形。這些全都顯示，人們有日常生活集體美學化的需求，追求更客製化、更不標準化的裝飾。完全時尚的年代讓人們與住家的關係更為個人化，這是生活美學化趨勢的民主化。

第四，雖然博物館內的集體行為在性質上通常屬於觀光，而不是美學，但也不是所有行為都一模一樣。還是有人真心喜歡當代藝術，而且他們經常將它當作一種測試與思考自我的方法。根據安伯托・艾可（Umberto Eco）的

說法，當代藝術作品屬於「開放式作品」，會激發觀賞者的個人聯想與共鳴。它們不再強行灌輸單一的方向、意義或訊息，而且已經成為能夠加以回應與質疑的東西，重點不在讓人沉思。而正是這一點吸引了許多人：與藝術作品擁有私人、情感、沉思冥想的關係，同時能和朋友及其他藝術愛好者討論，彼此還能在展覽上碰面。與當代藝術的關係會帶來交流，而那是一種以極度個人化品味為基礎的社交形式。超現代時尚的年代不只是「普及化的互動限制」（generalised interactive confinement）中的影像、奇觀與膚淺——它也鼓舞了新型態的社會關係、反省與情感表達。

不乏有人抨擊當代藝術的失敗，以及臣服於文化工業、刻板形象和現成美的美學人（homo aestheticus）有多悲慘。這類的批評讓我覺得既過火又偏頗。

沒錯，現在幾乎已經不再有浮誇的作品，但是超級時尚的年代並不意味著完全的平庸和缺乏美感，亦不等同於工業或商業上的陳腔濫調。雖然的確有淺薄、制式、甜膩的藝術，但這卻不構成某些人所說的「美學的野蠻」（aesthetic barbarism）（Horkheimer and Adorno 1974: 140，以及更近期的 Mattéi 1999）。全球化的時尚體系或許也創造出美麗、動人，甚至有力量的產品。它不再生產以永恆為目標的作品，但人們的個人生活和外表（美容產品、整形手術、時尚與「新造型」）卻變得愈來愈有美感。博物館的氣氛逐漸被超級市場輕鬆的活力所取代，但是對美學體驗的喜愛卻也愈來愈民主，這反映在遺產與自然保護、熱愛旅遊、參觀博物館、喜歡奢華與裝飾，以及音樂

大受歡迎的盛況上。美學品味非但沒有式微，而且還擴展到社會上的各個層面。

並非一切都是平凡、無趣、制式、甜膩的，有許多高品質的產品也能夠創造喜悅和真實的美學情感。如果一個人能像我一樣接受美學欣賞的主觀相對論，那麼唯一重要的就是主觀反應，亦即與藝術作品接觸時所感受到的情感。人們在此忍不住會承認，大部分商業歌曲和影片所造成的共鳴，不下於不朽歌曲及影片（在集體層次上甚至有過之而無不及）。廉價的刺激感？但是它們還是讓人感動得歡笑或飆淚。那是人造的情感？那什麼又是「真實的」體驗呢？停止將時尚的歷史性勝利妖魔化的時候已經來臨，時尚絕非美學情感的墳墓，而且它正在幫助美學情感擴及整個社會。

過去多年來，現代藝術被視為不斷革命（permanent revolution）的媒介，而時尚則讓人聯想到一致性，以及形式的「永劫回歸」（eternal recurrence）。這種日子已經過去，要說有什麼區別的話，如今相反的狀況才是真確的：現在，引發最大文化與美學變化的是時尚的誘引。「高貴」的風格已經變得重複且缺乏刺激感，而時尚體系則是「二次個人主義革命」（second individualist revolution）的主要動力之一（Lipovetsky 1983）。二次個人主義革命是個人從集體習慣中解放、對末世論意識型態的不滿、階級文化的模糊，以及自助生活與主觀自主的崛起。完全時尚一方面創造出集體行為與品味，同時又使它們更為個人化、更充滿美感。藝術肩負著「改變人們的生活」的任務、時尚只是少數人奢侈品的那種時代已經過去，超現代的矛盾與諷刺在於，在藝術傾向於

與膚淺結合之際，時尚卻逐漸成為社會、美學與個人改變過程中的一個關鍵操縱因子。如今，不斷「改變人們生活」的是時尚，只是沒有造成破壞。從許多方面來看，這是值得哀悼的事——但從其他角度而言，卻也值得歡迎。

註釋

1. 關於時尚組織的詳細分析，請見Lipovetsky 1994。

2. 關於情感或體驗消費，尚可見Rifkin 2002、Lipovetsky 2003，以及Lipovetsky and Roux 2003。

3. 當代藝術真正的「成就」與「績效」是在拍賣會上所創下的紀錄，也經常受到媒體的報導。今天讓人驚訝、「震撼」或「感興趣」的不再是藝術作品的新意，而是它們令人咋舌的天價。傑夫・昆斯（Jeff Koons）的〈麥可・傑克森與巴伯斯〉（Michael Jackson and Bubbles）在蘇富比以五百六十萬美元賣出，戴米恩・赫斯特（Damien Hirst）的一件大型裝置藝術以一百零五萬美元賣出，莫瑞吉歐・卡特蘭（Maurizio Cattelan）的〈第九個小時〉（Nona Ora）則賣出三百萬美元。在完全時尚的年代，藝術家不再是流放者，而是作品名列拍賣會「熱門排行榜」的大明星。

4. 了解更多關於超現代性的概念，請見Lipovetsky and Charles 2005。

參考書目

Baudelaire, *Salon of 1846*, 'The heroism of modern life'; also 'The painter of modern life', Chapter IV. French: *Le salon de 1946*. London: Clarendon Press, 1975. English in Mayne, Jonathan, *The mirror of Art*. London: Phaidon Press, 1955.

Clair, Jean. *Considérations sur les beaux-arts*. Paris: Gallimard, 1983.

Duve, Thierry de. *Au nom de l'art*. Paris: Editions de Minuit, 1989.

Genestier, Philippe. 'Grands projets ou médiocres desseins', *Le Débat 70* (May-August 1992).

Horkheimer, Max and Theodor Adorno. *La dialectique de la raison*. Paris : Gallimard, 1974.

König, René. *Sociologie de la mode*. Paris: Payot, 1969. In English see: *A la mode. On the Social Psychology of Fashion*. New York: Seabury, 1973.

Lipovetsky, Gilles. *L'Ere du vide*. Paris: Gallimard, 1983.

— *The empire of fashion. Dressing modern democracy*. Princeton University Press, 1994.

— 'La société d'hyperconsommation', *Le Débat* 124 (March April 2003).

Lipovetsky, Gilles and Sébastien Charles. *Hypermodern times*. Cambridge: Polity Press, 2005.

Lipovetsky, Gilles and Elyette Roux. *Le Luxe éternel. De l'âge du sacré au temps des marques*. Gallimard, Paris 2003.

Mattéi, Jean-François. *La barbarie intérieure*. Paris: PUF, 1999.

Paz, Octavio. *Point de convergence*. Paris: Gallimard, 1976.

Rifkin, Jeremy. *The age of access*. New York: P. Tacher/G. P. Putnam's Sons, 2000.

Rosenberg, Harold. *The tradition of the new*. New York Horizon Press, 1959.

19. 山姆・泰倫-伍德（Sam Taylor-Wood），十五秒，賽佛瑞吉百
    貨正面的攝影裝置藝術，倫敦，2000年6月／10月

　　　　　　時尚的力量

艾瑞克・迪・凱波（Eric de Kuyper）

如果一切都是時尚，
那麼「時尚」發生了什麼事？

I

矛盾的時尚；時尚的矛盾

為什麼時尚現象持續令評論家、研究人員和理論家如此興味盎然？箇中原因或許很複雜，也有許多面向，但是我認為，它們總是與一個矛盾有關。或者，說得更精確一點，因為時尚現象體現出一個矛盾，而矛盾只要維持不被釐清的狀態，就會刺激人心，引發分析。奇怪的是，許多分析都漠視這種矛盾特質，結果就是細心建構的論點與理論性思考，輕易地就能提出反證而被加以否定。畢竟，矛盾在邏輯上是既真又假的命題[1]。

此外，流行服裝（時尚現象的衣物）是一種特別豐富的現象，非常適合檢視男性與女性的不同，因為性別差異就是它的核心。讓它更有意思的是，男性形象與女性形象的最強烈對比出現在時尚界。女性化調性的特色主要是過度、激增、緊急，女性的服裝會不斷變化，無論她是否追求時尚。這種豐富與多樣性，與男性明顯一致、缺乏變化，以及「單調」的穿著方式形成鮮明對比。兩性之間的對比在此特別顯著，造成男性或女性在利用衣著來表達其性別認同（sexual identity）的方式之間出現緊張關係。

另一個矛盾存在於時尚既短暫又持久這個事實當中。時尚一方面是個全然瑣碎的現象，特色在於輕浮（frivolity）；但另一方面，它又觸碰到我們的存在的深層核心。時尚強調暫時、片刻、短瞬，因此也揭露了它對於時間、歷史與過往的關注。作為一個哲學議題，尤瑞奇·雷曼（Ulrich Lehmann，2000）已經對它廣泛地進行過研究；他追隨波特萊爾和班雅明的腳步，將時尚視為現代性的象徵。

另一項令我格外感興趣的特性，在本質上比較屬於社會學層面：那就是個人與集體之間的緊張關係。時尚與時尚潮流會鼓勵、誘導，甚至在某種程度上強迫人們服從一種普遍被接受的服裝規範，而此規範具有短暫的本質。這就是羅蘭·巴特在他的時尚語言研究中十分貼切地傳達的訊息（Barthes 1967），他在較早發表的一篇文章中更明白地闡述過這個說法，強調流行服裝的這種規範性的本質（Barthes 1960）。根據巴特的看法，在時尚雜誌或時尚論述中可發現一種溫和式的強迫，它們會討論即將來到的時尚，於是就有某種東西被講成了事實，即使它只是一個預測的結果，例如：「今年冬季的潮流是……」。

另一個規範性的特點是人為卻被塑造成「自然」，彷彿時尚是一種自然法則，大家「必須」遵從，而且只能忍受，任何偏離時尚的東西都不自然。但是，與其他將文化事實（在此是被理解為人為事實）假定為自然事實的領域相反的，被隱匿的訊息對於被鎖定為目標的每個人，都是透明的。

時尚不是一種自然現象。整個時尚工業竭盡所能地銷售新的服裝和色彩，而且大力用新的服飾淹沒市場。這稱不上是一種自然現象，而是工業與生產的現象。

時尚包含了一種溫和形式的強迫，導致（或理應導致）人們適應——讓人有意識或無意識地要與社會規範一致。但是，時尚的規範卻也同時激起了相反的效果，即鼓動了與它遠離的需求，或至少是努力尋求差異。沒有一個女人想要體現抽象的女性特質，也沒有一個男人

如果一切都是時尚，那麼「時尚」發生了什麼事？

安‧迪穆拉米斯特（Ann Demeulemeester）
生於1959年（比利時科特賴克）

參考資料
Derycke, Luc and Sandra van de Veire, eds *Belgian fashion design*. Ghent-Amsterdam: Ludion, 1999.

圖片：
1. 安‧迪穆拉米斯特，2002/2003年秋冬系列

比利時設計師安‧迪穆拉米斯特的作品在形式上低調而簡單，色彩平衡上柔和且素雅。迪穆拉米斯特的許多系列作品中都可以看見長外套、洋裝和寬大的西裝，皮革和黑色的運用也所在多有，早期的設計尤其具有哥德風格。迪穆拉米斯特的服裝充滿了令人意想不到的細節，例如復古的蕾絲、精緻的打褶布料，讓這些設計第一眼看起來就比表面上具有更豐富的層次。然而，不要把這種對細節的重視和對於裝飾的偏好給搞混了，事實上她相當厭惡後者。迪穆拉米斯特經常利用前衛藝術圖案和剪裁技巧來進行實驗，而且喜歡不對稱，藉以表達根深柢固的完美主義。

安‧迪穆拉米斯特的風格有時候被形容為現代浪漫主義。她的設計具有當代特色，不過作品的簡單和她本身不受潮流影響的個性，又使得這些設計不因時間而褪色。她的女性形象具有後現代女性主義的特色：似是而非，而其本身則很適合現代女性：脆弱而詩意，同時也具有力量和男性氣概，因為她堅信每個女人都有陽剛的一面。我們在她早期的系列作品中尤其可以看見這一點，其設計以一九七〇年代的搖滾風格為靈感來源，還有近乎軍國主義的服裝，再搭配上戰鬥靴。近來她的設計走比較輕盈、浪漫的調性，她也將棕色與白色調運用到她的服裝上。

迪穆拉米斯特出生於1959年，1981年畢業於安特衛普皇家美術學院時裝系。職業生涯一開始，迪穆拉米斯特擔任自由設計師，不過1985年推出了自己的品牌。1987年，她與其他的「安特衛普六君子」──德里斯‧范‧諾頓（Dries van Noten）、德克‧范‧塞恩（Dirk Van Saene）、瑪琳娜‧易（Marina Yee）、德克‧比肯伯格斯（Dirk Bikkembergs）、華特‧范‧拜倫東克（Walter van Beirendonck）共同在倫敦舉辦發表會。同年，她和擔任時裝攝影師的夫婿派屈克‧羅賓（Patrick Robyn）成立BVBA 32公司，這家公司自此也成為她的設計基地；她的第一家店於1999年在安特衛普開幕。安‧迪穆拉米斯特是少數完全自主經營、不靠財團或銀行資助的獨立設計師之一，目前她的生活與工作仍舊以安特衛普為中心。

想要體現抽象的男性氣概。每個男人女人都想成為一名男性或女性的個體，而且是要被團體所接受的個體。

一個具有時尚意識的人永遠都不會老老實實地遵循時尚潮流，而是肯定會用一個小細節來暗示他或她是一個有別於眾人的個體。一個小小的脫軌象徵這個人在表示自己與那些「追隨者」不同，他們每個人都想擁有獨特的風格，無意穿「制服」。無論如何，每個時尚潮流都提供了規範，以及它潛在的變化。這通常是依靠符合基本形象的大量配件來完成。至於男裝，至少在三件式西裝風行、因而可預期性及一致性相當高的時期，由於變化十分有限，這些配件或許更為重要，也更受到注意（Barthes 1962）。

哲學家理查・沃爾海姆（Richard Wollheim）曾寫到他對父親的記憶；他父親擔任俄羅斯芭蕾舞團（Ballets Russes）團長狄亞紀列夫（Diaghilev）的經理人：

> 我從他身上學到許多事情，我也極為重視這些事。我學會早上如何挑選襯衫；我學會如何用吊襪帶撐起我的襪子；我學會如何用右手食指在領帶結上弄出一個酒窩；我學會如何摺手帕，並且先輕輕拍上古龍水再放進我的胸前口袋。最重要的是，我學到只有小心翼翼地遵守這些儀式，一個男人才有希望讓這個世界忍受自己的身體（2004: 23）。

在男性的穿著儀式當中，領帶扮演了主要的角色。沃爾海姆還記得：

> 每星期我父親都會把七條領帶，加上一、兩個領結，送到乾洗店用蒸汽熨燙一次（2004: 55）。

年輕的沃爾海姆熟記這些事情，並將襯衫製造商的名字記在腦海中。沃爾海姆繼續寫道：

> 慢慢地，我將父親的領帶和縫在領帶內的標籤聯想在一起，於是我開始相信，每當有穿著昂貴衣著的外國人在星期天到家裡來吃午餐，我就能夠藉由觀察絲的稜紋，或是點的排列方式，或是結的形狀，來得知一項他們最重要的資訊，或是他們找哪家製衣商（2004: 30）。

在普魯斯特的小說《追憶似水年華》（*A la Recherche du Temps Perdu*, 1986）裡，也能找到這類有意義的細節。夏呂斯男爵的領帶在書中有詳細的描述，因為它極細微的「紅點」為這位風格型男過分嚴肅的穿著增添了出人意料的輕浮調性。至於普魯斯特本人，就如他的管家塞萊絲特・阿爾貝雷特（Céleste Alberet）所言（1973: 286），只想接待他認識的兩位英國人（因為他覺得英國人極為無趣），那麼他才能夠研究他們的穿著。「你知道嗎，塞萊絲特，」他談到其中一個人，「他的襯衫和背心是在凡登廣場（Place Vendôme）的夏爾凡（Charvet）買的。」

規範與變異之間的平衡愈是有效地描繪出來，就被認為愈時尚。因為時尚試圖調和相對的兩面：獨特性與一致性。

存在於自我和他者之間的緊張關係，以及自我只因承蒙他者的恩賜而存在，是時尚現象中極為重要的因素。或者，正如安妮・侯蘭德（Anne Hollander）所說：

時尚無與倫比的力量要歸功於它有辦法讓每個人看起來都顯得十分獨特，甚至在所有追求流行的人都打扮得十分相像時也不例外。試圖追求獨一無二的深層需求和融入團體的深層需求，同時因為時尚而得以實現。（Hollander 1994: 38）

我不太將這一點視為特性，而寧可把它看作是時尚的一個目標、是其底層的意識型態，無論是否得以實現。這是個議題，同時也是齊美爾觀察時尚現象的焦點所在（1992）。

奧麗薇亞是個十三歲的少女，而且明顯有著強烈的時尚意識。她的朋友都是同齡的少女，而她必須鞏固自己身為一個女生、一個少女，以及一個人的地位。她已經為了學校制服存了很久的錢，因為她想要日本動畫裡的那種學校制服，她實在愛死了。可惜那是夢幻學校制服，她到目前為止還找不到。即使在學校制服的天堂倫敦也一樣，她在那裡只看到「糟糕」的制服，也就是「真正的學校制服」。她明白如果在學校必須穿制服，她就無法滿足自己那股擁有一套異國風情制服的慾望。不過現在不一樣了。到倫敦旅遊時，她在中國城買了一件中國服裝，彌補自己的失望之情。她穿起來很好看，但是我真的很想知道，在她住的下薩克森的村子裡，她會不會看起來很像一個怪胎。她想要與眾不同的心情是不是太急切了？這不會讓她覺得遭到排擠嗎？這種平衡實在不容易；穿著是一門你必須嘗試並學習的藝術。總之在青少年時期，與身體有關的一切，嘗試與錯誤就是你的宿命——與心靈有關的一切也

不例外！

在個人與群體、自我與他者之間的緊張關係中，我們體認到永遠都有需要維持這種能代表每種關係的平衡。齊美爾說它是一種「生物的」本能（1992: 106）。事實上，它一而再、再而三地在各種位置出現。在夫妻或伴侶關係中，這種平衡是努力追求孤單與成雙成對之間的理想狀態。但是，單一與集體、認同與他者性（alterity）在家庭與較大的社會團體裡，也扮演著顯著的角色。當這種平衡出了差錯，就會有立即性的威脅，以某種不安與非難的形式出現。事實上，維持這種平衡是不可能的任務，因此也是一生的任務。這種平衡有個特點，即所謂的雙重束縛（double bind）——無法與之共處，卻又少不了它。人際關係的心理或社會面向，同時也帶有哲學意味！

在倫敦買的衣服帶有「異國風情」並不意外。在尋找「異國風情」（日本）的學校制服時，她決定購買另一件東方服裝。這個選擇很極端，因此很危險，不過也洩露了一連串與衣著及隨之而來的時尚衝動有關的有趣想法與策略。那不只是跳脫了無法撼動的「時尚／非時尚」、什麼「流行」和什麼「不流行」的對立關係，還包含了一種我們可以稱之為「反時尚的態度」——不希望屈服於時尚的集體壓力；捍衛個人品味，但同時做出本質上具有美感的選擇，藉以強調一個人外表和服裝的重要性。或者如同沃爾海姆貼切的說法，「讓你的身體為這個世界所接受」。重點是：這種「女性特質」的朦朧需求，只不過是根據個人的品味、以自己的方式來加以詮釋。

II

現在要來談「品味」（taste）。品味，或者說「高品味」，是時尚與個人服裝領域當中最基本的標準之一。它當然與美學有關，但卻是以非常特殊的方式來表達。此外，這個概念也有曖昧之處。品味可以理解為一種規則（就像約翰・史蒂格曼 [John Steegman] 一本書的書名《品味的規則》[*The Rule of Taste*]），而時尚領域落入了這個規則當中。但是，它也能被視為一種極度主觀，或是不證自明的東西。

品味有多麼個人？什麼又是品味？對布赫迪厄（Pierre Bourdieu，1930-2002，法國社會學家，國際社會學協會評價其著作《區隔：品味判斷的社會批判》為二十世紀最重要的十部社會學著作之一）而言，這是階級問題，但是巴特認為，品味與個人是密切關聯的。對一個人來說，品味會讓他或她與眾不同。如果說得更精確一些，品味是他或她身體性（physicality）的一種表現（Barthes 1975: 122）。因此，撇開品味這個詞的原始意涵不談，從「感官的可感知性」（這當然是一項身體性因子）的角度來看，它不僅僅是美學方面的問題。

巴特的看法與布赫迪厄大相逕庭，他認為品味與一個人的身體有密切的關聯，因此是個人的存在性因子（existential factor）。品味意味著「我的身體與你的身體不一樣」，是身體性的難解之謎。一個人如果認為品味與規範性無關，那麼就沒有所謂的「高」或「低」品味。品味是一種既定、不消多說的東西，也正如阿斯法-沃森・阿塞拉特（Asfa-Wossen Asserate）在他的《禮貌》（*Manieren*）一書中所說，是不須證明的（2003: 19）。

那麼，選擇中國服裝就適合用來表現一個人的服裝與時尚品味。如同前文所述，那相當「危險」，因為在它發揮作用的情境中（不是在倫敦或其他任何大都會城市，而是在鄉村），這種服裝無疑地會被視為「古怪」。所以問題是在固有的情境中，「古怪」會獲得容忍，還是招來責難。

風格型男

個人的不合群，也就是堅持自己的品味、違抗普遍的規範，什麼時候會變成古怪（eccentricity）？這是我們所面對的問題。古怪是風格型男（dandy）與型男主義（dandyism）的態度和策略，在尚-保羅・阿宏（Jean-Paul Aron）的定義中，古怪是稀有與獨一無二的確證（Aron 1969: 31）。

對巴特而言，古怪並不屬於型男主義的範疇，因為它太容易模仿，因此也就沒有機會獨一無二。我認為，古怪不會導致模仿，因為那是一種負面價值。在盎格魯撒克遜的環境中，古怪充其量被人所容忍。事實上，它是自信的一種極端形式，與風格型男的行為息息相關。

一般認為風格型男是沉迷於自己外表的人。然而，之所以如此的潛在動機卻更為複雜而微妙。巴爾貝・多爾維利（Barbey d'Aurevilly）在十九世紀曾經寫道：

> 型男主義從不考慮什麼規則，但是卻又遵循規則。型男主義屈服於規則之下，又以服從規則的方式來進行報復；當型男主義逃脫規則時，則又吸引了規則。型男主義凌駕規則，卻又一次次被規則佔上風——這是一場永無止盡的

你來我往雙人遊戲！（1977: 30）

這個說法正好適合用來形容我所謂的「帶著矛盾的刻意涉入」。

最重要的是，風格型男對自己的外表有所知覺，但是這種本質上帶有美學性質的執迷結合了一種倫理態度。風格型男試圖調和兩個極端，英文中有個說法表達得很傳神——「魚與熊掌同時兼得」。時尚對他們來說並不重要。根據阿宏的說法，「風格型男討厭時尚」。（1969: 31）時尚必須加以對抗；但另一方面，服裝則極為重要。

這種利用對外表的過度關注，來表達對時尚的反叛或抗議結合了另一種反抗；後者反抗的對象是時尚所代表的另一樣東西：社會階層的認可與正當化。風格型男的行為和態度為他們的民主與非民主地位，帶來了彼此對立的解釋。一方面，這種刻意的偏離抵銷了布爾喬亞階級的一致性，是反布爾喬亞階級的，而對個人主義的強調，在某種程度上也是反社會的。這也就是為什麼風格型男的態度經常被稱為「貴族氣的」，從這角度看也被認為具有反民主的特性：

他們憎惡社會平均（social levelling），並為一個階級辯護，這個階級以他們的優越為基礎，他們視此優越為其入選的標記，他們在這個階級裡佔據了最高的位置。（Kranz 1964: 110）

另一方面，侯蘭德寫道，風格型男鮑‧布魯梅爾（Beau Brummel）證明了：

一個貨真價實的優越者不再是世襲的貴族（1994: 91）。

布魯梅爾讓服裝不受社會階級的約束，他的態度也因此能演繹出一種真正的民主啟示。型男主義出現時期的服裝與階級密不可分，但是風格型男無視於這一點，而將焦點擺在身為一個個人的自己身上。

這樣相反的評價——民主與反民主——揭露了一種意識型態上的對立。也就是說，民主有兩個含意：一指的是大眾化，另一則將個人擺在社會中的首位。歸結起來，就是捍衛「平等的概念」對上「個人權利」的原則。或者，講得更精確一點，重點不是在「四海之內皆兄弟」（brotherhood）的概念，就是在「平等」的概念上。後者（平等）假定，民主思想是以「平等」的價值為前提，無關差異。

風格型男的行為會被評斷為民主或反民主，端視優先考量的是大眾化，還是個人原則。例如，羅蘭‧巴特因此能夠寫出，由於成衣而形成的服裝統一現象，已經使得風格型男的概念不可能出現（Barthes 1993: 966）。而接受古怪（差異）則是民主思想的表現！

束縛

風格型男與型男主義通常被視為類似的現象，但事實上它們只有一個共同點：反對布爾喬亞階級的優勢規範。除此之外，它們其實是難以相容的。

在十九世紀及二十世紀初期，型男主義出現過各種復興運動（Breward 2000），而且幾乎是隨著相同機制運作的每一個新浪潮而來。很快地，一個人的服裝變成一群人的服裝，在某

些案例中，後來又開始屬於一個更大的社會團體。例如，風格型男布魯梅爾的服裝便出現這樣的情形，尤其是深受浪漫主義者穿著影響的深色三件式西裝。因此，型男主義是一種團體現象，而這也正是風格型男所抗拒的東西。

在服裝領域，這些團體現象（通常是反叛、反布爾喬亞的青年文化的特色）有時候會普及到所有男性使用者當中，構成他們的「可接受」版本。1950年代初期的牛仔褲與T恤，也可以看作是較現代的型男主義形式。它們的崛起視為是反叛主流規範的象徵，後來便迅速成為「非正式」但廣為接受的服裝品項（De Kuyper 1993）。

於是，風格型男無意間成為了潮流創造者，而型男主義則是與風格型男本質相反的現象。你可以說，型男主義的代表就是未來的風格型男！

這裡比較有趣的是步驟分明的包圍策略，它會隨著原本獨一無二（例如布魯梅爾），或至少位於邊緣（浪漫主義者的型男主義）的事物普及而發揮作用。令人困擾的偏離現象不再限於單一個人，而是擴大到小團體中；如果它要進一步延伸到下一個階段，就必須加以中和，因為對大多數人、對規範來說，它看起來顯得太過危險。在普及化的過程中，它的威力會減弱。牛仔褲現在主要成為「舒適」與「非正式穿著」的象徵，反叛的意涵已然消失，甚至具有相反的意味——它已經成為一種傳統的服裝品項。

在一九六〇年代，這是所謂的「壓迫性包容」（repressive tolerance），是被束縛事物的變體，或者是「無法擊敗，就加入」（If you can't beat them, join them.）一語的實現。

動機

一個人或某特定團體的極端穿著行為被大眾採納或接手，當中一定有更深層的原因。那些服裝必須迎合某些需求，而對男人來說，這些需求永遠受到一個慾望所驅使——追求反時尚的服裝（就像前文所提，風格型男以最極端的方式來詮釋這個慾望）。

不過，有另外一件事加了進來：它不只是服裝的問題，也不再僅僅是個人與集體之間的緊張關係。男人採取反時尚的態度，並使其成為根本價值，他們認為這是讓自己與女人抗衡最強而有力的方式；而女人則被認為已經完全融入了時尚。

換句話說，男人關心的是要捍衛自己的男性氣概，完全避免巴特所說的女性化的各種可能嫌疑，以及我個人試圖延伸的其他領域（除了談戀愛以外）（Barthes 1977; De Kuyper 1993）。對時尚與服裝表現出關注，通常可能很快就會遭人指控為不夠男性化。簡言之，他們會因此面臨遭人懷疑是同性戀者的危險，而那正是異性戀男性非常敏感的一件事情（De Kuyper 1993b）。

普魯斯特的《追憶似水年華》中的風格型男人物夏呂斯尤其留意不要被人從他的穿著上產生懷疑，甚至誇大了衣著上的單調乏味與規範。他隱約散發出只有同性戀者才能欣賞的調調，暗示了他完美無瑕的異性戀超級布爾喬亞階級外表，只不過是掩飾、是一張面具（Diana Festa-McCormick, cited in V. Steele 1999: 211）。但這並沒有改變周遭的人認為他

在時尚與高品味領域是專家的事實。他被別人稱為「女裁縫師」，所以也隱約被視為非異性戀。有沒有什麼證據顯示，他身邊的人對他的特殊性傾向並非渾然不覺？當然有，不過他的掩飾提供了保護層。只有在私下場合，例如當他設法誘惑敘述者，或是在生命走向盡頭，變得非常墮落時，他才承認自己的性傾向，並放棄其嚴格的服裝規定。

在普魯斯特的作品當中，男性的優雅總是以危險的方式促使人物走向不幸的女性化，換句話說，就是同性戀。

然而對男人來說，反時尚不是一個絕對的規範。就像這個領域裡的一切，它總是關乎細節與情境。但是，普通男人觀察時尚太過投入的風險（而且這個風險還掛在女性化的名下），在某些情境或狀況下卻是值得的。這項挑戰被人接受，也讓人想獲勝。這個風險遊戲的結果是有回報的，因為它給了男人一種額外的男性氣概，而且通常都用形容詞「陽剛」來指稱它（這多少也就是普魯斯特筆下年輕的聖盧的狀況，只不過那場遊戲後來變得極度危險）。南方男人的陽剛行為，彌補了他們公然對時尚表達關注的特質。同樣地，古典好萊塢電影中的男主角其實也會展現女性特質，只要他有辦法突顯自己的男性氣概，加以抵銷即可（De Kuyper 1993）。

明顯拒絕對時尚服裝表現出膚淺的興趣、展露決心、拒絕玩弄或利用外貌的社會性角色、尋找「低調」、「自然」、「實用」、「正式與非正式兼具」的服裝形式；透過以上種種方式，幾百年來男人似乎將服裝的角色降低到基本需求的程度。他們認為這樣會讓自己更加遠離女性化服裝和對時尚的需求，因為這些特質與他們的特質完全背道而馳。

當然，在這樣的情境下，「低調」、「實用」和「自然」這些代表男性對反時尚的成見的形容詞，其實是模稜兩可的。雖然相較於女裝，男裝在這麼多年來都是低調、乏味、灰暗或無趣的，但是它也存在於時尚範疇之內。如同侯蘭德所說的：

> 我們不要被愚弄了：它還是一種反時尚的時尚。（Hollander 1994: 21）

型男主義和風格型男在十九與二十世紀似乎是了解男性服裝的關鍵，接著主要是對時尚或反時尚的一種渴望。適應了規範之後，它就只被稱為服裝，如有必要時則叫作穿著考究或優雅，但僅止於此。在那段時期，它的具體呈現主要就是三件式男性西裝。

在針對男性西裝的基礎研究中，侯蘭德將它形容為：

> 複雜的三件式外衣，樣式統一、略微合身，再加上襯衫與領帶。（Hollander 1994: 62）

她表示，男性西裝擁有「根本的美學優越性」（Hollander 1994: 39）。她還提出一個重要的觀點，男性西裝的設計「適合成衣」。換句話說，服裝的大量生產建立了一個規範，有助於讓它「流行」。就像齊美爾所說的：

> 一項物件不僅僅是創造出來就會變得流行，而是帶著讓它們流行起來的企圖進行銷售。（1992: 42）

伯恩哈德・威荷姆（Bernhard Willhelm）
生於1972年（德國烏爾姆）

原籍德國的設計師伯恩哈德・威荷姆不喜歡仔細思考自
己的作品，也反對將時尚理論化。他設計「讓他感覺良好」
的東西。他的女性形象表面上看來並不性感或美麗，也不
認為心胸開放有什麼了不起。在他的作品中，威荷姆將傳
統的影響力和一種天真而幽默的時尚態度結合了起來。由
於他對時尚界的顛覆性態度融入了活潑的幻想中，因此他
的獨特創作無法與其他設計師的作品進行比較。

　　伯恩哈德・威荷姆1972年出生於德國巴伐利亞的烏爾
姆市。他在安特衛普的皇家美術學院就讀，學生時期並曾
經為華特・范拜倫東克、亞歷山大・麥昆以及薇薇安・
魏斯伍德等設計師工作。威荷姆在1998年畢業，不到一
年之後就在巴黎推出第一個系列作品。他繼續住在安特
衛普，並且從那裡管理自己的品牌，合作伙伴則是他的同
學兼繆斯女神尤塔・克勞斯（Jutta Kraus）。

　　他有時表現荒謬主義的設計在本質上是兼容並蓄的。
他將當代社會的各種元素融入自己的作品，尤其是來自流
行與街頭文化的東西。他的靈感來源包括美國饒舌歌手
的服裝風格；還曾經把麥可・傑克森的肖像放在他的秋／
冬系列上。此外，他也展現出對民間傳說的強烈偏好。威
荷姆出生地黑森林的民間傳說，對他的葛瑞琴（Gretchen）
風格尤其是重要的靈感來源。我們從他對傳統技巧的喜
愛，像是刺繡、針織和皺褶（他的母親不斷供應他手工配
件），還有他參考傳統巴伐利亞服裝風格的作法，便可看
到這點特色。然而，他也有能耐解構這些德國南方的元
素，進而帶來非傳統的創作，就像他在1999年於巴黎推
出、以巴伐利亞女性服裝為靈感來源的系列作品。他的服
裝秀本身同樣跳脫傳統，而且偏好採用影片，甚於傳統的
伸展台走秀。

　　在自己的品牌工作了幾年之後，伯恩哈德・威荷姆被
任命為義大利卡布奇（Capucci）的創意總監。這個品牌
1962年在巴黎首度面市，以奢華和實驗性的設計以及絕
佳的剪裁技巧著稱。威荷姆潛心研究該公司的產品檔案，
在一年之後推出的女裝產品線中，將卡布奇的傳統巧妙地
與自己的風格完美結合。2002年，威荷姆決定永久定居
巴黎，並發表卡布奇與自己品牌的過季系列作品。

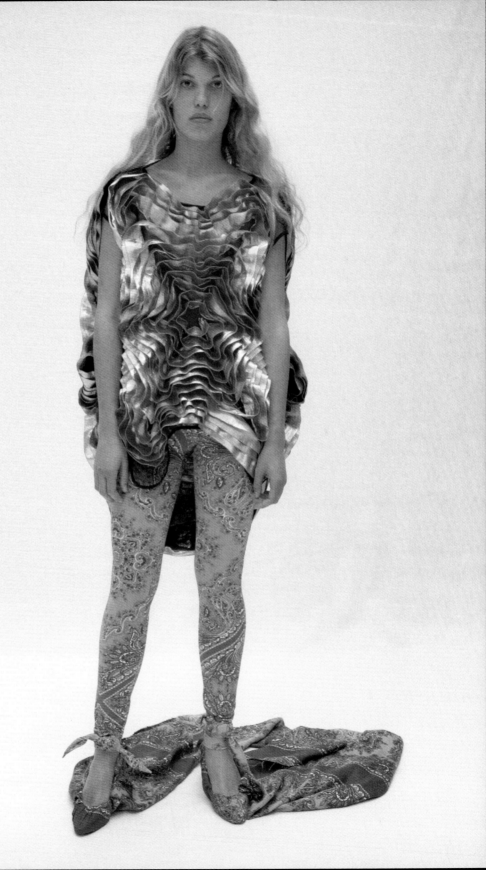

性與西裝

我必須再度詳細討論安妮・侯蘭德的研究和論文；它們顛覆了時尚中男性與女性關係的傳統觀點。她提出精闢的見解，認為相較於過去兩個世紀發生在女性服裝，以及女人追隨或期待要追隨的時尚形象上的演變，男性服飾（西裝）其實代表的是更現代的時尚概念。侯蘭德認為，男性西裝通常被我們視為保守主義，但它其實比女裝（她稱之為保守，請見6-7頁）來得「更進步」（她用的字眼是「更現代」）。

她提出這個觀點的理由是，就身體的活動而言，三件式西裝比較實用，而且兼具正式與非正式的特色。她說，三件式西裝也比較抽象，她在這裡指的是它符合一般所謂的「設計」。在此，她採用了正規的（normal）、可靠的（authentic）與自然的（natural）等標準[2]。

由於我體內流著符號學家（或者我應該說是巴特學家？）的血液，碰到這類主張與專有名詞時，我都會變得謹慎而多疑，因為在「自然性」等等特質的初始層次底下，往往會太早出現複雜的人造工程。而「可靠」經常不過是方法與情境的問題。

侯蘭德的論點對我而言似乎更加奇怪，因為在本書和其他地方（Hollander 1980），她總是強調經常用到的標準（像是「實用」）在時尚論述中往往是一種偽主張。因此，她寫道：

> 時尚中的單調遠比任何生理上的不舒服更讓人難以忍耐，反正這永遠難以道明。（Hollander 1994: 64; 或參見126頁）

她強調（我認為相當適當）所謂的限制性女性服裝（包括束腹在內）從來沒有讓婦女免於身體勞動和辛苦的工作。因此，舒適成為時尚與服裝喜歡拿來合理化的理由之一，而這點更是有用，因為時尚和服裝就如侯蘭德所言，根本上也是不理性的。「時尚並非建立在理性上。」（Hollander 1994: 180, 139）

那麼，這位作者為什麼於全書中繼續在舒適與自然等標準的基礎上，支持西裝的剩餘價值與模範本質？這似乎與她極力辯護的「非理性」相互衝突。然而，這是她採用歷史目的論研究方法的結果，或許也和她以藝術史的背景來研究時尚現象有關。

即使西裝屬於男性服裝（但依然重要）的邊緣部分，但重點是男人的反時尚形象已經擊敗了女人的時尚形象。這也就是為什麼從「最新」的角度來看，這種形象能稱為「現代」。不過，不要因為它是最新的就將特定的價值觀加諸於它身上……男性的服裝概念已經凌駕女性，這樣足以稱它「比較現代」嗎？在進入這個主題之前，我想先提出一個與女性型男主義有關的問題。

女性型男主義

《南德日報》（*Süddeutsche Zeitung*）一則蘇珊・桑塔格（Susan Sontag, 1933-2004）的訃聞下了這樣的標題：「她會希望自己當個風格型男……」（SZ, 30-12-2004）。

型男主義被視為一種男性現象，而根據尚-保羅・阿宏的看法，它預示了一種只可能在盎格魯撒克遜文化中崛起的社會獨立現象。不過，型男主義主要是在法國浪漫時期受到模仿，並於十九世紀末因惠斯勒（Whistler）和王爾德（Wilde）等美學家而復甦，後來由達達主

義者和超現實主義者接棒（Lehmann 2000），接著則有英格蘭與歐陸之間的交流。

但是，可能沒有女性版的型男主義嗎？女性形式的型男主義並不是出現在你所預期的地方，亦即女同性戀服裝——根據刻板印象的觀點，它代表一種刻意的反女性特質典型。女性形式的型男主義出現在反都市的盎格魯撒克遜模式中，遵循一種刻意的鄉村主義（ruralism）。

我在這裡關注的不是它近期的形式（將主要焦點置於消費和戲劇性上，例如服裝品牌蘿拉・艾許利[Laura Ashley]），而是保守的服裝，例如維吉妮亞・吳爾夫（Virginia Woolf, 1882-1941）所穿的那些[3]。這種類型的服裝與它的都市版本有許多相似之處，彼此也有關聯——來自新藝術（art nouveau）領域的時髦設計十分適合優雅的居家環境，也是它的延伸與反射。女人已經成為室內有機的一部分[4]，在物品與家具之間走動。「自然、柔軟，賞心悅目又實用，正式與非正式場合兩相宜。」侯蘭德如此形容男性的西裝，不過同樣的說法也可以用在這一類型的女性服裝上（Hollander 1994: 8）[5]。

顯然，我們面對的這種服裝試圖避開時尚與流行，甚至更激進一點，加以否定。然而，我們心中依然沒忘記這類服飾的美學特質。畢竟它不是制服、不是工作服，也不是職業服裝。它是一種充滿美感與歡樂的服裝品項，例如，它與十九世紀末期提倡婦權人士的服裝就不一致；那些人士想要反流行，並鄙視服裝美學的重要性。

普魯斯特《追憶似水年華》中的英雄期望見到他心愛的阿爾貝蒂娜，是別具意義的。阿爾貝蒂娜也是他的「囚犯」，穿著義大利設計師佛坦尼（Fortuny）的服裝；福爾圖尼在二十世紀初期利用以文藝復興時期藝術為靈感來源的布料，設計出寬鬆、透明、華麗的服飾。阿爾貝蒂娜是他周圍其他目標之中的一個尤物。英雄馬賽爾愛上阿爾貝蒂娜也不令人意外，阿爾貝蒂娜通常不隨著時尚穿衣服（一如這本小說中的其他女性英雄那樣），但是卻會像個活潑好動的現代女孩一樣，大膽地在諾曼地的度假小鎮貢布雷（Combray）四周走動。當她沒有「以特殊的方式打扮」，她的朋友——無與倫比的風格型男夏呂斯就會讚美她「非凡的高服裝品味」，以及她「自然的」優雅。

這類型服裝興起的環境與氣氛，焦點集中在美學認知（例如，亨利・范・迪・菲爾德[Henry van de Velde, 1863-1957]的新藝術，或是威廉・摩里斯[William Morris，1834-1896，英國工藝美術運動的領導人之一]的藝術與工藝運動），或是心靈價值（像是神智學家史坦納[Rudolf Steiner, 1861-1925]），抑或兩者的混合體（所有與自然哲學有關的運動）。

從這個角度觀之，像阿爾貝蒂娜這樣的人物根本完全不像她第一眼給人的印象——一個在不知不覺中得到解放的女孩，使得敘述者不禁揣想，一個人怎麼會跟性向曖昧不明（如果不是鮮明的女同性戀者）的解放女人同住？的確，她同樣也可以是科萊特（Colette）筆下的人物[6]。

我們會有一種印象，感覺到如今在女性之間有一種類似「型男主義」的東西正在發展。那是一種打扮的方式，「不外放」卻「優雅」、冷

淡卻考究，展現出服裝的意識，但又以一種獨特的方式賦予這種意識以形式。一種時尚的反時尚……。

III
重新發現三件式西裝

獨特與普遍之間的緊張關係是時尚矛盾的一個面向，另外一個面向則是在衝動與自由的確認之間尋求平衡。

一心一意想要反時尚的男性時尚，能逃脫衝動嗎？換句話說，十分喜歡將自己封為反時尚的男性服裝，能逃脫得了時尚的壓力嗎？根本不能！事實上正好相反，因為在這個領域內幾乎容不下一點迴旋的空間。

由於我的專業沒有特別的服裝規定，同事穿的一般休閒服又不適合我（身體在這時承認了它的限制，也承認它的可能性！）而我又注意到「時尚的」男性西裝正在打折，於是我去找新的西裝。身為一個男人，這時候就碰到你想要特別點的東西、卻又找不到的窘境。在一九六〇和七〇年代背心受到歡迎之後，有好多年都買不到背心。市面上當然總是有某種特定類型的男性西裝，但我不是四處奔走的業務員，也不是政治人物；那類西裝對他們來說，是專業服裝的一部分。我需要稍微跳脫傳統的服裝，而且我們目前似乎生活在「沒有什麼不可以」的年代，我認為自己能夠找到符合我品味的東西。

你會以為現今市場上的商品極為多樣化，但是如果談到男性西裝，幾乎可說是沒有變化可言，顏色似乎僅限於黑或灰。我想再等個一、兩季看看，情況會有所改變的。但是並沒有，只有在大約一季之前，一種不同的色調（我想是棕色）非常謹慎地開始與黑色及灰色展開競

爭。這時我找到了一件灰色西裝，不過它看起來是綠棕色的，我非常滿意。

有幾十年的時間，深灰色或黑色的兩件式或三件式西裝，再度成為主流樣式[7]。經過了一段多色彩外套搭配不同布料長褲的組合獨領風騷的時期（除了冷漠的牛仔褲規範以外）之後，西裝似乎就要重出江湖了——在我看來，這是一個根據典型的男性進程而發展的時尚潮流。

一九七〇年代末期，首先出現了一個反叛團體：龐克（punk）。結果追隨採用他們服裝的情形並未出現，真正發生的是對色彩的從容拒絕，以及對黑色的拜物化（fetishisation）。建立深色西裝規範的第二個因素比較難以說明，不過1980年的電影《福祿雙霸天》（The Blues Brothers）提供了一個實用的綜合體以及參考架構。

《福祿雙霸天》的主角是一對倒楣鬼。他們的服裝透露了許多訊息：兩人分別戴著一頂帽子、深色眼鏡、留鬢角，還穿著一套深色的兩件式西裝。西裝底下是一件白色襯衫、打得鬆鬆垮垮的窄版領帶，所以看得見襯衫最上面的一顆鈕釦。外套扣上了最上面的鈕釦，最底下的則沒有，讓一部分白襯衫和領帶隨性地露了出來。

這種樣式後來又進一步做了修改。在接下來的幾十年間，出現了以相同布料製成的背心，兩件式西裝再度變成經典的三件式西裝。此時，襯衫顏色是灰色、黑色，還有白色，條紋與素色布料交替更迭。長褲褲管或寬或窄，外套與翻領的款式也時有變化。但是，依舊維持不變的是深色色調、嚴謹及樸素。「革命性」的變化是卸下了領帶，襯衫的鈕釦可以不扣，而且不帶有任何刻意展露運動意涵的暗示。

男性西裝（無論是不是三件式）在一九八〇年代再度引起注意，是一個時尚潮流的典型實例。在西裝尚未消失之前的那些年，它很顯然是無趣、受尊敬的象徵，其實也是一種專業服裝的形式。兩件式或三件式西裝有很多年都被認為是商業人士、資深公務人員、政治人物，以及銀行行員的制服，處於時尚的邊緣地帶。在它沒被稱作「經典」的時候，曾經被嫌棄為無趣和布爾喬亞。

接下來，發生了一項時尚的變動：三件式的黑色或灰色西裝「突然間」變成男性時尚的一項特點。西裝現在雖然還不是無可媲美的男性服裝，卻肯定已經成為男性的衣櫥中不可或缺的品項。它相當於過去所謂的「最正式服裝」嗎？結果也不盡然。應該是說，西裝相當於女人的「黑色小禮服」——如今已成為經典的香奈兒（Chanel）設計作品（Hollander 1980 and Teunissen 2002）。

深色的三件式男性西裝既想成為時尚，也希望具有多重功能。就像「黑色小禮服」一樣，你可以穿著三件式西裝參加新潮派對，也可以去參加喪禮。它同時符合社會「規範」，及其相反面——對規範的拒絕或相對化。

這種服飾再度獲得矚目後，繼續因為它的特殊性而獨樹一格。時尚的三件式西裝與公務人員、商業人士等依然在穿的三件式西裝有所不同（儘管程度較低），因為它的功能是「引用」（quotation）。它四周圍繞著必要的反諷，因為它誇張地引用可尊敬性（respectability），

可可・香奈兒（Coco Chanel）

生於1883年（法國索木爾），卒於1971年（法國巴黎）

嘉貝麗・「可可」・香奈兒一八八三年出生於索木爾，卑微的出身並沒有阻止香奈兒一路挺進法國貴族階級。她1910年在巴黎開設第一家店，接著又在杜維爾開設了另一家。香奈兒挑戰主流時尚，以通常用來作為男性內衣的「廉價」針織布設計出實穿、帥氣的服飾。財務狀況不容許她使用昂貴的布料，針織布不但耐穿，最重要的是也很柔軟，非常適合她的設計。戰爭需要講求實際的婦女，而提供高活動自由度的香奈兒服裝正好符合需求。香奈兒經常從男裝擷取靈感，利用粗花呢與當代制服作為範本。她的設計在時尚界掀起一場革命，價格更因為採用針織布而平易近人，因此也讓時尚的概念得以普及。藉由這樣的作法，她將男裝的舒適感引入了女裝。

香奈兒的風格以她自己有如男孩般的纖瘦身體，以及她主動、獨立的人生觀為基礎。她孜孜不倦追求完美的動力在裁縫上表露無遺。香奈兒根據自己的經驗，對現代女性抱持著一種直率的看法，後來成為許多人心目中的典範。1926年，她推出一款多用途的黑色小禮服，簡單時髦，成為如同黑色男性西裝一般永不過時的品項。女性第一次擁有一種能夠自由搭配的實用服裝，任何場合都適合穿著。它後來變成經典款，二十世紀的設計師一再重新推出，而且每次總是有新的變化。

隨著戰爭逼近，香奈兒在1939年關閉了她的沙龍。戰爭結束後，男性設計師掌控了時尚界，傳統的女性形象再度引領風潮，令香奈兒非常嫌惡。迪奧高度女性化的「新風格」在她眼中是反現代的，也促使她在1950年代重出江湖。她賦予香奈兒「風格」新的生命，經典的女性套裝（以粗花呢為布料，搭配過膝裙和金色鈕釦）廣受喜愛，尤其在美國，大眾和媒體對她更是推崇備至。香奈兒於1971年辭世，卡爾・拉格斐（Karl Lagerfeld，1938年出生）在1983年接掌香奈兒。他為這家公司塑造清新的形象，同時也不背離其悠久歷史，香奈兒因此大受歡迎，其中尤以美國為甚。

參考資料

De La Haye, Amy and Shelley Tobin. Chanel: *The couturiere at work*. Woodstock, New York: The Overlook Press, 1994.

Haedrich, Marcel. *Coco Chanel*: *Her life, her secrets*. Boston: Little Brown and Company, 1972.

Leymarie, Jean. *Chanel*. New York: Rizzoli, 1987.

Madsen, Axel. *Chanel: A woman of her own*. New York: Henry Holt and Company, 1990.

Richards, Melissa. Chanel: *Key collections*. London: Hamlyn, 2000.

Wallach, Janet. Chanel: *Her style and her life*. New York: N. Talese, 1998.

圖片：

1. 可可・香奈兒穿著針織套裝，1935年
2. 奧黛莉・赫本在電影《第凡內早餐》中穿著香奈兒的黑色小禮服，1960年
3. 香奈兒，將香奈兒的傳統元素以各種可能的現代方式運用在這個系列中，2006年春夏系列

意圖破壞自己的布爾喬亞心態。

有一個問題：為什麼龐克服裝沒有黑色就堅持不下去，而《福祿雙霸天》的變化卻可以？這個問題的答案必定與「反諷」或「引用」的因素有關。從詮釋與設計的角度來看，無論龐克服裝有多麼活潑或創新，人們都是帶著無比嚴肅的態度來穿這些衣服。但是在《福祿雙霸天》以及它的服裝變化中，則是相反的狀況：它的形式顯露出嚴肅和敬意（有時候，看起來還頗像耶和華見證人教派[Jehovah's Witnesses]穿的那種衣服！），但是，穿的人卻抱著明顯的冷漠和蠻不在乎的心態。在這方面，目前的深色西裝與過去兩個世紀以傳統服裝的角色代表男裝的所有深色西裝是完全不同的。

因此，玩弄布爾喬亞的反布爾喬亞心態，還有伴隨著深色西裝而來、想要引用的反諷渴望，必須視穿衣服的情境而定。在喪禮上，它代表沉穩；在派對上，它作為「引用」的功能將透過小小的特色來強調。在其他要求非正式服裝的場合中，西裝的正式會突顯出來，成為「過度」（excess）的符號。在這種情形中，問題不在於「過度打扮」（overdressing）；畢竟，西裝透過「反諷」在此場合是適當的。或者，如果你願意的話，它也是可被接受的，因為它是過度打扮的一種幽默形式。

西裝承擔的功能，或者應該說它結合了反諷意涵的多重功能性，是一種值得注意的現象。男人的服裝（至少是與日常生活相關，而非伸展台相關的服裝）無論它有多麼流行，一般說來都是極為平實的，而且並不代表玩樂或資格，遑論反諷。不要忘記，男人的服裝在傳統上屬於「實質」，而不是「外表」。它就是它；一如男人本身就是他原本的樣子，一如他不必為了證明自己的男性特質而求助於服裝的做作。超過兩個世紀以來，男裝始終在說：「不能胡搞。」（no nonsense）

如果我們要相信侯蘭德的看法，那麼一開始就是這種不能胡搞的特質對女人顯得深具挑戰性，但是卻也逐漸成為她們規範的一部分。「過度打扮」如今不只適用於男人，女人也可以被稱為「過度打扮」！

講到服裝，男人通常不善玩弄。例如，萬寶路（Marlboro）男人的形象可以輕易地施展曖昧，但是那樣太冒險。這種形象很快就讓人聯想到「裝扮」（成為牛仔），所以實際參考形象便應該溫和一點。

好玩的元素——玩弄服裝、直接玩弄男性肉體——會讓異性戀男人的形象有著太大的風險。談到身體的玩弄，服裝和外貌是一種女性特質，同性戀男人或許會熱切地加以採用，但是異性戀男人卻會迴避。

然而，這並不是三件式西裝的狀況。反諷或引用的意涵導致三件式西裝完全落入女性時尚系統中，而這個系統的主要動力之一向來都是「反諷、好玩的引用」，不合時宜的重度輕佻。

男人從來不會以好玩的方式來穿衣服，而是以運動、正經或從容的方式；男人的「行為要正常」。男人有社會責任，會從事專業。但是，在這些價值接受檢驗，而且女人同樣也能得到它們的時代，對於傳統男性服裝模式的態度也逐漸改變。

現在男人可以玩弄服裝，而女人則可以宣稱，服裝對她而言是一件「不能胡搞」的事情！

經常出現的情況是，只有當它是出現在較大的社會變遷與性別差異的環境中，人們才能理解它有可能（或已經可能）發生；在這樣的環境中，遊戲規則已然改變。

IV
工作與休閒

如果這裡讓讀者覺得三件式西裝在當代男性服裝當中扮演主要的角色，那麼我認為是不對的。儘管這個角色如前文所言很重要，但它依然屬於邊緣。目前男裝有兩大類別：休閒服裝與運動服裝。正式與非正式西裝只是一個不合常規，但更加重要的次類別而已。

過去所謂的休閒服裝，如今已經變成日常服裝。有一項改變似乎發生了，從休閒服裝到工作服裝的變化，如今在男性服裝系統當中是一個很風行的現象。所謂的普通西裝（lounge suit），也就是外套、長褲、襯衫或毛線衫的輕鬆組合，曾經有幾十年的時間算是日常服裝，就像牛仔褲與T恤的組合也變成了日常穿著一樣（Hollander 1994: 108-109）。

這種現象與當今文化的變化密切相關，尤其是工作與休閒彼此交流的方式。我們的整個文化是奠基在這些界限的模糊不清上。「忙著打電腦」可能同時代表工作與放鬆；或者說得更精確一點，當我利用電腦工作時，有各種的小遊戲和技術性小工具（或許）讓工作更輕鬆——但重點是，它會獲得好玩的一面。工作很「好玩」，不是嗎？提供服務的組織也會盡一切努力將「服務」隱藏在一連串的特徵與布景後面，而這些特徵和布景會使得工作場所看起來像是個遊樂場。時下的銀行、郵局、醫院或車站不能夠只是一間「銀行」、「郵局」、「醫院」或「車站」。這種現象發生在所有的領域當中，而「學校」機構必須應付最困難的部分，完全利用「個人電腦」的藉口，以維持中立。

一般說來，人們所做的每項努力都是要讓工作看起來像是放鬆，同時並設法使得放鬆發揮生產力。在大多數的情況中，放鬆本身是有生產力的，因為每種形式的消遣都與某種形式的消費有關，而消費絕對會有束縛。消遣就是消費，因此消費本身扮演了主要的角色。消遣與觀光被視為產業，以及文化產業不再限於傳統媒體和量產產品，都不是毫無意義的。

作為一種生產形式，休閒活動已經成為一個極為重要的經濟部門。消費是一種形式的勞動；例如，想想購物，它已經更名為「歡樂購物」，以跳脫愈來愈含糊不清的「必要性」與「需求」的領域。當然，消費對經濟而言不可或缺，消費者行為具有無可比擬的重要性，我們的經濟學家焦急地想仔細研究它[8]。

另一方面，工作的概念和它的內容已經遭到貶損。所有我們喜歡將其與工作扯上關係的概念，比方說「流動性」、「彈性」、「永續教育」等等，都指向一個事實：工作不再是「專業」或「事業」的問題，換言之，不再是一個體系中的不變價值。這些概念已經變成互有關聯、彼此可替代的價值元素。此外，在這個創建中的新價值觀體系（我們的意識型態）裡，工作不再是休閒的對立面。失業成了工作的對立面，而工作則變成了一種「理想」，而非現實；即便它已經成為（因為相同的原因？）政治人物與其他決策者執著的事情之一。

工作在失業出現時才有價值。話說回來，失業其實是一種價值，儘管是負面的價值：非工作。畢竟，生產可以用愈來愈少的勞動力來進行，而消費卻總是需要愈來愈多的消耗。這是一個兩難習題，並成為我們文化的特色。

在這種不斷變化的環境中，休閒服裝已經成為工作服裝，與我們預期在閒暇時間所穿的衣服也不再有差別。許多源於工作服裝的元素，現在都已廣獲使用。

真正的休閒服裝以運動服裝為大宗。今天，運動風氣並沒有比較興盛，但是做運動的「概念」卻變得無所不在。運動服裝當然早已存在，但卻不曾如此普及，而且現在以一種新類別的身份出現。它成了一個獨立自主的領域、一個部門，不過其界限同樣模糊不明，但模糊程度不及前一個類別。如今，人們也在運動場以外穿著運動服裝，透露出一種清楚的生活方式信號：行動的自由，以及容易與環境接觸。對於展示所謂的享樂服裝（hedonistic clothing），夏天的來臨尤其發揮了影響力。它不侷限於假日或休閒運動，而且在愈顯南方風情的都市景象中隨處可見。隨著晴朗的天氣到來，每座城市都試圖讓自己或多或少轉變成一個以露台文化為重心的歡樂度假村。

幼稚化

因此，我們現在看到的主要是休閒與運動服裝明白地要設法成為流行，想要擁有「基本」的樣式[9]。只不過對年輕人來說，它們是同類型的服裝（與街頭文化有關的服裝）加上幾個流行細節或獨特的標誌，接著被大多數成年人運用在時尚或反時尚的形式中。「年輕」與「類青春期」已經成為成年人的服裝參考來源；所以不意外的是，我們從中還看得見時尚訊號的證據。時尚較早期的功能——某種活動或社會地位的表徵——已經減弱。相反地，時尚現在鎖定的是年輕世代，和它所謂的非墨守成

規主義（nonconformism），不過這種主義當然是極度墨守成規的。

據我所知，侯蘭德是最早指出這一點的人，而且她的說法很適切。值得一提的是，模糊不只存在於兩性之間，也存在於各個年齡之間。的確，男女老幼或多或少都穿相同的外套、長褲以及毛線衫，因此每個人都穿得像小孩一樣走來走去，從而強調我們的服裝無性別（一九六○年代的「不分性別」[unisex]如今成了無性[no sex]）：

> 博物館或公園裡的一群成年人，現在看起來宛如學校遠足。每個人都穿著相同的彩色拉鍊外套、毛衣、長褲，還有小孩子穿的襯衫——跟傳統工作服一樣，只不過色彩比較鮮豔。（1994: 167）

過去歐陸的人能夠輕易地從服裝認出一群美國人（並因此沾沾自喜），如今他們的穿著習慣就如同許多飲食習慣一樣，已經美國化了。

關於服裝和對它的期待，重點在於衝動的自由（compulsive freedom）和非正式（informality）。根據侯蘭德的看法，這主要意味著：

> 從成人性別負擔中獲得解放……一家人在閒暇時刻，從老奶奶到三歲小孩都（會）穿完全相同的服裝。（1994: 167）

這種宛如穿制服的景象當然應該不時地被戳破，並突顯出來。但即使是在相反的方向，即誇張的過度中，侯蘭德也沒再發現成人時尚的特性，而只有對偽裝的幼稚需求。在男裝上也能觀察到這個現象，但是程度較輕微：我稍早談到的黑色三件式西裝具有引用的特質，應該也放到這個範疇中。

女人的時尚始終在「偽裝」的範疇（你要說是假面舞會也可以）中運作。有所變化的是它的多樣性、形式的繁多，尤其是它反覆無常的樣貌。

什麼都可以

你可以說古典時尚是一種成熟形式的偽裝。目前的穿著方式可以說是回歸到童年階段，日本年輕人對這個潮流照單全收，並不是意外！

這裡的中心概念是「諧仿」（parody），在三件式西裝的的引用中也看得到。無論較早期的時尚從其他時代、其他時尚潮流借用了多少東西，諧仿從來都不是其中的根本元素。諧仿關乎「回收」（recycling）、關乎風格，而非效果。跟它相關的對話大概是這樣子：「好，這一季我們要從三○、四○年代……等等尋找風格的靈感，不過要符合現代，得經過改良、重畫並重新思考。」當時肯，定是如此。現在，對話會是：「我們要偽裝自己，好像要去參加化妝舞會……」在這裡，重要的是舉動的怪異，而不再是過去構成時尚核心的東西：風格的變化、玩弄風格……。

我想花點篇幅討論一般服裝的無性（asexual）和多樣的一致性，以及它的消費與生產。無論是男裝或女裝，當代服裝都具有「自由」的特性；什麼都有可能。我們能看到許多服裝形式，它們的用途也很多元。如果有服裝規範這種東西，那麼它就是要讓人玩弄的。

即使在要求制服的地方，似乎也有對好玩（一種樣式）的需求。這有可能脫離控制，就

像有的警察帽，最後似乎削弱了與這種功能有關的權威。

我們可以觀察到，一般（也就是將不能胡搞的制服拿來做休閒和運動服裝的需求）與獨特出現了一致的現象：任何事都有可能發生，包括制服[10]。

V

一切都是時尚！

這不再是服裝工業的問題，而是時尚工業的問題；非常矛盾的是，後者適合反時尚。

小時候，我對某些服裝店的模樣感到既驚奇又有趣。它們的櫥窗滿是灰塵，好像有幾百年都沒有整理過，也不想迎合現代的風格。有家店的名字還頗為恰當，叫「女士天堂」（Au paradis des dames）之類的，事實上也沒錯，那邊是在銷售女裝。電裡的照明通常都不夠，只有幾盞燈泡，如果有日光燈管，也是為了省電。在半黑暗中，你可能要過了好多天才會發現僵硬的假人模特兒。它們身上展示的服裝一點也不合身，更別提好不好看。如果有人覺得很難在這種低劣的展示中做決定的話，還有紙板標籤用顯然可以換掉的老套措辭對每件衣服大加讚美。其中一種說法尤其令人玩味：「最新時尚」（法文是dernier cri）。在眾多衣服當中，這件紫色與棕色的印花洋裝憑什麼標上「時尚」？更讓我吃驚的是它的姊妹作——一件有紫色花朵的棕色洋裝竟然是「非常迷人」。可能有顧客看了這些訊息，而受這些推薦語誘惑，然後在這家店購買他們認為是「最新時尚」的東西嗎？

一九五〇年代初期……
當我還是個十歲小男孩的時候，我對女性時尚的意義有點概念。我或多或少在身邊都看到了它。但是男性時尚在某種程度上比較不醒目，也比較難以鎖定……在海堤路上（比利時奧斯坦德的海邊步道），白天和晚上同

樣繁忙。他們排成長排，並肩走在一起；讓諾諾與茉麗安娜手臂挽著手臂，還有芳斯、安妮和莉蓮……他算算自己碰到多少個穿著相同毛線衣的年輕男子。有一年，他們穿亮紅色毛線衣，真是鮮豔啊！但是，隔年每個人都穿黃色毛線衣。紅色毛線衣呢？一年後，紅色與黃色毛線衣都變成了淺藍色。根據讓諾姨媽對這個現象提出的專家意見，那是「時尚」（De Kuyper 1989）。

一九七〇年代，我們住在巴黎服飾業區的一條狹窄街道上，一名女性朋友的父母和家人在時尚業工作。我對時尚業的印象從來不是輕浮，而是血汗及眼淚，像是在貨架周圍拖著貨、在布料上縫標籤、包裝、解開包裝、發貨；一切都帶著一種沮喪的氣味。

印象中，「時尚」的概念已經不再運用於廣告當中了。如果翻閱 Quelle 郵購目錄，我注意到人們會假定上面提供的所有商品理所當然都是時尚的，不需要經過確認。時尚事實上已經等同於「服裝」；如果有人預期這件服裝會有特殊之處，如果它試圖想要「創新」，那麼「新潮」（trendy）這個字眼就會加諸在它身上：新潮時尚。

Quelle 郵購目錄分成三大部分：年輕、現代與古典。

顯然，「年輕」過後，你必須看的是中年婦女與熟齡婦女的部分。

如果一切都是時尚

舊時的時尚體系已經遭到大量生產環境的侵蝕。高級訂製服（haute couture）堅持著一個外表的世界，因此設法創造出可作為參考架構的東西。但是會誰相信，它不過是場豪華大秀，比較屬於娛樂的範疇，而非現實？

是什麼讓時尚變成如此獨特，因而也如此令人興奮的現象？是永恆的短暫。時尚是唯一展現出這種哲學矛盾的領域，或至少是其中最純粹的領域。

但是，現在我們看到了什麼？時尚（服裝）的準則，也就是它從中獲得力量與意義的地方，現在延伸到整個市場，以及整個生產領域。汽車工業長久以來說明了這一點，接著則是電子業；我們至少在這些領域的確看到了技術的進步——傳統上，這是將新產品帶入市場的有利因素。最基本的消費性商品如今也盡量利用時尚的形象，作為短暫的話題模式。洗臉盆、牙刷、電鑽、花園籬笆，幾乎你想得出來的東西都逃不過時尚的概念。每隔幾個月，顏色、質料、形式都有所改變。鋅製水桶一百多年來的形式舉世皆同，水桶到哪裡都是「水桶」。如今水桶每隔幾個月就變換顏色和形式，商店裡有幾十種水桶，而它們的功能都相同，就是能夠輕鬆地運送水。

「設計」的概念也完全遭到了侵蝕。現在，設計只不過是一種多少帶著大膽、驚人或幽默的形式，而這和設計的基本概念——特定功能最有效率的形式，是相互衝突的。目前，「你能夠為了『坐』的功能構想出多少種『最有效率』的椅子」這樣的問題似乎才是王道。

這些產品的壽命極短，因為潮流如同時尚，

尼可拉斯・蓋斯基埃（Nicolas Ghesquière）
生於1971年（法國盧敦）

年輕的尼可拉斯・蓋斯基埃被視為這十年最有影響力的設計師之一。他在1997年開始為頗具聲望的巴倫西亞加（Balenciaga）設計成衣，為這個品牌帶來全新的光彩。這家公司一九二〇年代在西班牙創立，創辦人克里斯托巴爾・巴倫西亞加（Cristobál Balenciaga）是一名「設計師的設計師」，只為經過篩選、而且往往是貴族的顧客製作高級訂製服。西班牙內戰爆發後，克里斯托巴爾・巴倫西亞加在1937年逃亡到巴黎，到1968年結束了這個品牌。不過由於複雜的代理商網絡，它仍持續存在。巴倫西亞加在1986年成為賈克寶加集團（Groupe Jacques Bogart）的一員，當時二十七歲、而且已經在該公司服務的尼可拉斯・蓋斯基埃被任命為設計總監。

尼可拉斯・蓋斯基埃在法國中部的小城盧敦長大，他的比利時籍父親經營一家高爾夫球場，法國籍母親則是裁縫師。他在十四歲的時候曾經到雅妮絲比（Agnès B.）實習，後來擔任尚-保羅・高第耶的設計助理，接著又是蒂埃里・穆格勒（Thierry Mugler）的助理。1995年，他開始在巴倫西亞加的亞洲代理商部門工作，其中一項任務就是為日本設計喪服。

外界一般都將蓋斯基埃視為奇才。他的系列作品「強烈又奇特，不過總是令人好奇又全然充滿個性」（時尚記者蘇西・門克斯這麼寫道），而且每次都造成轟動。蓋斯基埃的設計經常具有未來主義、近乎科幻的底調，他會結合巴倫西亞加傳統中的幾何形狀和意想不到的自由元素，例如他2003年深具影響力的「潛水」（Scuba）系列

富中的運動服，或是羽毛。今天，巴倫西亞加是國際時尚媒體最喜愛的品牌之一。蓋斯基埃有幾項創作，例如窄管褲和機車包（Lariat），現在已經成為經典時尚的一部份。他有一些設計，像是口袋工作褲，無論是原版或街上流行的版本，都成了大熱門。影星克洛伊・塞維尼（Chloe Sevigny）、艾希亞・阿基多（Asia Argento）、《Vogue》雜誌法國版總編輯卡琳・洛菲德（Carine Roitfeld），以及頂尖名模凱特・摩絲（Kate Moss）等「時尚偶像」都經常穿著巴倫西亞加的服裝現身，更鞏固了這些服裝受人崇拜的地位。

簡單說，我們很難想到有哪一位設計師能像尼可拉斯・蓋斯基埃一樣，對今天的時尚產業發揮這麼龐大的影響力。但是即便佳評如潮，也無法讓他免於向大型集團尋求資金協助的困境；巴倫西亞加現在隸屬於春天百貨集團（Pinault-Printemps Redoute），該集團給他的生產時間並不多。蓋斯基埃目前面臨極大的壓力，一方面要突破創新，同時也必須達到商業上的成功，這說明了為什麼他在2005年的秋／冬系列上，能夠向世人展現自己具備實力，製作既有趣又實穿的服裝。

參考資料
'Balenciaga by Nicolas Ghesquière. A First Retrospective. Summer 1998 – Winter 2004', Purple fashion, no.. 2, Fall/ Winter 2004/05: 236-259.
Blanks, Tim, 'Nicolas Ghesquière, Balenciaga. Paris, France', in Sample, 100 Fashion Designers – 010 Curators, Cuttings from Contemporary Fashion, p.140 – 143. London/New York: Phaidon, 2005.

圖片：
1. 巴倫西亞加，形象廣告，2005年

BALENCIAGA

先天的宿命就是「短暫」，持續的時間長短要視特別的話題性而定。一家好的潮流商店每隔幾個月就會完全改變它銷售的商品。「持久性」不再是一種價值，明顯要維持一輩子的產品已經不存在。因為是流行產品，消費者明白它會毀壞，且具有暫時的特性。這一點從不斷推陳出新的款式即可獲得證明，它們會促使現有款式走入歷史。

有一種類似的機制已經從消費擴散到文化工業及一般的文化，而潮流在其中具有決定性的引導效果。市場的力量與思考方式已經滲透到某些領域裡，而直到不久之前，「市場」的概念在這些領域當中還是相當陌生的。無論你是音樂會或劇場觀眾、是學生或宗教信徒，每個人都是「顧客」或「消費者」。市場的哲學具有壓制性的力量，並受管理原則的引導。

顯然在這樣的文化當中，過去獨佔且象徵「永恆的短暫」的時尚概念，如今正被數不清的次部門侵佔與削弱。過去以獨特方式頌讚「短暫性」的部門，現在已經淪落為崇拜這個原則的許多部門之一。難怪，為了要在時尚性的環境（與文化）中生存，時尚將自己變身為反時尚，結果產品開始多樣化，並以一種不可思議的方式變得愈形鞏固，以迎合「什麼都可以」的需求，而這種誇張的多樣化後面則帶著冷漠。奢華路線大規模製造排他性，它被稱為奢華工業絕對是有原因的。

性別差異化呢？

服裝最重要的功能之一：性別差異化，帶來了什麼後果？

侯蘭德在她的書中提出辯解表示，在整個現代性時期，女性服裝熱切地想要接收男裝的基本樣式。這件事也因為女裝實際併吞了男性服裝的各個部分而成真了，其中最重要的當然是長褲。這個過程的結果如今看來已經在後現代時期出現。被接收的不僅是男性服裝，還有與舒適及自由有關的根本態度，亦即反時尚的態度。

過去這段時期，還有另外一個面向扮演了主要的角色，也就是兩性之間的競爭。它不只是女人看待男性樣式的問題，也是男人著迷於（雖然男人可能不會承認）女性時尚豐富性的問題；相較於男性服裝的灰暗，兩者之間的對比實在相當強烈。女體的展示也讓男人感到羨慕。

決定這場戰役勝負的戰場是1930年至1960年期間的好萊塢電影，這並不令人意外。因為，電影在那段時期是展現男女日常形象最重要、也最具影響力的媒體。此外，那個時期的電影往往充滿「迷人魅力」；這種形式的情色（eroticism）只能隱約暗示性愛，卻可能根本沒有明白描寫出來。電影的自我檢查決定了內容過關與否的規則，情色的張力應該在這些規則的限制下呈現。男明星施展迷人魅力的程度非常有限——肉體與身體的性感是保留給女人專有，而男性服裝的主要目的，則與任何的情色都保持距離。在那些電影中，我們看到男明星持續採納來自女性範疇的元素，再融入男性氣概中。同時，我們也看到女性這邊的服裝附加了男性氣概的元素，而這也正是侯蘭德所強調的重點。我曾經用一句話來形容這場兩性之間的競爭：「任何你能夠做的事情，我都可以做得更好。」（De Kuyper 1993）

侯蘭德現在所稱的「新男性自由」（a new male freedom）（1994: 75），基本上已經在狹隘但極具影響力的好萊塢電影王國中試驗過了。然而，有個根本差異在於，當時它是一場在兩性及其外貌之間由情慾發動的遊戲，總是分別有男性或女性潛力的附加價值（「我都可以做得更好」）。現在，她主張的則是：

> 兩性今天玩的是變化多端的遊戲，因為許多個世紀以來，男人首度向女人學習衣著的習慣，而不是女人向男人學習。（1994: 75）

或者：

> 二十世紀下半葉有一件很清楚的事，那就是女人終於接收了整個男性的穿著、並進行修改以符合自己的需求，接著再交回給男人，且注入了無限的新可能性。（1994: 176）

不過，還有一個重要的問題尚未獲得解答，而這個問題與時尚服裝背後的力量有關，尤其是與性及性別相關的動機後來發生了什麼事。

這令人想到解放。好吧，你會這麼想。但是，侯蘭德的看法是：大眾的穿著愈來愈像小孩子，「雌雄同體的嬰兒精神」（androgynous infant spirit）這類現象很普遍（1994:177）——這不禁讓人懷疑，在解放的外衣底下，其實根本是倒退。

這個延續了兩個世紀、被侯蘭德形容為「輝煌」的過程，最後走入了死胡同。對差異化的需求顯然並未消失，而是在服裝以外的領域抬頭，變得引人注目。比起靠服裝營造的隱約效果，身體本身更是利用了性別差異化的需求。男性（及女性）的運動與健身、女性（及男性）

的整形手術，都象徵了肉體沒有消失在當今男女主要活動的無性別孩童世界中。性別差異化的需求已經拼命地將自己從外衣轉移到身體上，從象徵轉移到實質上。不過，文化的面向也在過程中消失……

一種奇怪的新矛盾逐漸浮現。我們一方面觀察到「時尚」（亦即時上的基本準則）日漸普及，四處風行，另一方面它卻已經消失，延伸到無數事實上跟時尚毫無瓜葛的領域，結果減損了時尚的獨特性。

1.

2.

繆琪亞・普拉達（Miuccia Prada）
生於1950年（義大利米蘭）

普拉達的註冊商標從1913年就開始出現，以米蘭為基地。這家公司原本專精於高檔皮件，但是在創辦人的孫女繆琪亞・普拉達於1978年接掌大權之後，一個新的時代也隨之展開，普拉達演變成（如果不是一夜之間）全球最有影響力、最富聲望的時尚品牌之一。

繆琪亞擁有政治學學位，也是共產黨員。身為活躍的女性主義者，她對婦權的興趣高於女性時尚。因此在她後來生產的系列作品當中，女性特質並未與賣弄風情掛勾。

她在1985年以一系列的黑色尼龍手提包和輕量背包首次成功出擊；這兩種配件都受到國際時尚評論者的熱烈歡迎。普拉達名下的第一個成衣系列在1989/1990年推出，然而卻不受好評，一般的看法是太嚴肅、太繁瑣、太醜。不過，那正是普拉達追求的目標。在那個種族、歷史、情色、幽默的提示混合在一起的後現代時代，普拉達是從一九五〇與六〇年代色彩黯淡的工業設計中尋找靈感的。

我們在裡面看到了前衛藝術。「普拉達」意味從傳統的女性角色模式當中獲得解放，從某個角度來看，它也代表擺脫過時的優雅以及歇斯底里的時尚潮流。到了一九九〇年代中期，普拉達爭議性時髦的突破已成事實。1992年，繆琪亞推出價格較低廉的副牌Miu Miu，這個品牌名稱是她的小名，其系列作品呈現的是普拉達本人喜歡穿的天然色彩和材質。1993年，她榮獲美國時裝設計師協會的國際大獎；隔年，她首度在紐約舉辦發表會，第一家普拉達專賣店也在倫敦開幕。對於公司能擴展為國際性企業，普拉達也歸功於夫婿兼事業伙伴帕特里齊奧・貝爾泰利（Patrizio Bertelli）的影響。

普拉達的服裝、鞋子與包包看起來經常有種簡單且傳統的錯覺，但是它們只使用最好的材質，設計本身和有趣的細節也顯得無比協調。

荷蘭建築師雷姆・庫哈斯（Rem Koolhaas）為普拉達在紐約、洛杉磯、舊金山以及東京設計了壯觀的專賣店。這些建築同時考慮到舉辦藝術展覽（由普拉達基金會負責規劃）的需求，劇場表演或實驗電影同樣也可以在這些華麗的場地進行，讓購物增添了額外的文化價值。

參考資料
Koolhaas, Rem, Miuccia Prada, Patrizio Bertelli. Projects for Prada. Milan: Fondazione Prada, 2001.
Tilroe, Anna. 'Een voortdurend experiment', in: Het blinkende stof: Op zoek naar een nieuw vision. Amsterdam: Querido, 2002.

圖片：
1. Prada，形象廣告，2005年
2. Miu Miu，形象廣告，2005年
3. Prada，2005年春夏系列，攝影：Peter Stigter

3.

註釋

1. 我在這裡使用矛盾，是從兩個相對價值之間的緊張關係來看；其中一個價值試圖和解，或是試圖否認支持其他立場的另一個價值。

2. 「像動物的皮毛一樣自然」是侯蘭德喜歡用的類比！請見 pp. 5, 89, 91, 108。

3. 她也寫了一篇關於型男主義的短文，這是巧合嗎？請見參考書目。

4. 法文當中有 femme d'interieur 的說法，意義與「家庭主婦」略有不同，比較符合「房屋女主人」的意思，不過這也有較為正式的不同意涵。

5. 無論如何僅限於自己的房屋。就像藝術與工藝運動的狀況一樣，新藝術鮮少進入一個與外界的關係中。

6. 茱莉亞‧克里斯德瓦（Julia Kristeva）在她分析科萊特作品的著作當中，對於普魯斯特與科萊特之間意想不到的關聯有精彩的解析。同時亦請見賈桂琳‧羅斯（J. Rose）的小說《阿爾貝蒂娜》（Albertine）。

7. 缺乏「色彩」，或者說反時尚色彩黑色，在有人拿白色西裝當作它的對應物時，更是值得注意。或許是因為定位沒有黑色西裝來得固定，白色西裝成了男性夏季時尚的一部分。但是在這裡，（白色）西裝在個別休閒服裝或運動服的情境中具有正式服裝的功能，關於這一點我還必須進行說明。

8. 因此，消費者由於購買完全不需要的商品，加上一整個交織在其中、勢不可免的「服務」網絡，而投下的寶貴時間和精力，其實應該獲得「賠償」！消費並不是生產的對應。

9. 我們都知道，有一家大型的時尚連鎖店就叫作 Basic。

10. 特別適合說明這個觀點的是侯蘭德的評論，她分析當代美國人害怕與眾不同，並急切地想藉由穿制服來讓自己得到安全感（1994, 178 ff.）。

參考書目

Albaret, Céleste. *Monsieur Proust*. Paris: Robert Laffont, 1973.

Aron, Jean-Pierre. 'Lexique pour la mode', *Change* 4 (1969).

Asserate, Asfa-Wossen. *Manieren*. Frankfurt am Main: Eichborn, 2003.

Barbey d'Aurevilly, Jules. *Du dandysme*. Paris: Editions d'Aujourd'hui, 1977.

Barthes, Roland. 'Pour une sociologie du vêtement', in *Annales,* 1960. Also in *Œuvres complètes*. Part 1. Paris: Seuil, 1993.

— 'Le dandysme et la mode', *United States Line Paris Review* (1962). Also in *Œuvres complètes*. Part 1. Paris: Seuil, 1993.

— *Système de la mode*. Paris: Seuil, 1967.

— *Roland Barthes par Roland Barthes*. Paris: Seuil, 1975. Dutch translation by Michiel van Nieuwstadt and Henk Hoeks, Nijmegen: SUN, 1991.

— Fragments d'un discours amoureux. Paris: Seuil, 1977.

Bourdieu, Pierre. *La distinction*. Paris: Minuit, 1979.

Breward, Christopher. 'The dandy laid bare', in *Fashion cultures*, S. Bruzzi & P. Church Gibson. London: Routledge, 2000.

Hollander, Anne. Seeing through clothes. New York: Avon, 1980 (1975).

— *Sex and Suits*. London: Claridge Press, 1994.

Kuyper, Eric de. *De hoed van tante Jeannot*. Nijmegen: SUN, 1989.

— *De verbeelding van het mannelijk lichaam*. Nijmegen: SUN, 1993.

— 'The Freudian construction of sexuality. The gay foundations of heterosexuality and straight homophobia', in *If you seduce a straight person, can you make them gay?* Edited by John P. de Cecco and John P. Elia. New York: The Haworth Press, 1993.

Kranz, Gisbert. 'Der Dandy und sein Untergang', in *Der Dandy*, Schaefer Oda. Munich: Piper Verlag, 1964.

Kristeva, Julia. Le génie féminin. Part III: Colette. Paris: Fayard, 2002.

Lehmann, Ulrich. *Tigersprung*. Cambridge, Mass.: MIT Press, 2000.

Proust, Marcel. *A la recherche du temps perdu*. Paris: Gallimard-Flammarion, 1986.

Rose, Jacqueline. *Albertine*. London: Chatto and Windus, 2001.

Simmel, Georg. 'Zur Psychologie der Mode', in Aufsätze und Abhandlungen, 1894-1900. Frankfurt a/M: Suhrkamp, 1992 (1895).

— 'Die Mode' in *Philosophische Kultur*. Berlin: Wagenbach, 1983 (1923).

Steegman, John. *The rule of Taste*. London: Macmillan, 1936.

Steele, Valerie. *Paris Fashion: A cultural history*. Oxford: Oxford University Press, 1988.

Teunissen, José. 'Betekenisloos zwart', in *Kleur*, A. Koers et al. Arnhem: kaAp, 2002.

Wollheim, Richard. Germs. Trowbridge: Waywiser Press, 2004.

Woolf, Virginia. 'Beau Brummell', in *The common reader*. Part 2. New York: Random House, 2003 (1932).

Fashion as a system of meaning
時尚的意義系統

派翠西亞・克雷費托（Patrizia Calefato）

時尚的符號體系

1.　Fake London 的 T-shirt, 2002 年春夏系列

摘要

羅蘭·巴特（Roland Barthes）於1967年寫就《時尚體系》（*Fashion System*）以後，符號學就被用來分析所謂的「時尚符號」（fashion sign）；對巴特來說，這是指「書面時尚的符號」（the sign of described fashion），亦即在特定的雜誌上被形諸文字的時尚。除了這種特殊的巴特式符號之外，還有一種被巴特稱為「真實」（real）時尚，也就是說，這個體系不僅被「銘刻」（inscribed）、被書寫，也存在著溝通及社會詮釋功能，它綜合了其他的溝通媒介（如電影、電視、網路、音樂、攝影、電玩等），並以「大眾時尚」（mass fashion）[1]之姿出現在大家面前（Calefato 1996）。

在這種概念下，符號學的觀點是與時尚研究（我想更精確地稱之為「時尚理論」）一致的，它是將時尚視為一個生產意義的跨科際體系，衣裝身體的文化與美學展演即在其中被產製出（參見Calefato 2004）。我在本章首先將釐清與時尚理論相關的一些方法論、歷史和理論性問題，再對社會-符號學時尚體系的特定面向進行分析——特別是衣裝身體與認同（含性別認同）的關係，除此之外，我也將對諸如奢侈品、正式名稱（proper name）與書寫等主題進行檢視。

時尚理論：在符號學與文化研究之間

「時尚理論」一詞指的是一個跨科際領域，它將時尚視為一個意義體系，衣裝身體的文化與美學形象即在其中被生產出來的。就專業術語的使用來看，我的這個選擇反映了傳統的服飾歷史與社會學已被批判地超越，而理論也暗示著普世公理已經受到解構；就隱喻的觀點來看，「時尚理論」則讓我們聯想到「電影理論」、「性別理論」、「酷兒理論」等種種表述，在這些表述中，「理論」指的是特殊而具有邏輯的知識，它將其「主題」——在這裡指「當代時尚」——視為一套生產特定角色、社會階層、想像模式與身體形象的體系。在這種概念下，時尚理論就是文化理論，一種部份涵蓋現代「文化哲學」，但卻以傳統的文化、性別研究，以及後結構主義、後殖民主義來重構其詞彙的表述方式。

我們在此以「時尚理論」取代「時尚研究」一詞，是因為後者通常用以指涉與時尚世界相關的種種專業學科（從造型到市場行銷皆屬之）。此外，「時尚理論」一詞也意味著一個橫切面式的理論研究途徑，它從種種人文及社會科學（包括文學、哲學與藝術）之中選擇了時尚體系，將其視為物質文化、身體史以及感官理論的一個特殊面向，並進一步探討任何專業知識的有效前提以及理論判準。「時尚理論」同時也是一本國際季刊，由維萊莉·史提爾（Valerie Steele）擔任編輯，由Berg出版社（位於英國牛津）於1997年發行，採用了相同的研究途徑。

在二十世紀早期的一些基礎社會學研究中，我們便能找到時尚理論的先聲及基本原理，而其中最具全面性與前瞻性的論述，則包括了喬治·齊美爾（Georg Simmel）的研究、華特·班雅明（Walter Benjamin）的哲學著作（特別是他對十九世紀巴黎的描述）以及語言結構主義——後者將服飾與時尚也視為一套符號體系，並認為，其作用方式與語言在某種

程度上亦相去無幾。

齊美爾在其1895年的時尚論文中,將時尚界定為一套凝聚社會的體系,讓個人在團體中的身份,得以辯證地與其相對獨立的心靈結合。齊美爾表示,時尚是由「模仿」(imitation)和「與眾不同」(distinction)這些動機所主導的,而這些動機,則又是透過特定的社會圈垂直地傳遞到社群之中,伴隨著它們的,是一種「挑逗而刺激」的魔力,而時尚傳遞這種魔力的方式,則被齊美爾描述為「既廣泛、無所不在,卻又飄忽、稍縱即逝」,「不對其忠誠乃是一種權利」(Simmel 1895)。

齊美爾的分析為定義時尚提供了基礎,這種定義將時尚界定為一套只能在現代性脈絡中被討論,而這裡所說的現代性,又特別是指在大眾社會中已然成熟的現代性,在其中,貨品的生產自動意味著製造可被大眾生產的符號以及社會意義。在這個關於時尚的古典說法中,時尚的傳播機制是一個自有閒階層至大眾的「上行下效」過程,接著再透過「模仿」的機制橫向擴散,最後才透過「與眾不同」這樣的機制,在新的社會圈中受到替換。

托斯丹・范伯倫(Thorstein Veblen)的《有閒階層論》(The Theory of the Leisure Class, 1899),與齊美爾的作品屬同時期的創作,它將購買服飾視為中上階層炫耀性消費的一部份。然而在此同時,宋巴特(Sombart)則認為:(女性)對於奢侈品的消費——在其中,對於服飾及珠寶的消費又佔了絕大部分——即使在資本主義的原始資本積累階段,已是資本主義的主要特色。

時尚亦屬可由大眾再生產的商品。班雅明在其《穿堂計畫》(1982)中,將時尚描述為「無機的性訴求」(sex appeal of the inorganic)。對班雅明來說,時尚代表了商品形式的勝利,身體在其中成為屍體(cadaver)、成為被迷戀的物品(fetish)。在時尚之中,有機與無機以一種極具馬克斯主義的方式,完成反轉與複製:(女性的)身體展現了無生命、疏離的自然的魅力,並成為服飾的包裝物、裝飾,為其提供了肉體的支持。班雅明這齣光怪陸離的戲,是一齣關於現代都市的戲,以十九世紀的巴黎為藍本,其中充滿著過道、閒遊者、在大展場中展示的貨品,以及夢幻的建築,充滿著波特萊爾式的入世藝術家,也充滿著像愛倫・波(Allen Poe)一樣瘋狂的人。

在索緒爾(Saussure)的《普通語言學教程》(Course of General Linguistics)中,有兩小段對時尚與語言的比較。第一段指出:時尚不同於語言,並不是一套全然抽象的體系,因為對於時尚流行服飾的執迷,最多也必須以人體的實際情況為界限。第二個段落則主要處理模仿的機制,同時關切時尚現象以及語言中的語音變化,不過他也表示,兩者的成因都是謎。

在二十世紀前半葉,語言符號學對時尚及消費現象十分著迷,因為在這些領域裡,語言符號學見到了種種特徵內部對反機制之行動,以及雖具強制性卻非意圖的變奏——簡單來說,見到一種**系統性**(systematicity),讓人易於聯想到語言的運作與符號之間的關係。在一九三〇年代,當代結構語音學的奠基者尼可萊・楚伯茲可伊(Nikolai Trubetskoy)——時為布拉格語言學派之一員——將索緒爾對「語言」(langue)與「言語」(parole)的區分,

應用到「消費」與「服飾」的關係之上，他認為「消費」就像「語言」一樣，是一種社會現象（因此也包括了時尚），而「服飾」則像是「言語」一樣，是一種個人行為。楚伯茲可伊指出：在語言體系與服飾體系、語音學與消費研究之間，存在著一種同質關係，而這樣的論點，也更進一步地確定了歐洲結構主義在一九三〇年代至五〇年代之間，為語言學及人類學所搭起的總體聯繫。

無獨有偶的是，比楚‧波迦提瑞夫（Petr Bogatyrev）——就像楚伯茲可伊和雅可布森（Jakobson）一樣，他也是當時布拉格學派的領袖人物——也對摩拉維亞‧斯洛伐克的庶民消費行為進行分析，他所使用的方法是功能論式的，其成果在於辨識出消費行為中的功能階序（a hierarchy of functions），其中包括了實踐、美學、魔幻以及儀式等種種功能。（Bogatyrev）。

1931年，立陶宛裔的美國語言、人類學家愛德華‧薩皮爾（Edward Sapir）為《社會科學百科全書》撰寫「時尚」的辭條。其中他點出了「時尚」與「品味」（taste）的不同，以及「時尚」與「消費」的不同，他認為後者是一套相對穩定的社會行為模式，而前者則是不斷地在改變。雖然楚伯茲可伊和薩皮爾的文化背景不同，但他們兩者卻不意外地將注意力集中於時尚以及現象的概念，亦即語言的基本統一作為其獨特而恆常的特徵，藉此，我們乃得以辨識出一個獨特的語言體系。切記，「模仿」與「與眾不同」，是齊美爾在時尚之中所辨識出來的主要動機。

服飾、時尚與身份認同

就「時尚理論作為社會論述」的轉向來說，羅蘭‧巴特的《時尚體系》是最為清楚的文本。從最根本處來看，巴特其實並沒有處理到**真實**的時尚，而只是處理雜誌中被描述的時尚：服飾完全被轉化為語言，而圖像的作用，也僅僅是為了被轉化為文字。在這樣的意義下，符號學不僅被視為語言學的一部份，而非相反（在這一點上，巴特對索緒爾的傳統不無挑釁），「語言」——那「所有想像世界的科學」（亦即語言學）力圖以「重生」來建立的體系——也不「同於語言學中的『語言』」：巴特式的語言學打破了語言學正典。巴特的學說超越了實際的符號學，他認為時尚只可能透過器物、技術和建構其意義的溝通體系而存在。在巴特的《符號體系》一書中，專業化的新聞被視為時尚討論所進行的場域，而無論是時尚主題或是這些討論所試圖吸引的人（讀者），也都是在此之中被建構出來的。後現代的脈絡十分清楚地指出：從電影、音樂，到新媒體、廣告這一連串的社會論述，都是時尚存在的場域，時尚在此間既作為一套綜合的（syncretic）、互文（intertextual）的體系，也作為衣裝身體的符號之間的網狀參考（reticular reference），持續地既建構又解構種種交涉、詮釋、獲取其意義的主題。

狄克‧赫迪奇（Dick Hebdige）於1979年對次文化所進行的分析，與此亦若合符節。赫迪奇的立場與更古典的英國文化研究立場已有一定距離，他將風格（style）界定為大眾社會中美學與倫理團體成員身份的形式，在此社會中有著崛起的群眾文化——葛蘭西（Gramsci）

古奇歐・古馳（Guccio Gucci）
生於1881年（義大利佛羅倫斯），卒於1953年（義大利米蘭）

古馳是一家古老的佛羅倫斯家族企業，十九世紀以生產草帽起家。目前的時尚公司是由古奇歐・古馳所創，他在倫敦沙威飯店（Savoy）擔任領班一段時間之後，1904年成為馬鞍匠，並開了一家相關用品店。傳說他查看了富有顧客的行李，因而從中獲得日後產品的靈感。這個故事似乎有那麼幾分真實性。古馳在他的產品線當中增加了昂貴的手提包、旅行袋和鞋子，而且通常會標上與馬術運動（即使在當時也是有錢階級的專利）有關的符號，例如馬鐙、馬銜等。古馳於1925年推出的水兵袋（douffle bag）大獲成功，而著名的古馳懶人休閒鞋（腳背上裝有一個馬銜）歷史則可回溯到1932年，它目前已經在注重傳統的菁英人士之間被視為具有經典地位的表徵之一。

　　古奇歐的兒子阿爾多（Aldo）用父親名字字首的兩個G設計了古馳的標誌（三條綠一紅一綠的條紋也是它的註冊商標）。他和弟弟魯道夫（Rodolfo）將產品線擴大到成衣系列與運動服裝。1939年，古馳兄弟在羅馬和米蘭開設第一批分店，不過古馳最知名的依然是他們獨一無二的皮件。經過幾十年的時間，轟動一時的成功卻隨著激烈的家族紛爭上演而黯然褪色。到了一九八〇年代末期，古馳幾乎瀕臨破產邊緣。

　　美國設計師湯姆・福特（Tom Ford）成了這家公司的救星。福特擔任創意總監，為古馳塑造時髦、亮麗的形象，追求商業上的成功，順利地讓這家奄奄一息的公司變身為欣欣向榮的時尚品牌，再度成為國際時尚報導的對象，而這一切全都在不到十年的時間之內發生。福特重新詮釋了這家公司的所有傳統元素，古馳也意外地恢復了活力，同時維持頂尖產品高級品牌的地位。古馳的嶄新形象同時要歸功於前衛派攝影師馬里奧・泰斯蒂諾（Mario Testino），福特在1995年邀請他負責拍攝一系列的廣告。古馳的商業演變史很容易讓人拿來和普拉達做一番比較：在福特於2002年離開之後，這樣的相似性是否會長期持續下去，還有待觀察。

　　古馳幾十年來推出了幾款香水：Gucci No. 1、Eau de Gucci、Gucci No. 3、L'Arte de Gucci、Accenti、Envy，以及Rush。

參考資料
Forden, Sara Gay. *The House of Gucci: A sensational story of murder, madness, glamour and greed.* New York: William Morrow & Co., 2000.
White, Nicola. *Reconstructing Italian fashion: America and the development of the Italian fashion industry.* New York: New York University Press, 2000.

圖片：
1. 古馳，形象廣告，2005年
2. 湯姆・福特為古馳設計的時裝，2001年系列

GUCCI

GUCCI BY TOM FORD

的影響在此顯而易見——而這文化又是由服飾、音樂、文學、電影，以及日常習慣等種種區塊所組成的，這是一個由流行文化所主導的世界，它是以搖滾、龐克等種種「街頭風格」來表現的；有些人將時尚視為諸多「論述的顯著形式」之一，而赫迪奇對風格的詮釋，則正與這種看法形成對比。他相信龐克尤其是一種將風格去自然化（denaturalising）的策略，就像是超現實主義一樣，具有揭示客體之矛盾解釋的效果，就像是刺入身體的安全別針或是不自然的髮色那樣，自動地，也犯罪地（criminally）揭示了任何論述的不自然特質。

事實上，隨著時尚理論的成熟，原本將時尚視為制度化、上層階級社會體系的想法也逐漸被拋棄。原本的「上行下效」理論被倒轉過來，成為「下行上效」（bubble up），最明顯的例子就是二十世紀的兩個代表性服裝：牛仔褲和迷你裙。做為「大眾時尚」的「時尚」，被視為一個展現「各種複雜卻未必與服飾相關的張力、意義與價值」（Calefato 1996：7）的場域。這裡的複雜性是集中在身體，以及身體在世界中存在的方式，它被展現、偽裝、變形、衡量的方式，還有它隨著種種成規與神話崩解的方式。

衣裝身體是一個生理-文化領域，我們外在身份的可見、可感知的展演，都在這個領域之中發生。這個複合的文化文本結構提供了個人及社會特徵（trait）許多的展現機會，讓它們展現它們所吸收的種種質素，諸如性別、品味、種族、性、對某一社會的歸屬感或僭越感。無論時尚研究是關於男子氣概（Breward 2000），或是關於性別差異（此一差異乃是

透過服飾而在歷史及社會中建構的）（Lurie 1981），都顯示了服飾的歷史也是「身體的歷史，它是關於我們如何以其生產、再生產的功能、它的規範、內在於它的階序、建構其熱情與意義的論述為基礎，來建構它、想像它，並在男女之間做出區別的歷史」（Calefato 2000）。無論我們所提及的「時尚」是單數或是複數的，它們都是在特定時空之中組織衣裝身體符號的工具，幾乎就像是在塑造它自己的語言；而在此同時，它們也透過在符號之間建構混合體，來表現種種參考符碼的可能方式，就好像在語言及文化混合體中，身份認同也被建構而出。

因此，透過時尚而產生的性別身份，不僅玩弄正典的、刻板的描繪男性與女性的方式，也玩弄那些對於主導論述（它們乃是透過身體符號來傳達的）的挑戰。交互穿著與去自然化的經驗，顯示「表象的風格」（Kaiser 1992）可能同時也是美學及政治策略，即使它們已預先在性與性別之間的相似性中得到調整（例如男扮女裝、女扮男裝的化妝舞會），也同樣如此。表象風格、反抗形式與展現次要身份認同的樂趣之間的複雜關係，也是在同樣的意義下運作的：就如貝爾‧胡克（Bell Hook）所說的那樣，在以服飾表現的風格以及顛覆之間，存在著密切的關係——亦即，被宰制與剝削的人，運用某些時尚去表達反抗及／或順從（Hooks 1990：217）。

「從人行道（或街道）到伸展台」：今日，即使在風格研究將實物生產為奢侈的商品符號之前，日常文化所發生之處已決定了時尚的走向。這是那些休閒衫國際企業所學到的一課，

以此為基礎，他們做了不少具煽動性又迷惑人心的舉措。舉例來說，至少從一九八〇年代晚期開始，他們便建構了種種的價值與神話，像寄生蟲一樣地，深深影響了西方大都市中非裔青年的風格與品味。

時尚與奢侈品

因此，目前傳佈時尚的模式，是透過社會進行一個「平面的」過程，有時從人口切片樣本、叛逆團體或是文化前衛者中獲得線索，但主要是依賴日常生活的群體相似性與經驗。在這種意義下，符號學網絡模式比其他東西更能完全取代「上行下效」模式，因為無論是社會變動、不同符號體系的混合、不同文化的相遇，或是在全球「遊走」的符號之間的廣泛可轉譯性，都是決定當前時尚傳布速度與機制的重要因素。

在這個網絡中，特定的關鍵因素是某種維繫、形塑時尚動力的骨幹，而此一動力是不可預期的、混亂的，有時還是具有傳染性的。在今天，這些因素中有四個又尤其重要。第一個是敘事性：每一個時尚都有效地在自身之中含括著敘事或故事，而得以解釋它的使用、決定它的韻律。這些故事並不總是以「很久很久以前⋯」作為開頭：通常，它們所需要的只是一個圖像、一個姿勢，或是一個「碰觸」，接著，這個故事就開始了。它可以援用座落於文化文本性中的知識世界，然後再反過來以新文本形式之姿重新出現，帶出後續的故事。

第二個因素與空間有關：時尚敘事有效地在空間之中成形，然後又重新建構空間。無論是街道、伸展台，或是整個世界，都可以成為時尚的空間或是疆域，物體在其中獲得生命，身體也在其中相互影響、相互作用。

第三個因素是關於神話的複雜領域，巴特認為，它的主要特色是將已有文化發展之物「自然化」（Barthes 1957）。時尚擷取了在社會領域中再生產的意義建構以及想像特徵，象徵式地將它們化為自然、化為永恆——即使十分短暫。

而第四個重要因素，則是關於感官性——依照風俗、品味或時尚來為身體加上衣裝。人類的感官既複雜又會相互影響，對於時尚的再生產與交流也會發生作用。感覺有其刻板性，但極端的感官性形式也能運用內在的時尚拜物主義以及物體與服飾的生命力，來反轉它們的意義、將它們的意義人性化。

從很多方面來看，時尚法則幾乎都能被視為「奢侈品」法則，因為它們往往都反映了「讓不想要、不需要的成為非要不可的」這樣一個悖論，而且往往與過度、浪費、毫無意義的消費脫離不了關係。因此一個人不僅可以以「奢侈品」來理解「時尚」，並將所有目前屬於奢侈品的服飾全部納入時尚的範疇；更重要的是——這一點的理論意涵十分有趣——他還可以用「時尚」來理解「奢侈品」。鑽研符號學的學生在這一點上會提出的問題是：是否一個人可以將奢侈品視為一個符號或符號體系？如果可以的話，又是在哪種意義下可以這樣做？在本質意義上，時尚就像是奢侈品一樣，表現了一個可以將符號召回其「網狀結構」而非其指涉本質的概念。事實上，特別是在今日，透過考掘預定要表現社會階層的物體、價值、熱情中的階序關係，而事實上，這

些東西不僅可以表現社會階級（還可以像范伯倫認為的那樣），表現未生產性的狀態；或是（像布希亞[Baudrillard]所說的那樣）召喚符碼（code），雖然只是把它當幽靈一樣地召喚而來），來爭論什麼是時尚而什麼又是奢侈品，已經是不恰當而過時之舉。

奢侈品和時尚所指涉的其實都是獨特性的概念。與物品的世界相關的是，這一點必然需要時間、製造過程的手工、做為自我衡量的等待，以及手工匠的參與，而且即使是領導品牌，現在都發現了這一點的重要性。舉例來說，自2002年秋季開始，已經可以在Gucci的特定專櫃訂購由老師傅手工製作的「客製化」男用鞋與女用手提包。在這個案例中，「真實性」與「客製化」並不只是刺激消費的因素，它們也讓一種特殊的「與眾不同」感成為可能，在其中，真正的品牌已隱身幕後。在這些獨特、特製的物品中，Gucci的商標以一種新的、「慎重的」版本重新出現，以一種含蓄的方式深藏於物品之中，擺放在其擁有者的姓氏大寫字母旁邊；而擁有者則成為他／她所擁有的物品的「商標」，讓他／她的物品真正地變得獨一無二。

真正獨特的是生活的經驗、那物品所包含的敘事，它成功地有了生命，激起了被擁有的慾望，因為在它之中有著生命。那個今天在奢侈品領域被稱之為「年份」（vintage）的特殊氛圍，是與那些曾經「生活」過的物品所匯聚的敘事息息相關的。那些表現出「年份」的物品都曾經被使用、也曾經存在，是一個穿越時空、連接他者的橋樑。有越多的物品曾經屬於他者——特別是屬於那些不久之前的「特別」

2.

3.

4.

2. 古馳（Gucci），手工男鞋，2005年
3. 葛莉絲・凱莉提著以她命名的凱莉包
4. 近期的凱莉包
5. 山本耀司（Yohji Yamamoto）的簽名

的人，它們就越有能力將身份認同與個體性賦予它們的新主人；除了它們物理上可見的實際存在之外，這些新主人還從它們那裡得到了隱喻著平靜、享樂的時空距離，而「我可以負擔得起他者的生活經驗」這樣一件事，也就變成了另一件奢侈品。

還有另一種「年份」可以被描述為「另類的」，亦即「自製品」，這種物品為那些追求儉約風格、想要盡可能遠離標準生活方式的人，建構了一個物品的世界：在時尚或內部設計的結構中，這些物品在新的骨架中是「二手的」、被重新命名的、被重新置放的。然而，在「年份」一詞的真實意義下，「年份」仍有其奢侈面向，帶有著最初的「詩意」，但卻與拍賣場、收藏家、高級時尚息息相關，這些物品的價值，是由它們的起源與歷史所在的神話世界氛圍來決定的：「凱莉」包之所以獨特，是因為葛麗絲‧凱莉王妃真的用過這種包包；而「柏金」包之所以獨特，也是因為珍‧柏金（Jane Birkin）激發了這個靈感。

同樣例子還有很多，像是豪門物品拍賣會中的家具（特別是那些曾經屬於藝術家或電影明星的物品）、甘迺迪‧賈桂琳（Jackie Kennedy）曾經配戴過的首飾，或是幾十年前由名設計師所設計的有名服飾（就像女明星們今天在奧斯卡頒獎典禮上所穿的那些一樣）。「年份」因此變成了一種界定的方式，即使在日常生活的脈絡當中也是如此，它在一個時間與身體及敘事更為接近的時代裡，界定那些無論是「古代」或是其更廉價的版本「近代」，都無法傳達的東西。

5.

Yohji Yamamoto

名稱與品牌

在文‧溫德斯（Wim Wenders）的紀錄片「都市時裝速記」（Notebook on Cities and Clothes）中，導演「有詩意地」訪問了日本設計師山本耀司（參見Calefato 1999），片中有一幕，是這位日本設計師不斷地練習簽名，好用在他位於東京的新服飾店中，設計師身體及其作品之間的轉喻（metonymy）管控了這個持續的「練習」，直到它成功達成目的為止。於是，簽名也就結合了書寫的一切圖解組成部分，並在兩個面向之間擺盪：一個面向是在書寫的名字與設計師的手之間對於對應的追求，其所尋求的是一致性；而另一個面向則是將服飾轉化為一個單純的符號，並以簽名為其賦予生命。

正式名稱與身體有關，更精確點來說，名稱在造型實踐——服飾——之內（造型實踐完全可以被界定為某種特定形式的語言），也在時尚之內（時尚可以被視為在我們的時代中界定服飾的溝通機構），將身體「銘刻」在社會領域之中。在這種意義下，此處所探究的「名稱」乃是一整組專有名詞的一部份，而我也將為這些詞彙提出一個臨時的「詞彙表」。簽名乃是設計師簽下的名字，它與風格創作的工匠層面、甚至藝術家層面有所關連，它包括了手工、對情緒的照拂，以及作為書寫練習的簽名所包含於內的身份認同。舉例來說，當畫家在畫上簽名的時候，那和市民在公文上簽名有什麼不同？我認為兩者之間的不同之處在於：前

者包含了這個作品的意義，以及製造者及產品——製造者讓出了它，將它交給他者，也交給這個世界、交給時間——之間的複雜關係；而後者則包含了語言的展演力量：支票上的簽名讓支票具有交換價值、文件上的簽名為寫在它上面的東西提供了保證，而護照上的簽名，則肯定了一個人的社會與公民身份。日常語言發明了像是signé這樣的新詞，這是一個法文字，暗示了服飾之中所包含的排他性、區別性，以及經濟、階層價值。

所謂**品牌**，指的是一間公司所採用的名稱，就字面上的意義來說，是它用以「烙印」（brand）其商品的符號，就像是為牲畜打烙印一樣。有時候，它是嚴格意義下的名字（如Armani、Missoni、Benetton等）；有時候，它是象徵性的名字、綽號，或是較為奇特的名稱（如Kookai、Krizia、Nike等）；而在另一些時候，它則是一個和品牌一起出現的象徵，久而久之也變成了Logo（如Nike的勾勾、Lacoste的鱷魚、Trussardi的狗、Mandarina Duck的小鴨等）。正式名稱往往本身就足以作為一個文本。有時候品牌是一個家譜的、世襲的數字，就像是在格林納威（Greenaway）的電影「枕邊書」（The Pillow Book）中，主角的父親每年到了她生日都在她身上留下一個記號一樣（參De Ruggieri 1999）；但在另一些時候，它讓身體以及身份認同得以透過服飾來模仿它自己，就像是網路上的「暱稱」一樣。

因此，衣裝的身體常常穿戴著正式的名稱。在許多宗教、傳統以及文化的靈性經驗中——即使它們在時間和空間上都相隔甚遠——「穿戴」名字常常意味著將神祇的聖名寫在一個

人身上。這個神祇的字母或是象徵，會以刺青或是繪製的方式，寫在皮膚上或是編織在衣服上，藉著將信徒的身體帶往神祇、甚至變成神祇的一部份，信徒的身體轉喻地發生了轉化——這種實踐看起來甚至可以讓一神宗教更趨向於內在（此一內在可用語言或是書寫來傳達）。

在今日，寫在身體上的正式名稱卻是世俗化的、微不足道的名稱，藉著它們，服飾乃得以被有方法及能力的人「命名」，而且，這些人可不只是有生產它們的方法與能力而已——最重要的是，他們有方法及能力去傳播它們、讓它們在符號帝國中大為流行：名稱基本上就是身體所炫耀的品牌、象徵、Logo或簽名。再一次地，此處存在著一種轉喻的關係（雖然這和我們前面提過的轉喻關係並不相同），在這個例子中，變成了名稱的是服飾，而作為品牌的名稱所變成的就算不是上帝，至少也是神話，一個看起來「自然」的意義根源與媒介；但事實上，它卻是在文化之中，透過複雜的操作與偽裝策略所發展出來的。物品於是有了與其日常功能分離的正式名稱：「我現在會說『我的Nike』、『我的Tod's』，而非『我的鞋』；會說『我的Mandarina』而非『我的包包』；會說『我的Moncler』而非『我的夾克』。」（Pezzini 2000：96）這並沒有什麼錯，而且伊莎蓓拉・貝奇尼（Isabella Pezzini）還多加了一句：「我們一直深愛著物品，就像奈勒斯（Linus，史奴比[Snoopy]漫畫中的人物，總以抱毛毯之姿出現在故事之中）深愛著他的毛毯。」（同上）——而且，表現這種對物品的熱愛的最佳方式，就是給它一個名字，好像它也有生命一樣。一

6. Lacoste，形象廣告，2005年
7. Nike，形象廣告，2004年
8. Tod's，形象廣告，2005年

個名字可以有效地為物品「賦予生命」，讓不會動的、無生命的變成有生命的，在這種意義下，名字就像是拜物教倒錯的媒介一樣，無論它是多形胎兒的成年儀式，或是消費者強迫性的痙攣。當服飾被「命名」之時，這樣的倒錯被直接導向變形——每當我們在日常生活中穿上衣服時，我們便在我們的身體上展演這樣的變形，這個日常行動同時喚醒了諸如變裝、面具等等的嘉年華儀式，以及制服的穿著符碼，雖然這樣的喚醒往往是極其幽微而難以察覺的。

　　然而，二十世紀末仍然是以服飾世界正式名稱的過度裝飾——貝奇尼則模仿艾可（Eco），稱之為過度編纂——為其特色。就像是娜歐蜜·克萊恩（Naomi Klein）在其名著《No Logo》（2001）中以長篇篇幅激烈地論述的那樣：在我們的時代中，一種社會再生產的特殊性質，事實上是圍繞著品牌來建構一種生活風格或哲學；而品牌，則是大公司（其中又以跨國企業為先鋒）現在所想要創造的唯一「產品」，至於那些實際產品的製造，則留給那些散佈於全球的「無名」公司處理。克萊恩最有趣的論點之一是：產品的全球化如今終於分割了產品與製造者。舉例來說，即使跨國公司在印尼以低成本製造了一雙鞋，那些實際上製造它的人卻絕不可能有機會穿上它。工人會以他／她自己的雙手來製造一雙鞋，但他／她卻從一開始就失去了這雙鞋，而真正重要的其實是誰製造了品牌——因為最終其實是品牌讓這些原本只存在於假設之中的鞋子有了名字，賦予了它們可以讓市場及廣告繞著它們團團轉的氛圍。我相信克萊恩的分析是一

杜梅尼科·朵伽（Domenico Dolce），生於1958年（義大利西西里）
史蒂芬諾·迦巴納（Stefano Gabbana），生於1962年（義大利米蘭）

在美國他們往往被簡單指稱為「義大利設計師」，而這似乎就是他們需要的身分。朵伽與迦巴納的風格充滿了特色鮮明、裝模作樣的「義大利風情」，其靈感來自一九四〇到六〇年代的新寫實主義電影，片中有安妮·瑪娜妮（Anna Magnani）、蘇菲亞·羅蘭（Sophia Loren）與珍娜·露露布里姬妲（Gina Lollobrigida）等女英雄，還有西西里、黑手黨、天主教，以及頸上的念珠深深垂入胸口的性感寡婦。

在這對著名雙人組合的系列作品中，性感的創作裡加進了懷舊風情，奢華、諷刺與樂觀主義共同融入充滿新巴洛克風格的整體時尚。少有遮掩的洋裝、束腹、外穿的輕浮襯裙、豹紋與鱷魚皮圖案、細紋西裝、黃金（與金漆）的閃亮首飾。不過也有大量的黑色——而且不只是長統襪。他們多年來始終保持這種氣氛，甚至包括他們住的天爾佩別墅（Villa Volpe）的裝潢也不例外；這座十九世紀的豪宅坐落於米蘭。

杜梅尼科·朵伽在巴勒摩附近的一座村子長大，家中從事服裝製造業。小時候他必須在父母的公司工作，後來則就讀藝術學院。畢業之後他前往米蘭，並在1980年認識了平面設計師史蒂芬諾·迦巴納。兩人對於時尚都充滿了瘋狂的熱情——也立刻為彼此瘋狂。他們成立一家時尚顧問公司，為幾家服裝公司提供諮詢，同時一方面也努力地追求自己的偉大夢想：推出屬於他們自己的系列作品。這個夢想在1985年獲得了實現，他們受邀在米蘭的成衣時裝展發表第一批作品。他們將這場秀命名為「真女人」（Real Woman）。

成功並未讓他們等待。媒體與大眾的反應相當熱烈；朵伽與迦巴納多變的設計受到許多影視明星的喜愛，例如湯姆·克魯斯（Tom Cruise）、布萊德·彼特（Brad Pitt）、妮可·基曼（Nicole Kidman）、葛妮絲·派特羅（Gwyneth Paltrow）、凱莉·米諾（Kylie Minogue），此外當然還有瑪丹娜（Madonna）。瑪丹娜尤其代表了他們心目中的理想女性形象：美麗、性感、魅力四射、充滿自信，而且擁有義大利風情。他們和瑪丹娜相互仰慕；朵伽與迦巴納為瑪丹娜1993年的「女子秀」（The Girlie Show）巡迴演唱會設計了所有的服裝。

朵伽與迦巴納的產品線在一九九〇年代擴大，涵蓋了價位較低的副牌D＆G、牛仔系列，還有內衣、泳裝、眼鏡，以及其他配件，另外再加上幾款香水：朵伽與迦巴納、淺藍（Light Blue），以及西西里（Sicily）。

2005年，這對雙人組合為義大利AC米蘭足球隊設計了隊服。

儘管他們的親密關係已經結束，這個品牌卻依然持續下去。他們從未考慮過將公司出售給大型集團的可能性，因為兩人想要對銷售的商品擁有百分之百的掌控權，即使連最小的細節也不放過。如今在這新千禧年之始，這對雙人組合出現新轉折的時機似乎已經成熟了。

參考資料
Dolce & Gabbana, Isabella Rossellini. *10 years of Dolce & Gabbana*. New York: Abbeville Press, 1996.
Leenheer, Ilonka. Interview met Dolce & Gabbana in Dutch *Elle*, September 2005.
Sozzani, Franca. *Dolce & Gabbana*. London: Thames & Hudson, 1999.

圖片：
1. 朵伽與迦巴納，形象廣告，2005年
2. 朵伽與迦巴納，形象廣告，2005年

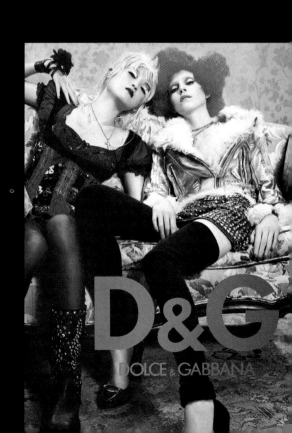

D&G
DOLCE & GABBANA

DOLCE & GABBANA

個有趣的、二十一世紀版的異化概念，它是由資本主義的生產方式所導致的現象，不僅可以讓人深思「名稱」的力量（如羅西-藍迪[Rossi-Landi]所說，這些名字完全是商品符號），也可以讓人思索：在與複雜的時尚體系密不可分的物品與圖像的交通網絡中，「東方」與「西方」、「第一世界」與「第三世界」的關係該如何被重新界定？

時尚與書寫：簽名與標籤

我在1992年編了一本叫《時尚與世俗》（*Moda e Mondanità*）的文集，收錄了許多作者的文章，其中有幾篇特別側重於探討時尚中的正式名稱（如品牌、Logo、簽名）：我自己的〈社會想像中的身體與時尚〉，法裔以色列籍研究者克勞德‧龔德曼（Claude Gandelmen）的〈時尚與文本性〉，以及法國符號學家、語言學家、里昂時尚大學講座教授娜丁‧蓋拉（Nadine Gelas）的〈時尚與語言：當時尚運用了文字…〉。特別是在後兩篇文章中，兩位作者將設計師簽名的現象放置在最複雜的符號學脈絡中來處理，當服飾被用語言來加以書寫之時，此一符號學脈絡便隨之興起，無論這個「語言」是像猶太經匣那樣，寫著上帝的名字、戴在拉比手上的「神聖文本服飾」（sacred text garment，猶太教徒會在手臂以及頭上綁著寫有聖經經文的經匣，以示隨時銘記上主的言語）（Gandelman），或純粹只是一件T恤（Gelas）。

龔德曼認為：現代的「文本時尚」——在其中，書面文本成為服飾的一部份——「是將身體包覆於文本之中的傳統的一部份」（Gandelman 1992：72），而這樣的傳統又可追溯到一些特別的文明、文化與宗教中，在這些文明、文化或宗教裡，存在著一種將自我衣裝於文本中的儀式。龔德曼指出，這種文本的字面的、具體的結合，是作為實際文本的可見性來出現的，而依據猶太神秘主義傳統的看法（龔德曼在文章中多次援引此一傳統），上帝之名的**可理解性**也包含於可見性之中。然而，這個可理解性卻並不總是明確的，就像在卡巴拉傳統裡，上帝的名字是隱蔽的，而聖保羅也說：「彷彿對著鏡子觀看，如同猜謎」（〈哥林多前書〉13：12。）——因為無論是可理解性或是可見性，其實都是在閱讀他者。

在我們的時代，T恤已經成為身體與語言、消費體系與交流過程相遇的隱喻。T恤是「書面」的服飾，身體隨著它而被書寫；T恤也是通往服飾所擁有的交流的內在態度標誌，而此一交流甚至獨立於穿著它的人之意圖外。事實上，T恤不僅帶來了交流、分享了服飾的意義，還使得此一意義的覺醒得到傳布，拓展了對於下述事實的洞察——衣裝身體傾向於分享意義、價值、風格與行為的交流。

而在另一方面，蓋拉則在她的文章中運用了詮釋學方法，以符號學符碼來閱讀被用以砲轟服飾的書面文本，特別是近幾十年的時尚歷史。因為在這段期間，許多書寫的要素（如品牌的名字）已經發生了轉變：從被偽裝或隱藏在服飾之中，到透過嶄新的過程被公開展示，而蓋拉又將這個轉變描述為既是「拓樸學的」（就從內在轉向外在這方面來說），又是「具區隔性的」（因為並不是所有的文本都會被展示）（Gelas 1992：95）。蓋拉在服飾對文本的使用中辨識出來了三種邏輯：第一種是「區隔

的邏輯」，它與品牌的名字密切相關；第二種是「再創造的邏輯」，它是僭越的、虛幻的、嘲弄的，也是T恤的典型特徵；第三種則是「誘惑的邏輯」，它與衣裝身體上「炫耀性的」書寫的詩意功能（以雅可布森的意義來說）息息相關（同上：97-106）。其中較為特別的是：區隔的邏輯——在其基礎之上，名字乃得以展示服飾的價值——並不僅僅限於炫耀身份；相反地，蓋拉認為「區隔」與符號學而非語義學相關，因為就如同班文尼斯特（Benveniste）所說的，語義學是在「要求被瞭解」，而符號學則是在「要求被承認」（同上：100）。蓋拉指出，在這個例子中至少有兩個理由，可以說明訴諸於文本而非其他符號是有意義的：（1）因為語言——在索緒爾的意義中，具有「語言」和「言語」兩個面向——實在化了區隔的概念的個體及社會意義；（2）因為名字證明了身份認同的普遍範疇，並給予保證。

在我自己的論文中，我將正式名稱視為當代時尚之「世俗」身份的一部份，將它視為一個對語言來說絕對單數的場域，我認為它同時有著指定身份的力量（就像許多二十世紀哲學語言學理論所說的那樣），以及「呼喚他者」的力量，而後者已在語言的辯證及「質詢」面向中獲得澄清，就這一方面而言，自巴特到列維納斯（Lévinas）等不同的學者，也都為其發展出了迷人的理論。我在這篇文章中從巴特對普魯斯特以及名字的反省開始，試圖在時尚體系裡建構一個可能的場景，並讓這個場景能夠開啟（巴特所說的）名字的「三種力量」——亦即本質化的力量、引用的力量，以及探索的力量（Clefato 1992：28-32）。而在另一方面，

9. Guess?的T恤，2005年系列
10. 凱薩琳・哈姆雷特（Katherine Hamnett）穿著自己印有政治口號的T恤，1984年

我也檢視了名字的真理價值（前述哲學語言學理論曾經提及過它）以及現象（我們時代以及仿冒品牌的典型）兩者之間的關係（同上：32-37）。

在上述三篇論文中，作為品牌或簽名的名字的力量，被數種相互交疊的研究方法加以分析：符號語言學方法、哲學方法，以及我今天稱之為「社會符號學」的方法——符號在單一符號體系（在此指語言體系）中脫離其功能，並在信仰、行為、習慣及意識型態所建構的基礎上，得到複雜而相關的價值時所表現的特點，是社會符號學的焦點之所在。

在時尚體系中，正式名稱的角色在實用的——我認為，即是政治的——以及理論的意涵之中特別豐富。在有史以來研究服飾及語言關係最為全面的巴特研究《時尚體系》之中，前述概念得到了它的基礎。就像我們曾經提過的，巴特將時尚純粹視為「書面時尚」，亦即，在專業化的雜誌之中被轉化為語言的時尚。他刻意地將這樣的時尚與照片的「圖像時尚」以及「真實的」衣著時尚區隔開來。但在另一方面，就像我們也已經提到的，巴特的論點相當程度地說明了衣著與語言之間的廣泛關係，他在這方面的卓越貢獻，使得《時尚體系》被視為這個領域的「典範著作」。這一點也反映在兩個由名字所帶出的重大要素之上：（1）建構以文字為基礎之指涉的神話學框架：特別值得注意的是，品牌在價值與意義的建構之中扮演了一個確切的角色，其中的語詞符號目前已被轉譯為商品；（2）在同樣「真實的」服飾之中的書寫功能，它時常明確地顯示服飾與世界，以及服飾與時尚之間的關係，就像是

「被書寫」的T恤那樣，更概括一點來說，當簽名被展現在服飾之上時，這樣的要素也在發生中。

在今天，時尚的客體——服飾及其相關配件——已經全然被轉化為語言，而且這項發展甚至已經超越了經驗分析的要求，以致於我們甚至能說：「書面時尚」與「真實時尚」之間原本應有的斷裂，現在都已經得到接合；構成服飾的品牌、Logo以及「字幕」變得極為重要，在時尚及其他意義體系之間持續進行相互參照的跨符號行動亦然，而這些意義體系的範圍則廣及電影、廣告、都會藝術、搖滾樂，以及新大眾流行用語（Calefato 2004）。最後，「真實」時尚變得深深浸潤於語言、文本性以及互文性之中。

直到大約三十年前，穿著設計師設計的服飾或是「有牌」的服飾，這件事都還沒有後來所具有的象徵價值——在大多數情況中，身著華服都是一種社會特權，若不是屬於少數的有錢人，就是屬於那些喜好名設計師或時尚專家、而且買得起奢侈品及服飾精品的人，不然就是屬於那些想要在特殊場合中炫耀一下的中產階級。設計師或公司的正式名稱，過去不是寫在標籤上、隱藏在衣服裡，就是像某些國際知名設計師的作法那樣，把他們的姓名開頭字母擺在包包的開口，或是把這些字母重新設計花樣之後，放在服飾或是領帶的邊緣。在那個時代，網球衫胸口上有隻不算顯眼的鱷魚雖然是潮流，卻還是時尚世界的異數，然而這一個特色卻很快地將這種服飾拓展到運動服和休閒服領域。同樣地，各式各樣的牛仔褲品牌，也總是展示在後腰的位置。

然而，要到一九八〇年代，大眾生產的設計師及品牌名稱的魔力才得到確立。在時尚的運用及其社會行為中，品牌最引人注目的幾個新特色有：被主要時尚企業引入的「年輕」路線、義大利設計師的媒體名聲、對於衣服上的文字半惡搞、半裝飾的運用（這方面又是以T恤為主）、休閒服及運動服國際生產商的出現。這樣的現象也反映在審慎的國際行銷選擇上，今天，在傳播世界中變得日益重要的不再是物品本身或是它的用途，甚至連它貨幣價值的重要性也都是間接的；在當前的傳播世界中，真正重要的是一個特定物品所傳達的傳播價值、符號功能、哲學以及「生活風格」。從這樣的角度來看，有什麼標誌會比名字、品牌或是Logo更能表現這些東西？在語言之中，如果要強化這種獨特的指涉力，或是用僅僅一個符號來喚醒全世界，又有什麼力量能大過正式名稱或其相等書寫物（如首字母縮略詞或象徵）的力量？直到相當晚近還「不過是」為了少數人而存在的簽名，現在已經變成大多數人都能接觸到的Logo，它變成了一個通關密語，透過它，人們乃得以進入一個充滿著想像價值的世界、得以進入一個風格化的「部落」；它也變成了一個符號，就像從以前到現在不斷地在大都會郊區及貧民窟所上演的那樣，它一定會三不五時地被侵略、偷竊或謀殺所征服，而在另一方面，它也常常會被青少年當作一個品牌，展示在背包、日記本上（如此一來，他們就能藉著指出他們屬於那個「部落」，來對他人進行社會分類），甚至把它當成刺青刺在身上。

在時尚世界中，正式名稱十分廣泛地被當作

品牌和簽名來使用，特別是在最近幾年，幾乎每一樣東西都已被訴說、被稱謂、被命名：在這樣的體系中，看起來不再有「無名小卒」存在的空間。命名的愉悅感已經弔詭地將其自身融入像時尚這樣的體系之中，但這樣的體系卻恰恰也是容納身體最為表面的一般性與「可互換性」之處。正式名稱越是將品牌賦予在服飾及其配件之上，穿著它的身體也就變得越沒特色，而身體的符號也就變得越一般化、越可互換。然而——這正是時尚的「不道德」悖論——這樣的事只可能因為品牌名稱而發生。

正是在此處，產生了一種可能的語義學逆轉，它在最近幾十年中譏諷地、嘲弄地操控著服飾上的名稱，也在象徵的（與真實的）時尚經濟中帶來了仿冒現象。品牌無論是一個已登記的機制、一種財富資源、一個階級象徵，或是一個神話，都常常會被我們在義大利再熟悉不過的仿冒活動劫持，用以嘲弄臨時湊成的市場，在其中，對於領導時尚的明確神秘化或多或少被公開銷售。

品牌名稱和價值之間無疑存在著密切關連：一件服飾越被「品牌化」，它也就名聲越高、價格越貴。然而，卻也正是這樣的經濟構成，顯出了時尚的惡搞面向以及「貶值」面向：價值其實是從語言細節中產生的。於是，物品和文字之間的區隔變得模糊，交換不再以等值性為基礎，價格與實際商品間也不再有任何聯繫，凝聚一切書寫正式名稱的「圖解」（graphological）特徵的「名稱」，打亂了價值的循環，也讓它的均衡成為一個笑柄。

從經濟學的角度來看也是一樣，品牌近來似乎表現不佳。一份調查顯示：讓商品甚至得以

12. 凡賽斯，瑪丹娜的形象廣告，2005年

在服裝部門之外也受到妝點的正式名稱，現在卻身陷於經濟及財務危機之中（該份調查乃是從利潤以及形象兩個面向著手，調查一九九〇年代引領風潮的企業其銷售價格價格與期貨市場價格）。有些分析家將此視為跨國企業及單向全球化反對者的首次勝利，並將其歸因於消費者對核心人類價值更為自覺，而新世代青少年在其中又扮演了尤其重要的角色，他們感覺到一種一體感，意識到許多企業藉著生產機制以極低的工資剝削工人，卻又在品牌上表現出一張「好人」的面目。毫無疑問的是，這一切都已經在發揮作用，從長期來看，它們的影響也會持續發酵。

然而，全然沈浸於品牌的「可能世界」並不只是個膚淺的現象，僅僅藉著在日常服飾中拒絕品牌與簽名這種「盧德式」（Luddite，英國十九

世紀初之紡織工人運動，常以破壞工廠機器為手段，主要關懷在於反對工業革命，以及機械化所帶來的工人失業問題）的方法，並不足以有效根除它，因為沒有人可以保證，會不會有更不「品牌化」的商品，在極低的工資、極惡劣的工作環境，甚至沒有任何國際督察員及消費者組織的監督下被生產出來，而且這樣的地方甚至離我們的國家並不遙遠？

在今天，對於符號力量的批判性覺醒反映在許多不同的策略上。有不少的團體、期刊以及網站，多年來持續進行所謂的「文化干擾」（參Klein 2001），也就是透過許多不同的行動──從街頭塗鴉、直接地對廣告看板進行書寫干涉，甚至運用駭客──來惡搞、貶抑與品牌或廣告相關的神秘人。舉例來說，幾年以前有一幅模特兒在促銷某領導品牌的廣告看板，就被改成一堆骷髏。另一個類似的策略，是故意在不同意義下使用相同的Logo，來逆轉廣告訊息。在這場符號學游擊戰中，符號本身變成了眾矢之的，這場符號學游擊戰運用了一樣的行銷與廣告技術（但卻是以一種誇大的方式），使它們所要傳播的價值被全然顛倒。

現在，許多新的反對運動是以財富公平重分配以及納入許多當前世界需求的國際團結為出發點，無論是那些在2001年七月於日內瓦遊行反對G8的年輕人（以及那些沒那麼年輕的人），或是那些雖然沒參加遊行，卻壯大了批判或革命的網路多元世界的人，都形塑了他們的觀點與政治立場，而他們的觀點與政治立場，又透過在服飾與身體中擁有重要催化作用的明確符號，而為人所知。舉例來說，在日內瓦可以看到一些「被書寫」的T恤，它

們或者受到了都會塗鴉風格的啟發，或者展示著諸如「我叫沃夫，我能搞定」的句子（這個句子出自昆汀·塔倫提諾[Quentin Tarantino]的電影「黑色追緝令」[Pulp Fiction]）。這類反對運動的另一個常見特色，是「反轉廣告訊息」這種典型的干擾策略，就像有些T恤會在麥當勞的商標底下寫著嘲諷的句子，有些T恤會在Nike的勾勾旁邊寫上「造反」的文字──除此之外，這整件T恤看起來都像是正牌的Nike T恤，因為這家公司從嘻哈及街頭文化中剽竊了不少象徵及標語。

而事實上，文化干擾被重新吸收到企業的商標之中也不是件新鮮事。同樣在2001年夏天，巴黎最有名的百貨公司──老佛爺百貨（Galeries Lafayette）──將萊蒂西亞·卡司塔（Laetitia Casta）的迷人圖像與一個看起來像是由街頭塗鴉藝術家用軟毛筆寫的Logo結合起來。由此看來，要逃離品牌象徵力量的迷宮其實很難，因為要做到這一點，一個人必須刻意地除去象徵所不斷施加、而符號則不斷挑戰的鎖鍊。

在2001年春季，路易·威登（Louis Vuitton）的設計師馬可·賈柯伯（Marc Jacobs）找來了紐約地鐵藝術家史蒂芬·史普洛斯（Steven Sprouse），以從未想過的符號來妝點經典LV手提包，而其成品則是簽名與標籤的完美結合，成就了著名的「塗鴉包」。這種包包有許多不同的版本，從阿爾瑪包（Alma bags）、小手提袋（pochettes）到帽盒都有，在這個系列中，這個時尚企業的名稱看起來像是用噴漆寫在牆上一樣。史普洛斯所運用在路易·威登這個簽名上的技術，是不斷地重複與巴黎這個城

察，一開始在米蘭大學念醫學，但中途休學到時裝業工作。1957年，亞曼尼在米蘭的文藝復興百貨公司（La Rinascente）擔任櫥窗設計師，七年之後離開，換到尼諾‧切魯蒂（Nino Cerruti）的工作室上班，1970年則展開獨立設計師與顧問的生涯。五年之後，亞曼尼和他的事業伙伴賽爾焦‧加萊奧蒂（Sergio Galeotti）成立S.p.A.，他則在亞曼尼的品牌底下推出男女成衣產品線。

相對於光芒四射、風格以歷史為靈感的凡賽斯（Versace），亞曼尼的設計具有當代、極簡主義風格，而且精緻。亞曼尼將功能及舒適視為第一優先，並盡量避免裝飾。他創作出奢華且實穿的成衣系列，設計的特點包括整體的完美主義、適度的色彩運用，以及經常採用羊毛、皮革與絲。為了尋找布料與設計靈感，他會前往中國、印度和波里尼西亞等非西方國家旅行。

對於男裝與女裝，他都走中性路線。他運用「女性化」的布料設計出寬鬆、感性的男裝系列，使傳統的男性形象變得柔軟溫和。另一方面，女性在他的設計手法之下則變得較為剛毅，尤其是他在女裝上採用了男性西裝。這一點在一九八〇年代他為女性推出的職場「權力套裝」（power suit）上最為明顯可見。

為好萊塢經典影片《美國舞男》（American Gigolo）當中的李察‧吉爾（Richard Gere）設計服裝之後，亞曼尼的名聲出現爆炸性的成長。從那一刻開始，他便定期與電影工作者合作，同時也為劇場、歌劇和舞蹈設計服裝。他高雅而實穿的設計作品很快就成為好萊塢的最愛。

接下來這些年，亞曼尼的風格變得更為低調。他並未將自己限制在成衣領域，不過把自己的時間劃分給幾個服裝種類，例如牛仔褲、運動服裝和高級訂製服，進而產生了非常多樣化的作品。亞曼尼不斷增加企業帝國中的新產品，像是香水、配件和牛仔褲，甚至到了今天依然在持續擴大當中。

圖片：
1. 喬治歐‧亞曼尼，形象廣告，1984年
2. 喬治歐‧亞曼尼，女性權力套裝，1993年系列
3. 喬治歐‧亞曼尼，形象廣告，2003年

GIORGIO ARMANI

13.

14.

市相關的名稱、手提包的條紋（例如「Speedy」包），以及將它分解到相反的序列之中。其中一個試過很多次的實驗，是將品牌名稱當作背景，而把標籤蓋在傳統的品牌名稱之上——事實上，這個想法顯然來自於一個舊LV包包，在那個包包上，前衛而古怪的香頌歌手塞吉・甘斯伯格（Serge Gainsbourg）大剌剌地用黑筆塗上了好幾道。

時尚與都會藝術的這次相遇，體現了字面意義的「從人行道到伸展台」，而塗鴉文化也透過工作室來啟發精品服飾產業。迪奧（Dior）設計師約翰・加里亞諾（John Galliano）在他2001年的秋季特展中也採用了類似的方法，但這一次，他主要是應用塗鴉對構圖以及色彩的視覺運用，而非塗鴉的簽名母題。這些源起於反既得利益階級、非法的塗鴉運動的元素，現在之所以能出現在具排他性的精品店裡，必須歸功於像加里亞諾這類設計師（包括朵且與伽巴納和賈柯伯）的聰明才智，但在此同時，我們也能發現它們的意義已經變得越來越模糊。無論是將設計師的簽名化約為標籤，或是將他們的設計化約為大眾流行，都只是許多當代社會想像立足之「符號學熵點」（semiotic entropy）所導致的眾多玩笑的一部份而已。

塗鴉出現在街頭時尚之中已經不是一天兩天的事了，它的歷史至少和受塗鴉畫家哈林（Haring）所啟發的T恤一樣久，包括了「壁畫」（mural）背包，還有畫得像地鐵車廂一樣的形形色色的服飾。這段歷史起源於家中，起源於青少年開始用軟毛筆在牛仔褲、長筒靴、背包上塗塗寫寫，好創造出獨特、個性化的符號，而讓標準化的服飾及配件變得更不像大量生

產的東西，變得更「有個性」。在這些寓意中真正豐富的是穿著符號的身體形象，這些符號就像是塗鴉藝術和噴漆藝術的符號一樣，位於設計與文字、形象與書寫的中途。我們似乎正在見證「牆面身體」的興起，它仿效了那些先是被拋棄、然後又被佔據的建築牆面，就像是柏林歐哈尼恩伯格街上的那些牆面一樣；或者，我們也可以說我們正在見證「車廂身體」的興起，它們從地底下開始，開始於那些當代閒遊者的都市之旅；又或者，我們還可以說我們正在見證「書寫身體」的興起，在其中，正式名稱是一種生活的投影，雖然它已被偽裝成一個綽號。服飾因此變成一個被日日創新的大眾流行的一部份，推進著書寫技術、奇特的繪畫形式，以及像是卡通、漫畫這樣媒體形象。在這當中所包含的，甚至不僅僅是藝術與時尚的傳統結合，還包括了作為社會行動的服飾與語言的連結。

結論

就像是迦亞崔‧史碧伐克‧查克拉弗提（Gayatri Spivak Chakravorty）所說的，在今天，時尚是跨國資本主義霸權敘事誕生之處（Spivak Chakravorty 1999）。然而時尚也具有兩面性：它在自身之中承載著故事，它設定空間，也生產神話，它讓意義發聲，它也是衝突之處，就像這整個當代世界是個拼裝的場景一樣，符號在其中進行著對話，也同時受到轉譯。街頭因此既是物理的空間，也是隱喻的空間，那將時尚連結於某種廣大的流行大眾文化中的風格、品味與習慣，就在這個空間裡浮現。傳播媒體與時尚緊密合作，而其中又

15.

16.

13. 佳能，形象廣告，2004 年
14. 本田（Honda），形象廣告，2005 年
15. 史蒂芬‧史普洛斯（Steven Sprouse）為路易‧威登設計的塗鴉包，2001 年系列
16. 約翰‧加里亞諾為迪奧（Dior）設計的馬鞍包，2001 年秋冬系列

以電影為最，它是社會想像的倉庫與主要推
手（Calefato 1999）。新的傳播技術正在改寫社
會脈絡中關於「具體」的根本定義（Fortunati,
Katz and Riccini 2002），而除此之外，也浮現
了一個新的理論意識：將身體服飾視為一個
偽裝──這個偽裝不僅能讓人放棄社會或性
別成規，以審慎的模糊打破遊戲規則，還能製
造能給予樂趣的展演──究竟是指什麼？

17. Hiroshi Tanabe為《Vogue》繪製的插畫，2004年
18. Hiroshi Tanabe為愛德恩（Edwin）牛仔褲所繪的形象廣告，
    2004年

注釋

1. 原文為義大利文「mass moda」，因義大利文的「時尚」（moda）一字與media相近，作者在此故意以此為雙關語。

參考書目

Barthes, R. *Mythologies*. Paris: Seuil, 1957. (Translated as *Mythologies*. New York: Hill & Wang, 1972).

Barthes, R., *Système de la mode*, Paris: Seuil, 1967. (Translated as *The Fashion System*. New York: Hill & Wang, 1983).

Barthes, R. Scritti. *Società, testo, comunicazione*. Edited by G. Marrone. Turin: Einaudi, 1998.

Benjamin, W. *Das Passagen-Werk*. Edited by R. Tiedemann. Frankfurt am Main: Suhrkamp, 1982.

Bogatyrev, P. 'Funkcie kroja na moravskom Slovensku', in *Publications of the Ethnographic Section of Matica Slovenska*, vol. I, Turciansky Sv. Martin, 1937.

Breward, C., ed., 'Masculinities', *Fashion theory* 4, no. 4 (2000).

Bruzzi, S., *Clothing and identity in the movies*. London, New York: Routledge, 1997.

Butler, J. *Gender trouble*. New York, London: Routledge, 1990.

Calefato, P., 'Il corpo e la moda nell'immaginario sociale', in Calefato, P., ed. *Moda & mondanità*. 11-43, Bari: Palomar, 1992.

Calefato, P. *Mass moda*. Genoa: Costa & Nolan, 1996.

Calefato, P., ed. *Moda e cinema*. Genoa: Costa & Nolan, 1999.

Calefato, P. 'Rivestire di segni', in *Cartografie dell'immaginario*. Rome: Sossella, 2000, 117-139.

Calefato, P. *Segni di moda*. Bari: Palomar, 2002.

Calefato, P. *Lusso*. Rome: Meltemi, 2003.

Calefato, P. *The clothed body*. Oxford: Berg, 2004.

Ceriani, G. and R. Grandi, eds. *Moda: regole e rappresentazioni*. Milan: Franco Angeli, 1995.

Chambers, I. *Urban rhythms*. London: Macmillan, 1985.

Davis, F. *Fashion, culture and identity*. Chicago: The University of Chicago Press, 1992.

De Ruggieri, F. 'Corpo e scrittura in "I racconti del cuscino" di Peter Greenaway', in *Moda e cinema*, edited by P. Calefato, 102-121. Genoa: Costa & Nolan, 1999.

Dorfles, G. *Mode e modi*. Milan: Mazzotta, 1979.

Dorfles, G. 'Sono solo riti tribali non chiamateli lusso', *Corriere della Sera* 23 (December 2003), p. 37.

Fashion theory: The journal of dress, body and culture. Oxford: Berg.

Fortunati, L., J. Katz and R. Riccini, eds. *Corpo futuro: Il corpo umano tra tecnologie, comunicazione e moda*. Milan: Franco Angeli, 2002.

Gandelman, C. 'Moda e testualità', in *Moda & mondanità*, edited by P. Calefato, 71-94. Bari: Palomar, 1992.

Garber, M. *Vested interests*. New York, London: Routledge, 1992.

Gelas, N. 'Moda e linguaggio: quando la moda si serve delle parole...', in *Moda & mondanità*, edited by P. Calefato, 95-107. Bari: Palomar, 1992.

Haraway, D. *Simians, cyborgs, and women*. London, New York: Routledge, 1991.

Hebdige, D. *Subculture: The meaning of style*. London, New York: Routledge, 1979.

Hollander, A., *Seeing through clothes*. New York: Viking, 1975. Berkeley, Los Angeles: University of California Press, 1993.

Hooks, B. *Yearning: Race, gender, and cultural politics*. Boston: South End Press, 1990.

Kaiser, S. 'La politica e l'estetica dello stile delle apparenze. Prospettive moderniste, postmoderniste e femministe', in *Moda & mondanità*, edited by P. Calefato, 165-194. Bari: Palomar, 1992.

Klein, N. *No logo*. London: Flamingo, 2001.

Lurie, A. *The language of clothes*. New York: Vintage Books, 1981.

Paulicelli, E. *Fashion under Fascism: Beyond the black shirt*. Oxford: Berg, 2004.

Pezzini, I. 'Chi non si firma è perduto', *Carnet* 5 (May 2000): 92-98.

Polhemus, T. *Street style*. London: Thames & Hudson, 1994.

Polhemus, T. *Style surfing*. London: Thames & Hudson, 1996.

Sapir, E., 'Fashion', in *Encyclopaedia of the Social Sciences*. New York: Macmillan, 1930-35.

Simmel, G. 'Die Zeit. Wiener Wochenschrift für Politik, Volkswirtschaft, Wissenschaft und Kunst', *Zur Psychologie der Mode* 5, no. 54 (1895).

Sombart, W. *Luxus und Kapitalismus*. Munich: Duncker & Humblot, 1913.

Spivak Chakravorty, G. *A critique of postcolonial reason*. Cambridge, London: Harvard University Press, 1999.

Steele, V. *Fetish: Fashion, sex and power*. Oxford: Oxford University Press, 1997.

Valli, B., B. Barzini and P. Calefato, eds. *Discipline della moda. L'etica dell'apparenza*. Naples: Liguori, 2003.

Veblen, T. *The theory of the leisure class*. New York: Modern Library, 1899.

Volli, U. *Contro la moda*. Milan: Feltrinelli, 1988.

Volli, U. *Block-modes*. Milan: Lupetti, 1998.

Weber, M. *Die protestantische Ethik und der Geist des Kapitalismus*. Tübingen: Archiv für Sozialwissenschaft und Sozialpolitik, 1904-1905.

安妮可・斯梅麗科 (Anneke Smelik)

時尚與視覺文化

1. Foto Blvd.，2003 年四月

設計即此在（Dasein）。
（Henk Oosterling）

沒有媒體，時尚無法獨存。時尚做為藝術形式及商業企業的成功與否，取決於是否受到媒體的關注。同時，媒體本身也是複雜文化現象的一部份。攝影，以及較為晚近的電影和電視，都把時尚媒體化了。時尚已經成為視覺藝術的內在部分，反之亦然。沒有時尚，時尚雜誌、型錄以及女性雜誌都不可能獨自生存，而反過來說，如果沒有這些雜誌，時尚也不可能存在。

視覺文化

自攝影、電影、電視、錄影帶、CD-Rom以及網路紛紛出現之後，我們很快地便從書面文化轉而為視覺文化：「我身處於圖像文化、劇場社會，一個充滿著假象與幻覺的世界。」（Mitchell 1994：5）當代視覺文化既隨處可見卻又複雜難解。圖像不再只是獨自存在，它也受到多媒體的傳播，而且常常和文本及音樂結合：一張時尚相片常常伴隨著標題或是相關的文本；時裝秀也絕不可能沒有音樂、或是踏著舞步的移動身體。而在它們的多媒體面向之外，圖像也在全球多媒體世界中流通，在這個世界中，各式各樣的作品與媒體相互混和著。

正因為視覺文化既具主宰性，又相當複雜，為了瞭解時尚的圖像，我們需要利用理論工具，讓我們得以瞭解媒體，而我們也因此能夠以一種被蘿拉·莫維（Laura Mulvey）貼切地稱為「熱情的疏離」的態度（1989：26），來看待我們每天都會接觸到的媒體。

I
理論框架

後現代性

雖然「後現代主義」一詞常常被描述為模糊而不確定的，但它還是有幾個明確的特色。在此，我將區隔（a）後現代性、（b）後現代哲學，以及（c）在藝術及文化中作為一種運動的後現代主義（Van den Braembussche：2000）。

首先，後現代性指的是我們目前生活的時代，特別是從六〇年代後所興起的資訊社會。因此，「後現代性」是一個關於我們所生存的歷史階段的問題。這個資訊社會的特色在於「後殖民」──二次大戰之後，第三世界殖民地以極快的速度獲得獨立，而在另一方面，這個社會也是一個「後工業化」社會──重工業逐漸被服務業所取代。自六〇年代以降，這些服務逐漸地以資訊科技為主流，而電腦的誕生在其中有推波助瀾之功。我們的社會不僅不可能缺少科學與技術，甚至我們的社會本身，也都是由科學和技術所塑造的。雖然工業社會必須依賴資產來運作（其關鍵在於「誰能控制生產工具？」），資訊社會則依賴「可得性」（access）來運作（xs4all，意即「人人皆可得」[access for all]）──這裡所指的是獲得資訊，亦即獲得知識。後現代性是指一個網絡化的社會，在其中的每件事、每個人都透過大眾媒體（例如電視和網路）彼此相連。

資訊社會的另一個特色是全球化，而全球化又是隨著媒體（全世界都看得到CNN和MTV台）和資本（全世界都能用提款機）而出現。此外全球化也和時尚一同出現，班尼頓的多種

族廣告呈現全球化和善的一面，但持平而論，也讓人注意到全球化更灰暗的效果。

將後現代性的諸多特色運用到時尚之後，我們可以得到以下的景觀：在過去，時尚取決靈感，也取決於布料（如絲綢、棉花或喀什米爾羊毛這些西方從殖民地進口的原料）；到了七〇年代，嬉皮們的新喜好則是非西方的服飾；到八〇年代，日本設計師（如山本耀司）的解構主義時尚興起，首批非西方設計師打開了原本封閉、菁英化的時尚世界，而現在這股風潮也被其他的非西方設計師延續著，如胡笙・夏拉揚（Hussein Chalayan）、祖利・貝特（Xuly Bët）、亞歷山大・向曹域茲（Alexander Herchcovitch）等。今天，在印度和非洲也都舉辦著時尚周，時尚已經變得全球化了。

當我們將焦點轉向時尚工業時，這幅景觀甚至變得更加清晰：雖然荷蘭的時尚工業是在荷蘭本地發源的，但它現在卻已經轉移到了亞洲和前東歐等低工資地區。看看你的毛衣或褲子上的商標，它們十之八九是寫著「台灣製造」，或是由其他類似的地區所製造的。全球化為西方帶來了廉價的衣服以及龐大的利潤，但也帶來了反對剝削的抗議運動，像是抗議Nike公司讓巴基斯坦童工製造球鞋，而諸如此類的惡行，也促成了No Logo運動及反全球化運動的興起。

後現代哲學

這裡有兩個概念十分重要，它們分別是「大敘事之終結」以及「傳統主體之死」，簡言之，這些概念認為西方文明正處在危機之中。根據後現代哲學家李歐塔（Lyotard）的看法，西方文明不再能夠訴諸「大敘事」，而在此同時，他也藉此點出意識型態的終結。這暗示著意識型態——不只是像馬克斯主義、女性主義這樣的「主義」，也包括了像基督教這樣的宗教——不再能給現代人有意義的參考框架。意識型態發現自身陷入合法化危機之中，不再有宣告真理、宣告未來烏托邦的能力。但當然，這並不代表每一個人都放棄了他們的信仰；而相反地，我們卻見證著對意識型態與宗教的回歸。不過，李歐塔強調，沒有人能將特定的信仰或意識型態視為唯一的真理，並強迫別人接受，而那些把某種真理硬塞給別人的

2.

2. 班尼頓，形象廣告，2002年春夏
3. 米夏・克萊（Micha Klein），「歡愉，人造美女」，1997/1998年，阿姆斯特丹市立美術館（Stedelijk Museum Amsterdam）收藏
4. 安迪・沃荷（Andy Warhol）的普普藝術，「瑪麗蓮・夢露」，1962年

人，現在會被稱為基本教義派。

　　大敘事的終結並不僅僅是個負面的過程，因為對大多數人來說，能擺脫單面向、強迫性的真理不啻是一種解放。此外大敘事的終結也讓「小敘事」在後現代文化中百花齊放——既然不再有單一的主宰性真理，人們就有訴說他們自己的故事的權利與自由，即使是那些原本不大有機會這樣做的人（如女人、工人、黑人、年輕人等）也不例外。在時尚中我們也可以看到：不再有單一時尚界之王、或單一都市所領導的「大敘事」，卻有來自於不同設計師的多元觀點，發生在世界上不同的國度、不同的地區。大敘事的終結對於人類主體性的看法也有所影響：關於「個體」的傳統概念，是他（而且幾乎都是男性的「他」）具有理性，代表了一個獨立而一致的實體。這樣的概念後來主要被精神分析所終結，佛洛伊德認為，主宰人類所作所為的其實並非理性，而是潛意識。此外馬克思也宣稱是階級決定了我們是什麼樣的人。總之我們也許相信我們是獨立的個體，但其實我們卻是被我們的階級、種族、年齡、性傾向、宗教、國籍以及其他數

不盡的因素所定義的。這也是後現代主義為什麼不再說「個體」，而開始改說「主體」，而且這個主體還是分裂的、片段的、碎裂的。就像八〇年代巴黎的一個塗鴉所說的：「上帝死了，馬克思也死了，但我自己也沒好到哪去」。

　　我們還有另一種更正面的方式，來表述分裂的主體性這樣的概念——把它跟網絡社會作類比：無論是主體或是自我，都必然與他者有著關連。我們的身份認同應在、也會在傳播範圍內的結點上被發現。後現代主體的特色因此是動態與分歧，而無論是兩個之中的哪一個，都是傳統個體所不熟悉的。在人類立足點上所發生的這個改變，造成的影響與大敘事的終結無異：那些以前被否認具有主體性的人（如黑人、女人，以及同性戀者），現在都能擁有自身的主體性。當女人、有色人種以及所謂「第三世界」藝術家的藝術與文化受到承認之時，我們所見證到的也正是這樣一個改變。

　　這樣的發展為人類身份認同的形塑帶來了更大的自由。只要看看流行文化，像瑪丹娜一樣的人已經為既定規則帶來了不同的圖像。例如今天我們可以藉著扭曲性別來玩弄身份認

3.

4.

同，也可以混搭不同種族的文化，就像蘇利南（Surinam）或荷蘭的穆斯林，會用美國黑人嘻哈次文化的元素一樣。時尚是玩弄身份認同的重要環節，在過去，決定你該穿什麼的是你的性別與階級，而且還有嚴格而難以僭越的規定在規範你；但今天卻只有女王還必須受制於這些規定，其他人則是每天早上站在衣櫥前面認真思考該穿哪一件衣服好搭配他／她的心情：該穿巴洛克式的那件還是哥德式的那件？要更性感些？或是中規中矩地穿上套裝？

後現代主義

後現代主義的一個重要特徵，是「高級文化」與「低級文化」的區分漸趨模糊。在二十世紀的發展中，傳統的文化概念逐漸脫離其與菁英藝術的連結。學者們現在從更寬廣的角度來討論「文化」這個概念，並以雷蒙・威廉斯（Raymond Williams）的表述為基礎的——「文化作為一整套生活方式」（1958），文化在這裡是作為一種在社會及歷史脈絡中的活動，而成為探討的主題。

同時，高級文化與低級文化之間原本牢不可破的界線也變得日益脆弱。這樣的界線原本主要以西方文化中對於文字與圖像的爭議為基礎：在西方文化中，文字被認為表達了心智的優越性，而圖像則表達了情感和更為低階的身體慾望。因此從文本文化到視覺文化的轉換，意味著圖像不再被視為純粹負面的東西，而它所具有的正面價值及其所喚起的經驗，現在也已經得到珍視。

除此之外，我們也不能毫不含糊地將一些特定的東西套進「高級」文化與「低級」文化的框框裡頭（例如將兩者的不同理解為文學與電視的對立），因為每一種藝術形式都有其低級文化的表現方式——只要想想那些庸俗的言情小說，還有那種流著一滴眼淚的吉普賽男孩的畫像，就可以知道我所言不虛。事實上，一方面「高級」文化正從神壇走下——它現在也受到了街頭藝術的影響；另一方面「低級」文化的地位也正向上爬升，不僅在報紙藝術版中得到了關注，也在美術館中獲得了展示。在今天，無論是班尼頓（Benetton）的廣告照片、米夏・克萊（Micha Klein）的電腦藝術，或是伊涅絲・范・蘭斯維德（Inez van Lamsweerde）的時尚寫真，都曾在荷蘭的美術館中展示過。

另外，民主化和商業化對「高級」與「低級」的討論也十分重要。社會的日益繁榮和媒體的無遠弗屆，幾乎讓每一個人都能接觸到藝術與時尚。無論是重大展覽的人潮，或是大都會的「節慶化」，都在在說明了這個事實。文化就在我們身邊，也被熱切地大量消費。而在另一方面，商業交易也不再僅僅和低級文化相關，無論是每週文學書籍銷售排行榜、社區超市裡成堆的巴哈和莫札特CD、奧迪（Audi）汽車公司對阿姆斯特丹市立近代美術館（Stedelijk Museum）的贊助，或是卡爾・拉格斐（Karl Lagerfeld）在H&M的設計，都足為鐵證。

另一個後現代特徵是互文性，亦即每一個文本都會指向另一個文本。每一個文本都是一張引文的網，借用著諸多的文字與參考資料。當然，「互文性」這個詞語所指涉的不僅只是狹義的文本，畢竟圖像也同樣永不休止地指向另一個圖像：廣告畫面來自於影片，影片來自於電視影集，影集引述了電影，電影是以小說

為藍本，而這部小說又和莎士比亞的一齣戲有關，而這樣的關係又可以繼續下去，變成一個沒有終點的遊戲。舉例來說：瑪丹娜的「拜金女郎」（Material Girl）MV裡有一個片段，指向瑪麗蓮‧夢露在「紳士愛美女」（Gentlemen Prefer Blondes）電影中的「鑽石是女人最好的朋友」那首歌；在雅詩蘭黛（Estee Lauder）的香水廣告裡，模特兒走過一個數位花叢，而這一幕又和瑪丹娜在「揮霍愛」（Love Profusion）MV中穿過花叢的畫面一樣；而妮可‧基嫚在香奈兒五號廣告裡的演出，則完美地再現了她在「紅磨坊」中的角色。還有一些導演——像是巴茲‧魯曼（Baz Luhman）以及昆汀‧塔倫提諾（Quentin Tarantino）——是刻意地將互文性當作他們作品的註冊商標。在當代文化中，視覺娛樂有很大一部份是以承認為基礎的：你能放入越多的參考項，作為一個觀者，你就顯得越聰明。

有些理論家——如腓特烈‧詹明信（Fredric Jameson）——將後現代形式的互文性稱為「混合曲」（pastiche）。混合曲是僅僅不斷地重複引用文本與視覺，而引用即是這場遊戲的名

字。因為一切的歷史聯繫都已經被拋棄，這個參考項完全沒有更深的意義。在時尚之中，我們也可以發現這個特色。如果你去看看約翰‧加里亞諾（John Galliano）的創作，你一定可以認出無數的引用：有的來自其他文化（如民族圖紋），有的來自不同時空（如十九世紀剪影），有的來自街頭文化（如推著購物車、帶著塑膠袋的「流浪女子」），還有的甚至來自於馬戲團（如小丑的面妝）。每一樣東西都被堆在一起，而每一個元素，也都被從它們原本的時空脈絡中抽離。

一個常常被用來形容這種連結的詞彙是「拼湊物」，它的字面意義就是「做」。我們的文化現在已經變成了「剪貼」文化，每個人都能粗製濫造、拼拼湊湊出自己的衣服，甚至是身份認同，後現代文化的特色也因此像是混合曲和拼湊物。要指出這個文化現象的重要性，並不總是那樣簡單，但它的確讓時尚變得好玩又有彈性，不讓時尚被硬塞進一個具主宰性的「大敘事」之中。

而最後一個後現代主義特色，是表現到模擬的轉換。我們已經看到，後現代這個混合曲充

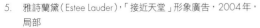

5.

6.

5. 雅詩蘭黛（Estee Lauder），「接近天堂」形象廣告，2004年，局部
6. 瑪丹娜，「揮霍愛」（Love Profusion）MV一景，局部

伊內絲・范・藍斯維爾德（Inez van Lamsweerde）
生於1963年（荷蘭阿姆斯特丹）

2003年，《美國攝影》（American Photo）選出全球最傑出的二十五名攝影師，名單上包含了一個荷蘭人：伊內絲・范・藍斯維爾德。她身兼藝術家與時尚攝影師的雙重身分，打從一開始就無視於藝術、時尚與商業作品之間的界線，而且相當成功。她的作品出現在許多精美刊物上，例如《The Face》、《Vogue》與《Arena Homme Plus》，也在不少國際性美術館和藝廊展出。她的個人風格在這兩個領域都清晰可辨。

伊內絲・范・藍斯維爾德曾經在一次訪談上說過，她對於美深深著迷。她拍攝的對象永遠都是人──或者說得精確一點，是她重新塑造的人物。經過她以數位手法修改過的人都很奇特，太光滑、太像複製人、太冷，不像百分之百的人類。

她作品的根基往往是來自大眾媒體與身體文化的理想女性形象，與基因科技、整形與健身，還有身體、認同與性的操控息息相關。在《最後幻想》（Final Fantasy，1993）系列中，三歲的小女孩穿著緞製的內衣搔首弄姿，但臉上卻加上了成年男性的嘴巴，帶著情色意味的甜美小女娃結果成了小魔鬼。《森林》（The Forest，1995）系列呈現擁有女性雙手、溫和而被動的男人，而《謝謝大腿大師》（Thank You Thighmaster，1993）中的女人其實是近似於人體模型突變體，身上沒有體毛，乳頭與私處的位置則只是皮膚。相機不會騙人？你當然希望它會。

范・藍斯維爾德時尚攝影作品中的許多模特兒都呈現超風格化、誇大的刻板印象，而且極度美麗，沒有異常，也沒有個人特色。他們在超現實的場景中活動，整體效果有時令人聯想到蓋・柏丁（Guy Bourdin）的作品（例如《隱形字》[Invisible Words，1994]系列）。不過她的作品比這位前輩大師來得多樣化，因此比較不可能與特定的時期產生關聯。

伊內絲・范・藍斯維爾德在1990年畢業於阿姆斯特丹的里特維爾設計學院（Rietveld Academy），同年獲得第一項攝影工作，成果並刊登在《Modus》雜誌上。1992年，她勇奪荷蘭攝影大獎（Dutch Photography Prize）以及歐洲柯達大獎（European Kodak Prize）的時尚與人物項目金牌。從1990年初期開始，她幾乎完全是與夫婿維努德・瑪達丁（Vinoodh Matadin）合作。

現在，范・藍斯維爾德與瑪達丁主要的生活與工作都在紐約。他們近期作品的趨勢比較偏好重建程度較低的攝影。2002年，他們為「金牙蚊子」劇團（Mug met de Gouden Tand）的成員拍攝了九張黑白照片，2003年為《Vogue》雜誌製作了一份裸體月曆，全都沒有運用數位效果。

Foto Instituut, 1998.

斥著引用、借用與參考，本身不一定有多深刻的意義。這是因為後現代文化不再尋求表現，而只是模擬，而過程取決於媒體科技的角色。

如果我們以柏拉圖或康德為例，在關於藝術的舊觀念中，所謂的藝術作品，指的是比實際上的東西更崇高、更深刻的東西，而每一個藝術作品都是獨特的，因此也都是不可取代的。但早在一九三〇年代，班雅明（Walter Benjamin）便已指出：因為重製技術的出現，藝術品的角色也在發生轉變。隨著攝影、電影（以及更晚近的電視和網路）的發明，每一個圖像都能被無限地重製。林布蘭那幅「夜巡」（The Night-Watch）的複製品，仍然是這幅知名繪畫的複製品；然而曼・雷（Man Ray）那張將奇奇（Kiki）當作小提琴的照片卻完全沒有「原作」可言。在這個機械再生產的時代，原作與複製品的界線已經消失，而與這條界線一併消失的，還有班雅明稱之為藝術「氛圍」（aura）的那種東西，亦即讓一件藝術品獨一無二且具有原創性的那種東西。對於時尚來說，重製技術意味著龐大的刺激，因為如此一來，設計的圖像就能透過雜誌和電視這類的媒介大肆傳播出去；只是，複製品在時尚中也一樣喧賓奪主地蓋過了設計的原作——巴黎或米蘭的時尚秀才剛過一天，它們的照片就已經出現在網路上了；而六個禮拜之後，H&M甚至就能在它們的商店裡販售仿製品。

在普普藝術中，安迪・沃荷（Andy Warhol）以康寶濃湯罐頭以及瑪麗蓮等人的頭像為主題，製造了巨幅絲面圖像，藉此來玩弄複製品的概念。另一個失去氛圍的例子，則是我們到美術館去參觀達文西的「蒙娜麗莎」或是維梅爾（Vermeer）的「戴珍珠耳環的少女」時，所感受到的那股失落感——因為我們已經在書上、電影中、浴巾上看過太多次複製品了，而且有些複製品還幫她們劃上鬍子或將之做成玩偶，但卻與真品毫無關連。只有在我們能成功地在安靜的美術館裡好好地體驗這幅畫的時候（但在眾多觀光客的圍繞下，這有可能做到嗎？），我們才能找回那最原初的氛圍。

到了七〇年代，布希亞（Jean Baudrillard）比班雅明更進了一步，宣稱在媒體的踐踏之下，不只是藝術發生了改變，連真實都發生了改變。他認為，媒體的無遠弗屆讓真實也變成了假象，變成了複製品的複製品，這個假象去除了「實存」（being）與「表象」之間的差異。後現代主義也一樣：因為我的的文化已經被徹底地「媒體化」，於是我們的經驗，便也在媒體的控制之下，而媒體並不是反映真實，相反地，它建構真實。換句話說，媒體並不表現真實，而是模擬真實。

從我們自己的經驗中，我們都知道這個現象。舉例來說，當我們去希臘度假的時候，我們會感嘆大海就像明信片上一樣藍，我們的經驗是被圖像所決定的，而在這個例子之中，決定我們經驗的圖像是明信片；如果我們在肯亞參加了探險隊，我們會覺得自己走入了國家地理頻道；而當我們向我們深愛的人說出「我愛你」時，我們很難不覺得自己正在演一齣肥皂劇。所以，安伯托・艾可（Umberto Eco）才認為：在後現代的時代裡，我們會永遠抱持著嘲諷的態度。我們無法天真地說出「我愛你」，因為我們已經在電視上看過這種場景上百遍，於是這句話不但失去了它的意義，也失

去了它的真實性。但艾可認為,我們還是可以用一種嘲諷的態度來說這句話:「就像李奇(Ridge)在『大膽而美麗』(The Bold and the Beautiful)那部戲裡會說的那樣,我要跟你說:我愛你。」當電視裡上演的真實試著盡可能地模擬生活的時候,生活本身也變成了一場真實大戲,實存與表象在其中不再是分離的。在藝術以及時尚之中,我們都可以看到對於真實性的渴求,而這其實是對這種假象文化的鄉愁式回應。人們仍然希望能在後現代文化中找到一些「真實」的東西,因為在這個文化裡,「真實」與「不真實」的界線已薄如蟬翼。然而,更根本的問題卻是:這樣的真實性是否仍有存在的可能?我們在此所見識到的,便是媒體所創造出來的假象的力量。

II
分析

符號學符號

後結構主義在六〇年代由符號學、精神分析以及馬克思主義增加了理論厚度,而在此同時,後結構主義也被認為是「語言學的轉向」,因為是語言為上述理論形塑了模型。索緒爾(de Saussure)的符號學論述,就像是人類學家李維史陀(Lévi-Strauss)的著作、巴特(Barthes)早期的著作,以及電影符號學家梅茲(Metz)的著作一樣,有助於發展一套結構主義的分析方式,去分析任何一種體系的「文法」,不論這個體系是神話、廣告、電影、時尚,或是小說(Sim 1998)。幾乎所有的後現代哲學家,都抱持著「語言是意義的典範」這樣一個核心概念。根據拉岡(Lacan)的精神分析理論,即使是潛意識的結構,也是和語言一樣的。雖然有些哲學家認為語言和意義基本上都是不穩定的,但文本依舊是後結構主義的核心焦點。事實上,在後結構主義中,每一樣東西(包括圖像、音樂、時尚)都被詮釋為文本。雖然符號學一開始所關切的是文學,但學者們很快就將焦點轉移到大眾文化的領域,如建築、時尚、音樂、運動、女性雜誌、影片等等,它的範圍十分廣大,我在此僅略舉數端。

符號學是關於符號的理論,而符號學一詞的字根,是來自於希臘文的「semeion」,指的是符號。符號是承載意義的最小單位,而語言則是我們最為熟悉的符號所構成的體系,不過,無論是交通號誌或是時尚(如巴特所點出的),其實也都是符號體系。符號包含了承載意義的具體能指(signifier,法文為signifiant),以及指涉(reference)所指向的內涵——所指(signified,法文為signifié)。舉例來說,「dress」這個字的字母和聲音是「能指」,它所指涉的內涵則是具體的衣服。能指和所指就如同形式與內涵,兩者一同創造了意義。能指和所指的關係幾乎總是隨意的,畢竟沒有人能解釋為什麼那個在英文裡叫做「dress」的東西,在荷蘭文中會叫「jurk」,而在法文中又會叫「japon」。

符號所指涉的,一定是個具體的東西。符號的第一層意義是明示的,它是你能在字典裡查到的那個意義。然而,很少有東西只有一層意義,而大多數的符號,也都有許多第二層意義,這些意義被稱為隱含意。在這種情況中,明示的符號與能指、所指為了這個隱含的符號

形成了一個新的實體、新的能指，我們將它圖示如下：

能指	所指	隱含意
能指	能指	明示意

關於上述關係，有一個「紅玫瑰」的著名例子。在明示層次，紅玫瑰只是一朵有葉子和刺的花；但為了成為愛的象徵，這朵花的明示意必須變成一個能指。於是，這個符號就為隱含的、第二層的意義——愛——提供了基礎。為什麼呢？因為在我們的文化中，大家都同意玫瑰（特別是紅玫瑰）象徵了愛。而除此之外，一張國際特赦組織的海報又為這個有名的象徵加上了第三層意義：在這張海報上，芒刺被鐵絲網纏繞著，而花莖中間放上了「暴力終結於有愛之處」。在這個例子中，花苞變成了愛與非暴力的象徵，而芒刺則成了暴力的象徵（請由下而上閱讀下張表格）：

能指 做為「愛」的紅玫瑰	所指 被鐵絲網所纏繞的刺、愛	第二隱含意 愛是暴力的對反
能指 紅玫瑰	能指 紅玫瑰	第一隱含意 我對你的愛
能指 玫瑰	能指 有刺和葉子的花	明示意 屬於「玫瑰」這個品種的花

這個多媒體圖像是一個極端複雜的符號，能以許多種方式來傳達意義。一個靜態的圖像（如時尚相片或廣告相片），具有以下種種能指：
- 視野（相機位置：角度、距離）
- 圖框
- 攝影方式，如曝光度、解析度，彩色或黑白等
- 相片主角的構圖或場景：模特兒的背景、服裝、化妝、姿勢、動作等
- 文本：相片標題或內容說明

至於像電影、電視廣告、影片或時尚秀這樣的動態圖像，則除了上述所有的能指之外，還有下列幾種能指：
- 模特兒或演員的動作；舞蹈
- 攝影機的動作：搖鏡、移軸攝影、以移動攝影機拍攝、跟拍
- 剪輯
- 聲音：對話、音效（如開門聲）
- 音樂

由於這些元素都會影響意義，所以只要我們要開始進行分析，都必須大致檢視一下。只有這樣，我們才能看出明示意與隱含意。畢竟近鏡頭和遠鏡頭的效果並不相同，攝影機的動作引導了觀者的目光；快速剪輯製造了張力；音樂可以製造氣氛，而燈光也一樣。透過這種形式分析，我們很快就能發現：雖然相機／攝影機所記錄的東西是真實的，但圖像並不只是單純地複製或是反映真實，因為在畫面的配置中有著太多的技術、美學選擇，所以真實也總是被形塑、建構出來的，而進行分析的目的，也正是要讓這樣的建構無所遁形。

數位圖像

透過運用皮爾斯（C.S. Peirce）的符號學，我們甚至能更進一步地深化形式分析。皮爾斯是美國人，他在二十世紀初發展出了他的符號學理論，這個時間點約與瑞士的索緒爾發展他自己的理論同時，但他們兩人卻並不認識彼

此。相較之下，皮爾斯的理論更常被用於分析
圖像，因為他較少將焦點放在文本之上。皮爾
斯認為在能指與所指之間有三種關係：圖像關
係、指標關係以及象徵關係。所謂圖像關係，
是指能指與所指之間具有相似性。一個關於
圖像關係的例子是圖畫：在圖畫中，圖像（能
指）與被畫的東西（所指）是相似的。指標關
係假定在能指與所指之間有著實際的連結，例
如煙是火的「能指」，或是沙灘上的腳印，可
以作為這個「無人島」有人的「能指」，都可
算是指標關係的典型例子。至於象徵關係，則
剛好對應索緒爾所說的、能指與所指之間隨意
的關係，例如紅玫瑰之所以能成為一種慣例，
是因為大家都同意。然而，這一點還是有討論
餘地，因為在玫瑰和女性性器官之間有著圖像
關係，而可能是這個相似性，才讓玫瑰變成了
愛的象徵。

　　這三種關係都能應用在能機械再生產的圖
像上，例如相片或電影。圖像一定會有圖像
關係，因為被畫的東西一定和這個能指有著
相似性——每一張相片都是某人或某物的圖

畫。另外，被製成相片或影片的東西也一定會
有指標關係，因為既然相機／攝影機記錄了真
實（藉著相機，你可以證明你曾在某處，觀光
客把這些相片當作戰利品帶回家，作為「我去
過那裡」的視覺證據），其中一定會有事實的
關係。最後，圖像也像語言一樣，有著象徵意
義，它們是透過上述許多視聽能指的互動，才
被創造出來的。

　　數位科技已經讓指標關係變得不再顯著，
因為我們不再能確定一個圖像是否與實物相
似、與真實有著事實的關係？或者它只是數位
的、由電腦製作出來的，與真實之間並不存在
著實存關係？如果用符號學來說：數位圖像具
有圖像關係，因為它們看起來就跟照片一樣，
而且也展示了能指和所指間的相似性；但在
另一方面，數位圖像卻不再具有指標關係。
迪賽（Diesel）的「救救自己」系列照片所反
映的現象：雖然那些苗條的模特兒看起來的
確像人（圖像關係），但看起來卻一點也不真
實。我們不得不懷疑這些圖像都是數位修飾
過的，而這一點無疑擾亂了指標關係——因

7.

8.

7.　迪賽，「救救自己」（Save Yourself）形象廣告中的「睡眠」，
　　2001 年秋冬
8.　Adje's Fotosoep，「凱特‧摩絲人機合體」，2005 年

為它們並非為真人所照的真實相片。圖像與指標關係之間的緊張對立，讓我們留意到真實與不真實間的緊張關係，而這一點產生了象徵意義。相片與文本一樣，諷刺地點出我們文化對青春永駐的執迷。

有些時候，數位修飾是十分明顯的，例如把凱特・摩斯（Kate Moss）弄成人機合體（cyborg）的那張相片，她變成了一個機械化了的生物。但因為沒有半人／半機械之物是再明顯不過的事，我們不會為這張相片感到困惑，它的象徵意義也就變得十分明顯——同樣點出了人造美的理型。創作諸如人機合體的圖像，是數位攝影的典型之舉，今日的視覺文化中有很多藝術和時尚相片都在探索人、機械與人形之間的流動疆界。

看與被看之一：偷窺的目光

時尚與情色及情慾密切相關。為了對此進行分析，我們必須轉向精神分析，因為它所處理的正是我們如何形塑慾望。

與時尚最為相關的，是注視之中的情色面向。根據佛洛伊德的看法，每一個慾望或情慾都開始於注視，或開始於所謂的「窺視欲」（scopophilia，字義為注視之愛）。這慾望的目光常常會繼續發展為觸摸，最後則發展為性行為。雖然「窺視欲」聽起來有點不雅，但它其實是性衝動中極為平常的一部份。電影理論家會不假思索地說，電影這種媒體其實就是奠基於窺視欲之上——當我們身處於黑暗的電影院裡時，我們其實都是一群偷窺者，只是得到允許可以愛看多久就看多久。

蘿拉・莫維是注意到性別在視覺享樂中有著關鍵角色的第一位學者（1975）。窺視欲的積極面（偷窺狂）與消極面（暴露狂）被歸類於嚴格的男性與女性角色中。正如約翰・伯格（John Berger）在其著名的《觀看的方式》（Ways of Seeing）一書中所提到的：「男人行動，而女人顯露」，或者說，男人看而女人被看。莫維認為典型電影常出現：男主角看著一個女人，而鏡頭則拍著男人所見之物（即所謂「觀點攝影」），於是觀眾，也就透過男主角的目光看著這個女人。此外，女體也透過修片和

9. 埃斯伯格（Iceberg），形象廣告，2004年
10. 大衛杜夫（Davidoff），香水「Cool Water Men」形象廣告

剪輯被「切割」得支離破碎：有時露出一部份的腿、胸，或是臉或臀部。女體是以支離破碎的方式在被訴說著。

我們因此可以說：這裡有三個層次的目光——男主角的目光、鏡頭的目光，以及觀眾的目光——而它們之間又彼此交錯著。莫維認為電影觀眾總是在結構上採取了男性的立場，於是，去瞭解像是攝影機操作、修片、剪輯還有音樂這些電影工具，其實都是在將女體客體化於螢幕之上，也就變得十分重要。用莫維的話來說，女人被指涉為「被看性」，同時這些電影工具也提高了男主角的身份，所以他能主動地看、主動地說話、主動地行動。

莫維甚至還以精神分析進一步地分析。偷窺者注視女體的目光激起了慾望，因此也同時為男主角和觀眾製造了緊張。此外，因為女體和男體本質上就不一樣，因此女體也就變得令人困擾。雖然佛洛伊德會說女體是「被閹割的」，但我們可以換一種更加中性的說法：女體是「不一樣的」。在一個由男性所主導的社會中，女性是性別差異的象徵。在大多數的文化中，是作為他者的女性——主要是作為男性的他者——賦予了性別差異意義（現在仍然如此嗎？），而無論是他者性或是奇特性，差異總是會造成恐懼。女性的他者性在男性潛意識中引發了恐懼，而這個恐懼必須透過文化——透過電影或藝術——來加以驅逐。莫維認為，這種驅逐行動在電影情節中是以兩種方式來進行的：第一種方式是透過性虐待，女性的身體因此受到控制，並被安置於社會秩序之中。性虐待主要作為故事的陪襯，並在敘事結構中獲得其形式。情色的目光常常導致暴力或是強暴。在典型的好萊塢電影中，紅顏禍水在劇終時被殺害並不令人意外，在性方面較為主動的女人，也絕不會有好下場。直到九〇年代以後，這樣的女人才可能免於一死，就像是「第六感追緝令」（Basic Instinct）中的凱薩琳・崔梅（Catherine Trammell），或是電視影集「慾望城市」裡的女人。

驅逐女體所帶來的恐懼的第二種方式是戀物癖。在這種方式裡，女星轉而成為完美的圖像，使她的差異性與他者性全部得到轉移。透過不斷地拍攝女性之美的化身，鏡頭讓女體成為被迷戀、被崇拜的對象。在這些時刻，電影敘事總會暫時停止。

雖然莫維的分析是在七〇年代所提出的，但我們即使用她的洞見來觀察當前的時尚現象，卻還是會發現它們有著相當的關聯性——時裝秀的畫面幾乎全是以「觀看被盲目崇拜的女體」為主軸；而模特兒也取代了女明星，成為被迷戀的完美女性化身。許多時尚報導都以種種不同的方式，來利用這場被情慾化了的看與被看的表演。然而，自從莫維提出了她的分析之後，有些事還是發生了改變：在近幾十年中，女性主義的批判的確打破了女性的消極性，於是我們也常常能看到女模特兒有了更積極也更自由的表現。不僅是女性變得更不消極，時尚與其他大眾視覺類別（如影片）也開始轉而將男體當成偷窺目光的對象。現在男體也可以被分割得支離破碎，可以被客體化、情色化，而且這樣的事不僅出現在時尚報導中，也出現在伸展台上。

在看與被看的遊戲中，種族也佔了一席之地。史都華・霍爾（Stuart Hall）（1997）和

Kolbert in India geel 249,-

12.

13.

14.

11. HIJ（今日：人類），形象廣告，1989年，攝影：漢斯‧克洛斯坎普（Hans Kroeskamp）
12. 戴著藍色隱形眼鏡的模特兒娜歐蜜‧坎貝爾，Elle雜誌，1994年一月
13. 棕髮的娜歐蜜‧坎貝爾
14. 馬歇爾‧凡‧迪‧浮盧格（Marcel van der Vlugt），「鏡子」，Amica Italia雜誌，1998年一月

楊・倪迪文・皮特斯（Jan Nederveen Pieterse）（1992）都對有色人種及黑人在西方文化中被描繪的方式提出了廣泛的歷史分析，其中的刻板印象不絕於書，例如饒富異國風情的黑種女人被描繪為維納斯，而黑種男人則被描繪為在性方面具有威脅性。時尚界還是有非常少數的黑人模特兒。以「黑珍珠」娜歐蜜・坎貝爾（Naomi Campbell）的時尚相片為代表，在這些相片中，她留著金色的長髮，戴著藍色的隱形眼鏡——這位黑人模特兒，必須順服在白種的「美」的理想標準之下。

看與被看之二：自戀的目光

除了觀看他者的問題，在精神分析中也討論到觀看自我的問題。當你還是嬰兒時，你不大可能意識到自己，因為所謂的「自我」（即「本我」）那時還沒有被建構。本我建構的第一個重要時刻，拉岡稱之為「鏡像階段」；而第二個重要時刻則是伊底帕斯情結，語言在這個階段扮演了主要角色。不過鏡像階段發生在有語言能力之前，它所身處的位置是想像界，是圖像的領域。當你是六到八個月大的嬰兒時，你就被媽媽抱在懷裡站在鏡子前面了，這樣的指認對於建構孩童的身份認同十分重要的。

對拉岡來說，「此一指認是以鏡像為基礎」這個事實十分重要，因為孩童藉此投射了一個理想的自我形象。在鏡子裡，孩童將他自己視為一個統一體，但同時他對於自己身體的經驗，卻仍然是不成形的團塊，他也無法控制自己的四肢，所以在鏡像中認出自己的這件事，其實是一個「誤認」。這個孩子其實是將自己的鏡像視為他者，視為一個他未來希望變成

的更理想的自我。只要想想你在照鏡子時的模樣就明白：當你在鏡子時，其實是透過他者的眼光來觀看自己。根據拉岡的看法，這某種意義上來說是人類的悲劇——我們的自我認同，居然建立在一個我們永遠無法企及的理想形象之上！因此在他眼中，我們在實存的層次上將注定要失敗。

雖然我們可以用字面意義來理解拉岡的「鏡像」（而令人訝異的是鏡子也真的常常出現在電影、影片、廣告和時尚相片之中），但我們也能更具隱喻性地來加以詮釋。舉例來說，孩子會在寵愛他的父母的眼中，看到理想的自我形象——對父母親來說，孩子永遠是自己的最漂亮，而且這樣也很正常。當我們長大之後，我們還會在深愛的人的眼中看到這樣的完美形象。其實為了能夠形成並維繫本我，我們的確需要這樣的理想形象，一種健康的自戀目光，對於我們的自我認同來說是必要的。然而這樣的本我絕不會被「完成」（finished），它必須不斷地被培育、也被型塑，而內在化理想形象也從旁發揮襄助作用。

鏡像階段的分析，已經被應用在許多視覺文化的現象之上。電影中的男女英雄發揮了理想形象的功能，讓我們認同於他們，而在時尚的世界中，則是模特兒變成了被認同的對象。而事實上，我們其實可以把整個視覺文化都算進去：無論是流行巨星、模特兒或是演員，都給了我們認同於理想形象的機會，而粉絲文化也有很大一部份是奠基在這樣的自戀式認同之上。當然它還有著另一個面向：在一個年輕、健美與美麗變得越形重要的文化裡，理想形象也會變得越加遙不可及。很多人不再能從那

些被描繪的理想形象中認出自己，於是變得對自己的外貌極端不滿意，而這一點又造成了挫折感，甚至還讓人採取更為激烈的手段（如整型手術），或是讓人罹患厭食症或暴食症。鏡子裡的自戀目光在這裡造成了非預期的結果。

看與被看之三：全景式的目光

此外，我們也可以對社會中種種目光的活動進行更具社會學意義的分析。這讓我們必須轉向於歷史學家米歇爾·傅柯（Michel Foucault），因為他對權力運作做了很全面的分析。傅柯不把權力看作有些人有而其他人沒有的東西；相反地，他認為在現代社會中，權力是在交涉、衝突、遭遇、對抗以及互斥等持續的活動中不斷地流通的，而語言也反映了這些相關變化。早年你曾是個受害者，但現在你卻是經驗的專家。雖然這種經驗不愉快，但藉著這種方式，你還是賦予了自己某種權力——經驗的權力。

在我們現代社會中，一種形塑權力的方式是監視，或者我們用傅柯的語言來說，一種「全景式」的目光，他是從十八世紀的監獄建築中頓悟到這個詞。那些監獄的中間都有一座塔，而牢房則以環狀蓋在塔的四周，看不到塔中的中央權威，但這個中央權威卻能夠看到每一個牢房中的每一個犯人，而那些犯人也看不到彼此。全景式的目光指的是：有一大群人都被持續地守衛及監視著，但他們卻都沒辦法看回去。傅柯說道，藉由這種方式，他們被訓練著要舉止合宜。

在今天，相機／攝影機已經接掌了監視與控管的工作。每個人都知道，在街上、車站、超市、公車、電車以及美術館裡，都有保全監視器在「保護你我的財產安全」，而且知道自己隨時隨地都被不明的科技照看著，可能還會為我們帶來某種安全感（或安全幻覺）。更重要的是，全景式的目光訓練我們成為守法的好公民，訓練有很大程度是從持續監視而來的。

就像我們可以隱喻地詮釋拉岡的鏡像階段一樣，我們也可以隱喻地詮釋傅柯的全景式目光。製造全景的不僅只是保全監視器，還有無所不在的媒體。太空上的人造衛星隨時都在監看著我們，我們的手機通常都配備GPS（全球定位系統），隨時都讓我們無所遁形。當我在義大利度假的時候，我的手機會傳來像是「你現在在比薩，可以去看斜塔」，或是「你現在在佛羅倫斯的市政廣場。你知道嗎？米開朗基羅的大衛像…」這樣的簡訊。這瞬間，我好像又變成了那個相信上帝隨時都在看著她的小女孩，但無所不在的上帝今天已經被匿名的全景式目光所取代。無論我們是在網路上衝浪，或是在超市裡買東西，現在都會被用同一種方式記錄下來。

現在，我們可以把這三種目光合而觀之：藉由偷窺的目光，我們訓練他者，我們都很熟悉那種用以表示贊同與否的一瞥的秘密眼神；藉由自戀的目光，我們透過希望達到理想形象來訓練自己；而藉由內化全景式的目光，我們訓練我們的社會行為和我們的身體。我們在克里斯多福·呂瑟胡（Christophe Luxerau）的「合金身體」（Electrum Corpus）數位相片系列中也看到了時尚最終影響身體的例子，它向我們展示了時尚如何從字面意義上滲進了我們的皮膚裡：Logo已變成了我們的皮膚。

參考書目

後現代主義

Baudrillard, Jean. *Simulations*. New York: Semiotext(e), 1983.

Braembussche, A.A. van den. *Denken over kunst: Een inleiding in de kunstfilosofie*. 3rd, revised ed. Bussum: Coutinho, 2000.

Docherty, Thomas, ed. *Postmodernism: A reader*. New York: Columbia University Press, 1993.

Jameson, Fredric. *Postmodernism, or the cultural logic of late capitalism*. London: Verso, 1991

Lyotard, Jacques. *The postmodern condition*. Manchester: Manchester University Press, 1984.

Sim, Stuart, ed. *The icon critical dictionary of postmodern thought*. Cambridge: Icon Books, 1998.

Smelik, Anneke. 'Carrousel der seksen; gender benders in videoclips', in *Een beeld van een vrouw: De visualisering van het vrouwelijke in een postmoderne cultuur*, edited by R. Braidotti, 19-49. Kampen: Kok Agora, 1993. English version can be downloaded from www.annekesmelik.nl (>publications > articles).

Woods, Tim. *Beginning postmodernism*. Manchester: Manchester University Press, 1999.

文化與文化研究

Baetens, Jan and Ginette Verstraete, eds. *Cultural studies: Een inleiding*. Nijmegen: Vantilt, 2002.

Cavallaro, Dani. *Critical & cultural theory*. London: Athlone Press, 2001.

During, Simon, ed. *The cultural studies reader*. London: Routledge, 1993.

Grossberg, Lawrence, Cary Nelson, Paula Treichler, eds. *Cultural studies*. Routledge: New York, 1992.

Smelik, Anneke. 'Met de ogen wijd dicht. De visuele wending in de cultuurwetenschap', in *Cultuurwetenschappen in Nederland en België. Een staalkaart voor de toekomst*, edited by Sophie Levie and Edwin van Meerkerk. Nijmegen: Vantilt, 2005.

Storey, John, ed. *What is cultural studies?* A reader. London: Arnold, 1996.

Williams, Raymond. *Culture and society: 1780-1950*. Harmondsworth: Penguin, 1958.

視覺文化

Benjamin, Walter. 'The work of art in the age of mechanical production', reprinted in *Illuminations*, 217-251. New York: Schocken Books, 1968 (1935).

Berger, John. *Ways of seeing*. Harmondsworth: Penguin, 1972.

Foucault, Michel. 'Panopticism', in *Discipline & punish: The birth of the prison*. New York: Vintage Books, 1979 (1975).

Hall, Stuart. *Representation*. London, Sage, 1997.

Mirzoeff, Nicholas. *The visual culture reader*. London: Routledge, 1999.

Mitchell, William. *Picture theory: Essays on verbal and visual representation*. Chicago: University of Chicago Press, 1994.

Mitchell, William. *The reconfigured eye: Visual truth in the post photographic era*. Cambridge: MIT Press, 2001 (1992).

Peters, Jan Marie. *Het beeld: Bouwstenen voor een algemene iconologie*. Antwerpen: Hadewijch, 1996.

Smelik, Anneke, with R. Buikema and M. Meijer. *Effectief beeldvormen: Theorie, praktijk en analyse van beeldvormingsprocessen*. Assen: van Gorcum, 1999. (out of print: the book can be downloaded from www.annekesmelik.nl (> publications > books)

Smelik, Anneke. 'Zwemmen in het asfalt. Het behagen in de visuele cultuur', *Tijdschrift voor communicatiewetenschap* 32, no. 3 (2004): 292-304. The essay can be downloaded from www.annekesmelik.nl (> publications > books > oratie)

Sturken, Marita and Lisa Cartwright. *Practices of looking: An introduction to visual culture*. Oxford: Oxford University Press, 2001.

視覺文化與性別

Carson, Diane, Linda Dittmar, and Janice R. Welsch, eds. *Multiple voices in feminist film criticism*. London and Minneapolis: University of Minnesota Press, 1994.

Carson, Fiona and Claire Pajaczkowska. *Feminist visual culture*. London: Routledge, 2001.

Easthope, Anthony. *What a man's gotta do: The masculine myth in popular culture*. London: Paladin, 1986.

Mulvey, Laura. 'Visual pleasure and narrative cinema', in *Visual and other pleasures*, 14-26. London: Macmillan, 1989 (1975).

Neale, Steve. 'Masculinity as spectacle', *Screen* 24, no. 6 (1983): 2-16.

Simpson, Mark. *Male impersonators: Men performing masculinity*. London: Cassell, 1993.

Smelik, Anneke. *And the mirror cracked: Feminist cinema and film theory*. London: Palgrave: 1998

Smelik, Anneke. 'Feminist film theory', in *The cinema book*, 2nd ed., edited by Pam Cook and Mieke Bernink, 353-365. London: British Film Institute Publishing, 1999. The essay can be downloaded from www.annekesmelik.nl (> publications > articles)

身分認證

Freud, Sigmund. *Three essays on the theory of sexuality*. New York: Basic Books, 1962 (1905).

Freud, Sigmund. 'Female sexuality', in *Sexuality and the psychology of love*. New York: Macmillan, 1963 (1931).

Lacan, Jacques. 'The mirror stage as formative of the function of the I as revealed in psychoanalytic experience', in *Écrits*. A selection, 1-7. New York: Norton, 1977 (1949).

視覺文化與種族

Dyer, Richard. *White*. London: Routledge, 1997.

Gaines, Jane. 'White privilege and looking relations: race and gender in feminist film theory', *Screen* 29, no. 4 (1988): 12-27

hooks, bell. *Black looks: Race and representation*. Boston: South End Press, 1992.

Nederveen Pieterse, Jan. *White on black: Images of blacks and Africa in Western popular culture*. New Haven: Yale University Press, 1992.

Ross, Karen. *Black and white media: Black images in popular film and television*. Cambridge: Polity Press, 1996.

Shohat, Ella and Robert Stam. *Unthinking Eurocentrism: Multiculturalism and the media*. London: Routledge, 1994.

Williams, P. and L. Chrisman, eds. *Colonial discourse and post colonial theory*. New York: Columbia University Press, 1994.

Young, Lola. *Fear of the dark. 'Race', gender and sexuality in the cinema*. London: Routledge, 1996.

新媒體

Bolter, Jay and Robert Grusin. *Remediation: Understanding new media*. Cambridge: MIT Press, 1999.

Castells, Manuel. *The rise of the network society*. Oxford: Blackwell, 1996.

Cartwright, Lisa. 'Film and the digital in visual studies. Film studies in the era of convergence', *Journal of visual culture* 1, no. 1 (2002): 7-23.

Manovich, Lev. *The language of new media*. Cambridge: MIT Press, 2001.

Mul, Jos de. *Cyberspace odyssee*. Kampen: Klement, 2002.

Rodowick, David. *Reading the figural, or, philosophy after the new media*. Durham: Duke University Press, 2001.

Simons, Jan. *Interface en cyberspace: Inleiding in de nieuwe media*. Amsterdam: Amsterdam University Press, 2002.

時尚

Barthes, Roland. *Le système de la mode*. Paris: Seuil, 1967

R. Barthes & M. Ward, *The fashion system*. Berkeley [etc.] (University of California Press) 1990

Bruzzi, Stella and Pamela Church Gibson. *Fashion cultures: Theories, explanations, and analysis*. London: Routledge, 2000.

Klein, Naomi. *No logo*. London: Flamingo, 2001.

15. 克里斯多福・呂瑟胡（Christophe Luxerau），「腳」，2002 年

德克・洛維特（Dirk Lauwaert）

壹、服飾與內在存有
貳、服飾乃物品
參、服飾與想像
肆、大眾化的輕蔑

I
服飾與內在存有

服飾不只是用布織成、穿在皮膚上的東西；不只是初次相遇的重大考驗；也不只是在引人注目的戰場上所使用的利器。它是——而且主要是——與一個人的內在存有緊緊相繫之物，沒有一個內在自我是沒有衣服的。服飾創造了退入自身之中的可能性，而從自身之中向外出發，則又能做你自己——成為「我」。就文法上來說，沒有哪個第一人稱是沒有衣服的。「我」是在它的衣服之中獲得表達與證明。而同樣地，沒有衣服，「你」和「他」也難以表達。赤裸裸的人——無論是在監獄中被羞辱至此，或是在狂歡之中出神入迷至此——只會是匿名而無語的。即使是在我們的睡夢、幻夢、記憶、友情或是愛裡，衣服也從不缺席，而赤裸則是例外的狀態。

在這個意義上，服飾也的確是人體的語言：語言是發音，而服飾是身體的有效發音。服飾讓身體碎裂化，引起了覆蓋與裸露、左與右，以及內在與外在的對比。沒有服飾，就沒有分別，而只有團塊；沒有服飾，就沒有特徵或階序，而只有無區別的赤裸。裸體是將身體當作「團塊」來加以探究，裸體在畫作之中通常被畫成斜靠的姿勢，並非巧合。

因為有衣著，我們才站著，我們才直立著。我們不像其他動物那樣讓生殖器處在身體之下，而讓生殖器處在身體之前，這一點使得衣著變成了具有性意涵的舉動。我們公開地表現了性別差異，而我們也往往必須從這一點來決定我們的立場。衣裝了的我永遠是被性化（sexualised）了的。服飾常常只用一個姿勢，

就提升、也宣告了性的序曲。在斜倚著的裸體中，直立的人消失，而身體也跟著蜷曲起來。要是我們直立著，那麼羞恥也隨之而來。羞恥是無語的，羞恥甚至也是被包覆著的，但它卻是未經修飾的。羞恥未必是由服飾所引起的。的確，它能讓服飾出局。我們衣服上的錯誤會引來羞恥，一個污點可能就暴露了我們。我們對於破壞性害羞的自我客體化毫無招架之力。裡頭每一件東西都會流向外頭，就像是敵人的目光無恥地主宰與破壞著一座門戶大開的城市。服飾碰觸到——它看來也是——我們存在最深層的區域。每一個本質都被表象的小石塊擊碎。服飾是我們對羞恥的勝利，如果它拋下了我們，我們就不可能逃避羞辱、逃避失語症。對於服飾可能會背叛我們、讓我們無語的恐懼，是恆久不變的。

不過，服飾並不只是恐懼的來源，相反地，它是首先也最主要的滿足與幸福來源。我們每天都要穿衣打扮好迎接新的工作天，我們日復一日打扮得整整齊齊，穿著這些衣服過上一整天。在書桌前寫作也好、去店裡逛逛也好、出外約會也好，「我不斷地這樣做」。當人們把前門關在身後時，他們都會這樣說。

服飾隨時會見異思遷、隨時會轉換，它既輕浮又不穩定，它是一層敏感的膜，傳布且——大多時候——分散到最廣的方向。它是一個偽裝的領域，一個沒有任何「存有」可以沒有它的領域，從情色的邏輯到宗教的邏輯，從極致的藝術到最瑣碎的雜念，從幻想到現實，從民主到極權，從自我覺醒到控制他人，從皮膚到靈魂，從對母親的記憶到對我們最深愛的人的幻夢——都不例外！在這樣的背景中，服

1. 提姆・渥克（Tim Walker）為義大利版《Vogue》雜誌所攝，1999年

飾總是扮演著關鍵角色。它本身並不只是這些個別分離領域的發音，它也微妙地在這些領域之間維持著轉換與連結，雖然同時它也從不讓我們以為它們彼此之間是可以互換的。

關於服飾的思索鮮少涉及因果關係。在此，我們很難說可以用哪一個因素來解釋另外一個。道德式的反思——它們曾經深受宗教的影響，現在則位於社會學之中——所希求的只是改變。這看起來主要是否認的策略：讓服飾變成女性的事務（於是扭曲了它對男性而言其實也同樣重要的意義），將時尚歸因於附庸風雅（好像這是可以避免的一樣），把時尚化約為消費（否認它的實存重量），透過將時尚枝微末節化來將其大眾化（無視於它隨處可見的人類學深度）。然而，卻也總是有著幾乎可說是節慶式的覺醒——即使是這些欺騙本身，也是這整體冒險不可或缺的一部份。

如果說服飾是某種電燈開關，那是因為它不斷地在形式、織品、色彩、風格以及諸如此類的東西之間製造、喚起對比。被嫁接於我們服裝的發音上的，是一切必要的社會、造型、情色與風格區分。無論是世代、性別、階級、宗教、語言、職業，或是上下尊卑，都淡漠地將它們自己安置在我們的服飾棋盤上，參與著不同服飾的策略。因此服飾並不是將集體（或私人）織品揭示為一連續體，而是揭示為一不連續體。我們都希望能穿著跟別人不一樣的衣服，而每一個人也都希望今天能穿得跟昨天不一樣。服飾並不是一個有約束力的策略，它是一個解開約束的策略（所以，「社群」不信任服飾，倒是一點也不令人意外）。

我們所穿著的並不會帶來摩擦，因為它規範了適當的距離。舉例來說，我是個小孩，跟我祖母一起沿著商店街走。透過我們所穿的不同服飾，以年齡、性別、抱負為界的人我分際，被明確地劃分出來。我們之所以能夠完美結合，是因為這一點十分明顯：我是個男孩，她是個女人，我是個小孩，她是個大人。所有的這一切，都充斥在我們祖孫的密集關係之中。然而，我付出了高昂的代價。我穿得跟她不一樣，但我們卻又那樣地因為對方而產生感受。在此之中有著統一，但那統一卻是存在於不一樣的層面，不過也因為有著差異，所以我們學習。服飾也覆蓋著皮膚，讓我意識到他人的存在。但服飾卻浸潤著某種懷舊之情——我們對於「直接感」的思鄉病——這也是有著這種情懷的我們所能找到的最佳妥協。

所有自服飾（天堂）與時尚（理想國）之中解放的、對於人類的幻覺，都是在現代世界裡流動的常態因子。服飾緩慢但確切地失去它的象徵與標誌潛力。一種新的功能假設，似乎已經取代了我們服飾所關切的舊信條。如果服飾只是功能的而非實存的，那麼我們就不難相信我們可以在沒有自己衣服的情況下活下去——這句話用字面解釋是成為天體運動者，用象徵方式來解釋則是穿著制服。這兩者都是暫停衣服這張膜的動態、身體的發音、性別的差異，以及不間斷而快速廣播的方法（這種種一切原本都是透過衣著、一切可能讓人有印象的東西，還有追求最分歧空間的衝動所達成的）。當一個人沒穿衣服的時候（無論是裸體或是身穿制服），他期盼的是逃離對比的遊戲，或至少是緩和這種對比。這兩個烏托邦點出了每一個烏托邦的貧乏之處，點出了每一

個僅僅存在於思想之中的人類世界的貧乏之處，而服飾則是腐蝕這種烏托邦的絕佳利器。每一項純正的教條，或早或晚都要被服飾——不純正的服飾——以可行性及生活品質來加以挑戰。在揭示人類世界其實是倏忽變化的現象上，服飾乃終極之物。我們在服飾之中所見到的秩序，總是在煽動失序。服飾的基本角色，是一次又一次地提醒我們生命的不純正。服飾就是生機哲學的實踐。

任何一個夠細心的觀察者，都會發現布料其實像鎧甲一樣地包住了我們的身體。衣服是一層防護罩，包覆著我們的長片布料猶如城牆。我們用衣料蓋住了我們大部分的皮膚。衣服直接在邊界上制訂了規則，它說：不准碰。赤裸的身體則引誘我們去碰它，而事實上，給它的種種目光、視線，其實也已經算是某種觸摸了。但相反地，穿上了衣服的身體則設定了距離，它們管控著接近它的方式、第一次接觸，並安排彼此之間的關係。服飾為身體設立了空間的家法：赤裸的身體乃融合的邀請，而穿衣的身體則是對不融合的肯定。服飾因此實現了戲劇手法：一個人一旦著裝，便讓自己以及他人的空間被劇場化。服飾是舞台指示、軍事部署，也是運動裁判。

服飾同時是內向的、也是外向的。如今，拜主導的傳播意識型態之所賜，服飾的外向性已經變得比內向性更為重要：服飾不僅可以作為語言，也可以作為社會符碼、作為修辭手法。它現在將自己擊倒並覆蓋起來，好完美契合過去對於展示與偽裝的道德判斷，而這些道德判斷現在已由社會學繼承。不過，一個人現在穿上衣服的主要目的仍然是賦予自己形式與

力量；而一個生過病、剛離開病床的人，也同樣會想先好好打扮一番。因為這樣做多令人神清氣爽啊！對一個在深夜裡感到絕望的人來說，沒有什麼事會比一早穿上衣服更能讓人恢復精神；但反過來說，要是他絲毫不試著重新賦予自己形式，他也就會繼續身陷於絕望的泥沼之中。簡言之，服飾給人勇氣。

服飾也是豐富的記憶。我們童年時的服裝會永遠與我們同在，成為一個不可抹滅的存在。而新衣服則標誌著我們的成長階段。在家務中，母親通常扮演了最重要的角色，是她們為我們穿上衣服，因此也承認了我們的改變。許多人都聽過「你長得好快喔」這句話，無論在這句話中所流露出的是開心，或是失望。母親和她們的孩子一起，見證了許許多多的轉變，當她們為自己的兒女穿上衣服之時，她也在探索著自己，以及她自己的歷史。為兒女打扮其實也就是為自己打扮，打扮好的孩子也成為她自己的記憶。當她為自己的兒女著裝之時，她也碰觸到了內在的自我，因此她也用孩子的衣服來教導他成為自己。她教導孩子為自己而存在，而非為她而存在。因此，在「為孩子著裝」這同樣的過程中，她一方面讓孩子更接近她，另一方面也讓孩子更遠離她。在為孩子著裝之時，母親們將孩子交給世界。

像這樣或好或壞的過程，持續在生命中佔據了一席之地。每一天的灰心、熱情、任性或粗暴，都為生命妝點了色彩。穿上衣服即是製造了一個「之前」與「之後」間的切點，為生命開啟了新的一頁，也結束了舊的一章。這不但是時間上的斷裂，也是空間上的斷裂，因為服飾的改變會帶你通往另一個空間。服飾讓你

扮演著種種角色，可以是病患，也可以是健康的人；可以是工人；也可以是誘惑者。藉著衣服，每一天的故事軌道就這樣進行著。服飾是你忠實的朋友，訴說著你可不可以做這件事或那件事。我們越常跨越計畫中變化的疆界，我們就越能欣賞我們角色與義務的多樣性。於是，能在同一天裡換上好幾次衣服，變成了一種真正的奢侈：每一個角色都期待著你的不同表現。當我們看電影的時候，我們不可避免地——雖然未必非常有意識地——會看到英雄，透過他們不同服裝的不同稜鏡。每一次，服飾都透過更新我們的變化，提升我們的內在存有。

II
服飾乃物品

當衣服或飾品破損了、尺寸不合了，或是過時了的時候，它們就變回了原型——變成了單純的物品，單純由布料——或皮革、金屬、人造絲——所做成的物品，它們就像是其他物品一樣，需要被組合而成。我們的服飾是一個建構物，一個圍繞著身體的結構。它們就像是推車上曲線優雅的把手一樣地方便靈巧，在尾端上還有突出的柄，讓我們的手不至於從上頭滑開。

我們一旦收到一件衣物的基本雛形（我們該做條褲子還是做雙鞋？），而且有待我們發揮創意的時候，這項工作通常會十分需要細膩而精緻的修改，好讓它們適合那獨一無二的身體。一件衣服無論有多漂亮，與你的尺寸不合也是枉然。「它很漂亮，但尺寸不對」，是服飾店裡經常上演的戲碼（而另一個常見的戲碼則是

意見分歧：「它很漂亮，但不合我的品味」，而旁邊的人則毫無例外地會認同這項神秘的品味。「不合品味」與態度及關係有關，「它跟我對男性氣概的想法不搭，但別人穿上應該會好看」）。

朝「適合」的方向調整，是在兩個非常不同的面向上進行的：有身體的面向（「我太胖了穿不下」），也有氣質與觀點的面向（「我不喜歡這件」）。但無論是那個面向，試穿的過程都在揭示你身體的真實（變得不再年輕貌美等諸如此類的），揭示你這個人的真實（在日常生活中，你就是沒辦法扮演不是你的角色——當然，除非那其實是你的角色）。

裁縫師不但是製造衣服這種物品的人，也是你氣質與外型的心腹密友（奧黛莉·赫本因為已經有了她的服裝設計師紀梵希[Givenchy]，所以她再也不需要分析師）。此處便是裁縫的向度（就像髮型師、珠寶設計師、馬靴匠的向度一樣）。在面對身體的變化（誰不總是對身體感到幻滅呢？）以及氣質的變化（誰確切知道自己是誰，又確實想要什麼呢？）之時，裁縫的工作即是將身體與態度重新帶向和諧。雖然常常被譏為諂媚，但這卻是一個不會消失的角色，因為它是不可或缺的。畢竟，將能夠聚合身體、生命方式，以及身體與一生計畫的布料建構為衣服，是一項多麼重大的成就啊！

當我們在醫院診療室裡見到它的相反形式時，這項成就的重大之處就變得更顯而易見。在那裡，醫生會脫去你的衣服，將你的意願與尊嚴降低到他能力所能控制的範圍，亦即化約為肉體的層次。他藉此分隔了倫理與肉體，並透過檢驗與診斷，讓你知道你的倫理還能發

蘇菲雅‧科科薩拉齊（Sophia Kokosalaki）
生於1972年（希臘雅典）

希臘設計師蘇菲雅‧科科薩拉齊由於為2004年雅典奧運
的希臘表演者設計了數千件服裝，而在國際間聲名大噪。
在開幕典禮上，參與演出的冰島歌手碧玉（Björk）穿著一
件由大量布料組成、多層次的科科薩拉齊作品，表演中途
衣服還攤開成一幅龐大的世界地圖。這個設計讓科科薩
拉齊一夕成名。她在1972年出生於雅典，並在雅典大學
攻讀希臘文學。1979年她前往倫敦，後來也曾在那裡的
中央聖馬丁藝術與設計學院（Central St. Martin's College
of Art and Design）就讀。

　　科科薩拉齊的設計既浪漫又輕盈，並充滿了祖國的元
素。希臘神話尤其是她精緻皺褶創作的靈感來源，古典的
長禮服變成充滿現代感、非常女性化的服裝，實穿之餘又
相當優雅。她在設計當中經常運用針織布、皮革和清淡的
色調。科科薩拉齊也非常喜愛以傳統技巧，像是拼補、褶
飾和貼花製作的作品。為了達成設計的豐富性，必須採取
手工製作，整個製作過程耗費大量人力，然而她的服裝在
設計和執行上卻很簡單。

　　1999年，她推出了自己品牌，一年之後則在倫敦時
裝週舉行系列作品發表會。身為新秀，她卻被英國版
《Vogue》雜誌等權威視為重要人才。科科薩拉齊在這段
期間也為皮革公司Ruffo Research工作，擔任芬迪（Fendi）
的顧問，同時亦為ToyShop效力。近來她從倫敦轉戰巴
黎，在2005年春天首度推出以水底世界為靈感的系列作
品；珠母、海草與沙子的質感點綴在科科薩拉齊的藍色與
淡粉色設計上，其中最重要的角色則保留給她現在聞名全
球的獨有特色：皺褶。

圖片：
1.　歌手碧玉在2004年雅典奧運的開幕典禮上穿著蘇菲雅‧科科薩
　　拉齊所設計的服裝，2004年
2.　蘇菲雅‧科科薩拉齊，2005/2006年秋冬系列
3.　蘇菲雅‧科科薩拉齊，2005/2006年秋冬系列

2.　山本耀司（Yohji Yamamoto），1997年春夏系列

　　　　　　　時尚的力量

揮功能的範圍究竟有多小。醫師所解開的，正是裁縫所綁起的。

裁縫師的工作室與醫師的手術室，一直是藝術創作裡的熟悉主題。生命的道德教化故事（如亞伯拉罕・伯斯[Abraham Bosse]和威廉・霍加斯[William Hogarth]的畫作），常常是用得意洋洋地造訪裁縫師來象徵奢侈，而以卑下地造訪醫師來比喻報應。如果沒有這些道德意涵，我們或許會以不同的眼光來看待一些事。例如造訪醫師這件事可能就不會被視為報應，而會被視為勇敢地克服肉體的脆弱。

在造訪裁縫師時，一個人必須先脫下衣物好再穿上另一件衣服，而試穿間和醫師的檢查更衣間看起來也沒什麼不同。同樣地，在展示間後面通常有著工作間。在物品的展示窗和它的製造過程之間，有著一個唯有全然的變形才能填補的空隙。到了今天，服飾的工作間通常都會位在遙遠的國度裡，然而，存在於西方服飾消費的炫麗景觀以及遠離購物中心的悲慘生產過程之間的對比，卻不僅只是個經濟上的對比。在零售店的挑選、試穿，以及工廠或工作室中實際的衣物製造過程之間，永遠存在著一個本體論式的斷裂。雖然後者的確是前者的先決條件，但在試穿與製造、服飾與布料、衣物與衣樣之間，卻存在著龐大的差異性。在試穿的慾望與針線活手藝之間，在將女孩變形為「天堂之鳥」（電影「甜姐兒」[Funny Face]中的奧黛莉・赫本）與將一匹布變形為新娘禮服之間，存在著一個徹底的轉變；而這項轉變是生產邏輯與使用邏輯、製造邏輯與表現、展演邏輯之間的轉變。它們並不是彼此之間的自然延伸，相互之間的關係也不是直線的。

這種存有狀態的奇蹟轉變，今日已經變得更難理解，也離我們更遠，因為衣服的製作已經不再是家庭手工業。無論是速食、藥丸或是成衣，都是基本功能再組織之後的形式。煮飯、生產與縫紉曾經界定了女人的天職，但無論是這三種工作中的哪一種，現在都能被管理與代理。在這樣的代理中，我們無可逆轉地失去了關於「它們對於日常生活的意義何在？」的直覺意識。由於我們對衣服的製作以及針線活不再熟悉——因為無論是母親或是妻子，現在都已經不再會這樣工作，而在我們所居住的城市中，也不再有裁縫師或是製造衣服的人——我們對衣服的態度也難以避免地發生了改變（我是以一種更為寬鬆、也更為輕佻的立場來這樣說的）。在文・溫德斯（Wim Wenders）為山本耀司所拍的紀錄片中，山本說他想讓服飾承載著完整的生命歷程，就像是奧古斯特・桑德（August Sander）的肖像攝影一樣。他在這裡的確指出了一個理想，但這卻是一個以他品牌設計師的身份所不可能達成的理想。

我們忘卻最多的，是布料、麻紗與鈕釦變成「套裝」的變形過程，從公開展示的設計到裁縫師做出適合穿著的衣服之間的過程，也被消除得一乾二淨。製作衣服的魔法不再為人所知——這個魔法無可取代，它也無疑是舊世界裡最基本的經驗之一。人不只是「智人」，更是「工作人」，他就像是神燈裡的精靈一樣，讓這樣的變形成為可能。他既是魔術師，也是造物主、創世者。創造不只是想出一個東西，還是要去掌控、揉捏物質本身，讓這個想法得以成形。它是一種你無法看穿的戲法，即使你

就待在裁縫師的手指之下也無法窺其堂奧。當我還是個小孩的時候，我就老是錯過釘在紙樣上的布塊變成我妹妹的可愛小洋裝的那一刻，我妹妹穿著新衣裝模作樣，而我年輕的母親既為她的孩子驕傲，也為自己的手藝驕傲。

人是布料與身體的組合體。服飾並不是某種附加於身體邊緣的外在添加物，而是一種本質的再界定。服飾並不隱匿結合，而是豐富了結合。人體的解剖構造被吸引人的服裝、精確的接合面所取代；皮膚的多變紋理被同質的衣料組織所取代；而編織則變成了編織品。

服飾因此把我們放進了一個不同的場景，在這個場景之中，我們不只扮演了我們自己的角色，還超越了同儕，甚至超越了我們自己。服飾讓我們得以顯現，因為它給了我們厚度、給了我們層次，也給了我們深度，藉此，我們不但可以像世界上其他可見之物一樣地可見，還可以獲得意義——這乃是唯有我們才能傳布的特質。

III
服飾與想像

由於服飾的想像是這樣地顯著——既喧鬧又強勢——因此我們常常會忘掉一件十分重要的事：事實上，是我們自己讓服飾變成了想像。這想像是我們自己的，也為了我們自己而存在；這想像也是他人的，為了他人而存在；但尤其重要的是，它是為了未知的第三方所存在的。一個人是為了他或她而打扮，是為了他或她虛擬而無可逃避的目光而裝扮。我們毫無疑問是可見的，也就是說，在我們的身邊永遠會有潛在的觀察者，而即使是所有可能目光

的總和，也無法窮盡那虛擬的目光（這目光並不是來自於上帝的全知之眼，而是來自於具體可見的人類）。我們不可能不與這虛擬的目光產生連結，亦即，我們不得不用它的方式來表現自己，在那道目光中標出自己的位置、部署我們自己，好為我們自己在它的面前爭取到一個位置。

服飾是對可見性之最初狀態的回應。在這樣的狀態中，我們除了讓自己配合特定形象之外，什麼也沒辦法作。而當我們這樣做的時候，我們的選擇其實也十分有限，因為在解剖學上，我們的身體就是只能分為上半部與下半部、背部與正面、左邊與右邊。這最後一組又和前兩組有所不同：無論是上半身與下半身，或是正面與背面，彼此之間都大不相同，然而左邊和右邊卻是對稱的。因此在服裝上，無論是特別強調左半邊或右半邊，都不太具有意義。由於不算太重要，所以我們可以玩弄它；而因為投入的價值也較低，所以它也能被轉為美學。但在另一方面，身體的上半部與下半部、正面與背面，卻是十分不同的，它們解剖學上的差異極為顯著，而羞恥心也與此極為相關。我們直立著走路，把我們的生殖器放在前頭；我們的面孔、表情，總是以極為脆弱的偽裝展現著情慾。服飾的目的並不是為了掩蓋我們的身體，而是將我們的解剖結構重新組織，照著既有的系統以及形式、性慾的邏輯，讓身體變得可以閱讀、變得可以理解。不同文化發展出不同的衣著形式，他們發展出不同的文法規則，而性慾也以不同的方式展現於服裝之上。不過，在西方消費者的視覺領域裡（讓我們先暫且擱置多元文化主義），這樣的分化卻

消失了，因為他們關於服飾的邏輯，現在已經理所當然地變成了每一個人的邏輯。這種無條件的接受是一種貧乏，我們不再能從我們的服飾之中看到（隨性的）選擇。而由於我們不再能意識到這個選擇的存在，我們的參與和投入也隨之消失，因為服飾已經變得平庸。我們也不再能瞭解承諾，為愛情與戰爭所裝扮的意義不再是一個主題。

十九世紀的畫家對他們同代男人的無趣打扮深感憤怒，穿著這樣的服裝實在不大可能有什麼英雄事蹟，而從這樣的原始素材中，也實在不可能畫出氣勢磅礡的畫作。這樣的挫折感，我們還可以進一步加以釐清：男性的服裝之所以無趣，是因為它不再能賦予男性肉體形式，以及有意識的、美學的選擇，因此它也不再能讓男性肉體成為可閱讀的。的確，男性以功能性替代了美感，以實用性替代了解謎性（decipherability），以無特色的服飾取代了自我品味，以流線取代了形式，結果造成了男性的中性化、誤以為可以不再理會服飾（並把它們交給女人）的幻覺，以及男性服飾決定性解決方案的全面勝利（因為這樣一來也實用）。

服飾的功能性在我們的服飾文化中曲折而行，它讓我們有機會將我們實用的、因此也是價值中立的解決方案視為普世價值；它將我們放在一個特定的行動位置，彷彿我們可以擺脫服飾所強加於我們之上的形象，也彷彿我們可以脫離幻想與對他人外貌的想像。有這麼多人穿得如此醜陋——或者我該說，不具美感——其實一點也不令人意外。這種形式缺陷的猥褻感，是極度吃驚與困惑的來源。在時尚的霸權之下，這樣的服飾犬儒主義怎麼可能風行呢？

正是這種服飾的墮落，具有讓它自身脫離、乃至超越種種文化束縛，並擁抱抽象人性的潛力。這難道不是運動服的最初來源嗎？三件式套裝也是這樣的一種普世設計，它會在法國大革命與工業革命前夕成形，其實不令人意外。快速蔓延的裝扮無能，被時尚的眩目景觀給模糊掉了，人們觀賞這樣的景觀，卻鮮少以他們的身體參與其中。時尚的魔幻景觀，被用以補償服飾實際上的單一化。

時尚只可能用圖像的方式來加以理解。時尚結束於圖像之中，而非街頭之上。時尚工業與繪圖、表現的邏輯密切交織著，激發我們想像的是圖畫，而鮮少是著裝的個人。我們越來越少將著裝的個人本身當成形象，卻越來越常將他們視為那個形象的二度空間詮釋。時尚絕不可能不和圖畫邏輯產生共鳴。

首先，這代表身體必須被框進圖畫中的那件背心裡，而姿勢則是這個調整的核心。姿勢是能產生力量的自我控制，一旦力量產生——它不會以狂暴的力量來表現自己，反而會以最低限度的能量來表現自己——姿勢便很快地大眾化，轉而與誘惑產生聯繫，而不再與力量相連。服飾與這樣的姿勢密切相關，無論它們是與力量相連，或是與誘惑相連。服飾讓姿勢成為可能，因為雖然可能赤裸、不穿衣服地擺出姿勢，但這樣做卻無法表現出「人」；要表現出「人」，你就必須用布料蓋住他，並畫出他的輪廓。唯有如此，姿勢才會變成一種態度、一種關係。

十分驚人的是，我們今日所知的時尚圖像多半是相片，而相片型式的圖像強化了姿勢的

亞歷山大・范・斯洛柏（Alexander van Slobbe）
生於1959（荷蘭斯奇丹）

參考資料
Ter Doest, Petra et al. 'Ontwerpers hebben geen hobby's. Je werk is je hobby', *Elsevier Thema* Women's fashion (August 2004): 48-52.

圖片：
1. 歐爾森與波迪，2005/2006年秋冬系列
2. 歐爾森與波迪，2006年春夏系列

在當今較高價位的層級（想想普拉達）當中，若論及品質、精緻度與裝飾，要區分成衣與高級訂製服並不容易。但是在一九八〇年代，這兩種製作方法之間可是有天壤之別，亞歷山大・范・斯洛柏也就是在那個年代從成衣業展開自己的事業。他繪製的草圖寄到香港，然後送回來的便是成品。因為熱愛這個職業，他在1980年與納內・范・德・克萊恩（Nanet van der Klein）一起創立手工品牌歐爾森與波迪（Orson + Bodil）。他們的服裝現代、高品質，而且以特定的女性族群為目標。他們並沒有參考依據；直到那時候，「荷蘭設計」主要還是以桌子、燈和椅子為主──根據當時一般人的想法，「真正的時尚」還是來自外國。不過歐爾森與波迪卻獲得了認可，並擁有一群忠實的顧客。然而，銀行與投資者對他們並沒有信心。1993年，小規模的手工商品再也不可能迎合需求，范・斯洛柏於是在一位投資者的支持之下成立了男裝品牌SO，最後並將所有心力都投注在上面。結合運動與古典風格（想想有細條紋的慢跑褲）的SO很快就被認可為設計師品牌，在國際上大獲成功。它藉由次授權的方式進軍最重要的世界級市場日本，最後變成完全的日本品牌。范・德・克萊恩一年在荷蘭與亞洲之間往返十四趟，維持整個龐大組織的運作──直到他自問到底在做什麼。SO在2004年賣給一家日本公司，范・德・克萊恩則將注意力完全轉移到荷蘭，為歐爾森與波迪注入新生命。位於阿姆斯特丹衛斯特加法布里克區（Westergasfabriekterrein）的新店一開始便陳列系列作品回顧展，證明他的設計不因時間而受到淘汰。

2003年，范・德・克萊恩榮獲本哈德親王文化基金（Prince Bernhard Culture Fund）的貢獻獎，也為運動品牌彪馬（Puma）設計服裝和鞋子。范・德・克萊恩於2003年開始在安恆藝術與設計學院（現在是AetEZ藝術學院）指導時裝設計課程，他自己也是從1979年開始在那裡就讀。他和事業伙伴古斯・博伊默（Guus Beumer）創設了Co-lab，目標是希望協助年輕設計師從成立自己的工作室開始，發展事業策略。這麼做的背後原因是，他認為荷蘭的時尚依然缺乏良好的基礎建設。

邏輯。相片化的圖像（除此之外也沒有其他形式）固定了姿勢，也將它與生氣勃勃的實際組成相結合。這樣的結合決定了張力的領域，而時尚相片也運用這樣的生氣來操控此一張力。

然而，時尚的相片圖像也會產生某種強化作用。在相片中所呈現的時尚限制了注意力與敏感度。我們看到的主要是公式，而非能引導我們做出個人抉擇的獨特方案。時尚的意義之所以會變得越來越黯淡，部分是因為相片的影響。相片驅散了服飾的本質。

姿勢是一種綜合。在正式而華麗的肖像畫中，人物的姿勢在種種緊繃的力量之中維持著靜態而專注的平衡。在肖像畫裡，畫中人將他的日常狀態濃縮為傳記式的本質，他呈現的不是他的實存，而是他這個人的理型。很明顯地，在此處所發生的是一個理想化的過程。

當一個人在店裡試穿衣服的時候，他也會在鏡子前面擺出許多姿勢，好評估他自己著裝後的身體。這是穿上衣服的靜止階段，但這樣的靜止卻包含了對於執迷的最大力量。鏡中的影像造成了僵立，而售貨員則會提醒你「走兩步看看」，好讓你脫離那個狀態。此時一個人會瞬間失去他們在那個姿勢之中所找到的滿意平衡，在那個姿勢裡，他們曾經短暫地擁有他們可以深藏與獲得慰藉希望的片段。在鏡子的影像中，服飾向人指出：對於「我們是什麼？」、「我們是誰？」這樣的問題（這個問題同時包含了身體、生命向度，與重要性的排序也有關係），一個人可以有視覺上的答案。藉著姿勢這把鑰匙，時尚告訴我們現在的在此即是未來的，它既是它自身，也是封閉的。

在擺出好幾種姿勢之後，一個人還是得走個幾步，看看在走路時這件衣服看起來如何，我們前進、後退，向左走幾步，又向右走幾步，希望不只看看這件服飾作為一個覆蓋物的樣子，也要看看在身體移動時，服飾作為外殼的樣子。這些動作將僵立昇華為幻想，而取代它的則是承諾。每一個動作都是一個新姿勢的前奏，它們也可能是通往一個新的、前所未知形象的道路。動作讓我們靜止呼吸，因為當我們走在這條鋼索之上的時候，我們無法確定那裡有著何種形象。但就讓我們以瑪琳‧黛德麗（Marlene Dietrich）為例吧：因為她無論在實際或是象徵層次上都在創作裡放入了大量鏡像，她讓我們全然卸下了防備。她不停地生產著圖像，而透過這種方式，她也制止了她的動作，打破了一切的自主性，她的作法就像個能完美地讓一個幻想轉換為另一個幻想的脫衣舞藝術家一樣，「我在這裡只是為了將圖像傳遞給你們」。

相片圖像因此既固定也設定了姿勢，但姿勢也不再是與力量相關的，而變成與誘惑相關的；它不再屬於本質，而變成屬於計畫。當誘惑開始行動之時，力量便靜止不動。

時尚相片是一個定位點，但這樣的時尚理型，卻未能提供我們時尚理型的本質版本。相反地，人們不但越來越少從本質的角度來思考生命，也越來越常把生命視為一個暫時性的東西。姿勢不再能被製造為一綜合體。文藝復興及巴洛克時期的偉大畫作顯示，那時的人們有能力以一個一貫而永恆的核心來思考他們自己。然而從十九世紀後半葉開始，我們卻越來越少以這個核心、這個中心來思考事物，代之而起的是另一種破碎而動態的思考方

式。時尚的形象也不例外。因為如果我們有動作，我們就不再封閉於我們自己之中，而變成開放的、脆弱的，有可能受到任何一件外在事物的傷害；而當我們走路之時，我們理論上來說也比我們站定、坐著或斜倚時處於一種更脆弱的平衡之中。

時尚形象的歷史就這樣禁錮在動作與姿勢、活力與理型、生命與本質、現實主義與風格化、功能與幻想之間。一方面是在拍攝地點，期盼著裝後的模特兒能以一種自然的姿態做出刻意姿勢之外的動作，例如在街上走、運動或放鬆；而在另一方面，是期盼能以視覺概念的抽象文字來展現一個形體，我們的幻想都在那裡，而這個形體不止像其他形體一樣地魅惑著我們，也困死了虛擬的目光（那種嚴苛的審視），因為這被看的人不再被動地經驗自己的可見性，而是將此一可見性轉而為一種主動的控制。

IV
大眾化的輕蔑

當你走出試衣間時，你跨越了一道門檻，現身在世界之中。每一次，只要有任何一個人穿上他們的衣服，他們就啟動了這樣一個轉換過程，其中的目的是注意力與認可，而其風險則在於不受注意或遭到嘲笑。注意力與認可乃是一項「授權」，你的價值與能力在此得到（或不得到）承認。在跨過門檻之後，你獲得了祝聖（consecrated）。裝扮你自己即是在準備聖禮、準備登基。這樣的聖化指出了你是如何被召喚來做出回應的（相對地，當你沒穿衣服的時候，你便是他人罪行之責

任感的對象）。你透過服飾所得到的祝聖是一種就任（就像政治上的就任一樣）。服飾指出了你發聲的位置，指出了你在社會交際中所使用的那個「我」。服飾讓你說話更輕柔或更刺耳，更粗魯或更謹慎，更有所保留或是更不假思索。服飾以某種方式給了你發言權，以一種特殊的語言給了你發言權。只有在服飾之中，你的語言──無論是遣詞用句、音調，或是思考方式──才得以上場、得以出現。關於帽子、裙子與胸罩的爭執並非無關痛癢的小事，而是一種斡旋，它們指出了你所希望的對話方式，以及你希望能如何作答。簡言之，服飾讓你可能出現在人的世界之中。它在那裡絕不挑起（虛假的）偽裝，絕不！相反地，它揭示也強調了一種特殊的存在意志。

所以，我們的榮譽感之所以會從遙不可及的年代開始，就與服飾息息相關，絕非偶然。我們希望我們給予自己的尊重，也能得到其他人的認可，而我們也始終焦慮著我們的名譽會被損害。無論是羞辱或虐待，都常常會以損壞衣服的方式來表現。值得注意的是，到最後我們反而更容易意識到滑稽而非醜陋，因為醜陋有它自身的力量，而滑稽則會奪走你的力量，它會撼動你的地位以及能力，讓你失去對它們的掌控；讓你緊緊地閉上嘴巴、無法發言。服飾是充滿風險的前線，你的自尊若非在此成形，便是在此失去。

當一個女人從鏡子裡轉身、並自問「我這樣子好看嗎？」的時候，她便是做出了一個陳述，並在尋求回應。服飾是一個回應的現象，一個尋求姿態回應的姿態。從這種角度來看，服飾是一個創造的行動：這就是我；我在這

3. 茱迪絲・希爾（Judith Shea），「伊甸」，1986/1987年，青銅

裡，而現在輪到你了。服飾將一件東西跟另一件東西並列在一起。此間沒有合作共生關係、沒有連續性，有的只是分裂與區別。而你也隱含地、自然地指出所有這些你曾拒絕過的衣服、態度與關係。這可以作為時尚現象基礎的隨處可見的拒絕，通常不在討論範圍之內，畢竟時尚雜誌並不是為了要告訴你什麼是你不該穿的，它並不會列出一張挖苦人的爛品味清單；不過，無論是在展示窗邊、展示區、專櫃或是衣架旁，買衣服的過程倒是充滿著毫不留情的批評，因為它們都「不適合我」。裝扮我們自己，其實也就是在處心積慮地拒絕裝扮得像其他人一樣。蔑視——輕蔑的評語——在服飾之中極為重要，它讓差異變成了罪名，讚賞變成了貶抑。

「于洛先生的假期」（Le vacances de M. Hulot）這部電影終究充滿了數不清的蔑視片段，它以一個小度假區為背景，刻畫人心之中強烈想要與眾不同的執著。他們用的武器是膚淺，它雖然只是無用而微小的細節，效果卻十分顯著。在服飾符碼真正的競技場裡，種種驚人的技巧都投入於建立世代與性別的關係、讓偽裝獲得明確地位，好實現假期的現象以及法國式的生活方式。如果沒有蔑視帶來既苦澀又甜美的摩擦，假期也實在沒什麼樂趣。

至於其中的報酬，則是大量豐富的服飾對比與服飾符碼變奏。在塔第（Tati）的這部喜劇電影裡，你能看到你想像得到最精彩的服飾表演。被這種輕蔑所引起的浮誇形式十分令人賞心悅目。無論是劇中人或是觀眾，都可以體驗到我們能用多麼微不足道的模糊差異，來造成最強烈的對比。

于洛先生讓自己遠離那套規則。他是一個空位，是毫無特色的雨衣裡的丑角，他木然地對發生在他四周的傲慢攻擊渾然不覺。當他脫下雨衣時，他的衣服不可避免地同時顯露出來。他扮演的是一個服飾白癡，因此，他也就能從一切的輕蔑裡頭抽身而出。

作為一種社會動力，服飾是異與同之間發揮刺激平衡作用的行動，用著一樣的語言訴說著彼此相當不同的東西，既獨特卻又仍然是社群的一部份。我們參加同樣的比賽，每一個人都選擇了自己的一邊。

服飾是差異性的弔詭語言，而非令人嫌惡的相似性系統。差異的確存在著，但那卻不是裂痕。前一個半世紀的藝術畫出一道與過往決裂的軌道，而服飾曾經是更不具野心、也更細緻的。差異現在變成討論的主題，但嚴重的決裂或碎裂卻是個醜聞。那個充滿著戰爭味的「前衛」一詞，指出藝術中醉人的毀滅之流——而非對話——是如何地受到青睞。差異能夠推動語言、推動關係，但在另一方面，決裂卻會造成沈默。差異是「有用的」，它餵養了社會地位與性慾，而分裂卻凍結了它們。

服飾給了我們潛能，讓我們能夠以模糊的詞彙去思考兩個重大的缺點：相似性）與輕蔑。這兩者都構成了同一個行動的一部分，但兩者也互相修正。相似性讓共同的語言維持穩定，而輕蔑則刺激對話，因為其中有東西需要討論，亦即差異。

時尚的大眾化同時也讓我們有這樣的印象：我們似乎不可能逃離一致性與輕蔑的荒謬兩難困境。這項時尚成就得歸功於服飾的解放。因為服飾不難買到、變化快速，具有功能性及

形式的幻想，而且原料不虞匱乏，又具有知識深度與博物館級的野心，因此它似乎已經構築了一個全新的巢。然而這樣的解放卻是要付出代價的。「被解放的」不再有風險，但被解放的服飾卻既不表態、也不參與。

對於服飾來說，性別是差異的原初模型。男性與女性是語言、期盼、社會關係與視覺對比的強力馬達，而我們直立的身體又讓我們特別能夠區分兩者。我們一直將性徵展現在我們之前，像個招搖的旗幟。我們身體的上半身與下半身、前半部和後半部、左半邊和右半邊，共同構成了一個三次元的棋盤，而男性與女性就在這棋盤之上移動、也對移動做出回應。我們很難抗拒要以視覺和對比邏輯來描述服飾，而透過這種方式，人們才得以解開「時尚體系」之謎。

然而，這個形式主義卻很不幸地是讓衣服變得迷人的阻礙，亦即不穩定精微的邏輯。這種不穩定性並不是模糊性裡的缺陷，反而是一種先決條件。因為穩定的模糊性一旦受到強化，事實上便失去了它們的多樣性與精微性——亦即，失去了它們的模糊性。最明顯的特色之一，就是那句「試看看那件如何？」，這是一個既女性又男性的特徵，而且既疏遠又有吸引力、既現代又浪漫……等等，這樣的組合不可勝數。因此，服飾似乎同時既造成了極端，又消解了極端。它是一個永遠會將自己放置於景觀中的體系。這便是讓它能作為一個體系來發揮作用的條件。

與服飾相關的慣例不是束縛，而是一場開放而自由的遊戲的資源，是一場有如隱喻的比賽，在其中，言語的重要角色，是那些僅僅透過暗示或片段，就能指出整個全體、或是連結兩個不同的價值的角色。在這樣的意義下，服飾是一場成真的、可見的夢，一物與其相反物能毫不費力地結合在一起。一旦我們穿上衣服，我們就不再只是文化的產物，而更變成了「夢幻的生物」。文化是屬於法律秩序、體系與風俗的，而夢想在此則是對體系的持續修訂、一場喧鬧而富詩意的對失序的狂歡，而在此失序之中，它頌揚了秩序。

在我們衣服的褶、縫與層次之中，這場合奏裡所投入的諸多心血變得明顯可見。衣領、袖口、內衣與外衣的極度複雜性，乃是文化與傳記式的專注所能別上的翻領。

正準備從試衣間中出來的人，擁有運用他的外貌來進行生活冒險的抱負，開啟了一個嶄新的計畫。晚上你脫去衣服的時候，那場宴會的記憶和這些衣物連結在一起。每個人都知道「第一次」只有一次，而「後續幾次」卻可能使人惱怒，因為它們實在多到讓人覺得丟臉。編織在我們衣服上的，有我們的未來，也有我們的回憶。服飾不能改變地帶著我們過去的品味、帶著我們的過去，也帶著我們的整體歷史。服飾的誘惑也總是一首哀歌，在被不確定性染著的自信裡，高級訂製服的的魔力明顯地揭示了這一點，亦即誘惑之中總有憂鬱的色調。真正的優雅是在我們勝利生命意志的夾縫中的憂鬱智慧。我再次覺得這完全是可以理解的。

Fashion as performance art
時尚是行為藝術

荷西・突尼辛（José Teunissen）

從風格型男到時裝秀
時尚是一種行為藝術

1.

1. 伯恩哈德・威荷姆（Bernhard Willhelm）時裝發表，2005年秋冬。
2. 穿著透明裙的崔姬，1996年。
3. 凱特・摩絲為《Vogue》雜誌拍攝的第一組「邋遢」（grunge）潮流照，《Vogue》1993年6月刊。
4. 園藝與時尚，www.style.com，2004年夏季。

時尚為何少不了時裝秀？每一季的新設計都是透過時裝秀的形式發表，在伸展台上，身型修長靈巧的模特兒穿上新裝，隨著音樂節奏款步輕搖地向觀眾展現自己；時尚雜誌的封面上，擺出動人姿態的模特兒，傳遞著相同的流行訊息。這說明了一個事實，那就是衣服穿在真人身上，展示效果遠勝於掛在衣架上，更重要的是，若沒有這些時裝秀與封面展示，人們無從得知那些新裝該如何穿戴才符合潮流，而這也正是時尚史的另一個關鍵。再者，從多年來的時尚發展來看，每個新的潮流都衍生出一種新的流行走法與站法，好比昔日名模崔姬（Twiggy）的經典內八字腳姿勢，與海洛因充斥的一九九〇年代流行文化，那種帶著點挑釁意味的懶散消沉，可謂大異其趣。（Teunissen 1992:7 s）

所以時尚不僅講究線條與色彩。它是一種視覺藝術，是以生理的「自我」為媒介來創作而成為一種行為藝術（Wilson 1985:9）。至於某些事物是優雅或酷炫，則以當時的氛圍、姿態、手勢與一些細節動作等整體表現來評估。

那些完美的活動

2004年夏季，style.com將流行探索的焦點轉移到園藝世界裡，並視其為完美的時尚場景；這個特殊場景的安排當然不是為了鼓吹人們身體力行園藝活動，而是透過陽光、花朵、木鞋與澆花壺的鋪陳，引領我們進入那種情緒中。若以流行品味的角度來解析，這意味著檸檬黃與花卉圖騰將躍升為流行元素，至於太陽眼鏡與手提包的穿戴搭配，以及舉止間流露的品味，也透過那些演出做了很好的示範。

第二個時尚主題是超現實主義(surrealism)，緊接著就是服裝設計師夏帕瑞利（Else Schiaparelli）。在三〇年代，當超現實主義發展至巔峰時，這個主題激起人們將時尚與媚惑、性感的陰柔連結，但卻也帶著一絲諷刺意味。這些轉化為設計形式，就成了一頂加了天鵝絨水果籃的帽子，再搭配上取材於小丑裝扮的細節，以及強調女性優雅特質的肢體動作。

最終，這些細節與姿態所呈現的整體形象，就成了所謂的時尚與品味表徵。然而當羅蘭・巴特（Roland Barthes）將這些都歸納到「時尚

2.

3.

4.

see more
pictures >

體系」（systéme de la mode），時尚又轉化成為「一種存在的藝術」（an art of being）。在研究了六〇年代以降，出現於時尚雜誌的流行圖像後，他總結出的看法是：時尚雖然總是針對某種活動與機能生活提出建議，但卻沒暗示那些出現在圖片中，與其風格對應的活動，必須套用在實際生活中，只是在那種環境氣氛下，透過那些細節的妝點，很自然地塑造出「時尚」的光環。在2004年夏季，style.com的首頁出現了一些吸引人注意的時尚細節，好比細肩帶洋裝與上衣的正確穿法，是「扭曲與翻轉」。這樣就能夠讓人對此時尚有著差不多的印象，但要流行起來還需再多加把勁。

少了時裝秀與時尚雜誌的演繹，那些流行細節與穿戴展示的門道即無法得見；時尚需要透過人體來展示，而這個人該知道如何律動才不顯得做作。合適的展示者可說是現代時尚不可或缺的一部分，因為展示者的體態律動足以將流行趨勢自然而然地表現出來。不過，在過去幾年間，無論是崔姬的內八字腳或是凱特・摩絲（Kate Moss）在《The Face》裡略帶憂鬱的頹廢模樣，就跟七〇年代出現的誇張大鬍子與大喇叭褲造型一樣，不免顯得有些做作。

隨著每一個新裝造型推出，就會有一些展示理想肢體擺動的抽象表演。這一切是如何演變而來？為什麼時裝秀會成為所有觀測流行的重點標的？

風格型男為時裝秀先驅

在1860年時，時裝店已經會安排模特兒為顧客展示他們的新裝，但自1910年後，這種透過真人展示的模式才演變為一種公開演出的時裝秀。其實像這樣透過身體與行動表現出的自我誇耀，包括設定一些自以為合宜的姿勢與態度等，早些年在男人的時尚世界裡就已經開始成形了。十九世紀初期風格型男（dandy）崛起，在單調的現代城市裡公開表演時裝秀，人們對於時尚的認知之一，就是這種「公開且不定期出現的表演」，這種公開表演，與十八世紀法國宮廷裡那種戲劇性且儀式化的「時尚」展示截然不同，它述說的是新穎的十九世紀理念，代表的是獨立且個人化的品味。

5.

6.

5. www.style.com網頁上介紹的超現實主義與時尚，2004年夏季。
6. 七〇年代街頭上的男子。攝影：Hulton Getty Picture Collection
7. 〈為瑪里舉辦的聚會〉，小莫羅（Moreau le Jeune）作品的版畫，約1776年。
8. 喬治・庫魯克夏克（George Cruikshank）的〈1822年的怪物〉，版畫。

在十八世紀，男人與女人所奉行的時尚規則多少有些雷同。一般說來，當時的男人還是可以用蕾絲、羽毛及配件裝扮自己，服裝的色彩也可有多樣選擇；當女人穿上馬甲、襯裙與有撐架的裙子，塑造出一個合乎理想的身形線條，男人也在小腿套上墊料，並在褲襪處做了一些誇張的裝飾，以強調出他們的男性雄風。不過啟蒙運動所闡述的新理念與法國革命，卻讓社會秩序與公眾生活起了相當大的震盪，那些貴族們失去了原有的權勢，相對的，中產階級則隨著工業化與民主化意識的抬頭而崛起。此時天生的條件不再是決定一個人是否成功的關鍵，而是個人的品味與風格，而這些是可以透過後天努力的。如今，人們可以擁有時尚意識，並且表達對藝術、品味與地位的興趣，只要你跟對了榜樣（Bourdieu1979:258-260）。

在當時，引領時尚的人就是所謂的風格型男；他可能沒有什麼特殊背景，但卻對時尚潮流格外關注，內在的修養與文化學識也讓他流露出一種特殊魅力。為了讓自己與上一個世代的時尚代言人，也就是浮華誇飾的貴族，劃清界限，風格型男選擇的是一種較為穩重且制式化的裝扮，也就是西裝（Hollander 1994）。那不僅用來突顯出風格型男截然不同的角色，也顯示了當時人們對於男人體態的美學認知迥異於以往。當女人依然花枝招展地裝扮展示自己的體態時，男人已經將自己包覆在暗色的高領西裝裡；當女人依然扮演著被觀看的對象，處於時尚世界關注的焦點位置時，男人卻稍稍地往邊陲位置靠過去了。此時，在時尚印刷品的畫面上，他們反倒成了陪襯的角色，無論就畫面比重或曝光數量上來看，都只有女人版面的三分之一。

加入肢體動作

隨著這種新式、不過時的西裝出現後，男人乍看下似乎是退出了時尚體系，並將時尚的變化多端留給了女人（Flugel 1930）。但從今日的觀點看來（女裝在二十世紀同樣變得愈來愈素樸，開始一步步向男裝靠攏），在十九世紀初期的男性裝扮倒顯得出奇摩登。當女性仍受

7.

8.

到舊時貴族訂下的華麗衣著規範箝制時，男人已經跨越到一種新穎、摩登、單調不變的都會生活型態。侯蘭德在《時裝‧性‧男女》（*In Sex and Suits, 1994*）一書中，對於西裝如何在時代性上展現前瞻性，提出非常具有說服力的闡述。她指出，西裝的形而上價值更甚於摩托車與飛機的發明，被視為現代設計的先驅。西裝的剪裁是以希臘式體型美學為藍本，讓男人的身體包覆在一個不分流行季節、僅靠著細節變化風格的形象下，透過它，讓合宜的穿著比例與舉止重新回到男人身上。這個新時尚風潮把設計重點放在微小細節上，讓穿著者在日常生活中可以自在行動並表露出翩翩風度，而這也讓街頭上人們對應的情景轉化為另一種不同的畫面。

在那個時期的女裝時尚，完全無視每日與瞬時的現代性。整個十九世紀，馬甲與裙撐的盛行，讓女人的裝扮始終顯得裝飾性十足卻明顯在行動上受到束縛。當時尚印刷品上呈現風格型男昂首過街的模樣時，時尚雜誌裡的女人們依然只能在舞會或午茶沙龍的環境裡靜靜地坐著，像幅畫似地供人欣賞（Steele1985）。這些都讓男人與女人之間，出現非常大的差異性，無論是服裝或是行為皆然；好比當男人自在、快步地在制式單調的城市街道遊蕩時，他以「自然的」動作不經意地帶出那種蜻蜓點水式的美學；相對的，女人卻依然只能在那種沿襲宮廷文化、充滿戲劇性的環境裡展示自己。

自我炫耀的文化

在十七、十八世紀，貴族們無論是在宮廷的交誼廳裡趾高氣昂地走著，或者身處於儀典的馬車遊行隊伍中，無時無刻都不忘擺出高姿態來炫耀自己，即使是每天早晨的穿戴梳洗，都像個儀式般進行著，因為這些家居生活同樣有外人看見（Hanken，2002）。這些儀式將國王與貴族們抬高成為眾人矚目的焦點；直至今日依然如此。但風格型男無法倚賴這種保證成為眾人焦點的儀典；他們自食其力，過著凡人生活。但他們知道如何在平淡無奇的庶民生活中吸引眾人目光，讓自己成為焦點。他讓自己變得好像明星一般，走在大街上，在穿著黑

9.

10.

西裝的人群中，光是靠著別出心裁的高領或步態，就能突顯出自己。他們並不是不關注這些規定的禮節或儀典，只是在日常生活的某個時刻裡，成功地掌握了它們。

透過這些行徑，風格型男塑造出一種新穎又摩登的都會感。在十九世紀，以巴黎為首的城市文化愈來愈聚焦於日常庶民生活中這種稍縱即逝的生活瑣事，報紙開始刊登發生於街頭以及新建的林蔭大道等新鮮事，一種新的休閒活動於焉出現。一種經過精心設計，可以讓人們聚會交誼且一邊欣賞建築的公共空間興起。對於大眾而言，所有這些變化讓原本貧乏的城市生活變得多彩多姿，換言之，集體可以感受到某種「氛圍」。此時街頭上演的時尚戲碼儼然已成了不可或缺的環節（Schwartz，1998）。

身體映射靈魂

十九世紀時，衣著與人的身體有著密不可分的關係；十八世紀時，個人特質、性情與靈魂等皆非相關元素（Sennett，1977）。身體不過是承載一個人身分地位的軀殼罷了。而在法國貴族圈中，肉體只是一具毫無表情的洋娃娃，可讓人隨意地加上誇張的假髮、面具、彩妝或是黏個假痣妝點，個人的外表特質完全掩蓋在這些裝扮之下。（圖11：頂著飾有小船假髮的女性）這種過度誇張的裝扮，很可能會出現在當時的化妝舞會上，因為人的外在跟內在於那時看不出關聯性。你的身分並不重要，重要的是你如何展現自己，也沒有人會在那層層假面裝飾下，尋找關於你的身分與性情的蛛絲馬跡（Perrot，1987）。

這種觀點在十八世紀時受到盧梭（Jean-Jacques Rousseau, 1712-1778，法國著名教育家、思想家以及文學家，著有《愛彌兒》、《懺悔錄》等名著）的影響而出現轉變。他以熱情的呼籲為「真人」(authentic man)代言，想要回到一個簡單的社會文明生活形式，使得一個人依然可以保有真實無偽、坦率的自我。受到這些想法的啟示，瑞士神學家喬哈‧拉法特（Johann Lavater）開始探尋那些出現在人類身上的獨特生理印記，或如他所言，它們在語言及其他習俗建立前

9. 令人心驚的一刻。一個穿著陀螺型長褲的男士試著要與一位穿著大蓬裙的女性握手。1856年，印刷品。
10. 〈調養中的病人〉，尤金‧拉米（Eugène Lami）作品的臨摹，約1845年。
11. 女性髮飾的印刷品。約1778年。

11.

即已存在。1785年，他的著作《面相識人》（Physognomische Fragmente zur Beförderung der Menschenkenntnis und Menschenliebe）出版，這本書在人們漸漸關注到外在容貌時，成為參考指標。在評估與比較過上千名受測對象後，書中提供了某些性格特質的基本解讀，譬如「頸子細長象徵著冷淡且女性化的特質；頸子粗短則象徵著巨人般及貴族式的特質」。各類禮儀指南也將此奉為圭臬，透過這種邏輯以及既有的指標，解讀各種動作與手勢的意涵；例如將一根手指放在下巴下方是嚴肅的象徵，昂首則意謂著有良好教養。這類書籍往往成為當時畫家、早期人像攝影師以及模特兒等人的依循標準，此時，人類每一種情緒與性格特質都出現了明確的定義和結論。

到了十九世紀，穿著與外形成了一個人及其性格的表徵，與個人獨特品味的表現背道而馳。由於所有的身分地位象徵都可以展現在其衣飾穿著上，所以一個人的整體形象，包括外表、衣著與姿態，就成了一面鏡子映照其靈魂。

因此風格型男的出現揭示了另一個新的外型定義。十八世紀的宮廷生活依舊著重於一個人身分地位的展現，如今，則是著重於「表現個人特質」。風格型男的英勇無畏精神隱藏在其勇於作自己上。換言之，他可以在各式新時尚風潮中重新找到他自己的「身分」（Barbey D'Aurevilly，2002:79）。乾淨、穩重與體面，成為風格型男與優良市民在精心裝扮自己時的首要考量。時尚演變成了一種「人體表演」，如同巴爾貝・多爾維利（Barbey D'Aurevilly）在他的文章〈論型男主義與喬治・布魯梅爾〉（On Dandyism and George Brummell）中所陳述：

那些（關於風格型男的）諷刺漫畫極度誇大了事實。其實型男主義是人性化、社會化且體現精神層面的追求……不是只有衣服在走動！相反的，是獨特的穿衣風格構成了型男主義。（Barbey D'Aurevilly，2002:79）

自然的行為舉動

昂首走步也展現了一種新的色情，在男性時尚中毫不避諱地表露出來。在巴洛克時期，衣服上的誇飾與配件，為身體提供某種偽裝效果。剪裁完美的西裝，則要求人表現出看似自然流露的優雅、俐落舉止。這時身體與其舉動也成了某種可以被解讀的訊息，僵硬或柔暢的走路姿態，這些細節都透露著主人翁的性格特質。

巴爾札克（Honoré Balzac）在他的作品《關於優雅的生活》（Traite de la Vie Elegante）中，如此陳述這種新型態的自我展現方式：

其實型男主義是時尚的一種矯飾。要當個風格型男，這男人得化身為女人閨房的一項活動配備，得當個絕頂聰明的模特兒，可以在馬背上或長椅上賣弄姿態，還習慣性地咬著或吮著長杖的尾端；至於一個會思考的人……免談！一個男人只看得到時尚裡的流行，也只是個蠢蛋。優雅的生活不會將思想與科學排除在外：因為那是它奉行的至高標準。它不該只學習那些大玩年代遊戲的事，而是該學習在高尚的創意範疇中應用它。（Balzac1938:177）

巴爾札克了解風格型男的自我與身分展現是一種時尚概念。他將風格型男描述成以一種

新穎獨特的方式行動的模特兒。時尚賦予風格型男一種植基於拉法特外貌學理論的性格與身分，他的外表與姿態為其靈魂的投射。而當我們將其與前文曾提到、出現於2004年style.com這個虛擬世界上，對於十九世紀布魯梅爾美男子的描述來比較，可以發現兩者間確有異曲同工之妙。

> 就某種觀點來看，風格型男甚至開始展現出對於破舊衣服的偏好；難以想像，但卻是事實。這發生於布魯梅爾規則期間。他們已經用盡了各種厚顏無恥的招數，無以為繼，才想出了所謂型男風格（我不知道還有其他方式可描述它），讓衣服磨損得只剩小碎片，如雲般虛縹緲。他們想要在自己的雲朵上行走，像個天神般。那可是非常需要巧勁且耗時的一個細活，因為他們是用一片銳利的玻璃創造出想要的效果。這是關於型男主義的另一個真實案例，但衣服完全不列入在內；其實它幾乎不存在。
>（Barbey D'Aurevilly 2002:79）

人工如何能宛若天然

在摩登風格型男的日常生活裡，第一次有了不容公眾參與的私人時刻規劃，因為他們需要一點時間好好打理自己的儀容，展現出最完美的一面。舉例來說，布魯梅爾美男子光是刮個鬍子就要數小時，因為他必須確認每一根鬍子都刮得乾乾淨淨；此外，要打出無懈可擊的領結也需要點時間，當然完美的手套形狀也是必需的，所以他得跟至少三個專家討論這事，讓他們一個設計拇指，一個設計其他的指頭部分，另一個負責掌心部分。（出處同上）

在緊閉的那扇門背後，這些工作就這麼小心翼翼地執行著。因為不被外人看見，所以一切彷彿沒發生過似的，他們無懈可擊的外表，似乎就這麼「天然」地呈現，加工過程絲毫不露痕跡。於是乎，風格型男的時尚身分就彷彿得到了可信、真實且非精心算計的認證，而他的外表也被視為反映靈魂的一面「天然」鏡子；如此風格型男便可與十八世紀的宮廷文化劃清界線，因為那個時期的時尚圈明顯是靠偽裝與做作撐起來的。

女人追隨了男人的現代性

1863年，波特萊爾（Charles Baudelaire）在《費加洛報》（Le Figaro）上發表了一篇名為〈現代生活之畫〉（Le Peintre de la Vie Moderne）的文章，他也是繼巴爾札克之後，再次將自己於都會生活中的所見所聞定義為現代性的風格型男。他同時觀察了男人與女人的時尚演繹後，發現後者尤其具備現代性的表達能力。在他眼中，無論時尚如何創新、演繹，並且更替著每一年、每一季的審美標準，繪畫總是能非常準確地跟著做出反應。但讓他驚訝的是，時尚怎能如此聰穎地從歷史中汲取元素，並將它們塑造成當下的流行。因為在時尚世界裡，歷史及永恆的元素，是那麼自然地融合了那些在瞬息萬變的美麗潮流中，某個對應時間點出現的特色，這讓他從中看到一種徹徹底底的現代性，而那或許也是藝術可依循的範例。他很欣賞插畫家康斯坦丁・蓋斯（Constantin Guys）的作品，在他嘗試捕捉街頭某個瞬間場景時，經常撞見街上的交際花與時尚女性拎著自己的蓬蓬裙、露出一隻腳的模樣。波特萊爾寫道，在這精確掌握的一刻，身體、服裝與臉上的表

12.

13.

情交織起來，就是一位十足的現代女性。

　　有哪首詩在描述一位男士見到一位美女的喜悅時，膽敢不提她的打扮？有什麼樣的男人，在街上、在戲院抑或在樹林裡，不曾忘我地玩味腦海中那幅由精心巧構的整體裝扮襯映著花容月貌的美人畫面；這不正意味著女人與華服兩者終歸是密不可分？（Baudelaire1992:59）

即使在風格型男依然作為時尚主宰的時代，透過波特萊爾的推波助瀾，女人終於也晉升為現代時尚界的論述焦點。波特萊爾為這些都會女性冠上女神、閃亮之星的讚美詞，而她的成功甚至她的存在，與風格型男無異，也正是因為外表；就女人的例子來看，是取決於她的穿著。她的穿著與個人特質密不可分，她的外在與內在融合為一體。波特萊爾以文字抒發了自己的觀察，他感覺到她的外表，透露著創造力

與現代性，無論它的構成是帶有人為性或是戲劇性，由於她是透過一個非常生活化的畫面出現，讓一切顯得如此自然且貼近真實。

　　她們的生活帶給觀察者的樂趣，遠甚於自己所感受到的。她極力裝扮出誇張又富挑釁味的優雅，或者竭盡所能（但成效不一）表現為人普遍所接受的極簡魅力；在可同時發揮展示台與平衡桿功能的刺繡襯裙的束縛下，她一步步走來，滑行，舞蹈，旋轉，從帽沿下看著這個世界的她，就像是透過畫框向外望的人物畫像。（出處同上：72）

不過波特萊爾同時也指出了風格型男與時尚女性之間的差異性；雖然兩者角色都是仰賴眾人關注的目光，但女人是站在舞台的中央，而風格型男卻選擇隨意出場的位置。

　　有趣的是，女人的身體動作與活動通常只會

12. 康斯坦丁·蓋斯的〈歡迎〉，約1865年，紙本，水彩與水墨。
13. 沃斯女裝時尚屋推出的長裙擺晚宴服，美國佩吉夫人（Mrs. Walter H. Page）收藏。
14. 喬治·秀拉的〈大嘉特島〉，1884~1886，油畫，芝加哥藝術中心（Art Institute of Chicago）收藏。
15. 〈時尚沙龍〉，1887年。

不經意間從某些細節中流露，她不像男人在裝扮後亦能靈巧活動，能被旁人看到的不外乎是她厚重的裙擺與一小截露出的腿，肉體的其餘部分都牢牢地包覆於襯裙、裙撐及馬甲之下。即使終於有人首次關注到人體活動的美學，女性時尚仍然必須再經歷一連串的過程後，才能在抽象層次上與男性時尚並駕齊驅。

查爾斯·沃斯

時裝設計師沃斯採取嶄新的做法，進一步為女人量身打造新裝。沃斯於1858年從倫敦遷往巴黎，開設了第一家女裝店，在此之前，婦女都是將裁縫師請到家中，讓他們照自己清楚的想法裁製新衣。現在，波特萊爾年代的精神完全從生活中體現，已經有人提出那麼好的創意，讓平凡的女性化身為夢幻女郎，而且這種創意不僅出現於繪畫中，同樣也對時尚發展起

了很大的作用。沃斯先做一些樣衣，然後讓專業模特兒穿上來展示，這個方式成功地吸引了女人上門，請他替自己打造專屬的夢幻造型。此外，藝術家與女裝設計師也帶領女性更進一步探索身體活動的美學。沃斯在自己的傳記中提到，他在陪妻子到布隆涅森林（Bois du Boulogne）時，他發現如果在裙子後面加裝一個內撐架，女人在穿上它時就更能讓人感受到她行動間的美感。（O'Hara 1986:265）

點描派畫家秀拉（Georges Seurat）於1884年繪製的〈大嘉特島〉（La Grande Jatte）時，就將當時這種經過第三次改良後的女裝效果帶入畫中。這種讓人可以在行進間輕易觀察到的時裝美學，在秀拉的畫作中被具體表現了出來。繪畫所表現的是某個時間點的靜止畫面，但我們可以看到畫面中的一切如此精心佈局，並且自然地帶出當時服裝的特色，整個畫

16. 馬拉美發行的《新潮時尚》，1874年。
17. 穿著保羅·波瓦雷設計的哈波裙（hobble skirt）及長褲裝的模
特兒。插畫，1911年2月18日。

面看來就像是漫步在城市裡不經意見到的景象。這幅畫作所傳遞的另一個訊息是，當時的時尚潮流正是透過這些人，在公開場合呈現於大眾眼前（Steele 1985），秀拉在繪作中以側影描繪出穿著新式時裝的女人，因為這種設計的特色就是要從側面才能看出來，而這也是秀拉在路上行走時所得到的印象。

過渡性美學的探索

在這段期間，這些描繪時尚的畫作中都出現了相同的變化；畫中的時尚女性不再只是拿著刺繡女紅乖乖地坐在沙龍裡，她們自在地漫步於花園中、街道上，或者坐在陽台上，儼然已成為巴黎人生活寫照的一部分（Kinney 1994:270-314）。這時的時尚新觀念不僅促成一種更具活力的時尚刊物誕生，也促使時尚雜誌換一

個方式介紹時尚。其中最具代表性的一本雜誌，當屬《新潮時尚》（*La Dernière Mode*）。這本雜誌由馬拉美於1874年發行，壽命僅此一年，內容幾乎是他一人獨立撰寫（Mallarmé 1978）。馬拉美當時刻意嘗試著要發展出一種流行語彙來形容當時的時尚。他追隨波特萊爾的腳步，繼續探索當代生活的美學體現，但跟波特萊爾不同的是，對於時尚與美感，他想討論的是事實的真相；他眼中所看到的時尚，是自發性美感的表達媒介，是一種自然界的萃取物，所以當人們將黑西裝與男裝剪裁視為一種「真實」或「不做作」的體驗，西裝與那種剪裁方式就被冠上一個特殊的光環，並成為一種時尚。

其實那只是換了一種方式闡述我們從時尚裡感受到的人為性，以及過程中那種仿若

1903 年，波瓦雷開設了自己的時裝沙龍，不到一年就以他的設計獲得不錯的風評，而每一件作品都是由丹妮絲製作。波瓦雷將活潑靈巧的丹妮絲作為自己的繆斯，設計服裝時以她如男生般的纖細體型為本，改變了廣受歡迎的豐滿成熟女性形象。

他作品的特色包括運用亮麗的色彩，從異國文化汲取靈感，以和服、土耳其式長袍及土耳其長褲為設計基礎，還有採用異國布料與材質，像是絲和天鵝絨、珍珠和罕見的羽毛。

不過他呈現設計作品的方式也開創出新的氣象。波瓦雷請藝術家保羅・伊瑞比（Paul Iribe）與喬治・勒帕普（George Lepape）為他繪製時裝插畫，也找來愛德華・史泰成（Edward Steichen）拍攝他的服裝。波瓦雷在 1910 年更進一步，舉辦了最早的時裝發表會，拍攝最早的時裝影片。直到第一次世界大戰為止，他的地位都無法撼動，但是戰爭期間波瓦雷卻不得不關閉他的沙龍，上前線打仗。當波瓦雷重返法國的時候，巴黎已經臣服於香奈兒等新秀設計師的魅力之下，他的光芒也開始消褪。他試圖籌辦奢華的宴會以吸引老顧客，但最後卻因為毫無節制的花費而宣告破產。丹妮絲離開後，他更成為一個落魄的苦情男人。波瓦雷晚年隱居鄉間，在 1944 年與世長辭。

Henri Manuel

18. 喬治·勒帕普的畫作，《保羅·波瓦雷的設計》（Les choses
de Paul Poiret）中的〈明日風情〉（Celles de demain），1911
年。

19. 愛德華·史泰成在保羅·波瓦雷時裝屋試衣間拍攝的照片，
《藝術與裝飾》（Art et Décoration），1911年4月。

「自然」、「不做作」，或者說是如「真相」般
的裝腔作勢。但對於馬拉美來說，寫實主義
（realism）與日常生活的短瞬同樣重要。我們
上哪去學習關於時尚的種種？依據馬拉美的說
法，就是「現下」（on the spot）。「我們要從某
人身上學習與別人牽手的正確方式，而這個
學習的對象，就是我們在公眾場合看到的人。」
（出處同上）

朝著時裝秀前進

1908至1910年間，時裝秀更進一步將這種自
我炫耀的文化發揚光大（Teunissen 1992）。
1905年，設計師保羅·波瓦雷（Paul Poiret）帶
著他的模特兒前往榮香（Longchamps）觀看賽
馬時，她們穿著露出腿部與彩色襪子的開高叉
裙裝，讓當時在場的人大受震撼。

> 想想看，我們居然可以窺探到她們的身體。在
> 當時的巴黎，計程車司機與肉店裡的男孩都已
> 經很習慣看著女士們緊緊拎著長裙走在街上
> 的樣子，她們從臀部到腳踝的部分都包在裙
> 子的圓弧線條中。但現在襯裙已經過時了。她
> 們的腿成為時尚設計的重點。（French Vogue
> 1908;White1973:3）

後來，波瓦雷進一步將這種輕鬆的新裝發表形
式，套用到他在自家沙龍或後花園裡舉行的時
裝展示會上。他不僅策劃發展出時裝秀，也是
首次將這些發表過程錄製成影片，並且帶著旗
下模特兒到美國展開宣傳之旅的設計師。他
非常明白，要發展他的女裝時尚王國，包括公
開的時裝秀、新形式的時尚刊物與不同的攝影
風格，都有著舉足輕重的份量；也就是因為他

對這一切有如此革新且面面俱到的規劃，所以才顯得與眾不同。在他看來，傳統的時尚刊物根本已無法滿足他，於是他邀請一些藝術家，像是保羅・伊瑞比（Paul Iribe）及喬治・勒帕普（Georges Lepape），繪製出更能突顯出線條與形體輪廓的現代風格速寫。同時，他也請了攝影師愛德華・史泰成（Edward Steichen）掌鏡拍攝，因為他對於捕捉時裝的布料質感、透明度、律動感與似有若無的裸露美感，特別有一套。他想要將這些模特兒最美的一面展現在眾人眼前，而這些需要透過不同的媒介來傳達，這個媒介必須能夠將身體的動作、對應的時間和移動如實記錄下來。他在自傳中寫道：

> 我愛那種樣式簡單的服裝，讓那輕薄柔軟的布料從肩頭自然地垂瀉至腳背上，隨著身體的移動，那直條式縐褶仿若輕緩流動的液體般貼著人體曲線晃蕩著，整個身形也隨著光影舞動著。那以柔軟綢緞製成的緊身連衣裙（fourreau）——王子風格的服裝，在表現女體凹凸有致的苗條曲線與優雅氣質之際，亦揭示了摩登女性可塑性十足的多樣風情。（出處同上）

波瓦雷的設計靈感來自希臘古典造型。以此為發想的主要原因，是因為他欣賞那種在輕薄材質覆蓋下，體態之美猶然可見的特色。為了展現布料底下最美麗且自然的體態美，他將女人從馬甲的束縛中解放，而這對於時尚與女人的身體而言都稱得上是一次革命創舉。綜觀十九世紀的時裝發展，女人的身體是完完全全包覆、隱藏於衣服之中；然而，波瓦雷設計的服裝卻嘗試要讓身體成為表現的重點。他的設計之所以能獨樹一幟，也是因為第一次有人

生動地演繹出女人身體與服裝之間的相互影響，如同先前存在於男人與西裝之間的互動。以往出現在衣服上那些層層疊疊的蕾絲與緞帶，大大模糊了應當放在身體曲線上的視覺焦點，為了更靈巧地將身體之美表現至極致，波瓦雷將衣服上的贅飾全部移除。這些相對素淨許多的女裝，自然不能採用傳統的模式介紹給大眾。

為此，波瓦雷在時裝發表的規劃上下了相當大的功夫，他的努力亦開啟了女裝時尚界的另一項美學探索，也就是透過身體的動作與動靜間頓時變化的萬千風情。這意味著，在森林間倚著陽傘站立的制式化姿態，已經無法因應新的美學表現。自1910年以降，時尚女性必須懂得如何在舉止間展現優雅的一面，即使在都會大道上悠閒漫步時，亦能掌握自身風情的展現。而時裝秀與時尚雜誌當然就成了她們最新的參考指標。

時尚成了展現多樣風情的途徑

在1910年左右，逐漸發展成趨勢的時裝秀，恰好與當時女裝時尚審美觀的大逆轉相互呼應。時裝秀的演出，無疑為這個身體活動新美學，做出最完美且具體的示範。你可能會認為時尚秀根本就是個人們刻意安排的展示會，但透過舞台上那些「自然狀態的」身體的行動示範，神情、姿態與服裝之間的相互影響得以完美地為人所解讀。時尚頓時有了「實際的傳播管道」，可以透過時尚報刊與雜誌的攝影披露，因為現在眾家雜誌可以破天荒地將這些照片放置於版面上。邁入二十世紀後，這些雜誌儼然已發展成時尚的傳播管道。

為什麼在十九世紀，反倒未見有人為風格型男打造出時裝秀？或許，是因為男人在十九世紀時愈來愈被推到時尚的邊緣地帶，以至於讓絕大多數的關注力都放在女人身上。而這裡所指的「女人」——無論她是個交際花或是個令人敬重的女性（Baudelaire 1992）——在十九世紀的藝術與時尚界裡已逐步發展成一個虛擬女神，只要她一出現在公眾眼前，就成了詩人、畫家或者說所有男人仰慕與讚頌的閃亮之星。在時尚世界裡，男人與女人對於自己身體的關注就此往兩個不同的方向發展，這種區隔在十八世紀是全然不存在的。

當女裝時尚開始出現簡化的設計，時尚女性們頓時發現，自己在生活中必須體現出同樣的活力與行動力，因應而生的就是一個特殊舞台：時裝秀。伸展台的設計讓女人公然穿上新裝出現在眾人眼前，而這些觀眾無法忽略她的存在，而且可以毫不迴避地盯著她，欣賞她的美。女人可以藉此表現出順應時代而生的摩登行徑，而且已經成功地將以往的賣弄風情，簡化為一種抽象卻純粹的模式：以身體動作表現出個體完美的一面。這些原本運用於時尚世界，透過行為表現的新語彙，在二十世紀的好萊塢電影中，透過葛麗泰·嘉寶（Greta Garbo）與瑪琳·黛德麗（Marlene Dietrich）等女星的銀幕展現，更加豐富了它的面向。或者我們可以說，電影也是另一個時尚傳播媒介。即使是九〇年代出現的瑪丹娜，也是以同樣的方式展現作為時尚偶像的影響力。不過這位流行巨星與眾不同之處是，她開始大玩時尚與電影史裡為人所知的經典角色與特色的遊戲。也就是在九〇年代的後現代脈絡裡，我們第一次

20. 從保羅・波瓦雷拍攝其自家花園演出的時裝秀影片中擷取的靜態畫面。《圖示》（*L'Illustration*），1910年7月9日。

理解到一個事實，那就是這些特質是從外加構成而來，一點都不自然。（Garelick 1998）

時裝秀後來演變成我們文化中不可或缺的一部分，因為其中最理想的特質已經被指定為某種特定外型。時裝秀、好萊塢偶像與流行巨星現象，都足以佐證，現今的視覺文化，已讓我們習慣以美學術語來判斷個人特質。根據哲學家利波維茨基（Gilles Lipovetsky）所言，在這種模式下，摩登時尚促使一個新個體的誕生，那就是時尚潮男（fashion man）；他懂得靈活變通，總是可以因應新的情勢與環境調適自己的生活，不願意一輩子待在自己成長的地方，或原生家庭裡，他開始遷移，在不同的環境裡體驗生活，透過網路結交朋友。他透過這方式得以讓性格適應新環境。

簡言之，時尚潮男的身分對應的是他所有行為的現代性；是一個不斷變化個人特質與品味的機動個體。時尚是他最理想的教科書。在時尚世界中，他可以透過遊戲的方式學習如何靈活變通，並從心理學角度調適自我，這些都是處於當今現代通訊社會中，必須具備的能力。（Lipovetsky 1994:149）

參考書目

Balzac, Honore de. 'Traité de la vie élégante', in *Oeuvres Complètes*. Vol. 2. Paris: Louis Conard, 1938 (1830, 1835).

Barbey D'Aurevilly, Jules. *Het dandyisme en George Brummell*. Translated by Mechteld Claessens. Amsterdam: Voetnoot, 2002.

Barthes, Roland. *Système de la Mode*. Paris: Seuil, 1967.

Baudelaire, Charles. *De schilder van het moderne leven*. Translated by Maarten van Buren. Amsterdam: Voetnoot , 1992.

Bourdieu, Pierre. *La Distinction*. Paris: Minuit, 1979.

Flugel, J.C. *The psychology of clothes*. London, 1930.

Barelick, Rhonda. *Rising star: Dandyism, gender and performance in the fin the siecle*. New York: Princeton University Press, 1998.

Hanken, Elizabeth. *Gekust door de koning. Over het leven van konklijke maitresses*. Amsterdam: Meulenhoff, 2002.

Hollander, Anne. *Sex and suits. The evolution of modern dress*. New York: Random House, 1994.

Kinney, Leila. 'Fashion and figuration in modern life painting', in: *Architecture and Fashion*, edited by Fausch et al. New York: Princeton University Press, 1994.

Lipovetsky, Gilles. *The empire of Fashion: Dressing modern democracy*. New York: Princeton University Press, 1994.

Mallarmé, Stéphane. *La derniere mode*. Paris: Editions Ramsay, 1978.

O'Hara, Georgina. *The encyclopedia of fashion*. London: Thames & Hudson, 1986.

Perrot, Philippe. *Werken aan de schijn*. Nijmegen: Sun, 1987. Dutch translation of *Le travail des apparences*. Paris: Seuil, 1984.

Schwartz, Vanessa. *Spectacular realities. Early mass culture in fin-de-siecle Paris*. London: University of California Press, 1998.

Sennett, Richard. *The fall of public man*. New York: Knopf, 1977.

Steele, Valerie. *Paris fashion*. Oxford: Oxford University Press, 1985.

Teunissen, José. *Mode in beweging. Van modeprent to modejournaal*. Amsterdam: NFM,1992.

White, Palmer. *Poiret*. London: Studio Vista, 1973.

Wilson, Elizabeth. *Adorned in dreams*. London: Virago Press, 1985.

21. 瑪丹娜的〈宛若處女〉，1984年巡迴演唱畫面。
22. 瑪琳・黛德麗在電影《摩洛哥》（Marokko）的造型，1930年
23. 祖利・貝特（Xuly Bet），2005年春夏新裝發表。

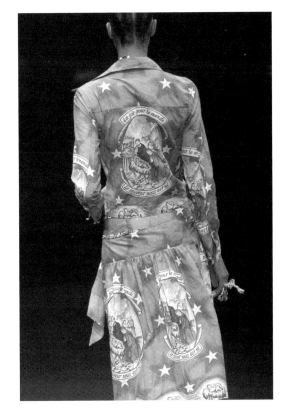

維克托&羅夫（Viktor & Rolf）

維克托·霍斯廷（Viktor Horsting），生於1969年（荷蘭格德拉普）
羅夫·史諾倫（Rolf Snoeren），生於1969年（荷蘭東根）

時尚的首要特質是童話故事，它與服裝的關聯則是次要的。維克托&羅夫成功的故事便是奠基於這個原則。在這個大家對服裝的期望主要是休閒、不要過於正式的時代，他們為時尚界帶來令人驚奇的魔力和充滿想像的力量，呈現出作為視覺準則的一種想法或概念。以2005年夏季系列為例，在那場發表會當中，模特兒在一個逐漸變大的絲帶創作中現身。發表會上的一切都是柔和的黑色，而且要不是暗色摩托車安全帽將模特兒變成攻擊性強、宛如外星人的幽靈，它也會顯得很時髦。走過伸展台之後，模特兒沿著黑牆就定位，停留在階梯上。也許像是厄文·潘恩（Irving Penn）攝影作品的真人演出畫版本？場景完全填滿之後，我們聽到一聲巨響，場面開始改變。同樣的場景出現在眼前，不過卻呈現迷人的色彩，而且少了安全帽。現在我們又再度看見完整的呈現，但這次是彩色的，還有討喜的絲帶捆。接著到了大終場，出現了一次大爆炸：等待已久的香水「花彈」，也就是以絲帶包裹的甜蜜香水，不過瓶子卻是一枚原子彈。這是維克托&羅夫的精明遊戲，裡面玩弄的視覺主題最後集中在香水的形式中。這樣的奇觀銳不可當，而攻擊性、甜美風格，加上無盡的絲帶視覺變化結合之後所產生的緊張氣氛，也讓它成為一場有趣的實驗。有能力創作出這種兼具現代感、概念性以及視覺效果的童話故事，正是維克托&羅夫名列當今全世界最具影響力設計師之林的原因。

　維克托·霍斯廷（1969年出生於格德拉普）與羅夫·史諾倫（1969年出生於東根）在安恆藝術學院取得時裝學位之後遷居巴黎。1993年，他們贏得了一項重要的時尚大獎，便立即躍上了國際版圖。接下來幾年，這個雙人組合大多活躍於藝術圈，創作以時尚界為主要批判對象的裝置藝術。1998年，他們開始在巴黎時裝週公開他們的實驗性創作，隨即被一個日本金主發掘。這家公司讓他們得以在2000年推出自己的成衣系列，接著很快又推出了男裝。2004年，兩人與萊雅（L'Oreal）共同合作開發出第一款香水。此時，他們已成為全世界最重要的十大設計師之一。

參考資料
Viktor & Rolf. Amsterdam: Artimo, 1999.
'Viktor & Rolf par Viktor & Rolf', *A, B, C, D, E Magazine*.
Amsterdam: Artimo, October 2003.

圖片：
1. 維克托&羅夫，花彈發表會，2005年春夏，巴黎
2. 維克托&羅夫，花彈發表會，2005年春夏，巴黎
3. 維克托&羅夫，外衣上下反穿系列，例如長褲取代針織衫、針織衫取代長褲，2006年春夏系列

約翰・加里亞諾（John Galliano）

生於1960年（英國直布羅陀）

約翰・加里亞諾是這個時代最受討論、同時也最具影響力的設計師之一。他的設計充滿想像力、不拘一格；參考來源包含各種時期、文化、地點和人物，從蘇格蘭高地到非洲馬賽人、從俄羅斯的無樹草原到殖民時期，不一而足。他自由地改編這些互無關聯的靈感來源，進而創作出最新式的造型。加里亞諾的時裝秀具有高度的戲劇張力，而且地點都相當壯觀：包括巴黎歌劇院（Opéra Garnier）的表演廳和奧斯特利茲火車站（Gare d'Austerlitz）的摩洛哥露天廣場（Moroccan Souk），擔綱演出的模特兒則完全沉浸在自己的角色之中。

約翰・加里亞諾野心勃勃，具有深厚的美學感，以他的浪漫氣質和蘊含情色的調性而聞名。他的系列作品總是圍繞著一個主題來設計，接著這個主題再貫穿於他在市場上推出的所有商品線。加里亞諾知名的特點包括他的斜裁（bias cut）——這種剪裁法仿自女裝設計師瑪德琳・薇歐芮（Madeleine Vionnet）——還有他非常女性化的風格，以及對於精細作工的專注。

加里亞諾（1960年生於直布羅陀）在1966年遷居英格蘭，1984年畢業於中央聖馬丁藝術與設計學院，畢業作品是「不可思議」（Les Incroyables）系列。這個系列的發表會以法國大革命的時代為背景，證明了他在那時候就熱愛大規模的劇場時裝秀。儘管加里亞諾豐富的設計與當時正進入時尚界、拘謹的日本設計南轅北轍，這個系列依然大為成功，並且讓他能夠在倫敦的服裝百貨布朗斯（Browns）擁有展售空間。

加里亞諾在1988年以「白蘭琪・杜波依斯」（Blanche Dubois）系列贏得第一座年度最佳設計師大獎。儘管事業成功，這位設計師在那段時期的財務來源卻很有限，於是他決定到巴黎碰碰運氣。他在那裡受到時尚界最有影響力的人物之一——美國版《Vogue》雜誌總編輯安那・溫圖（Anna Wintour）的注意。在她的支持之下，加里亞諾於1993年推出「盧克蕾蒂雅公主」（Princess Lucretia）系列，靈感就來自這位俄羅斯公主。LVMH時尚帝國的董事長伯納德・阿諾特（Bernard Arnault）對於加里亞諾的才華印象深刻，便在1995年指定由他出任紀梵希（Givenchy）設計總監。不到一年的時間，加里亞諾又受到拔擢，進入勢力龐大的迪奧，亞歷山大・麥昆（Alexander McQueen）則接掌他在紀梵希的角色。1997

年正值迪奧五十週年，加里亞諾為這家公司在巴黎推出他的第一個高級訂製服系列。

他目前一年為迪奧和自有品牌設計十餘個訂製服與成衣系列。這些年來他的基本原則未曾改變：「我的創作方法始終如一；最重要的就是現代感、女性特質以及浪漫。」

參考資料
Knight, N. John Galliano: The Dior years. New York: ssouline Publishers, 2000.
McDowell, C. Galliano. New York: Rizzoli, 1998.

圖片：
1. 約翰・加里亞諾，不可思議系列，中央聖馬丁藝術與設計學院畢業作品，1984年
2. 約翰・加里亞諾，迪奧，1996年春夏
3. 約翰・加里亞諾，以一九二〇年代的劇場及歌舞表演為靈感的系列，由各行各業的巴黎人擔綱走秀，2006年春夏系列，攝影彼德・史丁格（Peter Stigter）
4. 約翰・加里亞諾，紀梵希系列，1996年春夏

4.

金吉・葛利格・達根（Ginger Gregg Duggan）

史上最精彩的演出
綜觀當代時裝秀與行為藝術的關係

1.　約翰・加里亞諾，1997年秋冬新裝發表。

前言

從歷史的許多環節來看，藝術與時尚是一種共棲共生的關係，在發展過程中同步並進、相互激發靈感、提升與競爭。在1910年前後，藝術家與時裝設計師的默契與合作，更進一步強化兩個領域的聯繫，也讓時尚與藝術的分界巧妙地淡化了（Duggan 2000:1）。設計師與藝術家進行的交流最終反應到製作成果上，讓人從成衣設計中窺見其非比尋常的合作關係；但近年原本親密雙人拍檔的合作形式，更進一步擴展、延伸，甚至出現一整季設計都是從藝術家身上擷取靈感的現象。

一九九〇年代後期，藝術與時尚的強化連動現象發展到一個重要的里程碑，隨其效應所及更為廣泛，促進表演藝術的創作媒材躍上時裝秀舞台[1]。至於時裝秀取材的範圍則相當多樣且廣泛，包括政治激進主義、一九六〇年代與七〇年代的表演藝術、弗拉克斯（Fluxus）運動與達達主義，還有劇院與流行文化，許多當代時裝公司就此徹底改造了時裝發表的形式，一種新型態、混雜風格的表演藝術因應而生，而原本的傳統商業面貌幾乎完全消失。

自一九九〇年代中期以降，諸如亞歷山大‧麥昆（Alexander McQueen）與約翰‧加里亞諾（John Galliano）（分別為紀梵希與迪奧操刀設計而聞名）等設計師的時裝秀，贏得非常好的評價，觀賞他們的時裝秀猶如在欣賞一連串夢幻般的影像或奇幻畫面。他們將時裝秀的演出搬至火車站、醫院病房與飛機停機棚裡，而當代藝術家則協力規劃全場演出，讓它的效果足以媲美舞台劇作。

而伊蓮娜‧巴喬（Elena Bajo）與馬丁‧馬傑拉（Martin Margiela）等前衛設計師，為了對時尚的膚淺做出反擊，便規劃了規格縮小、訴求冷門且小眾的時裝秀，並且在時裝秀裡表現出對於雷貝卡‧洪（Rebecca Horn）與安‧漢彌爾頓（Ann Hamilton）的藝術風格，以及對蘇珊‧萊西（Suzanne Lacy）與雷斯里‧拉波威茲（Leslie Labowitz）作品的懷舊與聯想。這些非傳統的表演通常出現於具有衝突性且令人感到不舒服的環境中，讓設計師承受了相當的風險，與那些可能協助他們在時尚生涯創造高峰的人漸行漸遠，但對他們而言，藝術比商業更加重要。

當代藝術家也設法從時尚與其行銷手法上尋求創作靈感。譬如凡妮莎‧碧克羅芙特（Vanessa Beecroft）在1998年於古根漢美術館的展覽；她安排了五十位穿上古馳（Gucci）內衣與鑽孔椎的模特兒，參與這場由古馳贊助的表演。

由於許多藝術產業的業主本身也是高端時尚（high fashion）的愛好者，奉行兩個產業應提攜並進的圭臬。包括普拉達（Prada）與古馳等大型時尚企業開始贊助當代藝術中心、藝術雙年展與藝術表演，並且斥資設立展覽館，將當時的設計師奉為上賓，讓他們在館中舉辦時尚大展；這是為了一九九〇年代的新表演藝術，也就是時裝秀，特別打造的舞台。

在這個章節我們將時尚與表演藝術的相互結合，劃分為五大類，也就是：場景、本質、科學、結構與論述，並藉此分析不同類型的設計師特質與其時裝秀形式，透過這些分類與剖析，揭示他們在不同表現形式的表演藝術中的對應關係[2]。此外，也有教育與媒體在其中

1. 亞歷山大・麥昆，1999年秋冬新裝發表。

的角色，以及他們對於消弭藝術與時尚分界的影響力。藝術與時尚混血的直接結果就是在角色界定困難，讓人不知它是伸展台上的一場演出，抑或是一場即興表演？還是一件衣服或一件雕塑？是服裝精品店或是藝廊？

場景型

這一類的設計師發表會，都與劇場及歌劇的行為藝術，還有電影及音樂錄影帶緊密相關。對他們而言，時裝秀的舞台演出遠遠超越了時裝本身。就多數例子來看，這些時裝秀就好像是一場迷你劇，有角色的安排、特定的空間位置、配樂與明顯的主題；如果將時裝秀與舞台劇表演放在對等位置來看，兩者唯一的差異性往往在於時裝秀最根本的目的，就是行銷。

安排模特兒穿上新裝、走上伸展台，讓這些新設計初次展現於媒體面前的想法，誕生於一九〇〇年代的芝加哥服裝市場。一九三〇年代中期這種時裝秀形式發展成大排場的演出，直至一九六〇年代，燈光與音效也併入伸展台的軟硬體規劃裡（Diehl 1976:1）。至此時裝秀慣見的形式就是融合精心打造的服裝、道具、音樂與佈景，也讓人不禁將其比擬為一場「沒有劇情的戲劇」。

整場時裝秀中有四個主要環節，即為模特兒的類型、演出場地、主題與謝幕時的橋段。

在一九八〇年代末至九〇年代初，相繼崛起的超級模特兒與因應而生的名人交際社群，肇始於吉安尼・凡賽斯（Gianni Versace）的推波助瀾（Evans 1999:11）。1991年三月他安排四位頂尖模特兒走到伸展台上，對口唱著流行巨星喬治・邁可的〈自由〉（Freedom），這個將流行文化巧妙置入的做法，鞏固了他身為首席「搖滾」設計師的地位，也讓時尚產業與演藝產業產生了新的對應與連結，新一代模特兒通往演藝明星之路的大門就此敞開。

為了避免流於超級模特兒擔綱演出的可預期性，亞歷山大・麥昆在規劃紀梵希1999年秋季新裝發表時，選擇以透明樹脂玻璃製的模特兒取代真人模特兒。這些模特兒間隔排列於展示台上，隨著地板入口的開啟循環地升起降落，每次升起時模特兒都會換上新的裝扮。這種以非生命體作為新裝展示媒介的想法緣起於十四世紀（Diehl 1976）；但在超級模特兒盛行的年代出現，卻有種前所未見的新鮮感。

麥昆這種實驗之舉繼續出現在其1999年春季發表會上。在這場時裝秀中，麥昆特別請芳齡二十三歲的截肢女孩愛美・穆林絲（Aimee Mullins）登場，並為她裝上了量身打造的義肢。這個充滿爭議與話題性的安排，讓媒體大受震驚，也讓麥昆成功地搏得了版面。

除此之外，設計師也開始將實驗精神套用在演出場地的安排上。麥昆的1999年秋季發表會就選擇在交通轉運站進行。這場時裝秀是以一個二十英尺見方的巨大樹脂玻璃容器為號召，這是史蒂芬・金的小說《鬼店》（*The Shining*）裡的一個場景，也是設計師創作當季新裝的靈感來源。模特兒們就在以樹木與二十五噸冰砌成的冰凍池塘建構出的冬季荒原場景，在颼颼的風聲與狼嚎的背景音樂搭配下，完成整場演出。

麥昆在2001年的春季發表會上，再次以特殊場景為號召，半密閉空間的牆板換成了雙向透視的鏡子，使這場發表會的事前安排與演出

過程效果絕佳。在演出前，時尚編輯、記者與貴賓們坐在自己的位子上，面對著自己鏡中的影像，顯得坐立不安；但是當演出開始時，透過燈光的調整，觀眾席上的人看到了容器內如同精神病治療中心般怪異且平淡的場景中，模特兒有如困獸般來回踱步著。

一般說來，時裝秀的主題設定來自每一季的設計靈感（例如，麥昆採用了史蒂芬·金的小說《鬼店》），它可能是具體可知的一個主題，也可能是全然抽象的概念。這些主題將被廣泛運用於各種不同的目的，包括時裝秀邀請函、新裝的製作以及服裝生產線本身等，它必須傳達一個清晰、容易識別且令人記憶深刻的印象。當然，主題也可作為搏取各大主要媒體版面的利器；一個獨特且大膽的概念，透過《Vogue》與《Bazaar》等主流時尚雜誌的圖文式解讀，自然可收推波助瀾之效。

強調主題的做法可溯及1935年，當時設計師愛爾莎·夏帕瑞利已經開始為每次發表會設定一個主題。她前後規劃了十個主題式時裝秀，其中包括一個馬戲團系列與一個以義大利藝術喜劇劇院（Commedia dell'arte）為發想的主題（Evans 1999:27）。這些以舞台設計呼應當代時尚潮流的時裝秀，包括麥昆在1998年為紀梵希所做的秋季發表會，都屬於化妝舞會形式。那場時裝秀的靈感，出自俄國「末代沙皇」尼古拉二世失散的女兒安娜塔西亞公主的故事，設計師在舞台上創造了一個異想，讓她與騎著利皮扎駿馬的戈黛娃夫人一起出現亞馬遜叢林瀑布前。

約翰·加里亞諾為迪奧精心打造的1998年秋季發表會上也是一樣。這個名為「迪奧人快

車」（The Dioriant Express）的發表會，以一輛呼嘯駛進奧司特里茲車站的火車揭開序幕，接著從車廂上走下了一群裝扮狂野的模特兒，場景有如「印地安公主波卡洪塔斯與亨利八世迎面遇上的一場衝突」（fashionlive.com2000），而發表會現場也模擬布置成沙漠商旅伯伯爾市集的模樣，放眼望去盡是棕櫚樹、橙色沙土以及一籃籃的棗子與柳橙。

最後謝幕的安排更是整場發表會最不容忽略的橋段。許多經過精心設計的謝幕式，不僅為全場秀創造了最後的高潮，透過感官深刻體驗的畫面與場景，也讓觀眾留下難忘的記憶。

為了強調出謝幕場景的「可觀性」，有時甚至會讓時尚的商業考量降到次要位置。還有許多例子，是完全不讓當季任何一件具有賣相的服裝在謝幕式中有所發揮。譬如麥昆在1999年春季發表會的謝幕式上，安排了一位模特兒在伸展台上的轉盤上緩緩旋轉著，她身上的白色洋裝看起來就像是將一條裙子以皮帶繫在胸上，場上的兩支機器人噴槍突然猛烈地朝她身上噴灑黃色與黑色的顏料。

這些誇張形式的主要用意就是要吸引時尚媒體的注意，而非取悅大眾。而時裝秀的四元素（模特兒、演出場地、主題與謝幕式），也提供了可以讓人們徹底理解時尚期刊的材料。時尚理論家兼歷史學家的安吉拉·麥克羅比（Angela McRobbie）便表示，在以奇幻異想與靈感巧思滿足讀者的條件下，這些設計師自然能得到版面曝光的機會（McRobbie 1998:171）。主題式時裝秀對設計師而言，也是可以幫助他們創造出精采的奇幻異想的手段。

為了得到在重量級媒體版面曝光的機會，

3. 胡笙・夏拉揚，2000年春夏「Before Minus Now」系列中的遙控裝。

設計師與時裝企業會投注相當大的精神與經費，滿足人們的新奇感，也促使設計師策劃出規模更大且更有看頭的時裝秀（McRobbie 1998:169）。

然而大型時裝秀的耗費驚人，也相對讓時裝秀的利潤往往十分有限，甚至完全無利可圖（Davis 1992:142）。不過現在像是迪奧或香奈兒這種重量級的設計品牌，不惜斥資五百萬美金僅為打造時裝秀中某個僅二十分鐘的橋段安排，已經稱不上是破天荒的大手筆了。

除了支出與盈利之間的落差問題，設計師在接受發表會成果評論前，往往還會搭配事先安排好但卻在時間點上顯得造作的新聞炒作，藉此「刺激」一些正面評價的言論（Davis 1992:141-142）。但這些事件的戲劇性與娛樂性正巧提供了可發揮的題材，讓評論者藉此指出時尚界的愚蠢可笑，令人將注意力從服裝本身移開。不過即使時尚媒體給予負面評價，宣傳的目的還是達到了，不失為一次成功的新裝發表。加里亞諾為迪奧操刀的2000年秋季新裝，從設計到發表會皆以社會邊緣人為主軸，觸碰了流浪漢與精神病患之類的議題，在西方社會引發一陣喧嘩。那些利用破舊的垃圾袋，以及從精神病患束縛裝拆解的碎布製作而成的禮服，也讓加里亞諾成功贏得了主要平面媒體的關注。

儘管有一些關於道德與成本耗費的質疑聲傳出，但這些大型時裝秀確實創造了相當大的行銷效益。除了商品的授權，隨著設計成果發表而建立的識別標籤與品牌知名度，讓所費不貲的問題與偶爾出現的負面評價相對顯得微不足道（Davis 1992:142）。

舉例來說，亞歷山大·麥昆在每一季作品中突顯出的極度奢華風格就非常引人期待，再加上時尚頑童的聲譽，讓他躋身十年來最炙手可熱的設計師名人榜，儘管他的作品未能登上暢銷系列排行榜，亦無損他的身價。

那些投注在設計師作品上的關注，亦驅動著名人們隨之起舞，而那些受到吸引的好萊塢明星與社會名流，往往也成為設計師新裝發表會上觀眾席首排的座上賓。時裝秀廣泛滲透演藝圈，成為吸引媒體報導的誘因，因此形成一種因果循環效應。頒獎盛會與電影首映會後來也成了加里亞諾與麥昆展示新設計禮服的舞台，只是穿戴出場的模特兒換成了明星。

設計師的角色定位既是非主流藝術家，又是流行文化名人生活圈的一股勢力。在品牌的發展上，這兩種身份更能突顯出吸引媒體瘋狂追逐的重要性與效益（McRobbie 1998:169），而時裝秀也將時尚界與流行音樂、演藝事業與名人文化串連起來，這更進一步激發了大眾對於時尚的興趣（McRobbie 1998:169）。

儘管這些時裝秀的主要動機是行銷，但場景型設計師在策劃全場表演時，仍然植基於過往的劇場先例上。而時尚與當代名人及流行文化的連結，更進一步地模糊了時尚、藝術、劇院與表演的分界，時裝秀成為跨越多個傳媒領域的精采演出。

本質型

被歸類於此類型的設計師，對於自身設計作品與時裝秀之間的連結，偏重整體程序安排更甚於產品。對他們而言，每一季的設計理念就是活動的核心，也是讓外界理解其時裝作

品與時裝秀的關鍵。胡笙・夏拉揚（Hussein Chalayan）在評論自己的2001年秋季發表會時即表示，他很清楚自己想要呈現的是一間空盪起居室空間，所以服裝的設計都是據此衍生出來的（Singer 2000:143）。也就是說，他要傳遞的首要重點是設計理念，其次才是設計成品的展現，這樣的理念導致這種類型的時裝秀更接近於儀式與即興藝術表演，與場景型設計師主導的時裝秀，形成非常強烈的對比。[fig.4]

儘管他們將重點放在創意上，但時裝秀卻傾向於精緻的演出。相較於場景型設計師，胡笙・夏拉揚與維克托＆羅夫（Viktor & Rolf）則是以獨一無二且創新的時裝設計著稱，而場景型設計師與本質型設計師之間的差異，其實就在不同類型的主題。

場景型設計師的時裝秀主題，可以輕易透過座位、道具、燈光與音樂等來演繹；相對的，本質型設計師的時裝秀則往往建立在一個抽象概念上。這讓時裝秀的編排演出充滿視覺震撼，卻缺乏一種對應特定時間及地點的敘事性。

舉例來說，夏拉揚1999年秋季發表會即設計成一場機械年代的慶祝會，但是卻未能表現出與歷史的特殊連結。為了向這個機械年代致意，他以構造複雜的液壓系統與滑輪組，在兩個舞台之間吊起一條通道，讓模特兒在上面展示他的遙控衣與其他機械化設計。在他的2000年春季發表會上，他將類似的裝置套用在謝幕式上，讓一整排模特兒在謝幕時緩緩下降到舞台的管弦樂隊池中。模特兒在舞台上不是一個接著一個走著台步，而是以一種類似現代芭蕾的動作移動著，這種創意的靈感來自毫

不相干的飛行排列。

在胡笙・夏拉揚與維克托＆羅夫的時裝秀中，儀式也是一個重點。關於這點以維克托＆羅夫1999年秋季高級訂製服發表會為例，他們安排了一位模特兒站在圓形旋轉台上，一開始她的身上只穿著一件粗麻製的襯裙與內衣褲，設計師再為她套上一層又一層的粗麻布與施華洛世奇水晶，是那種俄羅斯娃娃的造型，到最後連她的頭都幾乎完全被覆蓋住了。

舉止間的親密性、設計師在過程中的參與，還有如重頭戲般為模特兒穿上衣服的的安排，讓整場時裝秀的過程備受矚目，甚至蓋過了設計成品本身的光芒。

這類例子還包括夏拉揚1994年的「埋葬系列」畢業展。顧名思義，這些時裝作品就是被埋葬後又挖出來，並且同時展示一份解釋過程發展的文件（McRobbie 1998:109）。透過埋葬與復活的儀式過程，讓衣服多了一些話題性——讓它不至於只是單純的商品而已——它體現出一種與瞬間消逝、演化與物質性的抽象影響力相關且很吸引人的神話性。我們可以由此感受到設計師直接地將時尚世界的產物轉移到藝術世界中，而這也讓人不禁聯想到安・漢彌爾頓與約瑟夫・波伊斯（Joseph Beuys）那種儀式般的表演藝術。

本質型設計師的時裝秀，鮮少見到那種足以吸引時尚媒體關注的新奇感，甚至有些設計師專與新奇做對。舉例來說，胡笙・夏拉揚就曾經在不同季節的設計中，重複展現本質相近的設計作品與概念，像是裝飾以拼圖版塊切口，或是透過遙控器吊起不同片段的塑膠模製機械裝（mechanical dress），就是他設計中重複出

現的元素。他這種持續上演的重複性，與那種將成本與重點放在新奇感的創造與爭取媒體版面曝光量的作風，形成一種奇特的對照。

除了對每季設計的汰舊換新不以為然，本質型設計師對於時尚與藝術界的幾項基本傳統亦加以嘲弄。時尚的排他性、商品品牌化、授權模式與膚淺的文化，都成為他們諷刺的題材。這些針對時尚行銷力量及盲目跟從的消費者而來的動作，讓維克托＆羅夫被冠上了「時裝界的齊格菲與羅伊」（the Siegfreid and Roy of couture，著名的拉斯維加斯白老虎魔術秀雙人組）之名，這種虛虛實實、誇張又帶點嘲諷意味的手法，也讓他們與弗拉克斯運動的前輩、達達藝術的實踐者以及超現實主義藝術家劃上連結號。

為了表現拒絕接受時尚的膚淺文化，維克托＆羅夫提出了「消費性與愉悅性，概念與意圖」的設計（Martin 1999:115）。這對雙人組曾設計了一款「香水」，是一種實際上嗅不出味道，但卻在媒體上大肆宣揚促銷的處方香氛；另一件作品是編上號碼的限量款塑膠購物袋（Martin 1999:111），是參考馬歇爾・杜象（Marcel Duchamp）的現成物設計。

不與場景型設計師迎合時尚媒體胃口的做法為伍，本質型設計師不讓自己的時裝秀淪為行銷工具。但諷刺的是，他們對媒體表現出興趣缺缺的態度，卻刺激了另一種因應「設計師如同藝術家」現象而產生的大肆報導，進一步模糊了藝術與時尚本來就已經不甚明確的疆界。他們的行為也吸引了部分前衛時尚媒體及藝術媒體的關注，促使報導的觸角擴張到大眾時尚市場以外。甚至早在維克托＆羅夫成為高

4.　胡笙・夏拉揚，2000年春夏「Before Minus Now」系列中的遙控裝。

級時尚界家喻戶曉的名字前，藝評家奧立佛‧薩姆（Olivier Zahm）就已經於1995年十二月發行的《藝術論壇》上，頌揚了他們的時裝設計展現了「最佳風格」（Martin 1999:15）。

就如同一九六〇年代與七〇年代的行為藝術家一般，本質型設計師也同樣摸索著一條非常規前進的道路。若以其他的行為藝術家前輩為模範，最終結果通常會是無法打入市場或推動銷售，所以維克托&羅夫採用的手法，是將炫目的黑光波投射在他們的高級訂製服上，藉此表現出一種創意。雖然這明顯不是最能吹捧設計作品特色的做法，但確實讓其設計概念凌駕於商品本身之上。

而維克托&羅夫2001年春季發表會上，他們將當季作品存放在光碟中，發送給參觀者與記者，這個可以隨時進入欣賞作品的媒材，徹底從傳統時裝秀及其現場娛樂性組成中脫離。相對於場景型時裝秀主要為媒體導向，本質型時裝秀更像是時尚教育體系的成果。近年學術機構裡的時尚科系對理論教育的偏重，顯然更甚於服裝製作技巧的應用與實際操作經驗的訓練（McRobbie 1998:39）。這對本質型設計師起了相當大的影響，而且進一步激發他們對於概念與抽象意涵的探索興趣。

透過這些設計師們所扮演的教師角色，更強化了當今時尚界與教育之間的連結。像是維克托&羅夫應聘在維也納應用藝術大學的時尚科系授課，他們對於理論與抽象表現的奉行，可從其中一門課程的安排窺見；上課時，他們將學生分為兩組，一組是在紅光下作業，使用的材料、器具圖騰也都是紅色的，另一組擁有的配備相當，只是色彩全都改為藍色。此外

還搭配了特定的背景音樂強化環境氣氛。作業內容則包括材料的解構與真實服裝的組構（metroactive.com 2000）。維克托&羅夫在課堂上將自己對於概念式思考的興趣轉移到學生身上，也因此讓理論設計運動持續往前推進。

概念式時尚經過輕鬆地轉化詮釋後，也成功進駐了當代美術館與畫廊的世界裡。就許多例子來看，本質型設計師最好的客戶其實就是美術館的時尚藝術策展人。當維克托&羅夫於1998年開始兩人的時裝事業後，荷蘭格羅寧根美術館（Groningen Museum）的策展人馬克‧威爾森（Mark Wilson）就開始與他倆接觸，除了為兩人提撥了一筆資助金，並協議採購他們部分作品作為美術館永久收藏。2000年，格羅寧根美術館還特別策劃了一個展覽，展出他們分別於五個時裝季推出的二十八件設計作品（Socha 2000:15）。

這些對於概念性的強調，還有透過時尚教育所做的努力，都是試圖淡化時尚的商業色彩。夏拉揚的設計作品被稱為「創意時尚」（ideas fashion），或者說是突顯出實驗與創新之重要性的設計（McRobbie 1998:48）。唯有當設計師的創作不受市場需求的直接操控，才可能真正擁有創作的自由，沒有顧忌地盡情實驗創新；想當然爾，這種類型的設計師與大型時尚企業是很難走到一塊兒。最後這些設計師們便與美術及行為藝術站到同一陣線上，藉此表述自己對於時尚界另一個族群所提供的引領作用（McRobbie 1998:48）。

夏拉揚最大的遺憾就是因為財務問題，無法徹底實現諸多創意點子可能發揮的商業潛力（Singer 2000:143）。最近，他的這項遺憾變成

無法改變的事實，儘管他的作品受到如此熱烈的擁護，但這位設計師名下的企業終究還是被迫接受清算。因為無法成功協調出一個介於藝術與商業之間的定位，讓這位設計師的角色更像是藝術家，而不是商人。甚至有人建議應該讓像夏拉揚這樣的設計師有權可動用藝術諮詢基金（Arts Council funding），在伸展台上以類似行為藝術的模式展示他們的設計作品（McRobbie 1999:14）。

這些本質型設計師著重於觀念、程序與儀式，致力賦予他們的時裝設計更深刻的意義，而且採用的方式，不同於觀念藝術家波伊斯的感知西裝（felt suit）與個人神話連結的方式。安妮・侯蘭德在她的著作《透視服裝》（*Seeing Through Clothes*）寫道：「要以客觀的嚴肅態度看待服裝，通常到最後都得去解釋它們對另一件事的表述。」（Hollander 1975:xv）夏拉揚以及維克&羅夫正是將其事業生涯奉獻於此。

科學型

渡邊淳彌（Junya Watanabe）和三宅一生（Issey Miyake）為人所知的特色之一，就是他們對於布料研發技術與服裝結構的高度關注。這些科學型設計師透過材料科學，持續不斷地拓展時尚的疆界，他們著重布料與服裝的功能性。他們的時裝秀也能呼應他們在這方面的興趣——最常見的手法，就是讓模特兒穿上那些代表未來時尚的服裝，然後正經且冷峻地在舞台上走位展示。它顯現出時尚精神的變革，也讓布料本身的創新性與結構性成為時裝秀表現的重點。

由布魯斯・諾曼（Bruce Nauman）與白南準（Nam June Paik）等人創作的早期錄像藝術，確實對科學型設計師發揮了關鍵的影響力。他們將它當作是一項利器，用來擊破傳統藝術創作所受的桎梏，把這個順應自然法則的過程視為真實的創作（Rush 1999:48）。這種對於過程與科技的興趣，透過時裝秀獲得具體實踐，時裝秀結合轉化揭露出作品背後的實驗研發。

三宅一生在他的1999年春季及秋季發表會上，讓一組助理人員穿上黑衣上台，有的針對仍然穿在模特兒身上的衣服直接進行修改，有的則直接在舞台的地板上裁剪出新的樣版。透過讓服裝的設計與成形過程成為時裝秀的焦點，讓人更加強烈感受到三宅一生對於操作及轉化的興趣。揭示、窺探原本隱身於產品背後的作業，這種操作同樣是受到諾曼（Nauman）與阿康奇（Vito Acconci）私人錄像藝術作品的影響（Rush 1999:47）。在類似的時裝秀與藝術創作中，人們可以感受到，無論這個過程有沒有旁觀者，它都會存在。

在渡邊淳彌早期的作品中，質變是一種具有繁衍性的特質，許多裙子與手提袋在拉開拉鍊或是攤開後，就變成了夾克或披巾。在這些設計作品中，功能是絕對的重點，設計師讓他的顧客可以使一件衣服變化成兩件，將一個單純的消費行為延伸，讓他們可藉此參與其他的步驟環節。這種對於實際操作、轉化與質變的關注，同樣擴展到科學型設計師的時尚事業中。三宅一生的「Pleats Please！」網站帶領訪客一步步地經歷服裝打褶的過程，並見識包括撞擊、渦捲與吹墊等創新手法。這位設計師還發展出一種一片式服裝（APOC, A Piece of Cloth），並規劃了一條專屬的店面通路，讓顧

客可以購買所需尺寸，消費者可以自行將三宅一生的縐褶布轉化為服裝。

這種轉化當然也應用到實際的服裝結構設計中，將工序延伸至另一個領域。而且除了與像托瑞（Toray）——高仿真皮革的創造者這樣的布料研發者，合作開發全新的布料科技，渡邊淳彌也嘗試開發一種電腦化技術，協助他透過操控布料的形狀與型態，以現有的布料材質變化出某種新的東西。為了準備他在2001年推出的秋季發表會，渡邊淳彌將上百塊透明尼龍硬紗料子以手工針縫串連起來，然後利用一台電腦作為輔助工具，以灌木修剪風格裁剪這塊大布料。不禁令人產生「剪刀手愛德華遇上保羅・波瓦雷」的聯想，而那些服裝則兼具洛可可的華麗感與網路文化特色（Singer 2000:146）。他以維也納華爾滋作為背景音樂，襯托著那個結實札根於歷史的未來學場景，讓上述的特殊感受，再一次真實體現。

科學型設計師將時裝的製作過程與布料技術結合在其時裝秀中，反映了實驗的重要性。透過網路選取龐大的資料庫，搭配上可創造出虛擬模特兒與立體原型的新技術，使其可以取得眾多關於結構技術、布料設計與虛擬試裝的參考方案。透過布料與圖樣實驗所帶來的快速發展，讓渡邊淳彌及三宅一生這種特質的設計師取得相當優勢。

渡邊淳彌針對2000年春季新裝所做的發表會，將他對於布料科技的興趣表露無遺。在這場時裝秀中，他發表了防水布料研發技術的新成果，並且讓模特兒穿上這些布料製作的衣服，走在滿地溢水的伸展台，並且從舞台頂灑落一場人造雨，以測試布料的防水性。就好比

錄像藝術家白南準直接讓監視器作為演出主角的做法（Rush 1999:53），渡邊淳彌是讓布料本身來完成「演出」。因為渴望創造出像聚酯纖維這種完全創新的材質，渡邊淳彌投注了相當精神與時間於布料的研發製造，他還將自己的設計主題設定為「科技時裝」，同時他也指出另一件事實，那就是在聚酯纖維問世四十年以來，視聽科技以如此驚人的速度不斷推進，但時尚界卻相對沒有提出任何從本質上創新的成果。

另一個類似風格的設計師是三宅一生。他在1970年設立的三宅設計工作室，性質類似某種專門研發布料科技與設計工藝的實驗室。從他知名的縐褶布科技來看，三宅的興趣更多地是投注於操作與變形，而非作品本身。

他在沒有研發出任何新成分之下，就讓歷史最悠久的布料之一，也就是絲綢，搖身變為突破性的創新面貌登場。諸如此類的革新創舉，讓三宅在藝術界同樣獲得非常好的評價。

針對他的設計作品所策劃的多場大型展覽，在世界各地巡迴展出，而人們也可以從這些可穿戴的藝術品中，欣賞到雕塑般的美感。他的作品所體現的美學使他備受推崇，另一方面，他對於布料的創新運用所做的努力，也讓他樹立了獨一無二的設計標幟。三宅在1998年秋季發表會上介紹了他最具代表性的創作之一，也就是同時體現出未來感與復古味的箔片，再次反映出他對於變形轉化的興趣。在這場時裝秀中，模特兒們的演出表現出一種類似電影《太空先鋒》（The Right Stuff）那種嚴肅且肩負重任的太空情懷；然而布料手工拼接的質感，卻又抵觸了整場演出中任何可以讓人

系列作品調性變得較為內斂，發表會的戲劇效果以及幻想表演元素大為降低，強調的重點則逐漸轉移到設計本身。

參考資料
Quinn, B. *Techno fashion*. Oxford: Berg Publishers, 2003.
Wilcox, C. *Radical fashion*. London: Victoria & Albert Museum, 2001.

圖片：
1. 亞歷山大・麥昆，超低腰，1995年系列
2. 亞歷山大・麥昆，表演系列，1999/2000年秋冬

亞歷山大・麥昆（Alexander McQueen）
生於1969年（英國倫敦），卒於2010年（英國倫敦）

英國設計師亞歷山大・麥昆（1969年出生）的風格經常被形容為令人震撼，因為他大膽參考戰爭、宗教以及性等主題，採用乙烯和PVC等特殊材質，還舉辦奢侈的發表會。例如，在「俯瞰」（The Overlook）系列（1999年秋冬）的發表會上，他在舞台上創造出一個冰封的景象，同時再加上雪暴和冰凍的地表，而其靈感來自史丹利・庫柏力克（Stanley Kubrick）的電影《鬼店》（The Shining）。

麥昆的名聲主要來自他情慾色彩濃烈的設計，例如超低腰褲（bumster）。在他的服裝上，驚人的技巧與作工表現在完美無暇的剪裁上，同時還具有別出心裁的新意。他的系列作品通常圍繞著一個主題，並大量參考過往的事物，在「但丁」（Dante）系列（1996年秋冬）以及許多參考他最喜愛的維多利亞時期的作品上，我們都可以看到這一點。不過，電影史也是他的一個出發點。除了「俯瞰」系列之外，他的「千年血后」（The Hunger）系列（1996年春夏）也是奠基於一部經典電影上；這部同名電影由凱薩琳・丹妮芙（Catherine Deneuve）與大衛・鮑伊（David Bowie）領銜主演。麥昆具有自由結合現在與過去的特殊才華，因此經常帶來令人意外的組合結果，當代元素中會融入懷舊的素材，一如在2002年推出的流浪龐克系列「掃描器」（Scanners）。

麥昆在1992年畢業於中央聖馬丁藝術與設計學院，並在倫敦塞維爾街（Saville Row）的裁縫店安德森與謝普（Anderson and Sheppard）工作，汲取了不少經驗，還在那裡研究出他著名的剪裁技巧。此外，為羅密歐・吉利（Romeo Gigli）與立野浩二（Koji Tatsuno）工作時他也獲益良多。麥昆在1993年推出自己的品牌，並在倫敦成立了一間工作室。1996年在自己第一個系列的發表會上，亟欲創新的企圖心表露無遺，他也因此贏得了英國年度最佳設計師的頭銜。同一年，麥昆接下約翰・加里亞諾的職位，負責掌管擁有四十年歷史的法國高級訂製服公司紀梵希。麥昆之所以雀屏中選，不只是因為他勇於創新的特質，也因為他的完美技巧。不過，高度注重魅力、受人尊敬且風格獨具的紀梵希，與叛逆、衝動的麥昆之間，結果證實存在著龐大的鴻溝。麥昆在2000年離開紀梵希，由朱利安・麥克唐納（Julien MacDonald）取而代之；他隨即在古馳集團的資助下創立自己的品牌。兩年後，他在紐約開店，接著又在米蘭、倫敦以及洛杉磯成立分店。他的

感受到的太空世紀與未來世界意涵。這種高級金屬箔片將原本很平常的物質，轉化為一種推翻既有分類的嶄新產品。

科學型設計師尋求的是可以幫助他們跳脫傳統布料與服裝設計桎梏的科技，早期的錄像藝術家也同樣樂於發掘各種新科技的可能性，於是，接下來就輪到科技擔綱演出（Rush 1999:38）。在時尚領域，科技可以被視為一種新玩意兒，提供一種「現用」的行銷策略；科學型設計師可以善加利用媒體偏好新奇事物的特性，以任何布料科技、結構或軟體程式的突破，滿足媒體的胃口，讓他們有話題炒作。

況且，已滲透各行各業、無所不在的網路文化，提供了時尚媒體另一個可供報導的話題。不過「網際空間」畢竟是一種觀念上而非一種具體的物理現象，它與身體的對應其實是在於精神層面，而非功能面。舉例來說，繆琪亞‧普拉達（Miuccia Prada）經常將布料的創新性從實用的角度融入她的普拉達（Prada）與普拉達運動（Prada Sport）系列產品中。無論從哪個角度來看，她在免燙皺褶衣材這方面的研發，除了讓人省去熨燙的功夫，並無其他功能。

透過行銷與商品品牌化的運作，讓人感覺到時尚多了一種未來感／實用性的特質，特別是從普拉達這個品牌來看，它的形象根本是建立在都會用品與功能性上。儘管普拉達從廣告到光亮的高科技布料皆以功能性作為其訴求策略，但是它的功能性其實早在它掀起街頭流行之前，就已經淪為空談了。對人們來說，穿著一件防水布料裙，戴上一個符合人體工學的腰包，再蹬上一雙高跟鞋，這種流行定律式的裝扮傳遞著許多複雜的訊息；人們選

5. 普拉達，1998年秋冬新裝發表。

擇這個防水科技產品，是因為它的實用性還是因為它的商標？為什麼明知穿上那種高跟鞋是多麼不符合人體工學，但卻還要花費那麼多的精神與金錢在人體工學的設計上？

隨著近期人們對產品設計的興趣已經擴散到一般大眾，產品的功能性已經不如它機能性的外觀重要。人們不在意他們在目標（Target）店面裡買的麥可・葛雷夫（Michael Graves）品牌的牙刷，是不是跟歐樂-B的產品一樣擁有相當的潔牙功能，它的精美外觀才是重點。

從某些環節來看，大眾對於虛擬科技的依戀，也讓時尚慢慢向它靠攏，甚至成為一種訴求手段。像是近期出現於飾品、珠寶與衣服設計的現象之一，就是有一些零售代理商為確保設計事業的發展更符合個別需求，而規劃出一個連接網際網路、無線電信與軟體世界的運作模式。雖然許多設計師仍秉持著對於傳統方式與結構脈絡的熱情而不願跟進，但科學型設計師卻將這些視為推翻時裝既有認知框架的手段。

維多利亞的秘密（Victoria's Secret）在策劃2001年春季發表會時，採用了一個極端的行銷策略，他們利用自己的網站同步播放這場時裝秀，讓現場的發表即時傳送到全球數百萬觀眾眼前。它以此掌握了人們對於虛擬空間的依戀，創造出前所未有的媒體曝光量，並持續擴展自己的客層基礎，大眾得以參與原本相對隱私的盛會，全球加總的瀏覽訪客數量有多麼龐大，可想而知。但如果沒有相關歷史經驗作為參考，確實很難預測網路空間對設計師的時裝發表會造成多麼大的影響。毫無疑問地，網路空間未來的影響力將不只出現於時裝發表

而已，隨著一次次的發展與邁進，諸如渡邊淳彌與三宅一生等設計師，將會協助建立國際交流的管道，進一步地串連起藝術、時尚、建築與設計的世界。

結構型

Comme des Garçons的設計師川久保玲（Rei Kawakubo）與馬丁・馬傑拉，對於服裝組構的獨到手法以及讓形式超越功能性的表現，讓兩人長久以來獲得非常高的評價。他們都是透過單純的發表會向業界展示設計成果，而且在多數情況下都是將這類的傳統手法視為一種必要之惡，他倆關注服裝的形式與設計，時裝秀在某些方面也可以看出從雷貝卡・洪與雅娜・史特巴克（Jana Sterbak）的作品中汲取靈感的線索。洪與史特巴克的藝術創作是透過身體上的裝飾與服飾配件的具體呈現，是以對於某個觀念的理解為核心。

儘管成衣每隔一段時間都會出現新的變化，是設計表現與時裝秀演出凸顯的重點之一，但結構型設計師的創作通常被當作雕塑品來般解讀。形式才是他們關注的焦點所在，但觀念的影響同樣有其重要性；他們的作品總是根據某種觀念來構思，但卻透過實際的有形物來實現，而不是以抽象或表現形式來詮釋。本質設計師在傳遞某種概念時，是藉由一系列的符號以及內行人才懂的事物，然而結構型設計師卻認為，立體形式最能表現出設計想法。

舉例來說，馬傑拉就曾經以扁平與過大尺寸等結構創意，設計了一系列延續多季的作品。他所設計的扁平系列首見於1998年，這些沒有袖子與鈕釦孔的服裝經過改造後，當衣服

不穿時，就能完全將它平攤開來（bozzi.com 2000）。有一部分作品，甚至將衣架一併納入設計中，讓衣服掛著時同樣可以保持扁平模樣；有一部分作品，不穿在身上更顯出特色，這些說明了形式的重要性已然超越功能。

在2000年春季發表會上，馬傑拉提出的概念則是過大尺寸。在有如婚禮或晚宴派對的場景中，觀眾們就圍坐在巨型圓桌邊，觀看穿著過大尺寸服裝的模特兒在圓桌上的演出。這樣的安排，讓觀眾得仰著頭觀看，此時過大尺寸的服裝與巨型傢俱，大大地挑戰了觀眾的自負感。

在另一組作品中，馬傑拉將諸如芭比娃娃之類的流行服飾，改造為真人版尺寸，而成果就出現了超大尺寸的針腳、寬大的縫合線與超乎尋常比例大小的鈕釦（bozzi.com 2000）。這些設計作品都沒有為穿著性附加上任何功能，彷彿它們只是純粹作為形式的實驗而存在。

另一個類似的例子是川久保玲於1997年為Comme des Garcons發表的春裝系列，這些設計完全扭曲了正常的服裝樣式。修飾身體線條原來是服裝設計的傳統目標，但這些設計卻讓穿著者原本應呈現的身形扭曲變形到了荒謬的程度。那些加了許多襯墊與吹氣鑲片的服裝，除了康寧漢（Merce Cunningham）舞團會將它們當作演出劇服，也只有極具冒險精神的顧客才可能穿上它們。

行為藝術與結構型時裝秀的另一個連結，是透過攝影文件而實現。傳統的行為藝術已經越來越仰賴於攝影，藉此定住某一個動作的表現（Stile and Selz 1996:693）。這項改變首先出現於辛蒂‧雪曼（Cindy Sherman）自一九七〇年代末的攝影作品裡，她透過攝影紀錄自我轉化的行為來述說廣泛的社會議題（Stiles and Selz 1996:693）。在結構型設計師手中，攝影也成為時裝秀的基礎，來強調出服裝的多樣表現形式。在時尚領域，馬傑拉也希望找到某種媒介以達成類似結果，所以他以頭頂上投射的教學幻燈片取代模特兒，以全錄影印機印出實際服裝的模樣，來取代真實服裝展出，或者以印在三夾板上的服裝作品影像來替代。這個想法，靈感是來自約瑟夫‧科蘇斯（Joseph Kosuth）的觀念藝術創作。如此觀者會思考何者為真實的時尚表現——是服裝本身、服裝設計的理念，或是服裝所呈現的形象？從各種不同的服裝形式定義中擇一。

結構型設計師的時裝秀，通常會選擇在廢置的地鐵站、空曠的停車場或是小型不知名的工作室登場，這些地方的干擾比較少；就這一點來看，結構型與本質型時裝秀的聯繫則更為緊密，因為兩者皆缺乏敘事性或故事情節。

像是馬傑拉這類結構型設計師，多與一些「難搞的藝術家」或名人特質的傳說劃上連結號。他們長年不接受拍照，對於媒體採訪也僅願意以傳真回覆。甚至也不讓自己的名字放在他設計的服裝上，而是以一個空白車標取代，僅以四個角的縫針固定於服裝上（fashionlive. com 2000）。這些舉止讓設計師與他們引領的前衛風格更顯出其傳奇性，馬傑拉的主顧甚至認為自己採購這些服裝，是更近似於一種藝術收藏的行為，而非瘋狂的購物消費。

馬傑拉另一場足以顯現其叛逆風格的時裝秀，是1998年的新裝發表會。他以真人尺寸的傀儡取代模特兒，還為每一個傀儡安排一位

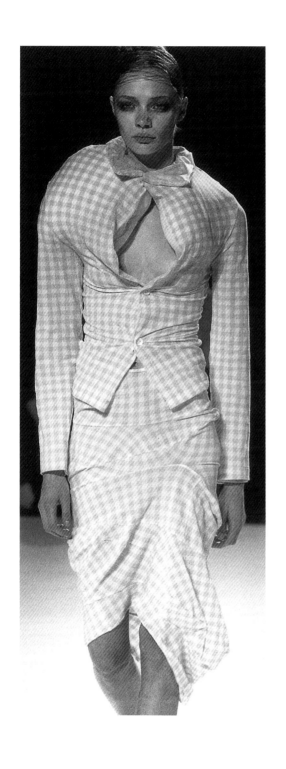

操控者來完成演出。這不禁令人思考：時尚界操控這些吊線的人，是提升了設計師的個人聲望，或者最終還是他們的商標？

　　這些不墨守成規的時裝設計師多數都運用了藝術語彙；馬傑拉與川久保玲經常性地嘗試著轉化極簡主義、抽象表現、後現代主義與解構主義，並將其融入可供穿著的形式中。馬傑拉在1997年推出的春裝發表會，在最後的設計成品上車縫了假的標識，令人開始領悟到服裝成品背後的結構，並將他對於形式的關注提升到另一個新的層級。川久保玲也經常無視於功能考量而將服裝解構——一件服裝不能展開，而必須像圍裙般穿著。

　　馬傑拉與川久保玲的創作，讓他們獲得藝術界的強烈關注。尤其是川久保玲，當她在紐約雀兒喜區開設了新店面，選擇與當代藝術畫廊比鄰而居，而不是在知名的購物大道落腳，卻鼓動了一股追隨熱潮。這個大膽的舉動讓她與藝術投資者愈加親密，也因此有人說她是將目標設定在消費者「將藝術穿上身的渴望」（Aláez 2000:18）。這種詮釋結構型設計師的服裝設計為一種「可穿戴的藝術」，促使人們可以將其成果解讀為時尚、藝術及行為創意。

論述型

諸如蘇珊·西亞西羅（Susan Cianciolo）、米格·阿朵夫（Miguel Adrover）以及伊蓮娜·巴喬等設計師，套用了一九七〇年代那種可能引起政治上激烈反應的行為，打造出充滿社會評論意涵的時裝秀。相較於同時期的時裝產物，這些時裝秀較難為大眾所理解，它們其實更像是一種公眾的抗爭行為，是針對意義較深

6.　Comme des Garçon，1997年春夏，團塊系列。

遠的議題，好比皮草、肉體象徵與時尚產業等提出評論。論述型設計師所創造的環境與展示會反映出某些對抗性的想法與訊息。

在五種類型設計師中，論述型時裝秀是最接近一九七○年代的事件與行為藝術。如同早期的行為藝術家，論述型設計師也將創作焦點放在某種訊息的傳遞，因此他們對自己作品的定位，是擺脫那種只著重服裝形式的設計與消費主義（Stiles and Selz 1996:679）。在一九六○年代中期前，許多即興藝術表演的理論性目標已經庸俗化到變成一種取悅大眾的通俗娛樂，導致艾倫·卡布羅（Allan Kaprow）這類藝術家擁抱一種沒有觀眾的私人事件（Stiles and Selz 1996:682）。同樣為了避免與膚淺的娛樂有所瓜葛，論述型設計師在規劃時裝秀時既沒有精心製作的舞台佈景與效果，而且也只邀請某些特定的族群。

這類時裝的重點不在於它們是如何被設計或組構，而是在於它們如何被理解（Hallander 1975:311）。人們對於設計師與其系列作品的理解，可能受其服裝設計、時裝秀風格所影響，或者兩者皆有。某些設計師會選擇透過服裝來傳遞訊息，但其他人則多數是透過時裝秀來表達。米格·阿朵夫、馬特·丹哈佛（Matt Damhave）與泰拉·薩布科芙（Tara Subkoff）的「仿效耶穌」（Imitation of Christ）以及蘇珊·西亞西羅，在當時率先將重點放在服裝上，將其視為傳遞訊息的媒介。他們採用像是挪用、再生、重建與「自己動手」的時尚風，顛覆了時尚產業奉行的規則。

阿朵夫套用在服裝與配件上的挪用風格，是將某個已存在的Logo重新改造後應用於自己

7. 米格·阿朵夫於2000年秋冬推出的博柏利（Burberry）洋裝。

的設計中，且讓它有相當明顯的關連性；例如將一個舊的 LV 商標包割開後再重新縫合，讓它變成洋裝的上衣部分。另一件作品則將博柏利（Burberry）的風衣內外反穿，把正面當成背面，作為外套式洋裝來穿，此舉更讓博柏利揚言要提出告訴。如同雪莉‧李文（Sherry Levine）聲名狼藉的挪用風格，表現出對於崇高著作權的不認同。儘管它有著反時尚的動機，但無論如何，還是應該受到關注；阿朵夫詮釋中城（midtown）人士穿著風格的詼諧手法，讓他贏得 Vogue/VH1 的年度前衛設計師大獎，並且登上了國際媒體的封面。

另一個備受矚目的品牌是「仿效耶穌」，是由馬特‧丹哈佛與泰拉‧薩布科芙擔任設計師。他們與阿朵夫有志一同，選擇通常帶有手寫宣言的再生服裝作為傳遞訊息的媒介。這對雙人組的使命，是「讓整個膚淺的流行產業脫離常軌與其現狀」（Wilson 2000:7）。其他隱含於設計中的訊息還有：「沒有任何品牌是崇高而不可侵犯的」、「別崇拜錯誤的對象」、「重複是致命的」、「古馳是貪婪的」以及「無正當理由，不許縐褶」（Wilson 2000:7）。設計師們還改造了聖羅蘭（Yves Saint Laurent）的復古 T 恤，寫上了「Bring me the head of Tom Ford」，也就是將湯姆‧福特的人頭提來之意。湯姆‧福特原本是古馳的首席設計師，後來跳槽到聖羅蘭。這類宣告其實是有爭議性的，但時尚媒體卻將它炒得火熱。

即使仿效耶穌的時裝秀沒有創造出上述幾種煽動性訊息，他們的表演同樣以一種激進的手法，表現出反叛顛覆的態度。在他們 2001 年的新春發表會上，只邀請了六十位來賓參與，並使出了聰明的公關噱頭；他們安排這些受邀貴賓赴紐約一家葬禮招待所出席時裝秀，整場走秀的表現也有如守靈一般，但扮演服喪者的模特兒卻一邊展示著繃帶與血淋淋的手腕。後台給予模特兒的演出指導則為：「帶著憂傷緩步慢行，不要擺出時尚的姿態。請暫停所有多愁善感的表現！」（Kerwin 2000:196）

設計師蘇珊‧西亞西羅同樣也是透過這種非傳統式的時裝秀，突顯出她「廢物利用的時髦」設計風格。她不僅曾經透過沉睡的模特兒發表一系列的設計，而且經常將設計的某些程序留給消費者來完成。舉例來說，她開發了一套「自己動手做牛仔裙的套件」，以滿足那些不想跟隨時尚主流的前衛都會人的需求。

此外，西亞西羅還曾經於紐約的畫廊，例如安得烈‧羅森（Andrea Rosen）、亞立格（Alleged）和巴黎龐畢度中心舉辦過發表會；而且她跟藝術的關係還不僅止於發表場地而已。她甚至還導演過一部影片《支持墮胎／反粉紅》（Abortion/Anti Pink），最近她更宣告將退出時尚界，專注於她的藝術創作（www.mu.nl 2000）。

阿朵夫、仿效耶穌與西亞西羅在創作中，對時尚總是要催生出「新事物」的壓力不以為然，他們從舊東西中尋找資源來利用，吸引了一批不熱中於新奇性與大品牌的擁護者。

另一種論述型設計師族群則多數選擇透過時裝秀而非透過服裝，傳達他們以一致性與從眾性對抗個體性的衝突議題。這些時裝秀對於時尚的陳規是一種挑戰，也是一種解放。其中，對抗一致性最常用評論肉體形象來實現。

紅或死亡（Red or Dead）這個創立於倫敦的品牌，在他們的時裝秀中不斷重複地否定完美肉體型態。在1999年的秋裝發表會上，他們安排了明顯過胖的男模特兒上場，並掀起他的襯衫，秀出他胸上標示的「unique」（獨一無二）字樣。這個品牌也曾經採用像是白化症與侏儒等另類模特兒，強化他們想要傳遞的訊息。

與紅或死亡一樣，伊蓮娜・巴喬也因為她獨特的時裝秀在地下時尚界獲得極大的關注；這種發表會其實更類似事件，而非時裝秀，而服裝也只是用來傳達巴喬的觀點。在另一個案例中，她還安排模特兒與表演者表演精神崩潰，還一邊朗誦著精神病患的詩歌，甚至詢問觀眾：「這讓你感到不舒服嗎？」然後表演者再回答：「很好」（Belverio 2000）。冒犯或甚至驚嚇那些時尚編輯與採購專家，並非達成商業成功的好方法，但更突顯出論述型設計師為了他們要傳遞的訊息與藝術所做的犧牲。

當時有一群理念相同的藝術工作者組成了「游擊女孩」，提出幽默而激進的訴求手法，如阿德里安・派伯（Adrian Piper）顛覆表演的本質，克里斯・伯登（Chris Burden）在錄像作品中焦慮的暴力行為，巴喬與她同時期的一些論述，也都極力為他們的表演塑造出非常個人化的印象。論述型設計師與其他相同理念的藝術家們因而更加緊密地連結在一起。

論述型設計師或者分別透過服裝、時裝秀，或者結合兩者，作為傳遞個人訊息的手段。這些選擇在特殊場地表演且訴求冷門的時裝秀，都是因為有了媒體的大肆報導，進而吸引買家與其他產業的專家關注他們的作品。

甚者，由於前衛時尚變得愈來愈有利可圖，一些前衛風格的期刊（《Self Service》、《Purple》、《Big》、《Flaunt》）也愈來愈受歡迎，在尋找「下一個大事件」的企圖下，記者與買家對於非主流時裝秀同樣緊盯不放。發表會愈是具有顛覆性或怪異，愈是能吸引注意；得到如此關注幾乎等同獲得成功的結果。

由於多數的論述型設計師都被歸類為「新銳」，打的是年輕品牌，伴隨著他們設計訊息而產生的聲名狼藉效應，值得深思。一旦這些設計師在主流時尚界獲得了肯定，他們得冒著喪失創意主導權的風險，在多方壓力下，將自己的品牌商標轉售給大型企業集團或企業金主。才推出了幾季作品的阿朵夫，近期就已經被飛馬（Pegasus）服裝集團收購了；但現在還不能斷定他是否會因此而改變設計風格。

結論

其實行為表演一直存在於藝術界，只是在一九八〇年代，以時間為基礎的行為藝術與錄像不是那麼興盛時，它退到了一個以高消費產品作為訴求的位置（Rush 2000:31）。評論家暨行為藝術史學者羅斯理・高伯格（RoseLee Goldberg），將他們評論為一群渴望透過不同媒介執行創作的「全新世代」（Rush 2000:31）藝術家。

起飛的經濟，讓一九九〇年代中期多數處於陰鬱氣氛的零售業出現了繁華光景；設計師主導的限量系列產品、美輪美奐的精品店、俏皮又高調的印刷宣傳品，以及時尚史上最懂得門道的顧客（Singer 2000:135）冒出。這些新興消費者不再將前衛或概念式設計，視為必要的時尚品味，如此一來，也讓藝術家的創作範疇

好比有了「一個快樂的全球化棲息地」（Aláez 2000:18），並將時尚、建築、設計與藝術皆涵蓋於內。

在這個棲息地中，胡笙・夏拉揚的時裝作品也可以被視為雕塑品來欣賞，時裝秀與凡妮莎・碧克羅芙特的行為藝術也出現了可替代性。這些案例都闡釋了當代藝術家與設計師為提出持久的個人論述，因而跨越媒材創作的渴望與自在感。透過時裝秀，時尚設計師的角色已然轉化為「如同藝術家的設計師」。

這五種設計師反映出行為藝術對於伸展台演出的種種影響；從劇院、電影與政治抗爭，到弗拉克斯、達達主義的行為與超現實藝術家的技法，一切都已經融入至時尚產品中。

撇開影響與動機的因素不談，這些面向都顯現出一個共同現象下的獨特象徵，那就是時尚與藝術兩者的界線分野已然模糊。無論設計師是運用時裝秀、流行文化或歷史先鋒者，每一步都讓時尚與行為藝術的交集更加擴大。

註釋

1. 雖然所謂行為藝術並沒有明確的釋意，但在羅斯理・高伯格的研究調查裡（1998），一篇標題為〈行為：自1960年出現的現場即時藝術〉的文章中，提供了一些可應用的說明。以下便是直接摘取自該文的三項陳述：「行為藝術是一種以動作表現的藝術——在創作的過程中，觀眾是同一時間、即時地觀看著眼前透過藝術家呈現的具體表演——這種藝術形式，一旦演出結束就不再存在。」（p15）；「這種媒介需要一種『在場性』——觀眾必須在同一時間在場，而創作的內容則是犀利地反映出他們的在場。」（p30）；「就歷史角度來看，行為藝術作為一種創作媒介，是為挑戰並攪亂那種存在於紀律與性別、私人與公眾、日常生活與藝術之間的分界，而且讓它無規則可循。」（p30）

2. 必須注意的重點是，這些類型的劃分並不意味著已

將一切含括在內，在許多分類的嘗試中，可能會出現釋意上的重疊性或例外。在這篇文章中出現的對應設計，是為了針對其靈感與影響力，提供概略性的解說。

參考書目

Aláez, Ana Laura. 'Shopping heads', *Art Nexus* (Bogotá) 36 (April 2000).

Belverio, Glenn. 'Hair and now'. Dutch (Baarn) 25 (January-February 2000).

Davis, Fred. *Fashion, culture and identity*. Chicago: University of Chicago Press, 1992.

Diehl, Mary Ellen. *How to produce a fashion show*. New York: Fairchild, 1976.

Duggan, Ginger Gregg. 'From Elsa Schiaparelli's shoe hat to Torn Sachs' Chanel guillotine: Surrealism's fashionable comeback'. CIHA (September 2000).

Evans, Caroline. 'Masks, mirrors and mannequins: Elsa Schiaparelli and the decentered subject', *Fashion theory: The journal of dress, body and culture* 3, no.1 (1999).

Goldberg, RoseLee. *Performance: Live art since 1960*. New York: Harry N. Abrams, 1998.

Hollander, Anne. *Seeing through clothes*. New York: Viking Press, 1975.

Kerwin, Jessica. 'Taking cues', *W* (New York) (October 2000).

McRobbie, Angela. *British fashion design: Rag trade or image industry?* London: Routledge 1998.

— *In the culture society: Art, fashion and popular music*. London: Routledge, 1999.

Martin, Richard. 'A note: Art & fashion, Viktor & Rolf'. *Fashion theory: The journal of dress, body and culture* 3, no.1 (1999).

Rush, Michael. *New media in late 20th-century art*. New York: Thames & Hudson, 1999.

— 'Performance hops back into the scene'. *The New York Times*, section A, 2 (2 July 2000).

Singer, Sally. 'The new guard'. *Vogue* (New York) 190, no. 5 (July 2000).

Socha, Miles. 'Christmas comes early at Viktor & Rolf exhibit'. *WWD* (New York) 180 no.9 (November 2000).

Stiles, Kristine and Peter Selz. *Theories and documents of contemporary art*. Berkeley, CA: University of California Press, 1996.

Wilson, Eric. 'Miguel's dual reality'. *W* (New York) (May 2000).

www.bozzi.it/ilsito/margf/marging.html. 'Martin Margiela' (2000).

www.fashionlive.com/fashion/catWalk/bio/MMAhome.html. 'Martin Margiela' (2000).

www.metroactive.com/papers/sfmetro/O1.24.00/g1obal-0002 html. 'Amsterdammer Anarchy' (2000).

www.mu.nl/Proiects/present/eng/e susan1.html. 'Susan Cianciolo' (2000).

蓋·柏丁（Guy Bourdin）

生於1928年（法國巴黎），卒於1991年（法國巴黎）

蓋·柏丁主要是因為他刊登於1957年至1987年法國版《Vogue》雜誌的時裝攝影作品，以及為法國品牌查爾斯·佐登（Charles Jourdan）的鞋子與其他商品所拍攝的廣告而聞名。他作品的特色是經常出現超現實的場景，並融合了魅惑、情色與死亡。他的照片宛如陰鬱電影的劇照，或是即將變成夢魘的夢境。蓋·柏丁經常運用垂直線，並缺少延伸的水平線，因而營造出幽閉恐懼般的氣氛。他的作品往往被拿來與同時期的競爭對手赫爾穆特·紐頓（Helmut Newton）比較，但是只有柏丁的照片帶著死亡色彩的調性；他的色彩運用也獨樹一幟——許多甜美華麗的色調，還有大量的暗示性紅色，隱喻著鮮血、危險或覺醒。他偏好與皮膚蒼白的紅髮模特兒合作，同時再搭配她們畫上濃妝的娃娃臉。

柏丁陰沉的畫面構圖有時候與他悲慘的人生和複雜的個性有關。他的父母在他襁褓時期就分開，是祖父母將他扶養長大。他的母親是一位優雅的紅髮巴黎女郎，總共只來探望過一次，後來柏丁再也沒有見過她。柏丁在1961年結婚，他的太太蘇朗若（Solange）在十年之後因為心跳停止（或用藥過度）而死亡。他的第二任妻子希碧兒（Sybille）則以上吊的方式結束自己的生命，而她有好多年幾乎是被丈夫囚禁在她上吊的公寓裡，因為柏丁不許她過獨立自主的生活。

柏丁在巴黎瑪黑區（Marais）的工作室彷彿是一座地牢。整個房間漆成黑色，連窗戶也不例外；與外界完全沒有任何聯繫，甚至一具電話都沒有。上洗手間的時候需要走過搖搖晃晃、老鼠亂竄的木地板。然而，這還只是迎接模特兒最不嚴格的考驗之一，有無數的故事訴說著他如何將自己的權力施加在模特兒身上。有一次，他讓兩個女孩全身塗滿一層黏膠，並鑲上珍珠。這兩個女孩昏厥後，必須迅速去除黏膠才能免於窒息而死。對此，柏丁嘆息道，如果她們死在床上，不知道會有多麼美妙。

不過，有成堆的模特兒排隊等著為柏丁工作。在一九七〇年代的事業高峰時期，《Vogue》雜誌一個月提供他二十頁篇幅，對此他要求擁有完全的掌控權，而雜誌也真的讓他自己主導。到了一九八〇年代中期，他的要求變得愈來愈多，也愈來愈難以滿足。此時，

《Vogue》雜誌的編輯部成員已經改變，時代的精神同樣有所不同，時尚攝影走向較為自然的趨勢，柏丁的照片開始遭到否決。

柏丁的晚年受到憂鬱症的折磨，呈現退隱狀態。他在1991年過世，死因應該是癌症。柏丁大部分的作品都已經遺失，他既沒有賣給收藏家，也不熱中於將之出版；他想做的只有拍照。他曾獲頒法國國家攝影大獎，結果卻拒絕領獎。

參考資料
— Gingeras, Alison. *Guy Bourdin*. Boston/London: Phaidon Press, 2005.
Sante, Luc et al. *Exhibit A: Guy Bourdin*. Boston: Bulfinch Press, 2001.
Verthime, Shelley and Charlotte Cotton, eds. Guy Bourdin. London: Victoria & Albert Museum, 2003.

圖片：
1. 蓋·柏丁，羅蘭·皮耶廣告攝影，1983年夏季系列
2. 蓋·柏丁，攝影作品，1978年
3. 蓋·柏丁，查爾斯·佐登廣告攝影，1975年春季系列
4. 蓋·柏丁，查爾斯·佐登廣告攝影，1975年夏季系列

Apollinaire

Poèmes à Lou

précédé de Il y a

羅賽特 · 布魯克斯 (Rosette Brooks)

布魯明戴爾的嘆息與耳語
評論布魯明戴爾女性內衣部門的郵寄目錄

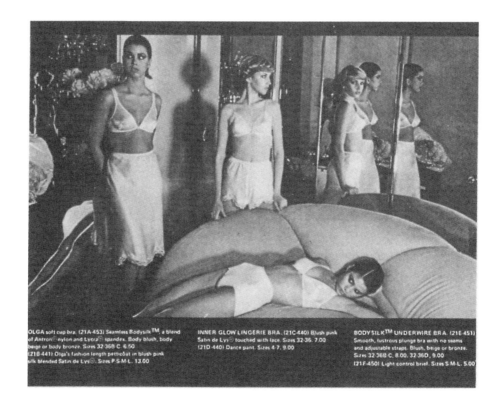

1. 蓋 · 柏丁的《嘆息、耳語和鏡子》 (Signs, whispers and mirrors)，布魯明戴爾百貨公司目錄，1976年

在一九七〇年代末，當布魯明戴爾百貨公司（Bloomingdale's）指派蓋·柏丁（Guy Bourdin）為他們的女性內衣郵寄目錄拍攝作品，他們應該隔天就知道這將成為收藏家的收藏標的。其他兩個七〇年代的大牌攝影師赫爾穆特·紐頓（Helmut Newton）與戴博拉·圖貝依（Deborah Turbeville）的作品，雖然也曾收錄於書中，但布魯明戴爾的目錄《嘆息與耳語》，卻是由蓋·柏丁獨力完成的書。但確切地說，那其實只能算是一本小冊子，包括封面封底一共只有十八頁，十八張照片，而蓋·柏丁的名字也只是以垂直的小字標示於末頁，註明其攝影版權。然而這本《嘆息與耳語》既是蓋·柏丁的攝影作品集，又是會員消費者的購物指南，這對於蓋·柏丁或布魯明戴爾來

說其實有點諷刺。它的訴求直接點出了消費者態度與消費產品形象的分歧，這在現在看來雖然是部分廣告與消費產品趨勢下的典型表現，但在七〇年代中期的當時卻是首見於時尚攝影界。當時廣告世界中產品形象與產品（形體與內容）之間的本質已然改變。

1975年，蓋·柏丁為喬丹（Charles Jourdan）鞋款所製作的廣告，將畫面安排為像是剛發生死亡車禍的現場，而鞋子就掉落在路旁（粉筆畫的人形痕跡暗示了當事人腳穿喬丹鞋）。至於鞋子本身的特質，在這跨頁的攝影圖像中幾乎不可見。產品與產品形象之間的鴻溝，算是拉大到了極限。到了七〇年代末，柏丁這一類的廣告手法，已經讓大家漸漸習以為常，而產品名字到最後更是縮小到如版權標示字眼般

2. 蓋·柏丁為喬丹鞋款拍攝的廣告照片，1975年春季系列

3. 蓋·柏丁為法國版《Vogue》拍攝的照片，1972年3月

大小，讓人幾乎以為廣告業主轉而擔任起時尚攝影作者的贊助者角色。

當廣告影像的角色偏離了單純的確信屬實形式，廣告攝影師與廣告主之間的關係也變得更複雜了。蓋·柏丁已經達到了可自由表述的新境界，甚至可對布魯明戴爾提出配合要求，反之亦然。柏丁與赫爾穆特·紐頓一樣，都為《spreads》工作，有時其作品甚至佔了十頁之多。不過，紐頓的攝影系列傾向於透過敘事性表現出統一調性，而柏丁的攝影雖然也帶點敘事性的意味，但卻很少有故事情節出現其中，他的廣告作品傾向透過一種形式上的趣味性、主題或主旨，讓連續出現的跨頁廣告形成一種統一性。在《嘆息與耳語》中，這種特色表現於空間的劃分上。由於是女性內衣產品，廣告的場景多數是在臥房內，他多數會利用牆、門板、窗戶與鏡子，從中間垂直地切割畫面空間。這個居中的切割，是為了探索橫跨兩個頁面的圖像之間，在空間與短暫時間上的連續性與非連續性。而照片的去中心化處理，有一部分是為了方便於下方橫欄列出服裝細目，但也反映了一種自我掃視行為。這些影像成為在空間與空間之間，圖片與圖片之間移動的隱喻。透過一個掃視動作，我們從這個房間移到另一個房間（以牆與門板區隔），從室內移到室外（以窗戶區隔），從現實移到映影（鏡子）。跨頁的安排，通常也看似透過鏡子反映出對頁；門板也讓畫面看起來像是翻了頁一般。這種圖像對稱手法，同時反映出要在同一個畫面中出現穿兩套衣服的需求，以及基於這種需求下產生的戲劇性。在同樣的需求下，其他的內衣攝影師可能會採用非對稱的手法（以前景與

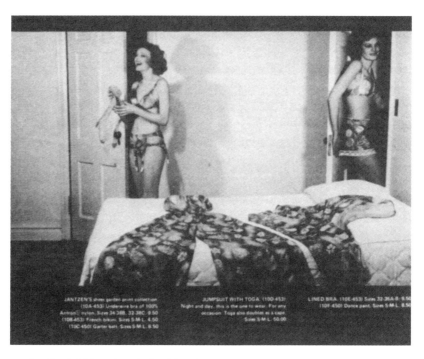

4.　蓋·柏丁的《嘆息、耳語和鏡子》，布魯明戴爾百貨公司目錄，1976年

背景區隔），安排兩位女性在畫面中出現，一位穿著睡衣與睡袍，另一位則只穿著睡衣；這樣的安排對於郵寄目錄而言，看起來至少比較沒那麼怪異。然而柏丁卻用了對稱的手法將非真實的場景戲劇化，同時還帶著點女同性戀主張的弦外之音，並且加強女性消費者站在有利位置觀看自身形象時，那種怪異的性暗示與自戀感。而他不僅不讓這種安排顯得自然些，反倒在安排畫面構成時，藉助調整攝影裝置創造出某種時尚攝影的古怪性，讓消費者彷彿像是從遠距離觀看，無法看清影像的內容（產品），藉此創造出影像的奇異感。

從女性襯衣的頁面翻到睡衣的頁面時，我們看到畫面從現實進入鏡中映影，原本兩位女性的安排也變成一位女性與她的倒影；原有的期待持續地被推翻，橫跨至相片空間裡的單純關係也持續地被否定了。原本在畫面中央以窗框作為切割的佈局，到了下頁，又變成以一道牆隔開兩間房。跨頁版面上，中界線很明顯地存在，就好像是電影投射時跳格時出現的邊線。掃視的動作因而中止。消費者原本該直接落於畫面中央、產品的真實特質或者女性肉體上的目光，轉移到那個框界線，到那種頁面安排上；雖說，消費行為的現實性還是一如既往地橫跨於廣告影像的攝影片上，但那種魅惑力在此不是作為性慾的中性索引詞彙，而是作為虛幻感的極致渲染。那種模糊隱約與密閉空間感，讓光芒與魅惑似乎滲透到影像中，這比開門見山地強調出人們欲求物的手法更有感覺。（他全神貫注於女性倒影的做法，反映出對於兩項欲求物——產品與女人之間——的區隔。）

七〇年代時尚攝影最為人所知的特色，在於它對於性的直述，而柏丁與紐頓的作品在這方面的表現可謂旗鼓相當。不過柏丁採用相似物的做法，用意就是要沖淡人們對於他畫面裡模特兒的立即慾望。或許這種對於回應性慾的中介物，也反映出這些為女性消費品而設計的女性形象裡那曖昧隱晦的性暗示。他不是讓畫面中的人物像時尚模特兒般，來突顯其時尚的特色，而是將一般在時尚攝影中受到壓抑的部分，透過時尚—形象—消費的層面強調出來，將女模特兒的角色份量轉移到風格型態（如個體特質般戲劇化）。那些影像無疑帶著情色性，但他讓畫面中蔓延的死寂感（魅惑力在柏丁的攝影中意味著「舊」），與所有在表面上明顯可見的魅惑與虛飾，產生情色的連結。這截然不同於當時時尚攝影界那種以男性為主導，普遍將所有肉體的挑逗幻想視為重心的做法。

柏丁發現了一個情色聯想的新切入點，它更接近於他自身關注的焦點，也就是攝影本身。照片戀物癖在時尚攝影中並非新鮮，不過有許多攝影師抱怨工作帶給他們的可能傷害之一，就是讓他們於工作期間，對於「真實」的性愛接觸缺乏情慾衝動。這讓時尚／性慾影像不再出現新奇感，但多數時尚攝影師仍將此設定為直接的滿足，是以男性思想為中心的情色影像；然而，在柏丁的作品中，聚焦的焦點已從肉體／產品身上轉移。快照在柏丁的作品中也起了很大的作用。在《嘆息與耳語》的某一組影像中，有三台拍立得相機（他自己的？），就固定在鏡子的邊框上，藉此記錄著模特兒所處的世界裡，那種虛構幻想的表淺

5. 蓋‧柏丁為喬丹拍攝的廣告照片，1978年春季系列

性與空間的安排。這些模特兒對於「我們」的存在，不是全然知情也不是全然不知情；也沒有掩飾與偽裝，畫面即代表攝影師是在場的。是他的凝視帶出了那種實質且情色的聯想。模特兒（床）佔據的空間不是一個情色邂逅的真實空間，而是一個介於想像的空間，是介於壁紙圖案與它的倒影，介於即時的鏡頭畫面之間。那些影像變成一種反射，反射出那個想像產品與自我控制的過程。廣告開始進行自我反省。因為那種美學的感知試圖將它原本具統御力的觀點給摒除，這讓拘泥形式者開始出招，並與影像文化的經濟核心體合作，主張在藝術領域中，應當對影像內容的立即感知的不確定性有更高層次的表現。

這種趨勢反映出消費者態度的轉變，其中包括消費行為的美學思考，還有視依戀時尚如束縛，視魅惑如錯誤示範，以及將風格視為重複性的一種附加情緒。與展示風格的創新性相反，布魯明戴爾廣告目錄上出現的衣服很明顯是舊式風情；而這可能正是一九七〇年代的特色。在當時經濟蕭條與產業崩盤的時代背景下，媒體報導大量激增以刺激景氣，而時尚攝影也因為相關產業的衰退與分裂，相對出現熱絡的需求與發展。在六〇年代新穎性相當於富足的代名詞；但七〇年代需要的是另一個詞彙，是可以將消費者的喜好扭轉為舊式風情的訴求，是可以賦予舊式產品新的形象。此時，風格表現的重點不再是你所穿的衣服，而是打扮的方式以及個人態度所塑造出的形象——這與自我展示之間維持著相當的差異性。時尚重心從產品轉移到產品形象，已經是不可否認的變化。如果將時尚雜誌《Vogue》

在六〇與七〇年代出刊的厚度相比較，可以發現一個在七〇年代出現的新重點。它已經變成時尚產業中一個獨立且半自主的區塊，就是它以自己的力量創造出來的娛樂形式，也可能是一種藝術。在這種媒體曝光量大增的情況下，柏丁的作品不僅可以被接受，甚至被認為是不可或缺的。廣告的角色也隨之產生變化。在幾近氾濫的廣告與報導中，柏丁這種顛覆消費者預期的表現，至少可以讓讀者的目光停駐於這些版面上。它未必千篇一律地只是對產品肯定有加，但更重要的它讓整個消費模式出現了一條捷徑。對於七〇年代的消費版面，能夠讓人們的目光停駐，比讓他們繼續往下瀏覽來得重要。而柏丁的空間配置安排，猶如「為捕獲目光而設下的陷阱」。心理分析大師拉岡（Jacques Lacan）在評論漢斯·霍爾班（Hans Holbein）的畫作《大使》（Ambassadors）時也套用了這種說法。他發現，那個盤踞於畫面前景，從正面看來像是半抽象陽具的形體，在瀏覽的觀眾眼中，就像是人類頭骨的變形。那種讓陽具上出現死人頭骨的畫面，對於柏丁的影像來說，也是一種貼切的隱喻。這種戲劇化攝影表現的行為，讓它有如一種趣味、醒目的過程，讓他拍出來的照片成為「小死亡」（little deaths，性高潮後的暈眩感，比喻人們受到極大震驚後導致身體內某部分死亡），阻隔了消費者欲望的推進。

赫爾穆特·紐頓（Helmut Newton）
生於1920年（德國柏林），卒於2004年（美國洛杉磯）

赫爾穆特·紐頓本名赫爾穆特·諾伊施塔特（Helmut Neustädter），是二十世紀頂尖的時尚與人物攝影師之一。他在柏林長大，十二歲那年買了人生第一台相機。十六歲遭學校開除，因為他疏於課業，只對游泳、女生和攝影有興趣。

在時尚與劇場攝影師伊娃（Yva，又名Else Simon）旗下擔任學徒之後，紐頓在1938年為了逃離納粹而前往新加坡，在當地一家報社擔任攝影記者。然而他在兩個星期之後就遭到開除，因為他不適合新聞報導所要求的快速攝影。紐頓的專長在於相反的那一面：細心風格化、光鮮華麗的演出。

一九四○年代，紐頓住在澳洲，並取得澳洲公民資格。他開設了一間簡約的攝影工作室，成為自由接案的攝影師，客戶包括《Jardin des Modes》、《Queen》，以及《花花公子》（Playboy）等刊物。後來他和太太茱恩（June，別名愛麗絲泉）遷居巴黎。1960年左右，他開始為《Vogue》（主要是法國版，不過也包含義大利、美國與德國版）、《Linea Italiana》、《Elle》、《美麗佳人》（Marie-Claire）等雜誌拍攝時裝照片，還為《明星週刊》（Stern）與《生活》雜誌（Life）進行採訪。從一九六○年代到八○年代，紐頓的創新風格可說是深具權威性。

紐頓喜歡挑釁、進行操縱。例如，他的「大裸」（Big Nudes）就是以紅軍派（RAF）恐怖份子站在純白背景前的照片為基礎而發展出來的；在人物攝影中，他喜歡在鏡頭前人物身上的某個黑暗特徵中做出暗示。不過，他主要著迷的是各種層面的權力——金融、政治或性。他的時尚攝影作品通常也具有露骨的情色主題，而且往往隱含挑釁的意味。女性主義者指控他厭惡女人，但紐頓對此嗤之以鼻。他將他的女人視為勝利者。他最喜愛的模特兒類型擁有高傲、性解放的外表，甚至有點墮落——也就是看起來似乎掌控了一切的冰山美女。時尚與隨性的性愛連結在一起，不帶情緒，也無關財富。

紐頓的冷酷風華都呈現在普通的場景地點中，有幾個快樂的人來來去去：游泳池、高檔飯店的大廳與房間、海灘或城堡，並搭配豪華房車、古董與珠寶等道具。

紐頓為新型福斯金龜車的廣告設計了「情色汽車」（Autoerotic）系列攝影作品，金龜車成為以時髦年輕人為對象、充滿性愛動力的新鮮玩意：在一條緞布底下，接著

以縮小版駛向保護美女雙腿間的「車庫」。

紐頓不把自己當作藝術家，而是一名商業攝影師——或者如他所稱，是一名「持槍殺手」。2004年他在洛杉磯因車禍喪生。

參考資料
Gingeras, Alison. *Guy Bourdin*. Boston/London: Phaidon Press, 2005.
Sante, Luc et al. *Exhibit A: Guy Bourdin*. Boston: Bulfinch Press, 2001.
Verthime, Shelley and Charlotte Cotton, eds. *Guy Bourdin*. London: Victoria & Albert Museum, 2003.

圖片：
1. 赫爾穆特·紐頓，Blumarine，1994年
2. 赫爾穆特·紐頓，提耶律·米格勒，1998/1999年秋冬
3. 赫爾穆特·紐頓，聖羅蘭，1992年春夏

Fashion and globalisation
時尚與全球化

博柏利（Burberry）

湯瑪斯・博柏利（Thomas Burberry），生於1835年（英國多科），
卒於1926年（英國胡克）

充滿英式風情的品牌博柏利已經成長為全英國最大的
奢侈品公司，這要歸功於1997年上任的管理團隊，以及
2001年出任設計總監的克里斯多福・貝里（Christopher
Baily，1971年出生）。新產品、新系列以及新廣告紛紛推
出，貝里開創了一個不同的設計走向。貝里曾就讀倫敦的
皇家藝術設計學院（Royal College of Art and Design），
畢業後前往紐約，在唐娜・凱倫（Dnna Karen）旗下工
作。執掌博柏利之前，他受雇於古馳幾年，負責設計女性
產品線。他的創作方法顯示出他大量參與設計過程，以及
對細節的熱愛。博柏利的經典格紋是該品牌數十年的特
色，貝里卻從2001年開始捨棄，為博柏利注入了新生命。
儘管做了這些創新的舉動，貝里依然維持博柏利不受時代
影響的風格，並將品質與功能性擺在第一位，顯示他還是
忠於這家時裝公司的傳統。

當湯瑪斯・博柏利（1835-1926）創立這個品牌時，
他心中的想法是製作高品質、實穿的服裝。他在一八八
〇年代開發出革命性的防水、防風布料，名為軋別丁
（gabardine），並於1888年申請了專利。博柏利運用這種布
料創造出適合活躍戶外生活穿著的設計。三年後他在倫敦
開設第一家店，地點就在目前博柏利總部的所在位置。到
了二十世紀初，他在紐約等地繼續展店，擴大他的連鎖版
圖。就在此時，博柏利為英國陸軍設計了新的軍裝。第一
次世界大戰期間，他的雨衣被軍人穿到戰場上的壕溝，因
此贏得了「戰壕大衣」（trench coat）的傳奇性別名。

第一次世界大戰過後，博柏利戰壕大衣成為既時尚又
實穿的服裝。1924年，戰壕大衣加上了早在全球各地被
競相仿效的博柏利格紋，而紅、黑、白和駝色交錯而成的
格紋依然是該品牌的同義詞，也符合英國鄉村風格。一直
到第二次世界大戰之前，博柏利都將重點擺在外套上，不
過接下來的幾十年，經典格紋也開始運用在雨傘、行李箱
和圍巾上。一九七〇年代，博柏利在美國站穩了腳步，八
〇年代則在日本大受歡迎。此後，博柏利成長為全球性的
時尚帝國，在服裝產品線之外也推出了一系列香水。

泰德・波西莫斯（Ted Polhemus）

地球村的世界該如何穿著

1.

顯而易見，即便偉大、且有遠見的馬歇爾‧麥克魯漢（Marshal McLuhan）也無法預見他於1962年提出的「地球村」（Global Village）概念竟會成真。除了大眾媒體興起與互聯（麥克魯漢畢生致力於研究大眾媒體的源起）的現象之外，全球網際網路更打破與消除地理疆域的限制。要證明此點不難，只要透過Google等搜尋引擎，鍵入「地球村」，就會得出2,910,000個搜尋結果。重點是你可以在世界各地任何一個角落進行搜尋，而且不論你在哪裡搜尋，都可獲得來自世界各個角落的答案。如今人們可以在網路世界裡任意邀遊。實體世界的地理區域已變得無關緊要，甚至變得陌生，這正是麥克魯漢預言的世界。

同時，電子大眾媒體與全球網際網路將地球連結成單一的訊息交流網絡，這股勢不可擋的全球化趨勢使得西方世界的制度、文化、態度、想法以及有品牌的產品佔據了地球各個角落與空隙。如今，在莫斯科、布宜諾艾利斯、雪梨以及班加洛等地的任何一個人，都可以在相同的速食連鎖店享用相同的餐點，駕駛相同的房車，觀看相同的電影，與相同的電腦軟體奮戰，暢飲相同的啤酒，追隨相同的流行偶像，穿著相同的衣服、鞋子和手錶。換句話說，現在的世界不僅相互連結，文化上更是持續不斷地融合與整合。

但很明顯地，這世界也變得更為多元、更強調獨特性，就實際意義而言，在地化的重要性更被凸顯。在前些年的科幻小說電影中都會出現以下的場景，每當太空船上的太空人透過視訊電話和地球連繫時，地球（或其他星球）便無可避免地被形容是受到某個明智的「聯邦」所統治、且具有同質文化的世界，每個人都是這世界的公民，這種想法所代表的意義在於，在遙遠的未來，所有人都應有這樣的認知，捨棄過時的地方差異性，地球終將統合成毫無差異的單一實體。這正是所謂的地球村或全球化意識，這是第一步，接下來便是藉由去除地區或民族之間的差異性，達到同一性、國際一致性。這是科幻小說家所描繪的未來

2.

3.

1. 迪賽，「愛自然」廣告，2004年
2. 爪哇北岸色彩豐富的蠟染風格，攝影：Collection S. Niessen
3. 秘魯的傳統儀式

世界，他們甚至大膽預言，未來每個人的穿著都將趨向一致。但這點他們可是大錯特錯。

或許是對於全球化浪潮的反動，如今人們對於地區或國家認同的重視程度可說是前所未見。在「西方世界」更是明顯[1]，我們對日本的壽司、爪哇的蠟染畫、香港的功夫電影、阿根廷的探戈、東非的串珠首飾等物趨之若鶩，原因就在於它們在文化層次上擁有的他性，沒遭受到無可阻擋的全球化潮流的侵襲與淹沒。因此，我們就如同新世代的朝聖者，比過去更常出門遠遊，旅行到更遙遠的他方，極力追求與我們自身完全不同的生活方式。一方面我們期望其他地方的人們購買我們產品，以拯救我們的經濟與工作，另一方面，我們卻又極度渴望（雖然困難重重）世界上其他地區仍維持著原有的獨一無二的異國風情。

這種對地方特性的堅持並非單純僅是「我們」與「他們」之間的對比，至今西方對異國文化的熱愛程度絲毫未減。但即使在西方文化內部，仍未發生國家或地區文化差異性消失、形成單一文化實體的情形，儘管這種發展趨勢曾經看似不可避免，但終究未發生。相反地，以歐盟（European Union）為例，或許在經濟與政治上可以推動進一步的整合，但是民族認同，甚至是最小區域的地方認同不僅依舊存在，甚至會更加重要——要是存在於大眾的想像中就好了。

這種民族認同從來就不是客觀的社會事實。它們是方法論、是虛構的想像，一旦說了出來就顯得荒謬可笑（在本篇文章中也會顯得太過明顯），但是它仍保有強大的力量，甚至影響了自認太過理性或政治正確而無法接受這種粗糙刻板印象的我們。請想像以下的情景：一位德國女子前往義大利度假，期間邂逅了一位義大利男子。也許德國女子（可能已經看過馬斯楚安尼[Marcelo Mastroianni，1924-1996年，義大利男演員]主演的多部電影）以為所有的義大利男人都是浪漫的情人。也許這名義大利男子（曾聽說荷蘭是相當自由的國家）認為所有的德國女人都很「隨便」，而且（來自一

4.

5.

4. 非洲馬賽族的穿環時尚
5. 里約熱內盧的巴西嘉年華，攝影：蓋‧莫貝利（Guy Moberly）
6. 夏威夷女舞者
7. 穿著蘇格蘭短裙的男人

個過度冷靜的國家，就如同其他北歐國家）對拉丁式熱情敬謝不敏。或許他們都發現到，這種民族刻板印象錯得離譜。又或者變成了自我實現的預言？

不論我們對於這種顯然未經過驗證、而且過於武斷的國家或地區的刻板印象有多強的免疫力，事實是我們永遠不可能不被影響。這些都是可笑的陳腔濫調，在意識以及口語層次上我們無法接受這些概念，但是它們依然在無形中悄悄地影響了我們的生活。現在請你打開世界地圖，閉上眼睛，把手指指向地圖上的任何地方。無論你指的是哪一個國家，你的腦中便會浮現出一些無事實根據的形容詞：無聊、性感、危險、有效、混亂、懶惰、骯髒[2]、熱情、外向、嚴肅、奇怪、壓抑、隨性、冷酷、優雅、呆板等等。雖然多數人在說出這些可笑的形容詞之前會思考再三，但是我們得坦白承認，這些形容詞一直潛伏在我們內心深處，對於我們行為的影響力遠超出我們願意承認的程度。換句話說，世界沒有形成連續性的、

無差異化、同質性的整體。所在地點仍傳遞出某些意義，這些意義儘管是陳腔濫調、刻板印象、憑空想像、未經證實的，但仍持續地左右我們，影響我們的消費選擇（特別是時尚設計，之後我們會談到）。

即使我們並非真的與來自其他國家的人談一場假期戀愛（摸著良心自問，有多少人可以大聲說自己從未有過這種浪漫幻想？），當然我們在選擇度假地點時，多半是根據對於某個國家或地區未經客觀驗證的認知。如今觀光旅遊已經成為全球規模最龐大的產業之一，儘管全球化浪潮席捲而來，但是這產業之所以形成正是因為文化多元性的存在，消費者追尋的是他性的獨特形態，希望能親身體驗在自身生活中不曾存在的異國性。我們到某個國家旅行，必定抱持著某種神祕的期待，相信自己可以找到某種東西。當然，就像之前我們假設的那對伴侶，這種經驗會迅速瓦解掉建立在錯誤事實之上的期望，但是任何理智的國家都會盡最大努力編織自身專屬的國家神話，將自己

6.

7.

湯米・席爾菲格（Tommy Hilfiger）

生於1951（美國艾邁拉）

參考資料

Hilfiger, Tommy. *All American: A style book*. New York: Universe Publishing, 1997.

圖片：

1. 湯米・席爾菲格，形象廣告，2005年
2. 湯米・席爾菲格，形象廣告，2003年

美國設計師湯米・席爾菲格1951年出生於位在紐約市外的艾邁拉，是一位自學成功的設計師。他的事業生涯一開始是擔任業務員，不過很早就開設了自己的店「人民之家」（People's Place）。到了1975年，席爾菲格的名下至少有七家服裝店。四年之後他遷居紐約，1984年就在大蘋果創立了個人品牌湯米・席爾菲格。它旋即成長為美國最大且最知名的品牌之一，足以與卡文・克萊（Calvin Klein）以及洛夫・羅倫（Ralph Lauren）相提並論。

　　在一九八〇年代後半期，他以紐約為基地，大量生產以富有的白種美國人為訴求對象的設計師服飾，因此也就是鎖定大眾市場。他真正的突破出現在一九九〇年代初期，當時史努比狗狗（Snoop Doggy Dog）等著名的饒舌歌手都採用這個品牌的產品，來自布魯克林的年輕黑人爭相模仿，也使他的服裝順勢崛起。席爾菲格逐漸將重點擺在這個特定的目標族群上，讓自己的服裝呈現更加休閒的風格，與紐約街頭服飾一致。很快地，全美各地的非裔青少年都穿上席爾菲格的垮褲和上衣。於是全美的服飾店都開始銷售湯米・席爾菲格，品牌的銷售數字也一飛沖天。

　　席爾菲格在一九九〇年代開始從學院風格中汲取更多靈感。在對風格的現代詮釋中，他讓傳統的「常春藤聯盟」（Ivy League）造型重現新生，將橄欖球、冰上曲棍球和航海的元素加以結合，融入他的服裝裡，兼具古典、現代與運動風。他的目標顧客涵蓋了美國社會的各個階層：學童、大學生、商業人士以及運動迷。席爾菲格的設計符合市場上普遍對於高品質、低流行度服裝的需求，因此大為熱賣。在這段期間，經典的席爾菲格特色也發展了出來──經常運用美國國旗以及紅、白、藍三色。幾年之後，受到紐約世貿中心攻擊事件的影響，這個品牌特色讓業績大大提升。

　　拜大規模廣告宣傳攻勢以及持續擴大系列產品線之賜，湯米・席爾菲格帝國目前的成長速度依舊非常快速。湯米・席爾菲格公司就像洛夫・羅倫一樣，不只設計服裝，也開創了象徵美國「生活方式」的整套生活風格。除了男裝、女裝以及童裝之外，該公司也推出配件、太陽眼鏡、手提包、鞋子、香水、游泳產品和家飾品。

TOMMY HILFIGER

國家轉化為某種主題樂園，藉此激起觀光客的興趣去挖掘他期望找到的某些東西。但如此一來便產生了相當諷刺的結果，旅行反倒更加強化了邏輯上錯誤百出的國家刻板印象。

國家就是品牌，因此對於它的認知和受歡迎的程度也會出現起伏變化；它們同樣會經歷流行與不流行的循環。詹姆斯·龐德（James Bond）系列電影正好反映出過去四十二年來地理區域的流行史。每年我們的英雄——說穿了他就是一名觀光客——都會到一個國家旅行（日本、巴西、俄羅斯、義大利、泰國等），他彷彿是一台先進的雷達儀器，顯示出當下最流行、而且是所有時尚且閱歷豐富的男女渴望前往的旅遊地點。然而，無論這種國家品牌多麼不切實際、過於刻板印象、或是憑空捏造（像是不穿細小丁字褲的巴西女性，不是牛仔、足球選手，或探戈舞者的阿根廷男性、不抽大麻的荷蘭人、不喜狂飲伏特加的俄國人、不會衝浪的澳國人、不是浪漫情人的義大利人等等），如今這種國家品牌蘊含強大的力量，對於政治與經濟造成深遠的影響。很明顯地，每個國家品牌的認知會左右它的觀光產業，但這僅是國家品牌（這是當今世界上最有影響力的行銷機制）影響消費選擇的眾多面向之一。舉例而言，德國（雖然缺乏幽默感、嚴肅，但在技術的要求上卻是一絲不苟）讓人聯想到寶馬（BMW），愛爾蘭則是健力士啤酒（Guinness）。但是，除了觀光旅遊產業，沒有其他產業如同時尚般和國家品牌如此緊密地結合。

回顧時尚歷史，它搜尋整個世界，挖掘設計風格的構想，將傳統設計與織品轉化為最新潮的樣貌。然而，人們逐漸被設計背後的深層意義所吸引（其實這個意義是我們自己發明的），而非傳統衣著、織品、或配件的設計美學。我們重視的是這些時尚物品所標榜的「非全球化」意義。源自特定地理區域或民族的服裝或配件，承載了此地區的品牌訊息。在當今時尚界，反映某種另類生活方式的地區或國家品牌特別受到歡迎，而且是以「生活風格」（lifestyle）的形態述說不同於我們自身經驗的生活方式。簡而言之，地區／國家品牌以及時尚其實就是某種形式的人種素描，同時也是對於其他假設存在的生活方式的一種預測，因此在邏輯上兩者是極其相似的。地理區域品牌是透過民族服飾（像是印度的紗麗、巴西比基尼）將品牌象徵意義視覺化，時尚則是定期將地區／國家品牌的敘事織入其烏托邦願景的符號結構中。

為了正確地理解「其他地點」與服裝、配件以及美容產業之間的關係如何，以及為何變得愈來愈緊密，首先我們必須探討與此相關的某些時尚特性，這些特性促成以及刺激這種關係的方法，可說是前所未見。過去五十年，時尚已有了深層的變化，相較於過去年代，如今的時尚幾乎徹底地被翻轉，不僅是服裝的面貌，更重要的是時尚系統本身[3]。在本篇文章的後半段我們會再探討這項轉變的其他面向。但是現在我們要試圖了解，為何時尚受到地區／國家品牌的吸引，在此要特別注意的是，外貌轉變為「陳述」（statement）的程度——時尚轉變成為符號學而非美學現象，以及導致此種功能性轉變的原因[4]。一般而言，人們表現自我方式的轉變，反映的其實是社會結構的深層

變化[5]。

當今時代（定義後現代時期的年代）的關鍵問題在於社會文化認同，以及關於這項認同的敘述方式。直到近期，根據既定的社會文化標準，像是階級、宗教、種族、民族背景等等，「我等之輩」（People Like Us）才在言語上被加以歸類。然而，雖然這種傳統的社會文化分類依然存在，但已不再適合用來描述、形容、以及歸類個人的身分認同。我們不再受限於出身條件，而我們真正的身分認同是根基於態度、願景、哲學思想、渴望以及夢想的差異，這些要素正是行銷人員所謂的「生活風格」，在言語上更難被陳述。

生活風格的核心就在於「風格」這個字，這是代表個人身分認同不可或缺的重要語言。從不斷擴大的風格超級市場中（從廚房用品到手錶、從晚餐到褲子、從汽車到手機都成了時尚設計的範圍，這是先前難以想像的），我們挑選最能精準表明我們所在何處的物品。（這種自我宣傳的方式和其他廣告形式一樣準確與誠實，我們選擇最能精準表明我們希望他人相信我們所在位置的物件。）在視覺層次進行探索以及詮釋自我的過程中，過去購買某些物件只因為好看，但如今購買它們的原因是因為它們「說出」了正確的事情，或是最有效地轉譯了我們所重視、並足以成為自我認同的核心元素的價值觀、信仰、夢想與渴望等。所有的消費物品都歷經此種轉變過程（我們花了好長的篇幅解釋這個年代對於各種形式設計的重視），特別是構成我們自我表現的物件，因為它們是可攜帶的（你不可能帶著新廚房去上夜店）、私密的（自我與外貌之間的連結是極

為立即與親密的，需要特別的承諾。）

時尚陳述可運用兩種獨立且相異的意義系統。第一是風格本身的符號學（顏色、剪裁、樣式、材料、地理或歷史參考等等），第二是品牌符號學，也就是透過品牌或設計師的商標以及整體行銷曝光，精簡表達和傳遞這個品牌或設計師的生活風格願景。就第一個方法而言，假設我戴了一頂黑色貝雷帽（beret，平頂的圓形無沿軟帽，是許多國家的警察和軍隊的制服，更是某些國家精銳部隊的標誌），這個形容詞便隱含某些特定的意義（藝術的、異議份子、垮掉的一代[Beat，第二次世界大戰後出現於美國知識階層中的一種頹廢流派，代表反叛、頹廢、苦悶等「負面」思想]、巴黎人、二十世紀初期、波希米亞等等）。至於第二個方法，如果我說我穿了一件有班尼頓（Benetton）商標的無袖背心裙，那麼班尼頓在過去以及現在的廣告宣傳中所傳遞的生活風格概念（大約是反種族主義、社會與環境責任，但這些社會關懷逐漸與在整合的全球文化體中追求快樂與良好生活的目的不謀而合），便成了自我風格陳述的次文本。

任何有效且成功的品牌會展現出自身地點／地理區域特有的神秘感——因此融合特定的渴望、信仰與夢想（生命可以／應該怎麼過）的虛擬烏托邦主題樂園便因此成形。凡賽斯樂園、迪賽（Diesel）樂園、迪奧樂園、高第耶樂園、洛夫‧羅倫樂園、湯米樂園等都是不錯的度假勝地（就許多層面而言，這些樂園就如同觀光客體驗如神話般的「巴黎」、「威尼斯」、「倫敦」、「阿姆斯特丹」與「峇里島」一樣的真實）。這種「概念品牌」（idea brand）的附加價值（因此而成功）在於它可大量傳遞太

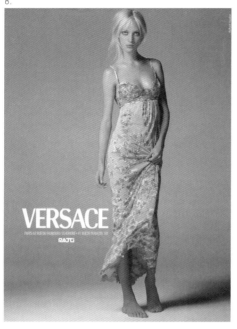

8.

8. 凡賽斯，形象廣告，1996年
9. 薇薇安・魏斯伍德，經典旅館系列，1993年春夏系列
10. 博柏利，形象廣告，2004年

過複雜、難以透過口語表述的生活風格資訊，此外，它更反映了投射於某個虛擬空間的特定生活願景，觸動了足夠數量的消費者到這夢想之地旅遊或購買。

有趣的是，成功的設計師品牌以及成功的地區／國家品牌都是為了相同的意圖和目的：它們代表了某個神話般的烏托邦地方，我們在此可以拋開惱人的日常生活現實，去追求特定的生活風格；它們指涉的是一個可以讓我們逃離一切的主題樂園。（或是借用班尼頓八○年代經典案例，這個地方就如同天堂，透過努力工作與正確的思考消除世界的病痛，便能過著美好的生活。）就如同觀光客／旅行者會選擇在正確的地理品牌地點，寄明信片或電子郵件回家，藉此展現他的生活風格。同樣地，時尚消費者藉由穿著正確的品牌，將此品牌的虛擬主題樂園所內含的生活風格意義，融入消費者

的自我風格表述中。

當然也有例外（接下來我們會探討迪賽這個品牌），不過對多數品牌而言，一個地理或地方品牌的發源地指的是品牌設計師真正所在的國家或出生地，這非常符合邏輯。「真正的」這三個字必須加上引號，因為（根據我們先前的討論）這些地方在符號學層次上已經過重組，與現實幾乎不存在客觀的關係，如果我們比較來自相同國家的兩個品牌，像是亞曼尼和凡賽斯、薇薇安・魏斯伍德與博柏利（Burberry）、湯米・席爾菲格（Tommy Hilfiger）和洛夫・羅倫，便可明顯看出其中的差異。這是因為地理／文化地點只是背景，反映特定的價值觀、信仰、夢想和渴望，後者通常左右了前者的樣貌。

例如：薇薇安・魏斯伍德設計的核心意涵是英式風格（Englishness），但是與博柏利呈現

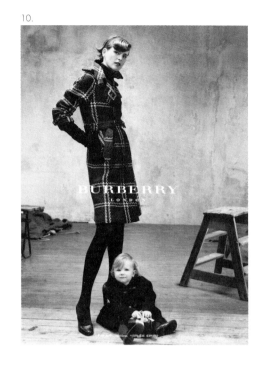

的英國上流社會傳統而直接的風格又有所不同（就好比德瑞克·賈曼[Derek Jarman，1942-1994年，八〇年代至九〇年初極具實驗精神的英國導演]在電影《慶典》[Jubilee]中將英國的未來與過去並陳），魏斯伍德揉和了英國龐克與貴族兩種強烈對比的風格。（同樣地，品牌英國最受觀光客喜愛的明信片，其中一面是倫敦塔或白金漢宮，另一面則是專業龐克的照片，之所以稱為「專業」，因為在英國已不存在這種風格人種，他們都是模特兒。）正如同賈曼的電影，魏斯伍德樂園所呈現的英國是既古老又前衛（後現代），像是一位女王展現出皇室的超然氣勢，同時又透露街頭潮流的時尚風格，鼻上還穿了一個安全別針。

另外我們也可以在湯米·席爾菲格的設計中看到這種古典與街頭風的混搭設計，白膚金髮的長春藤名校畢業生可在此找到當季最流行的街頭時尚，來自貧民窟的黑人嘻哈歌手也可在此找到古典優雅的服裝。這正是美國夢的現代版例證：每個人都可以找到他們追求快樂時想要或需要的一切。另一方面，洛夫·羅倫所描繪的美國，則是用不同方式改寫了歷史，他為這個新興國家注入了獨特的歐式貴族氣息，增添了歷史感。如此一來，令人驚奇的是，美國新富階級達到舊時代相同的財富、贏得古老歐洲的尊敬——背景映襯的是生氣盎然的明亮大自然景色，你可以伴著夕陽悠閒地騎馬漫步。然而，曾經最能代表大西部曠野風格（邏輯上是如此）的李維斯牛仔褲（Levi's），最近也關閉了這個特別的主題樂園，選擇到各地開幕新的嘻哈都市街頭樂園。這預示了某種新現象正在形成，正如同賽門·安霍爾特（Simon Anholt）在《品牌美國》（*Brand American*）（2004）中提到的，國家品牌愈來愈無法吸

11. 湯米·席爾菲格，形象廣告，2004年
12. Polo Ralph Lauren，手編針織上衣搭配短牛仔褲，攝影：courtesy Ralph Lauren
13. 安·迪穆拉米斯特，2003年系列，攝影：唐·雷卡（Dan Lecca）
14. 安·迪穆拉米斯特，2002年系列

引美國地區以外的消費者。

　　正當魏斯伍德、博柏利、席爾菲格、羅倫以及李維斯（曾有一度）等服飾品牌借用既有的地理區域品牌，融入自己的設計中，比利時設計師，像是安·迪穆拉米斯特（Ann Demeule-meester）則是反其道而行，完全解構（或是用「丟棄」的說法）既有的國家品牌認同（有點像是開了國家玩笑，雖無惡意，但缺少了冷酷、性感或優雅）[6]。就和音樂、藝術和電影一樣，在形塑地區／國家品牌認同時，設計扮演了相當重要的角色（未來它的重要性只會有增無減）。然而，比利時的例子與眾不同的是，來自安特衛普的設計師（在某些電子音樂歌手以及DJ協助下）成功地重新塑造他們的國家品牌──在短短數年間，比利時（過去只讓人聯想到淡菜、啤酒、甘藍菜、無聊的官僚

主義以及丁丁漫畫）晉升為頂尖的時尚設計王國，冷酷、性感、前衛的形象成了它的代表。

　　義大利在二次大戰後亦經歷了類似的品牌重新定位，義大利設計師更因此受益匪淺。有趣的是，義大利品牌迪賽已經建立全新的形象，它的精神就是義大利風格。不同於班尼頓創造了統一的全球社群形象，迪賽藉由精心安排的溝通機制，從某個反映特定刻板印象的單一地區移轉到另一個地區，直到所有地理區域品牌（南美、日本、瑞士、西印度群島、印度、非洲等世界各地，除了義大利之外）全都加入迪賽的「這世界屬於你的」（The World Is Your Oyster）主題樂園──在這過程中層層堆疊出特立反骨的後現代反諷，而後達成全球各地迪賽化的終極目標。迪賽曾出版《給旅行者和觀光客的名言金句》（*Essential Words and Phrases*

13.

14.

for Travellers and Tourists），其中收錄了許多實用的翻譯例句，像是「請把發臭的軀殼從臥房移走」、「她的皮膚有紫色光澤」，迪賽試圖將自己定位為居無定所的品牌，不停在世界各個地區和國家品牌之間浪遊，拒絕安定下來。這個獨特品牌的趣味在於，它「真正」的居住地是義大利——世界各地的時尚企業願意付出一切，只求能合法進入這個市場。

不可否認，不僅從設計師的創作中可以看到地區／國家品牌對於全球服飾的影響。在時尚悠久的歷史中，一直以來便是藉由運用在地（通常具有異國與傳統特色）的織品與設計，表達對某個遙遠國度的敬意，但其最終極的目的是凸顯西方時尚的力量、榮耀以及影響力——某一季展現秘魯農夫的刺繡，下一季則是毫不留情地加以摒棄。我們的目的在於：如

果時尚界突然狂熱擁抱格紋、尼赫魯裝（Nehru jacket，高領、釦前胸的緊身長上衣）、蠟染布或是夏威夷印花，並不表示蘇格蘭高地、印度、爪哇或夏威夷瞬間成為時尚世界的一部分。儘管時尚帝國從世界各地蒐集設計靈感，但他們始終認為，世界上的其他地方根本不足以和西方時尚界分庭抗禮。來自世界各地的傳統設計、織品、樣式或顏色類型只是偶爾可以為西方時尚增添「新的樣貌」，但其目的是更加凸顯西方時尚帝國的影響力。

數百年來，時尚一直與法國劃上等號：法國。每年稱為「潘朵拉」（Pandora）（或許是因為它們被裝在盒子裡）的人體模特兒會穿上最新設計的服裝，從巴黎運送至潛在的典雅顧客手中，甚至遠到澳洲和美國。雖然有時會用插畫和照片取代，但不變的是，仍由單一的

迪賽（Diesel）

倫佐・羅索（Renzo Rosso），生於1955年（義大利帕度亞）

迪賽背後的靈魂人物是1955年出生於帕度亞的倫佐・羅索。羅索研讀的是工業織品設計，畢業後在1978年與幾個人共同創立吉尼爾斯集團（Genius Group）。這家公司推出了許多品牌，其中包括Replay和迪賽。

羅索在迪賽這個品牌底下推出創意十足的休閒服飾以及牛仔褲，目標族群鎖定擁有獨立精神、以服裝來展現獨特自我的年輕人。迪賽充滿活力與個性，同時又以大眾為訴求對象。這個品牌的特色是注重細節、採用明亮的色彩，並讓丹寧布展現新生命。由於變化繁多，迪賽廣受年輕人喜愛，很快就成為全世界青年文化的一部份。這個品牌不只代表全球化，同時也散播一種普遍的「生活方式」，並使用類似的語言：「迪賽也是一種心理態度：它意味著對新事物敞開心胸，傾聽自己的直覺，對自己誠實。我們想為我們的顧客提供能夠反映這種態度的完整風格。」迪賽的創意團隊是一群來自全球各個角落的設計師，他們無視於任何規則，將自己視為趨勢創造者，而非潮流跟隨者。在這過程當中，他們將品質擺在第一位；位於設計之前的是最終的產品，而不是過程。從1985年起擔任公司負責人的羅索同樣也根據迪賽哲學來生活：「迪賽不是我的公司，它是我的生活。」

一九九○年代初始，迪賽在全球五大洲的銷售據點著手展開一項國際性的行銷策略。從那時候開始，該公司的規模便大幅成長，在全世界各地的名聲也與日俱增。這主要得歸功於迪賽開創性的廣告；它的廣告不是向消費者強迫推銷產品，而是表現這個品牌認同目標消費族群的生活方式。1996年在紐約開設一家大型店之後，這個義大利品牌也進軍了美國，迪賽這個品名正式建立了它的地位。迪賽繼續擴張之際，亦成立了一些獨立的副牌，例如Diesel Kids、運動系列55DSL、迪賽風格實驗室（Diesel Style Lab），還有一家位於邁阿密的迪賽飯店。羅索後來成為馬丁・馬吉拉和薇薇安・魏斯伍德的授權商，並在2002年與卡爾・拉格斐共同合作，推出他的牛仔系列。近年來，迪賽已經成長為一個國際性的時尚帝國，除了牛仔與休閒服飾之外，同時也推出鞋子、配件、香水，以及化妝品。

參考資料
Polhemus, T. *Diesel: World wide wear*. London: Thames & Hudson, 1998.

圖片：
1. 迪賽，「成功的夢想」，形象廣告，2004年
2. 迪賽，「未來」，形象廣告，2005年
3. 迪賽，「採取行動」，形象廣告，2002年
4. 迪賽，「努力奮鬥」，形象廣告，2003年
5. 迪賽，「成功的夢想」，形象廣告，2004年

DIESEL.COM

1.

DIESEL

THE FUTURE
a musical to believe in.

ACTION! FOR SUCCESSFUL LIVING

KISS YOUR NEIGHBOUR

protest, support and act at www.diesel.com

3.

DIESEL® FOR SUCCESSFUL LIVING

Today we WORK HARD to get dinner
www.diesel.com

4.

地理／文化主導全球時尚。直到二十世紀後半葉，米蘭、倫敦和紐約才成功（但只限於某個層面）挑戰了單一國家品牌獨佔的現象。

隨著世界各地爭相舉辦尚展或時裝周，從墨爾本到布宜諾斯艾利斯，時尚的發展已不限於巴黎、米蘭、倫敦和紐約，然而新聞記者和買家仍得離家、忍受時差、四處參加時尚秀展，這個實務上的困難至今仍是未解的難題。但如果再深入觀察便可發現，時尚界的本質已經有了轉變。特別是巴黎已經轉型為全球設計師聚集地，反倒是法國本土設計受到冷落（不過若就高第耶的例子而言，他之所以持續受到歡迎，是因為他溫和而巧妙地呈現出法國人迷人且逗趣的荒謬）。

不過，如今新一代的國際設計師不再希望自己成為法國人，而是努力凸顯並宣揚他們的原生地：包括三宅一生（Issey Miyake）、里法特·沃茲別克（Rifat Ozbeck）以及祖利·貝特（Xuly Bët）等設計師，大膽地將日本、土耳其塞浦路斯和馬利的元素帶進過去由單一文化主導的時尚設計。在地元素走向全球的現象背後有三層原因：第一，如同先前所說，大眾愈來愈受到文化他性的吸引，這或許是對於全球化的反動。第二，幾世紀以來西方世界始終表現出自大的態度，但我們終究得被迫去面對自身文化的缺陷，同時承認並吸取其他文化或是古老生活方式的精緻處。第三，回到先前我們討論近期時尚系統發生的戲劇化轉變，地理／文化範圍的擴展可視為時尚中心崩解、以及主導單一統合風格的獨裁力量潰散的後果之一。一九四〇年代晚期迪奧的「新風格」或是一九六〇年代初期瑪莉·關的迷你裙贏得了

所有人認同，但如今不會出現這種全體一致的共識。在強調多元性的現在，可以有更多空間接納不同國家品牌以及設計樣貌。

當然，這只是開始。長期而言，對在地特色的追求（再加上時尚系統掙扎著適應後現代生活時所面臨的其他壓力）引發了根本性的結構重組，過去的運作方式將不復存在。例如，雖然只能有少數國家可以成為時尚記者和買家每年兩次固定拜訪的地點，但是否就表示這些穿著暗沉黑衣的人群必須在不同秀展間趕場（對年輕設計師而言，這些時裝秀的花費太過奢侈），在地球村時代這是否顯得太過落伍？想像一下，未來的時尚記者就坐在自己家中，下載來自全球各地的JPEG或DVD格式檔案。當然，時尚界必定對這種想法嗤之以鼻，但是身在消費者清楚知道自己要什麼、並主動出擊的年代，上述理想將會在不久的未來實現，時尚產業的從業人員別無選擇，只能與過去切割，加入電子地球村的未來世界，讓買家得以從世界各地取得最新設計以及設計師的作品。

此外，一個來自過去不屬於時尚界的國家的設計師，要如何在國際上嶄露頭角？困難是可想而知的答案。有些時尚競賽會提供新銳設計師難得的曝光機會。例如，一家名為EVE的組織每年均會舉辦ITS（International Talent Support）競賽（2001年為第一屆，2005年為第四屆），中國、印度、古巴和俄羅斯設計師齊聚在義大利北方的特里雅斯特（Trieste）展示他們的作品，接受國際媒體的採訪，一旦贏得獎金，便有足夠資金推出系列作品[7]。但他們還需要更多的機會。已經有許多重要國家開始

PLEATS PLEASE BY ISSEY MIYAKE

15. 穿著和服的女人，日本
16. 三宅一生，Pleats Please 系列，1998年
17. 祖利‧貝特（Xuly Bät），1999年春夏系列
18. 身著傳統服飾的非洲婦女

投入資金提升時尚教育，但許多努力都被浪費了，如果這些人才畢業後無法得到適當的支援，沒有機會在國際舞台上展示自己和設計作品，這些人才便沒有出口的可能。

當今世界各地的獨立設計師得抵抗國際品牌的龐大經濟勢力，他們面臨的困難是有增無減，因此對於那些來自時尚產業大國之外的設計師來說，他們最希望、同時也最具成本效益的做法是，在國家品牌的保護傘之下合力出擊，國家不應限制他們的設計風格，而是提供物流支援以及——在現今環境中特別重要——國際品牌的認可。從概念以及財務觀點而言（別忘了，如同先前我們所討論的，現在時尚是一個概念／構想導向的產業），達到這個目標的最有效方法，就是同時推動設計以及觀光業，兩者有相互加乘的效果。

對多數國家來說，設計是國家品牌認同的元素之一。決定世界其他國家對於它所出口的設計作品的接受度高低，其中關鍵性的因素便是設計。這不僅僅是好與壞、是與否的問題，每個國家品牌代表某種特定的期望。舉例而言，現在的巴西是非常熱門的國家品牌，但是一位巴西設計師設計了嚴肅而高品質的上班族服飾（類似亞曼尼的風格），他當下就得面臨難題，因為他必須對抗巴西既定的國家形象：海灘戲水以及嘉年華會狂歡。如果其他國家可以真正看到（就像我）巴西設計師的作品，在現有國家品牌的刻板印象限制之內或之外都能夠被接受，就能拓展、並豐富這個國家的整體認知——同時進一步刺激它的觀光業成長[8]。巴西的鄰居阿根廷，也是類似的情況，雖然目前也是熱門的國家品牌，但是許多人對它的認知仍停留在過去探戈黃金年代的形象，然而真正到過布宜諾斯艾利斯的人都明白，它的文化，特別是設計，其實相當有現代感。

或許最重要的是，時尚以及其他「開發中國家」（我指的是它們的設計師仍未贏得重要國際認可的國家）的設計師必須對自身文化的獨特性有足夠的信心，並深入反思。換句話說，他們必須在地化。常見的情況是，歐洲和美國以外的時尚設計師和品牌都認為成功的秘訣在於「國際化」——這反映出他們對自我本地的美學的精緻度和吸引力缺乏信心。面對全球化浪潮如今興起一股對在地特色的狂熱追求，若對自身文化缺乏信心，便會喪失這得來不易的珍貴資源（將來只會遭遇災難）。本地人不認為精緻的東西，在外人眼中卻是極為新鮮、豐富、並渴望得到的東西——因為這是在講求最淺薄共通性的全球化浪潮下，另一個珍貴的選擇。但這並不表示「開發中國家」的設計師應該創作出模仿他們傳統民族服飾的作品。他們真正該做的是，從在地的設計和文化中淬煉出精髓，也就是挖掘出表象之下最根本的語彙，唯有如此才能將其精神轉譯至二十一世紀的環境中，同時又不失一貫性與整體性。只要在世界各地重製相同的流程，便能形成具備文化多元性的地球村，而枯燥無聊的全球化勢必將因而黯然失色。

地球村的世界該如何穿著

19. 喬琳娜・喬林克（Jolina Jolink）・ITS TWO系列・2003年

洛夫・羅倫（Ralph Lauren）
生於1939年（美國紐約）

洛夫・羅倫本名洛夫・李普希茲（Ralph Lipschitz），1939
年出生於紐約。他曾經擔任手套銷售員多年，然後去修讀
了一門企管課程。1967年，他以Polo Designs的名稱成
立了自己的公司。他在一九七〇年代初期推出「洛夫・羅
倫」品牌，同時設計男、女裝。九年之後，他成為第一位
在歐洲開店的美國設計師。洛夫・羅倫的設計是專為富
有美國中產階級以及他們的生活風格而創作，也是美國夢
的象徵。

　1978年，洛夫・羅倫推出他以「蠻荒西部」（Wild
West）為靈感來源的著名風格，在牛仔裙、皮夾克和寬鬆
上衣裡運用了大量的皮革、白色棉布與丹寧布。他藉此創
造出一種美國女英豪的形象，兼具率性與優雅氣質，而這
有部分要歸功於高品質布料的運用。1978年的大草原風
格（prairie look）不是他唯一從美國歷史大量汲取靈感的
作品，美國的過往同樣也融入了後續的系列作品中，素材
來源從美國原住民到五〇年代的好萊塢都有。1980年，
洛夫・羅倫的披風、長裙、亞麻上衣和襯衫明顯參考了美
國拓荒時代的風格。他接下來的系列作品中推出了休閒與
運動服裝產品線，其中的馬球衫、休閒西裝外套以及百慕
達短褲是以美國大學的服裝與生活風格（稱為「常春藤」）
作為創意的出發點。在美國備受尊崇的英國貴族也是洛
夫・羅倫的一大靈感來源，前面打摺的褲子和斜紋軟呢外
套在他的男裝與女裝系列當中都看得到。在他古典且充滿
懷舊感的設計裡，舉凡具有獨特美國風格的特徵都佔有
一席之地，洛夫・羅倫也因此塑造出大受歡迎的典型美國
風格，尤其更是受到熱愛運動的成功美國中產階級青睞。

　在一九九〇年代，也就是極簡主義在時尚界大行其道
的十年，美國風格以及由美國設計師大舉推廣的低流行
度、高一致性服裝，受歡迎的程度大幅提高。在令人印象
深刻的行銷廣告推波助瀾下，湯米・席爾菲格、唐娜・凱
倫、卡文・克萊以及洛夫・羅倫等美國設計師很快就讓
自己一路挺進國際時尚界的頂端。洛夫・羅倫就和他的美
國同業一樣，將時尚視為一種全面性的概念。他的馬球品
牌標誌已經是世界最知名的商標之一，公司也變成了為消
費者提供服裝與一種全面性生活風格的時尚帝國。在推出
擁有毛巾、窗簾、銀器、家具以及油漆等商品的「居家系
列」之後，洛夫・羅倫為他的顧客開創了一種完整的生活
風格。

參考資料
Gross, Michael. *Genuine authentic: The real life of Ralph
Lauren*. New York: Harper Collins, 2003.
McDowell, Colin. *Ralph Lauren: The man, the vision, the style*.
New York: Rizzoli, 2003.
Trachtenberg, Jeffrey A. *Ralph Lauren: The man behind the
mystique*, Boston: Little Brown, 1988.

圖片：
1.　洛夫・羅倫，2002年春夏系列，圖：洛夫・羅倫提供
2.　洛夫・羅倫，Polo Ralph Lauren形象廣告，2003年

PHOTOGRAPHY COURTESY OF RALPH LAUREN, SPRING-SUMMER 2002.

POLO
RALPH LAUREN BLUE

NEW FRAGRANCE. NEW CLASSIC.

注釋：

1. 可能有人真的希望可以避開這個愚蠢、而且在地理上毫無意義的的用詞！但不幸的是，我們仍在尋找「西方」和「西方國家」的替代字詞。「第三世界」和「開發中國家」等用語的問題更大，因為這等於是借用優越感與偏見來取代地理意義的不精確度。這不僅是語言問題，這種術語學的誤用牽涉到的是嚴重的範例錯誤。在二十一世紀，當我們（不論「我們」指的是誰）推定「我們」與「他們」之間存有任何區別時，我們有足夠正當的理由嗎？

2. 身為長住英國的美國人，對於形象正派的大型報紙如此高頻率地大篇幅報導一些誤導大眾認知的調查結果，例如法國人不如英國人常使用肥皂，我一直感到驚奇與不解。關於清潔觀念的文化根源，可參考人類學家瑪麗・道格拉斯所寫的《純潔與危險：污染與禁忌的概念分析》（*Purity and Danger: An Analysis of Concept of Pollution and Taboo*）。

3. 閱讀過我其他著作的讀者就會明白，我認為這些改變已經到達極致，而且它的影響是全面性的，因此描述服裝產業時改以「風格」取代「時尚」會是比較恰當的做法。

4. 其實綜觀人類歷史，服裝一直是重要的溝通系統；它始終代表一種「陳述」。改變的是(1)如今這種「時尚陳述」比較是個別消費者自行創造的個人結構；(2)這種視覺訊息相對而言比較直接（「我是個獨裁者」、「我是這部落的酋長」、「我是受人尊敬的」），但如今已演變成為複雜的象徵符號，反映的是個人的態度、信仰、哲學、道德以及夢想。此外要特別說明的是，強調陳述的重要性並不會因此犧牲對美學的要求：對的東西也必須「好看」。

5. 「表現自我」（presentation of self）的說法源自於社會學家厄文・高夫曼（Irving Goffman）。為了我們自身的目的，我們應該要認同以下的概念：一個人的自我表現包含了許多相互獨立的要素：穿著、配件、髮型和化妝風格、眼鏡／太陽眼鏡、刺青或穿洞、首飾、瓶裝水的選擇、狗、汽車等等。當外表愈來愈是表現自我的一種「陳述」──也就是訊息，與媒介不同，那麼將服裝切割為單一產業的做法愈來愈受到質疑。

6. 正如同此處我們提到的多數國家刻板印象，這種比利時觀點在英國和美國相當普遍。我不敢說它是否與流行於其他國家的刻板印象相符。但不用說，就

好比本篇文章所說的許多地理神話，對於比利時抱持這種認知絕不是客觀的描述，這個國家有非常悠久的設計創意傳統。

7. 可進入www.itsweb.org網站查詢進一步的訊息。迪賽是ITS眾多贊助商之一。

8. 《*Wallpaper Navigator*》2004年春／夏季號也同樣抱持這種巴西觀點。關於我在阿根廷和巴西（兩次的旅行經驗對我這篇文章有很大幫助）的旅行，必須感謝位於布宜諾斯艾利斯的都會設計中心的維琪・薩利亞斯（Vicky Salías）以及聖保羅的國家商業學習服中心的克莉斯汀安娜・梅斯昆塔（Christiane Mesquita）。

參考書目

Anholt, Simon. *Brand America*. London: Cyan Books, 2004.

Baudot, Francois. *A century of fashion*. London: Thames & Hudson, 1999.

Douglas, Mary. *Purity and danger: An analysis of pollution and taboo*. Harmondsworth: Penguin Books, 1970.

Goffman, Erving. *The presentation of self in everyday life*. New York: Doubleday, 1956.

McLuhan, Marshall. *The Gutenberg galaxy: The making of typographic man*. Toronto: University of Toronto Press, 1962.

Polhemus, Ted. *Diesel: World wide wear*. Lakewood, New Jersey: Watson-Guptill Publications, 1998.

Polhemus, Ted. *Style surfing: What to wear in the 3rd millennium*. London: Thames & Hudson, 1996.

Sillitoe, Alan. *Leading the blind: A century of guide book travel 1815-1914*. Basingstoke: Macmillan, 1995.

Urry, John. *Consuming places*. Oxford: Routledge, 1995.

Urry, John. *The tourist gaze: Leisure and travel in contemporary societies*. London: Sage Publications, 1990.

吉安尼・凡賽斯（Gianni Versace）

生於1946年（義大利卡拉布里亞），卒於1997年（美國邁阿密）

凡賽斯的時尚宛如他的生活風格——昂貴、豪華、奢侈。他的高品質服裝以亮麗色彩為一大特色，並率先採用各種創新質料，例如他在一九八〇年代就將名為Oroton的金屬布料運用在許多晚禮服上。他也在設計當中利用驚人而獨特的材質混搭，像是蕾絲加上皮革，絲綢上丹寧布。凡賽斯的作品變化繁多，充滿挑釁與感官氣味的創作和不受潮流影響的經典黑色晚禮服交錯出現。他從現代藝術潮流中尋求靈感，例如未來主義和普普藝術，但同時也自歷史風格中汲取創作來源。他的設計充滿豐富的裝飾，參考對象大多來自他的祖國義大利和文藝復興的巴洛克時期，此外更特別青睞古羅馬時期風格。

吉安尼・凡賽斯於1946年出生於卡拉布里亞，母親開了一間服裝工作室，他很早就在那裡工作，也很快就學會了這個行業所需的技巧。一九七〇年代初期，凡賽斯搬到米蘭，接連為Callaghan、Genny以及Complice設計服裝。1978年，他成立Gianni Versace SpA公司，並推出Gianni Versace Donna女裝系列。時尚界一開始對凡賽斯革命性的設計抱持著又愛又恨的矛盾態度，他的奢華風格有時候被貶為粗俗。但是不到幾年的時間，他反而被視為國際時尚界最頂尖的設計師之一。1989年，凡賽斯在巴黎推出第一個高級訂製服系列，而他的名聲則在一九九〇年代達到顛峰，有部分原因是令人目眩的發表會以及充滿挑逗意味的廣告，同時這些發表會和廣告也讓辛蒂・克勞馥（Cindy Crawford）、琳達・伊凡吉莉斯塔（Linda Evangelista）、克莉絲蒂・特靈頓（Christy Turlington）以及娜歐蜜・坎貝爾（Naomi Campbell）等模特兒一舉成為亮眼巨星。大批名人穿上他的服裝也讓他的聲望大為加分，像是瑪丹娜、黛安娜王妃、艾爾頓・強（Elton John）與伊莉莎白・赫麗（Elizabeth Hurley），而且每個人都欣賞並認同他的華麗風格。

凡賽斯的設計帶有高度的戲劇效果，這一點和他對戲劇與芭蕾舞的喜愛有直接的關係。凡賽斯在職業生涯中經常與傑出的攝影師、音樂家、劇場工作者和舞蹈家合作，並善加利用時尚的娛樂價值。他的設計令人聯想到八〇年代和那時的流行文化，還有華麗繽紛的九〇年代歲月。

吉安尼與哥哥山托（Santo）及妹妹唐娜泰拉（Donatella）聯手打造了一個龐大的時尚帝國，產品線包括男裝、女裝、童裝、內衣、眼鏡、牛仔褲、化妝品、手提包、珠寶、香水以及居家飾品。吉安尼於1997年去世之後，他的妹妹兼繆思唐娜泰拉接下公司的藝術總監一職。在唐娜泰拉的領軍之下，凡賽斯不再像以往那麼強調過往歷史，她的設計提倡一種當下、現代的時尚觀點。

參考資料

Alessi, Roberto. *Versace, eleganza di vita*. Milan: Rusconi, 1990.

Avedon, Richard and Gianni Versace. *The naked and the dressed: 20 years of Versace*. New York: Random House, 1998.

Martin, Richard. *Gianni Versace*. New York:Metropolitan Museum of Art, 1997.

Wilcox, Claire, Valerie Mendes and Chiara Buss. *The art and craft of Gianni Versace*. London: Victoria & Albert Museum, 2002

圖片：
1. 出自1991年系列的凡賽斯洋裝
2. 克莉絲蒂・特靈頓穿著凡賽斯的塑膠直筒洋裝，1994年系列
3. 出自1994年系列的凡賽斯安全別針洋裝

深井晃子（Akiko Fukai）

日本與時尚

1. 三宅一生，「一件式衣服」（A-POC, A-Piece of Cloth），1976年

一九八〇年代日本經濟急速擴張，攫住了全球目光。在藝術層面，各領域的日本設計師以及他們作品所彰顯的特定文化意義，引起全世界的矚目（特別是建築、平面設計以及時尚）。

自此之後，一切發展得如此迅速，因此在討論時尚時不可能不提及「日本力量」。那段時光已流逝許久——不僅僅是時尚界——當時日本還只是個模仿之國。但到了一九八〇年代，出現了完全相反的趨勢潮流：日本時尚開始成為全球各地模仿的對象。

在時尚領域，日本起步相對較晚，但是本篇文章，我會探討過去這數十年來自這個國家的幾位知名設計師，包括三宅一生、川久保玲、山本耀司等人，以及新一代的設計師，例如渡邊淳彌（Junya Watanabe），為何能贏得全球的肯定和尊敬。是因為他們創作的原創性嗎？若真是如此，他們的原創性何在？我會在接下來的文章中回答這些問題。

第一步

自十九世紀中期開始，日本放棄堅守兩百年的鎖國政策，日本男性開始穿西服。但是，直到二次世界大戰結束，日本女性（在此之前均穿著傳統的和服）才開始穿西服，只不過這段轉換過程比男性要快得多。從此之後，關於巴黎時尚的新聞雖然時間上有些落差，但仍受到日本人的高度的歡迎，一九六〇年代，日本服裝產業興起，並快速擴張。

同時，愈來愈多日本年輕人投入時尚設計領域。一九六〇年代，高田賢三（Kenzo Takada）移居巴黎，十年後他成為當地的頂尖設計師之一。他的成功或許是某個好運的巧合：1968

年五月發生的社會運動事件顛覆了傳統價值，高級訂製服（haute couture）市場——當時在時尚界具有至高無上的地位——因為成衣的興起而節節敗退，此外法國首都開始擁抱「典型日本」的穿著風格、顏色和樣式，因為相當符合巴黎人的品味。然而，高田賢三這位日本人其實是由巴黎所培育和塑造出來的設計師。到了1974年，三宅一生發表一件式連身服裝，這是從日本和服的基本特色汲取而來的靈感。稍後他成了國際知名的設計師，但他從未捨棄一件式連身設計的概念，而這正是他的設計起點以及稍後設計作品的核心概念。

一九八〇年代：
川久保玲和山本耀司，或是日本力量

「巴黎的日本面貌」（Le Look JAPON à Paris）這個報紙標題指的是1982年由兩位日本設計師所推出的秋冬系列作品，此外還有許多報紙下了類似的標題，這兩位設計師在前一年便開始發表作品，但當時他們在巴黎仍默默無聞，這兩位即是當今大名鼎鼎的川久保玲和山本耀司。這場時裝秀正是日本時尚力量撼動世界舞台的序幕。

身為高田賢三著名與三宅一生的知名接班人，川久保玲和山本耀司於1981年四月在巴黎推出秋冬系列時，便成功地闖出名號。一年之後，歐洲以及北美所有主流報紙都大篇幅報導川久保玲和山本耀司。伸展台上的模特兒臉色蒼白、未塗口紅，身穿完全不合身的漆黑服裝，這些如謎樣般的神秘服裝就像是「被炸彈攻擊後撕裂而成的碎布」。立場保守、崇尚高級訂製服的《費加洛》（Figaro）毫不掩飾它

2. Comme des Garçons，暗色單色打結衣裝，1983年系列，攝影：《Vogue》，1983年七月號

對於時尚界出現「黃禍」（yellow peril）現象的厭惡，甚至傲慢地批評這些穿著「破布」的模特兒看上去就像是「原子彈災難後的倖存者」[1]。另一方面，《華盛頓郵報》（The Washington Post）卻以「瑞士起司」（Swiss cheese）形容山本耀司設計的有洞全白服裝，同時刊登滿版照片，搭配《Vogue》雜誌的編輯波利·麥倫（Polly Mellen）的評語：「它是現代而自由的。它讓我看見了某種新東西，讓第一天變得如此美好。山本耀司和川久保玲展現了美麗的全新方法。」[2]《解放報》（Libération）也寫到：「川久保持續為時尚和文化界創造堅定而穩固的價值。」[3] 媒體對於這兩位設計師的評論是如此南轅北轍，但無論如何，他們兩人的創作已受到了全巴黎人的注意。之所以如此引起轟動，原因就在於他們的設計概念完全不同於西方服裝。

日式美感

當然，就某些方面而言，他們的服裝確實看起來像「破布」。但這些服裝上的破洞可視為刻意的「刪除」（omissions），這些破布無力而散亂地垂吊著，這種外觀正好反映出新的服裝設計方法，完全不同於西方一再往上堆疊更多裝飾的設計慣性——拙劣地想藉此手法取代精品的過度奢華。

此外，捨棄豐富的色彩，改採單色的苦行式風格，這正是日本傳統「水墨畫」的色調。不顧西方的時尚觀點，他們兩人強調的是衣著的極度貧乏（poverty），這似乎是在嘲笑西方服裝對於理想美麗原型的追求。如今，這種「貧乏」成了時尚界的日常特性，但在當時可是很

少有巴黎人準備好接受這種表達方式。

困惑的西方人無法隱藏他們內心的驚嚇，但在憤怒的背後又可以感受到他們對設計師如此大膽的創意感到相當不可思議，他們突然之間領悟到，不同文化處理服裝的方式是如此的不同。在西方，衣服必須符合穿衣的身體線條，關鍵在於剪裁與拼接布料，好讓衣服光滑的表面可以符合身體的三個向量。但另一方面，日本設計師製作的服裝卻刻意隱藏女性軀體的比例、胸形和腰部曲線。不論好壞，日本對於美的概念源自於「和服文化」。只用一塊平滑的布料覆蓋住身體，而且必須保留多餘的空間，這在日本人看來是很合理的做法。最後製成的服裝——通常是寬鬆，在西方人看來是一點「形」也沒有——是非對稱的，這是日式美感的特殊條件之一。

正如同和服穿著所顯示的，日本時尚設計創造了通用的服裝，開心地忽略了年齡和身體線條的差異，同時也消除了男性和女性之間的界線。

然而，儘管這樣的設計概念有些令人不解，但日本設計將侘寂精神[4]（wabi and sabi，侘寂是日本傳統藝術如茶道、陶藝的目標，透過藝術方法營造出一種情境，讓人們安靜下來，看見簡單的價值，與大自然和諧共鳴）所強調的美感帶進時尚界，讓西方人見識到「另一種全新形式的美」。日本設計師提供了不同於西方的美感。在當時，主宰全球的西方服裝傳統已許久未接受過重大的挑戰，因此當出現了來自另一個國家——日本文化——全然不同的思考和表達方式，所有人清楚知道，從此可以借用非西方的靈感來源去設計服裝。這不是轉瞬即逝的短暫現象，它讓時尚的

三宅一生（Issey Miyake）
生於1938年（日本廣島）

早在山本耀司和Comme des Garçons橫掃西方伸展台之前，日本設計師三宅一生就已經在巴黎發表他的設計作品。1938年出生於廣島的三宅一生在多摩美術大學（Tama Art University）研讀平面設計，接著到姬龍雪和紀梵希擔任學徒。這使得他很快就接觸到西方的時尚傳統，及其時髦的女性化設計質感。從那時候開始，這些西方的影響便持續出現在他的設計中，即便他同時也採納日本的服裝傳統、材質以及技巧。

三宅一生在1970年成立三宅設計工作室（Miyake Design Studio），1973年在巴黎發表第一個系列作品。他設計中的簡單、服裝所提供的行動自由，以及結合傳統與現代、東西方影響的方式，在都被視為深具革命性。三宅一生在實穿、具有功能的時尚上所附加的價值，是非常日本的。以一塊布料製作衣服，且運用「民主」、一體適用的衣服尺寸，就像和服一樣不分性別與年齡，同樣也是典型的日本風格，且與由體型來主導的西方傳統恰好相反。然而，體型卻在他的作品中扮演主要的角色，因為儘管三宅一生採用基本設計作為出發點，且形式上通常呈現方形，但是布料經由他做打褶處理後，卻讓衣服能夠順從穿衣者的身體。這使得他的設計出現一種強有力的雕塑特質，例如在1982年的「液態縞瑪瑙」（Liquid Onyx）系列中，就能很清楚地看到這項特色。除了日本傳統以外，現代科技也是三宅一生的重要靈感來源之一。在他手中，傳統的樣式與剪裁技巧完美無暇地與創新的編織技術以及富有彈性的聚酯材質結合在一起。在這種情況下，打褶的技巧相當普遍，而且也是日本傳統的一部份，但是三宅一生卻將它們轉變成未來的「牛仔褲」。他在1993年推出「一生褶」（Pleats Please）產品線，設計出一種超現代的永恆性產品，丟進洗衣機或行李箱裡之後，依然可以毫無損傷。根據三宅一生的說法，現代的設計應該深植於傳統中，但是同時也應該迎合今日世界的需求。傳統只有在適應現在的情況下才能夠生存。這些帶有結構性的設計有時候就等同於藝術品——這項事實可以在厄文・潘恩（Irving Penn）的攝影作品中看到；他與三宅一生合作密切。

1993年，三宅一生推出「一生褶」系列，以質輕而富彈性的聚酯製成。這些打褶的設計非常基本，僅有的變化來自不同的顏色，或是受三宅一生之邀的藝術家為設計作品所加的裝飾。不過，三宅一生本人仍不斷進步，這點從

「一塊布」（A-POC）系列上可見一斑，是他與藤原大（D Fijiwara）於1999年合作推出的作品。在這個概念底下，三宅一生突破了服裝製作的標準模式。他用一台針織機生產一塊布，而服裝在這過程當中已經編織完成，準備可以出貨。這使得顧客能夠以想要的尺寸與長度，親自從布匹來剪裁褲子、洋裝和毛衣。在A-POC產品上，三宅一生對於材質、色彩與創新布料技術的興趣也佔有重要的一席之地，而且他依然忠於利用一塊布剪裁的原則。

參考資料
Bénaïm, L. *Issey Miyake*. Paris: Assouline Publishers, 1997.
Holborn, M. *Issey Miyake*. Cologne: Taschen, 1995.

圖片：
1. 三宅一生，以和服為基礎、運用傳統條紋布的設計，1975年系列作品，攝影：操上和美
2. 三宅一生，「液態縞瑪瑙」，1982年春夏系列
3. 三宅一生，丸龜市豬熊弦一郎現代美術館展出作品，日本，1997年
4. 三宅一生，「一生褶」，合作藝術家：森村泰昌，1996年

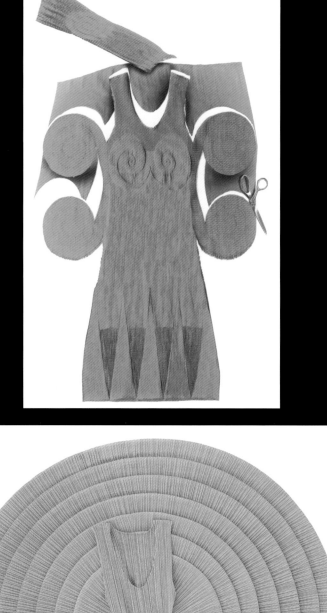
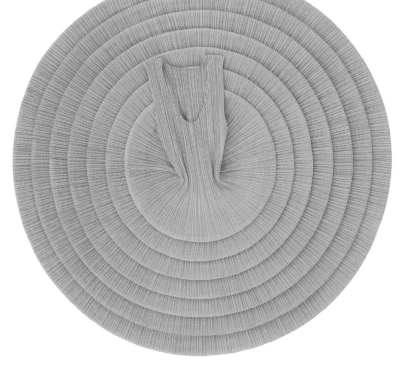

3.

發展有了新的方向，最後促成了「第十一天」（XXIemeCIEL）展覽的成形[5]。

在一九八〇年代中期，在巴黎、倫敦以及紐約流行的門市選購衣服的人們或許想像過他們在東京的情景。四周是石灰色櫥櫃，上面擺放著整齊摺疊好的寬鬆黑色衣服。用衣架陳列衣服的方式已經過時。日本時尚此時正巧來到西方國家，並成了主流。馬丁·馬傑拉以及其他來自比利時（巴黎人一直認為無足輕重的國家）的年輕設計師，為了自身目的，開始採納「不合身的服裝」的概念，又不違背它的精神：藉由他們的努力，撕裂、破碎、黑色、不對稱的服裝逐漸為國際大眾所接受。

川久保玲加快她的設計步調，每季都會推出新作品，隨著生命終點逐漸逼近的急迫感，她的設計趨向於時尚本質的探求。彷彿害怕自己與流行脫軌似的，每一季她都會推出新的設計概念。一九八〇年代末，她不僅成了色彩玩家、在設計中注入新龐克街頭風，她更大膽地借用了藝術元素。這名設計師從不屈服於所謂「美麗的衣裳」或「女性化」的西方美學觀，儘管這些評斷標準至今仍主導著全球時尚界。

在她所有設計作品中，1997年大眾所熟知的「鐘樓怪人」作品集，無疑是最能代表她個人風格的作品。每件衣服包含兩層伸縮尼龍，背部、肩膀、或是臀部則會塞入厚重的墊料，創造出奇特的凸起線條。衣服彷彿是人體的第二層皮膚，她所設計的服飾就像是一道「熔合劑」，模糊了人體與衣服之間界限。不僅於此，移動時，人體和衣服會形成一種神祕不可測的形式。這次的作品激發了大眾無限的想像。美國舞蹈家兼編舞家摩斯·康寧

漢（Merce Cunningham）的舞作《情境模擬》（Scenario）[6]，其靈感便是來自於川久保玲的設計作品。當舞者穿著川久保玲設計的舞衣在台上舞動時，觀眾很難分辨舞者的性別，而且所有舞台布景的設計雖然看似不連貫，卻呈現出絕對的當代風格，這正是川久保玲的註冊商標。有一天，我問荷蘭雙人設計師品牌維克托＆羅夫（Viktor & Rolf）最喜歡哪位時尚設計師，他們毫不猶豫地回答：川久保玲，「因為她勇於挑戰、創新」。這兩位年輕設計師對這種挑戰態度著迷不已，但不是每個人天生就具備這種性格。

在設計過「破布」服飾後，在接受設計專業訓練期間便已對西方製作流程相當熟悉的山本耀司，則是運用自身獨特的方式，顛覆了服飾設計的傳統，藉由其純熟精湛的技藝，設計

出不凡的作品。他的作品原創性仍立基於不對稱以及其他日本美學特性。不過，他的作品都是黑色系，也就是「當今這個智性年代的代表色」，也因為山本耀司，黑色成了一九八○年代的代表色，同時被許多設計師模仿，隨後在一九九○年代末，黑色正式成為代表我們這個時代內在本質的顏色，不僅僅是時尚界，更是當下富裕年代的禁欲主義象徵。身為當代社會的專業觀察家，山本耀司的設計並未遠離西方情境太過遙遠，因此他是歐洲與北美地區最為人所熟知的日本設計師。

自2001年起，山本耀司與以量產聞名的愛迪達品牌合作，開始跨足運動鞋設計，並為之後成立的Y3品牌設計運動衣，設計風格偏向都市風。2002年開始，山本耀司這個品牌已在西方國家擁有高知名度，更在高級訂製服

山本耀司、川久保玲與三宅一生於一九七〇和八〇年代在巴黎引介了日本美學的代表人物，而渡邊淳彌便屬於其中的年輕世代。渡邊淳彌在1961年出生於東京，1984年畢業於文化服裝學院（Bunka Fashion College）。畢業之後，他受聘於Comme des Garçons，擔任樣本師，並在1987年為川久保玲設計了一條經編布（tricot）產品線。1992年，渡邊淳彌依靠Comme des Garçons的財務與實務支援，在該品牌之下推出了自己的系列作品，柔和、樸素，但品質驚人。兩年後他擁有了自己的品牌，並於1995年首度在巴黎舉行發表會。

他這一季聚酯材料創作的靈感來源可能是戰後的斜紋呢西裝，下一季卻又將色彩亮麗的玻璃紙轉變為剪裁前衛的長褲與裙子。他的第二個系列作品大量運用黑色與皮革，擁有龐克般的造型。總而言之，渡邊淳彌並沒有將自己限制於某種特定風格，作品也不是以特定主題為基礎。他最早期的系列作品發揮了龐大的影響力，並以前衛、叛逆的風格迅速躋身日本時尚大師之林。

由於實驗性的剪裁技巧，以及熱愛聚酯與玻璃紙等高科技功能性材料，渡邊淳彌充滿未來主義色彩的設計經常被稱為科技時裝（technocouture）或是數位時裝（cybercouture）。除了絕佳的創新能力之外，他還具有驚人的技術能力，這可以從他剪裁完美的樣本上看出來。在設計過程中，渡邊淳彌並不重視最後會穿上他服裝的女性。就像他的師父川久保玲一樣，他並不是以一個具體的女性形象作為工作的出發點。他的創作方法著重於尋找新的表現方式，以及最終設計之前的過程。渡邊淳彌的設計雖然複雜，外表卻顯得簡單，這有部分是因為他通常都採用樸素的單色調。

在他近期的系列作品當中，技術性元素的角色退居二線，重點轉為強調色彩的運用，而且變得更為顯眼而強烈。

參考資料
Frankel, S. *Visionaries. Interviews with fashion designers*. London: Victoria & Albert Museum, 2001.
Teunissen, J. *Made in Japan*. Utrecht: Centraal Museum, 2001.

圖片：
1. 渡邊淳彌，2003年春夏系列
2. 渡邊淳彌，2000年秋冬系列
3. 渡邊淳彌，1998年秋冬系列，攝影：Jean Francois

6.　Comme des Garçons，「邋遢風格」，有著洞洞的針織衫，1982年系列

市場佔有一席之地，至今山本耀司的品牌僅限於高級訂製時裝。他的想法是建立一個由多個小型事業單位組成的事業體。無庸置疑，這一切都為了順應階層分明、勢力龐大的巴黎時尚界，而精品頂級訂製服產業正是處於金字塔的最頂端。所有人都好奇地等著看山本耀司的策略能否為已是後進者的日本時尚界，闖出新的機會。

皺褶、破洞、磨損服飾：
破損織布的再詮釋

現在我想回頭探討川久保玲與山本耀司在一九八〇年代的作品中相當重要的一項特色：皺褶、破洞、磨損的設計運用。就西方美學定義，如同海格爾說的，衣服的功能主要是為了掩蔽人體肌膚，「用來遮掩自然的不完美」。因此，衣服（也就是經過設計的打褶布料）的目的是掩飾人體的不完美——必須「包含小皺褶，有時是層層堆疊上去，有時是抓縐處理。」[7]因此，我們不得不說，不僅是畫家，甚至連那些認同西方美學的時尚設計師，都試圖凸顯衣服做為人體第二肌膚的重要性。

但是，某些設計師卻背道而馳。例如魯西歐・封塔那（Lucio Fontana；1899-1968，阿根廷畫家及雕刻家）常常拿起刀子割破畫布，在十五與十六世紀，時尚界確實非常流行割破布料的設計。一九七〇年代末，年輕的英國龐克族穿起破爛的牛仔褲，別上安全別針，甚至釘上大頭釘，明目張膽地宣告他們的意圖：挑戰西方美學正統。

自一九八〇年代開始，川久保玲與山本耀司的作品形塑了打褶布料的原創美學——運用

粗糙手法處理布料，因此我們看到衣服上滿布破洞、不規則的垂吊、皺褶、撕裂、與扭結。但是這些粗糙處理布料的手法，違抗了既定的傳統觀念——衣服終究是為了凸顯人體的線條美，打褶織布仍應展現優雅線條，以掩蓋人體的不完美，因此川久保玲與山本耀司的作品被許多人視為是一場大災難。然而在一九九〇年代初期，皺褶、打洞、破布，甚至是衣服上布滿破洞、撕裂或內外反穿——也就是眾人所熟知的「頹廢」美學——逐漸成為街頭時尚與高級訂製服飾的設計元素之一。

新設計風潮的興起徹底破除了主導時尚界多年的最高信念（時尚的目的是掩蓋與美化肌膚，以掩飾人體的不完美與缺陷），如此一來，選擇穿著這些「破布」服飾的人感覺自己彷彿獲得重生一般，開始以一種全新的眼光看待自己。這種設計風潮的轉向翻轉了人們對於「衣服」的認知，也因此激發了新的設計形式，引領時尚跨入過去未曾想像過的新領域。

由此可見，一九八〇年代日本東京的設計新美學對於全球時尚的影響相當重要，在此便無需再多加贅述。

三宅一生的挑戰

一九九〇年代，多位年輕日本時裝設計師征服了全球時尚界。渡邊淳彌（Junya Watanabe）於1992年在巴黎首次推出設計作品之後，便迅速在歐洲與北美地區打響知名度。而後在2002年，高橋盾（Jun Takahashi）與他的Under Cover品牌竄起。

二十世紀後半葉最受歡迎的日本設計師非三宅一生莫屬，他在一九八〇年代末便以獨特

山本耀司（Yohji Yamamoto）

生於1943年（日本東京）

日本設計師在一九七〇與八〇年代征服了西方時尚界，首
先是高田賢三（Kenzo Takada）與三宅一生以他們早期的
設計打頭陣，接著則由山本耀司和川久保玲的作品接棒。
日本時尚成為一個家族性的名詞，各界也逐漸了解，高品
質時尚也可能來自非西方國家。日本美學滲透到了歐洲與
美國，讓理解身體與服裝的方式起了重大的變化。女性身
體的類型不是被突顯出來，而是遮蔽了起來，結果塑造出
一種較為無性（asexual）的女性形象。受到傳統和服啟發
的幾何設計賦予了穿衣者更大的行動自由，繁複的服飾包
含了前衛的剪裁技巧，但是由於高級的材質和單色調色彩
的運用，卻又顯得永恆而經典。無定形的設計（穿在眼神
嚴肅的蒼白模特兒身上）通常採用黑色調，與豐富鮮豔的
八〇年代時尚形成強烈對比。

　　山本耀司1943年出生於東京，剛開始就讀於慶應義塾
大學，但不久便轉學到東京的文化服裝學院，在那裡完成
了時裝設計的課程。1972年，山本耀司推出自己的品牌
Y's，在日本反應極佳。受到這次成功的鼓舞，他在1981
年決定與川久保玲（Comme des Garçons）共同於巴黎舉
行作品發表會。他不對稱、雕塑般的設計也被人形容為
「皮膚的建築」，部分原因是他採用了複雜的日本包裹技
巧。山本耀司解構了裙子與外套等現有服飾，加以操控、
賦予它們新的形式。他的設計包含了碎布塊、寬鬆的襟片
與口袋，嚴謹而實穿。他的設計過程和川久保玲一樣，強
調服裝的形式與構造。他的造型正好與西方眼中的時尚相
反：毫不性感、華麗，並使得震驚的歐洲媒體稱之為時尚
的末日。

　　山保耀司的設計一開始並不受巴黎菁英人士的青睞，但
是在前衛的知識份子與藝術家之間卻更加受歡迎。八〇
年代中期，他的服裝變得較為柔軟、色彩較為豐富，也更
加強調女體。雖然不對稱的特點仍然保留，他卻在十足呈
現女性魅力的巴黎剪裁與傳統日本美學之間找到了完美的
平衡。這讓他的作品佳評如潮，公司也因此大幅擴張。山
本耀司在2001年與愛迪達（Adidas）簽訂的合約，更是
鞏固了這股驚人的成長動力。如今，Y's已經成為行銷全
世界的成衣品牌，山本耀司目前則以自己的名字推出他的
高級訂製服系列。

參考資料

Baudot, F. *Yohji Yamamoto*. Paris: Assouline Publishers, 1997.

圖片：

1. 山本耀司，愛迪達Y3形象廣告，2005年
2. 山本耀司，大玩時裝史的系列作品，當中的所有部分都尺寸過
大、加以誇張，或者不合比例，2006年春／夏系列，攝影：彼
得‧史丁格（Peter Stigter）

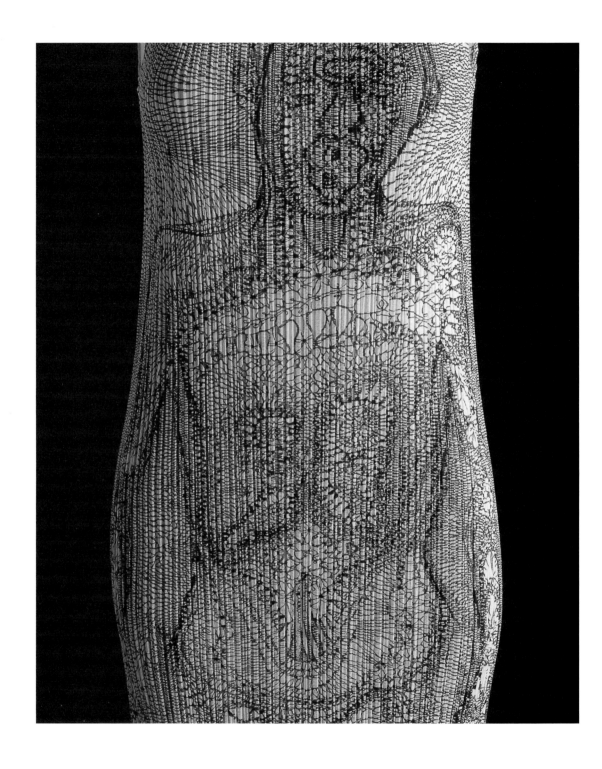

7. 三宅一生，「一生褶」（Pleats Please），客座藝術家系列，提姆‧霍金森（Tim Hawkinson），
   1998年系列

的褶襉設計、賦予皺摺新生命而享有盛名。不可否認，褶襉長久以來一直是縫製衣服的常用技巧之一，但是三宅一生將其特性發揮得淋漓盡致，並符合當代美學觀。一般來說，布料必須先打褶，然後再經過剪裁、縫製的流程，但是日本設計師卻將流程反轉，先剪裁好布料。這項簡單但創新的技巧使得衣服能同時兼顧布料的選擇、外觀形式與功能性。

順便一提，三宅一生的處理手法不同於二十世紀初的馬瑞安諾・佛坦尼（Mariano Fortuny，1871-1949，西班牙禮服紡織品設計藝術家，擅長運用繁複的褶襉設計，創造禮服的華麗感），三宅一生的靈感源自於日本服飾傳統，凸顯布料的特質，他也完全善用日本發展成熟的紡織業所開發出的各種創新材質。這些服飾相當實用，完全符合現代生活的需求（重量輕、不易皺褶、價位負擔得起），而且現在——就在它們首次發表後的十年——成了全球都市上班族必備服飾之一，一圓三宅一生當初的夢想。

1999年，三宅一生在一場由卡地亞當代藝術基金會於巴黎所舉辦的「創作」（Making Things）展覽會上發表了全新的褶襉設計服飾——「一件式衣服」（A-POC, A-Piece of Cloth）[8]，讓所有在場人士留下深刻印象，自當年起，他便全心投入這項新的服飾設計概念。製作方法是在針織管狀伸縮尼龍布料上嵌入型式，然後再依照型式的外形進行剪裁，最後製成洋裝、襯衫、褲子、裙子等衣物。

當然，製作過程仍需要電腦輔助，而最後的成品雖然非常簡單，但絕對不同於傳統的針織衣，一體成型的設計使得人體得以重新組合成一整體，而不再是分割成手臂、大腿或軀幹等不同部位。

羅蘭・巴特曾寫道：「藉由世俗方法，他的服飾體現了遠古時代人們對於無縫的神祕夢想，它能包裹住身體，更不可思議的是當衣服套在人體之上時，絲毫不留下任何痕跡。」[9]同樣地，未穿過的一件式衣服就像是全新的肌膚，當你穿上它，便可明顯看見隆起的胸部或鼓脹的胃，換句話說，一件式衣服的設計概念可凸顯出打褶布料所具備的表達能力。

因此，如果打褶衣物如同人體肌膚般貼身舒適，人們便可任意穿脫。正如同先前所探討的，直到十九世紀，服飾（被規範在統一視覺空間內的遮蔽物）的作用一直是用來掩飾人體的不完美。當然，這些服飾／打褶布料不僅運用各種可能的巧妙形式，刺激了人們的視覺，更誘惑著人們的觸覺感官。然而，從二十世紀初開始，人們似乎以全新的眼光看待這比我們想像還要更複雜的人體，另一方面，我們也開始質疑肌膚作為「人體內外的界限」這個模糊不清的角色。

此外，肌膚——確實是「包覆我們最深沉內在的外表層」——如今被賦予了十九世紀仍不存在的各種全新形象。特別是人們愈來愈意識到觸覺的重要性，而這正是肌膚具備的功能之一，時尚界也開始重視服飾的觸感。因而發現了打褶布料所能提供的全新設計可能性，也同時引發所有人重新思考「衣服」的意義，進一步促使時尚界——特別是藉由研究製衣新方法——開拓新的處女地。在此我們無需再多解釋日本時尚設計對於此項新發展的影響力。

「可愛」：二十一世紀日式風格形象

　　先前我們已經討論過日本茶道儀式中「侘」與「寂」兩種日式美學概念，事實上這與一九八〇年代的日本時尚美學有關，後者強調單色、不對稱、極簡，當時流行的是簡單的穿著、前衛的設計。然而，日本美學的另一個極端則是呈現完全不同的品味，你可以在浮世繪版畫（江戶時期[1603-1867]描繪平民生活和風景的一種繪畫形式），以及現代社會中承襲浮世繪精神的漫畫或卡通電影中觀察到。這些作品都很容易理解，目標讀者都鎖定一般大眾，同時融合了天真、品味與淫穢等三種相異的特質，作品中描繪的世界與真實生活近似，全世界的人對書中人物頗能感同身受。自二十一世紀初期開始，漫畫的影響力迅速蔓延開來。你可以從東京、澀谷、原宿街頭的日本年輕人穿著中，輕易地找到日本漫畫的元素。

　　這些美學特色都在約翰‧加里亞諾的作品中一一展現，當今巴黎式優雅的經典代表品牌——迪奧的設計總監大位，正是由他掌舵，他在傳統訂製服設計中注入了年輕人趨之若鶩的「品味」。同樣地，路易‧威登2003年春夏系列大量採用日本漫畫以及村上隆的可愛風設計，震驚了時尚界。強調未成年價值觀的可愛風潮（多彩顏色的運用，也是日本漫畫的典型風格之一）自此席捲全球。日英字典對於「可愛」一詞的解釋如下：「任何得以激發人們內心欲望、想要用最多的關愛，去對待年幼或小孩般的生命甚至是小東西的事物」。如今，日文的「可愛」這個字幾乎成了全球字彙的一部份。

結論

　　這裡要特別提出來一點，村上隆可說是現代的浮世繪大師，他讓日本傳統美學概念（透過他創立的超扁平[Super Flat]品牌）獲得新生，這個傳統曾令莫內、馬內、梵谷等西方藝術家大為驚豔，更在十九世紀末期的法國掀起了日本主義的風潮。村上隆運用了更符合當今「LCD世代」的顏色。儘管外表上看來是現代的，但是他的設計作品無疑是根源於傳統的。

　　日本時尚設計師已經成功地將「侘」、「寂」與一九八〇年代流行的極簡趨勢相互融合，並在國際時尚圈產生深遠的影響。如今我們已進入二十一世紀，時尚的焦點轉向漫畫的「可愛風」。無庸置疑，我們正處於一個轉換至隨機追求全新社會模式的混亂世界的過渡期，努力蒐羅至今仍未成形、但確實適合這個世代的風格與設計。如今我們必須留心守候這個半黑暗期的第一道微光。

8.　三宅一生，國王與王后，「一件式衣服」展示（A-POC），1999年春夏系列

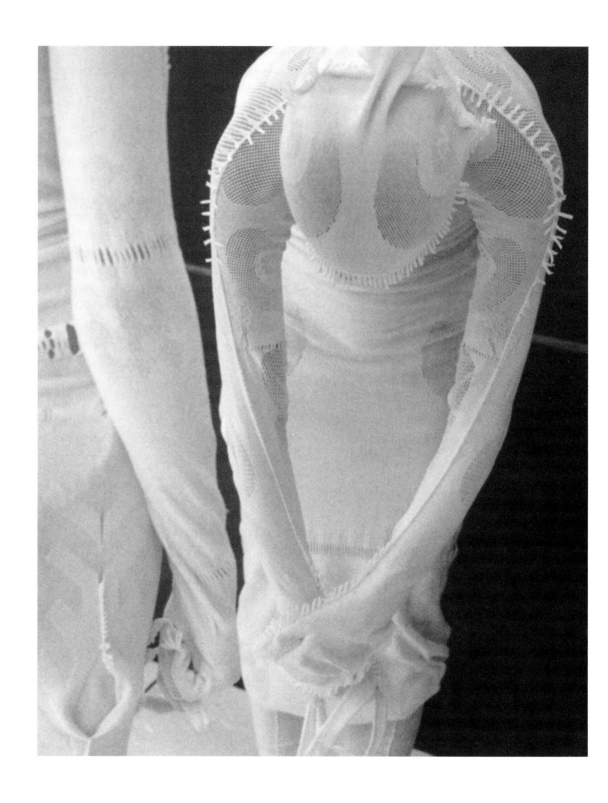

9. 三宅一生，「火焰」（Le Feu），「一件式衣服」展示（A-POC），1999年春夏系列

注釋

1. 「川久保玲：他設計的衣服滿是洞、破爛不整，就像是一場大災難，似乎是給原子彈災變倖存者所穿的。山本耀司的作品則彷彿『世界末日』，皺褶的設計就像是炸彈轟炸過後的殘留物。」（珍妮・賽梅特 [Janie Samet]，《費加洛》，1982年10月21日）

2. 《華盛頓郵報》，1982年10月16日。

3. [法文譯註]：《解放報》，「1982秋冬裝訂本」增刊，442號，1982年10月。這篇討論川久保玲的簡短文章其實提到了另一件事：「去年三月，在發生顛覆時尚與文化確定性的全球大災難之後，川久保玲公司的員工爆發了出走潮。」

4. [法文譯註]：這是古典日式美學的基本概念，特別是俳句詩、花藝與茶道。不過它包含多重意義，相當不好翻譯。「對簡單事物的純心喜愛」（侘）以及「時間累積而生成之美」（寂）是比較精確的翻譯，兩者指的均是質樸中所體現的優雅與高貴。

5. XXIemeCIEL──日本風尚。尼斯亞洲藝術博物館所舉辦的展覽（2003年10月16日至2004年3月1日），以及型錄的標題名稱（米蘭，大陸版五版，2003）

6. 這支由摩斯・康寧漢舞蹈團所表演的舞作於1997年進行首演。由小杉武久（Takehisa Kosugi）負責配樂，川久保玲設計舞台布景與服裝。

7. [法文譯註]：論美學（1932）。作者提供的參考資料是由谷川教授（Hiroshi Hasegawa）翻譯的日文版本，於1996年由作品社出版。因為不易找到關於海格爾文章合適的法文版本，因此參考日文內容再翻譯成法文。（英文譯註）：英文版本也出現同樣的問題，而且又多了一層翻譯的過程。中文翻譯是根據這句話的法文譯文。

8. 一件式衣服。

9. 《時尚系統》（1967年出版，法文版為「Système de la mode」）

尚-保羅・高第耶（Jean Paul Gaultier）
生於1952年（法國阿爾克伊）

尚-保羅・高第耶大概是一九八〇年代個人特色最鮮明的
時裝設計師。他與時尚界興起的後現代主義息息相關；後
現代主義包括挑戰好品味的極限、折衷運用種族與歷史
元素，以及喜劇效果。高第耶才華洋溢地處理這些特色：
他在大量的性上面添加些許陳腔濫調，再點綴一點庸俗與
做作。法國人一開始對他的顛覆性玩笑似乎相當感冒，因
為他諷刺傳統上屬於巴黎高雅範疇的一切；他因此獲得了
「頑童」的封號，而這個綽號只是更加鞏固他流行教主的
地位。

　　他在年輕的時候便深深著迷於某些流行事物，並在
後來的作品中留下了痕跡，例如一方面喜歡女神遊樂廳
（Folies-Bergère），另一方面又欣賞聖羅蘭與迪奧的系列
作品；此外還有流行音樂、電影、倫敦街頭生活，以及舞
廳酒吧──總而言之，只要是瘋狂、耀眼、精美工藝，
他都愛。

　　高第耶從未接受過正式的時裝設計訓練，而是在工作
當中學到製作高級訂製服的傳統技能。十八歲的時候，
他開始為皮爾・卡登及其他著名的服裝公司工作。1976
年，他以自己的名義推出第一個系列作品，結果反應奇差
無比。經過幾年慘淡經營，並排除了破產危機之後，媒體
（尤其是法國媒體）開始讚賞他的作品，給予他的掌聲也
愈來愈熱烈。到了在巴黎維威恩街（Rue Vivienne）開設
第一家店的時候，他已經是世界知名的設計師。

　　在此同時，他也開始推出男裝系列。男裙和其他同性戀
圖騰，例如穿著閃亮西裝的輕浮水手與牛仔等等，後來都
成為不斷出現的主題，但是從來不會跳脫某個邏輯──
男人依舊是男人。高第耶絕對不會讓變裝皇后或是穿著
胸罩的男人踏上伸展台，然而，女人又是另外一回事！早
在1983年，他就設計出可以外穿的尖挺胸罩和緞束腹，
自此之後這種類似戀物癖的元素就不斷一再出現。最著名
的例子就是瑪丹娜，她在1990年的「金髮野心」（Blond
Ambition）巡迴演唱會當中就穿著高第耶設計的束腹，並
搭配尖挺的胸罩。這個鮮明的標誌也確立了他第一款女
性香水（1993）的瓶子形狀。

　　高第耶牛仔（Gaultier Jeans）系列在1992年推出，
年輕、運動風格、價位較低的產品線JPG by Gaultier則
於1994年上市，接著又增添了兩款香水（男性香水Le
Male，1995；女性香水Fragile，1999），以及一個皮草

系列（1998）。自1997年推出的高級訂製服系列Gaultier
Paris，則是全巴黎最突破傳統的高級訂製服。新千禧年之
始，這位時尚頑童也在聲譽卓著的喬治五世大道（Avenue
George V）上立足，傳統上巴黎最知名的服裝公司都位在
這條路上。高第耶不僅僅是一個後現代主義玩家，拿掉
那些古怪的裝飾之後，你會發現作工精美、令人讚嘆，且
適合男女穿著的美麗服裝。

參考資料
Gaultier, Jean Paul. . Paris: Flammarion, 1990.
Frankel, Susanna. 'Jean Paul Gaultier', in: *Visionaries*. London:
V&A Publications, 2001.
McDowell, Colin. *Jean Paul Gaultier*. London: Cassell & Co,
2000.

圖片：
1. 尚-保羅・高第耶穿著一件由金髮製成的裙子，搭配條紋水手服
   上衣。
2. 尚-保羅・高第耶，以鄉村生活為靈感的系列作品，2006年春
   ／夏系列，攝影：彼德・史丁格（Peter Stigter）
3. 尚-保羅・高第耶，La Mariée，2002/2003年冬季系列

Fashion and art
時尚與藝術

凱琳・夏奈特（Karin Schacknat）

混搭的藝術

自然界討厭單調一致，喜歡多元化，而我們或許藉此可以開發大自然的才能。
柏納・韋伯（Bernard Werber），生物學家

1.　理查・博布里居（Richard Burbridge）為《Another》拍攝的照片，2001/2002年秋冬。

在一九八〇年代後期，尚-保羅·高第耶發表了一件閃閃發亮的洋裝搭配一件挪威式毛衣的設計，那不是第一次，也不是最後一次，出現大牌設計師在他的觀眾面前呈現混搭式形象，藉以嘲弄所謂好品味的傳統認知。高第耶的後現代時尚風格向來是以大膽的元素混搭著稱；異國民俗風搭配西方都會優雅裝扮，男性化裝扮配上女性傳統特質，羊毛配上蕾絲，內衣搭配外衣，正經的配上幽默的，諸如此類。他是混搭風潮最重要的先驅者之一，當他提出這類主張時，混搭風潮還未成形。

在高第耶開始提出其混搭設計的同時，川久保玲、三宅一生與山本耀司，也開始融合日本與西方風格，他們的設計不追求流行的前線風格，而是沿著「芭比在柬埔寨修道院遇上卡通人物海蒂（Heidi），但卻與六〇年代短暫邂逅」的設計路線來策劃發表會。從那時開始，時尚界也出現了更多不同的創新風格路線。

英國的人類學家泰德·波西莫斯（Ted Polhemus）分析了這個在時尚發展過程中出現的轉變，並將它與創造出服裝規範（dress code）的社會型態連結起來。依據他的觀點，西方的時裝歷史可以區分為三個特質階段——傳統、現代與後現代，為了改變一個人的外表所採用的創作手法與動機，也是依據各自的系統運作（Polhemus 1998）。簡單來說，首先是從史前的傳統部落群聚跨進中世紀，再來到鄉間的農業群聚。在那段時間，人們服裝所提供的功能是建立群體的身分與其文化的穩定性，進而有別於其他群體。也就是說，人們的衣著完全視習俗而定。在這種脈絡下，服裝談不上是什麼時尚，只能稱呼為傳統

服飾（costume）。在文藝復興時期，出現了反傳統嘗試的時尚系統。它是一個紮根於進步信念的現代系統，視創新為改良，並本著與時俱進的概念，得以讓時尚衍生出無止境的創新設計，讓它們一個接著一個地推陳出新。

依據波西莫斯的說法，這兩種系統的差異，在於傳統風格是要讓住在某個社群內的人與外面的人有所區隔，其評量依據某種「空間」（spatial）原則。另一方面，現代風格則是基於「短瞬」（temporal）原則，因為它不再是以「這裡」與「那裡」作為區隔，而是將其區隔為「新潮」與「過時」。

隨著後現代主義於一九八〇年代出現，隸屬某個群體的歸屬感開始崩壞，其結果就是個性化觀念，比那些對時尚的擺佈毫無批判力的觀察更為重要。波西莫斯指出，過去－現代－未來的概念變成了同時存在，而且還有一種地理慢性化活動（geo-chronicity），可以讓「這裡」無止無盡地與「其他地方」結合在一起。它的結果成了一種獨特自我的表述，透過選擇獨樹一幟的元素加以混合並取樣，完成一個獨特且無可替代的綜合體。

這麼一來，時尚不再是沿著直線和歷時性的時間軌跡前進，一個時期不再只存在一個風格；反之，時尚形成了一個由快速倍增的混搭風格組成的無盡擴張中宇宙。重點在於意義的表現與它們的相互合成。

根據波西莫斯的分析，時尚設計師的角色也因此出現了轉變。他／她不再提供整體形象設計，而是提供符號學元素。這些元素可以讓消費者隨心所欲地與其他元素搭配組合，藉此傳遞出關於身分地位、情色觀點與其他值得認

識之事物的訊息。不過最主要目的還是要展現出一個未定型個人的獨特性。

你可以說今日的時尚追隨者比起以往更為主動，因為他／她參與了打造一個完整產品的工作，而這樣的時尚程序更為民主。要運作一個讓所有人將各自時尚風格融入的系統，你需要的不僅是一個豐富的意義軍火庫，還需要共同的語彙，才能讓大家明白訊息內容。其實服裝本身就帶有一些基本且容易闡明的意涵，好比白紗是給新娘穿的，白皮革料子是給同性戀型男穿的，白色工作服是給室內裝潢者穿的。不過更明確的區別與混搭藝術，主要是透過媒體的示範來學習。

舉例來說，比利時雜誌《Weekend Knack》在幾季前推出的某一期，就是以Vive La Fete樂團的主唱愛爾絲‧皮努（Els Pynoo）為封面人物。為切合當時設定的「Coco-rock」時尚主題，她穿上香奈兒經典服裝，搭配一件樂團T恤與其他設計師的服裝作品，《Weekend Knack》還以「時尚教主卡爾‧拉格斐的新寶貝」來稱呼皮努，且把她視為新搖滾圖像之一。在此之後，黑色小洋裝（la petite robe noire）就不再是從前的那個模樣了。

關於這點，我們也可以從民主化的角度來談。以往的女裝界通常只有超級設計師說了算，但現在它可供發揮的範疇擴大了許多，不再侷限於中心地帶，邊陲地帶也貢獻良多。時尚與流行音樂的交界永遠是繁衍創意的沃土；今日，時尚、藝術與攝影相當程度上有了共通之處，尤其是如何在創意與商業考量之間尋求平衡的做法。

時尚與藝術在幾世紀以來一直有所連結，只是模式可能有些不同。古希臘雕像就是以人文主義者的理想觀點，來表現人體的形體，也成為人們評量各種事物的基準。服裝在這裡的任務就是要極盡所能地強調出身體的美與優雅，而當這些雕像擺出放鬆卻無比優雅的姿態時，專家卻認為真實生活中的衣服，絕對不

2. 希臘女神愛芙羅黛蒂雕像，西元前420/410年左右。
3. 安格爾，對羅斯契爾德夫人畫像所做的服裝研究，1848年。

2.

3.

可能有著雕像上服裝那般的縐褶與垂墜感，因為我們使用的布料從未能達到如此的柔順感。創作這些雕像的藝術家與模特兒通常是不具名的，而後人假設模特兒大概是穿上濕了的衣服擺出這種姿勢。

在中世紀時期的西方世界，人體被視為是邪惡的，應當隱藏起來。而先前看起來自然的縐褶和身體，現在由抽象和色彩扮演重要的象徵性角色。聖女瑪麗（Virgin Mary）的斗篷永遠是藍色的，那是一種帶有正面涵意的顏色，而我們有時也會看到新娘禮服以聖女瑪麗或其他聖人的斗篷作為設計基調，因為那具有好的寓意。但裝飾點狀與條紋的衣服，卻意味著：淫婦、災民、罪犯、精神錯亂或是音樂家。

文藝復興時期對於人文主義價值觀的再思考，也反映在畫家畫肖像畫時賦予畫中人更多個人特質。昂貴材質與珠寶所揭示的普世奢華，忠實地反應於畫作中，多數還搭配上精心安排且充滿時尚感的袒胸露肩裝扮。部分藝術家，好比杜勒（Albrecht Dürer）或比薩尼洛（Pisanello），可以充分感受到他們對於服裝與時尚的癡迷。之後的藝術家，像是十九世紀初期的安格爾（Jean Auguste Dominique Ingres）與波利（Louis-Leopold Boilly）同樣也在作品中表現出時尚的絕妙魅力。「時尚是門藝術嗎？」這個在今日時常有人提出的質疑，在當時從來就不是問題。從文藝復興的華美到畢德麥雅式（Biedermeier）的簡潔風格，藝術與時尚之間的關係，仍舊維持著一貫的單向交流；就是藝術家將時尚視為一種描繪人物時的手法來表現。由於畫作的欣賞者僅限於相關的小眾族群，很難推算出藝術對於時尚造成了多大的影響。然而，如同1829年凱洛琳（Caroline de la Motte Fouque）的評論：「藝術家愈是把自己侷限於臨摹古藝術，就有愈多時尚人士跟進追隨潮流的腳步。而我們，不習慣自己發明新事物，總是將希臘視為形體與服裝的表徵，儘管我們早就感覺自己其實是處於不同的時代。」（De la Motte Fouque 1988）

這個情況在十九世紀中葉出現了改變，其一原因為攝影術的發明，其二為首位女裝設計沃斯的嶄露頭角。受到當時浪漫精神的影響，讓藝術家有如散發天才光芒的明星角色，而沃斯為了自身考量也樂於展示成果。沃斯與一般單有傳統技藝的裁縫師不同，這位女裝設計師是憑著個人卓越的靈感設計作品，他像個藝術家般描繪出服裝樣板，收藏藝術並且應用藝術，就好比後來杜賽（Doucet）與其他設計師一樣。

在二十世紀初，保羅・波瓦雷又跨出了另一步，他讓自己置身於藝術家的環繞中，他不僅收集當代具有代表性的作品，並委託藝術家與平面設計師為他創作促銷用的素材。馬蒂斯（Henri Matisse）就曾為他的布料設計圖樣。此外，波瓦雷也喜歡為自己的作品命名，就像藝術作品的做法一般（這種習慣在一九五〇年代被迪奧所沿用）。

看起來，藝術家在當時享有極高地位，而一位女裝設計師如果不能成功地被當成藝術家看待，他就只能當個裁縫師。這是個非黑即白的結果，沒有灰色地帶。

無論是藝術家或女裝設計師，對於商業行為都露出輕蔑的態度。而且很長一段時期以來，人們壓根沒想過要將藝術與商業加以融合。不過在那個時候，藝術家與女裝設計師為

4.

了要出名，都需要爭取大眾的支持（至今依然如此，誰還記得泰瑞莎·佛格登希爾[Theresia Vreugdenhil]及碧翠斯皇后[Queen Beatrix]的私人女裝設計師？）。南西·特洛伊（Nancy J. Troy）在《女裝文化》（Couture Culture）中描述了關於個性化與群體身分、精英與大眾文化之間的緊張關係，並視其為形塑出1900年前後藝術與時尚文化架構的基礎（Troy 2003）。

為了應付這種兩難局面，複雜且考量精密的策略因應而生。當波瓦雷在1916至1917年間提出針對美國女性而設計的系列作品時，他以一個特別的標籤註明這些服裝為「授權生產的複製品」——其實就是一種新式的產品目錄。特洛伊從中發現了一個與杜象的現成品相似之處，如「泉源」（Fountain, 1917）。在這兩個案例中，它是關於真跡——由大師簽名或

標記——以及大眾產品之間的問題（出處同上）。大眾（mass）與社會階層（class）的融合已變為成功的關鍵。

當女裝設計師將裁縫師的買賣行為提升至藝術層級，與藝術的連結也因此形成。在二十世紀初，出現了許多支持藝術與時尚結合的觀念論述。維也納前衛藝術企圖以單一的凝聚式願景來美化生活的一切，而總體藝術（Gesamtkunstwerk）的想法也暗示要讓包括服裝在內的所有視覺表現，透過藝術家完成設計。最為人所知的例子，就是克林姆（Gustav Klimt）拒絕接受當時人們普遍認知的時尚論，而針對夢幻又具原創性的「原長袍」（proto-robe）進行研究（Stern 1992）。

維也納建築師暨設計師約瑟夫·霍夫曼（Josef Hoffman）早在1898年就針對時尚的專

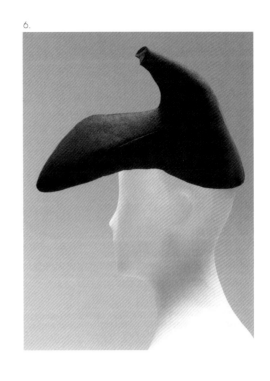

制性提出抗議,並且認為該讓服裝反映出穿著者的個性特質。另一方面,他也完全無法接受女性應該製作專屬服裝的想法,「霍夫曼尚未準備好要將服裝的決定權留給時尚設計師或女性。他將服裝視為決定我們視覺環境的元素之一,它理當歸屬於藝術家創作範疇,因為只有他們能夠勝任架構形式世界的任務。」(出處同上)

在近似的時尚理念下,亨利・范・迪・菲爾德(Henry van de Velde)開始宣導所謂「改革主義者」與「藝術家」的服裝。這位俄國的構成主義者,同樣對於當時的時尚表示抵制,因為它會產生某種拉平效應(levelling effect)。不僅服裝的藝術性需做全盤考量,舒適性與功能性也一樣。為了達成目標,他們將一部分焦點放在傳統服裝上,認為稍加修改並以現

在技術生產,就可以符合大都會廣大工作者的需求。

未來主義藝術家在一項宣言中美化了戰爭,並呼籲設計合適的服裝(Milan 1914)。他們強調即使在戰事中,還是有很多合適的穿衣方法,尤其色彩跟圖案應當具有強烈的視覺震撼,就好像「戰場上的突擊隊般做出反撲」,在火力大開之際,人們更要感受到穿著的舒適性。他們將其視為「絕對必要的……即聲明有藝術才能者對於女裝時尚的專制權。……一個傑出的詩人或畫家,應當對於主要的女裝品牌企業擁有絕對的掌控權。時尚與建築和音樂一樣,都是藝術。具有卓越創意與破舊得恰好的女裝,與米開朗基羅的壁畫或是提香(Titian)的聖母畫具有同樣的價值。」(Bella 1992)

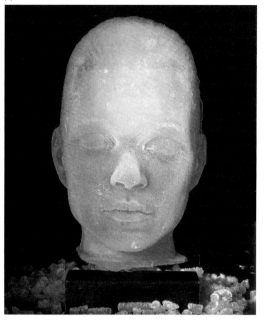

　　然而，無論是時尚或是藝術都無法在意識型態的枷鎖下蓬勃發展。烏托邦觀念的價值，如今僅剩好奇心，而早期女裝設計師視專業性為必需的想法，其實更近似今日設計師的想法。撇開這個不談，藝術確實持續且直接地激發時尚的創意。愛爾莎·夏帕瑞利自一九三〇年代以降的許多設計，都帶有超現實主義的影子，而且從她推出鞋形帽到凡賽斯於1991年推出安迪·沃荷裝（瑪麗蓮），這段時間出現了不少受特定藝術家啟發的時尚作品。1993年，《荷蘭商務日報》（*NRC Handelsblad*）甚至觀察到了「時尚界湧現的藝術浪潮」。然而，一般對此提出的普遍建言就是「藝術家不應該涉入時尚」（Enthoven 1990）。

　　如同克里斯·湯森（Chris Townsend）在著作《狂喜：從時尚看藝術的誘惑》（*Rapture:*
Art's Seduction by Fashion）（Townsend 2002）所言，近來有一些變化在暗地裡慢慢發酵。湯森依據當時的狀況舉出藝術與時尚結合的例子；包括由英國版《Vogue》提出的計畫「打造凱特」（Creating Kate），委託多位藝術家打造出他們自己眼中的凱特·摩絲形象，也讓時尚與藝術因此有了交集。後續，威爾考克斯（T. J. Wilcox）的當代影片《Stephen Tennant Hommage》，剖析了時尚與藝術的歷史關係，並介紹了以誇大時尚行為形成的「自我」結構。或者，也可以莫瑞恩·寇納（Maureen Connor）類似馬甲的蘆葦製作品，與三宅一生近似的服裝設計相互比較。透過馬丁·馬傑拉或是胡笙·夏拉揚之類的設計師，可以看出：他們創作產品的概念，是更接近於藝術，而不是潮流。

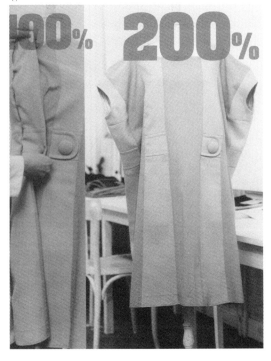

9.

10.

　介於藝術與所謂應用美術之間，大眾與精英之間的界線逐漸消融。最後，出現了許多藝術作品，具有功能性也具視覺性。這兩者所在的分類市場機制也相近。就如同時尚或工業設計，藝術當然也有它特定的訴求族群。猶如藝評家安妮・提洛伊（Anna Tilroe）所指，藝術家的簽名與品牌商標成為兩股較勁勢力，「更慘的是，品牌化的一系列過程，包括服裝、腕錶與汽車等產業，都是在一個精心設計的環境中，讓產品的出現好像帶著某種神祕訊息。然而這些都是直接從藝術複製過來的。」（Tilroe 2003）

　當時新推出的雜誌，像是《Purple》、《read》、《BABY》及《Source of Inspiration》，將藝術、攝影、電影、時尚與它們的混生物，一起並陳，傳統的區隔手法越來越少見。

　時尚攝影在這個環節上扮演著頗堪玩味的角色。許多美術館將其作為展覽對象，如同時尚。這種狀況就像時尚的例子一樣，不禁讓人疑惑那究竟是不是藝術（如果是，那藝術還是藝術嗎？）。

　有時會出現一些議論，認為時尚攝影不過就是些粗製濫造的東西，只是最新時尚風格的紀錄與宣傳，而當今攝影師的訴求與此相當不同。除了文獻攝影（好比出現於時裝秀不具名報導中的作品），一直都有一些透過「作者」訴說個人故事的藝術作品，而這些未必得跟它們在真實中介紹的服裝扯在一起。人們從攝影作品中看到的價值，刺激一部分觀眾產生特定的欲望，透過聯想與服裝、品牌或雜誌所關注的事物產生連結。時尚攝影讓我們變成了戀物者。

露西・奧塔（Lucy Orta）
生於1966年（英國伯明罕）

參考資料
Orta, Lucy, Pierre Restany and Mark Sanders. *Lucy Orta: Process of Transformation*. Paris: Editions Jean-Michel Place, 2001.
Pinto, Roberto. *Lucy Orta*. London: Phaidon Press, 2003.

圖片：
1. 露西・奧塔，「身分＋避難」，裝備，1995年
2. 露西・奧塔，「身體建築——索韋托集體衣著」，1997年
3. 露西・奧塔，「都市生活防備：行動式寢具」，2001年
4. 露西・奧塔，「連結建築×110——連結類型紹雷特」，2002年
5. 露西・奧塔，「避難衣著——干預倫敦東區」，1998年

藝術家露西・奧塔的作品主題是社會問題與衝突。奧塔探索的是，若要激發社會弊病的討論，藝術能夠扮演什麼角色，還有藝術對於適合居住的人類環境能做出什麼貢獻。社群之內的社會連結如何創造，以及個人與周遭環境的關係，都是她作品中反覆出現的主題。

露西・奧塔在1966年出生於英國伯明罕，後來在諾丁漢特倫特大學（Nottingham Trent University）研讀紡織。奧塔堅稱自己不是時裝設計師，不過卻運用時裝以及建築作為表達其社會行動主義的管道：「現在似乎是個不錯的時機，將時尚運用在社會與環境議題中，並利用它數不清的形式對這些議題表達批判性的看法。我絕對不是時裝設計師，但我的確運用某些時尚文化的語言和系統，以及無數的形式、符號和情況來傳達這類議題。」她在一九九〇年代以「避難衣著」（Refuge Wear）而聲名大噪；這一系列作品是對波斯灣戰爭以及隨之而來的廣泛經濟危機所做出的一種回應。這些作品含有動態的建築元素，能轉化成供游牧民族使用的服裝、睡袋，以及急救站。其中一個例子是「可穿式帳棚」（Habitent），它是可穿戴在身上的單人帳棚，同時也可輕鬆地轉變成一件防風又防雨的斗篷。奧塔以「避難衣著」來指涉在波斯灣戰爭與隨之而來的難民危機過後所出現的社會衝突。

在她的「干涉」之下，露西・奧塔藉由進入參與者與大眾的對話，試圖創造除了宗教與性以外的文化連結。這位藝術家同時也透過這樣的方式，鼓勵社群主動參與她的計畫。她作品的名稱就直指了她的主題——避難衣著、自治團體溝通（Commune Communicate）、公民平台（Citizen Platform）、集體衣著（Collective Wear）、連結建築（Nexus Architecture）。她既為博物館創作，也幫公共空間製作作品；她的作品都出現在建築、身體藝術、表演藝術以及時尚的邊界。奧塔也經常善用現代社會常見的創新高科技材料。

露西・奧塔目前在倫敦時尚學院（London College of Fashion）擔任教授，該學院隸屬於倫敦藝術大學。她同時也是安荷芬設計學院（Design Academy Eindhoven）新成立的碩士班「人與人性」的主任。

1.

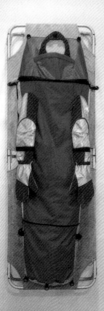

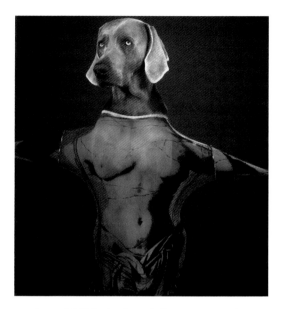

11. 麥可・湯瑪斯（Mike Thomas），「差異是明顯、迷亂且混淆的」，1998年。
12. 威廉・威格曼（William Wegman），「Torso or so」，1999年。
13. 奧立佛・泰斯金司，1998/1999年秋冬系列。

在更早之前也有案例可循。在1920年左右，巴倫・阿朵夫・德・梅爾（Baron Adolf de Meyer）採用柔焦與背光手法拍攝的作品，完全不顯露出服裝的細節，卻創造出一種奇特感。厄文・布魯門菲爾德（Erwin Blumenfeld）自一九四〇年代開始提出的超現實時尚攝影，更進一步將服裝上的材質真實感除去。蓋・柏丁或戴博拉・圖貝依作品中的異常氛圍，還有赫爾穆特・紐頓自七〇年代以降的情色幻想創作，都是當代時尚攝影中預示異化、性愛與死亡主題的初始跡象。同時期，這個領域中許多事物的分界，也在藝術感與道德感上出現變化。事實很明顯，就如同《The Face》雜誌在評論重量級墨西哥攝影師恩里克・梅提尼德茲（Enrique Metinides）以車禍照為主題的作品時所言：「他的作品之所以讓人感覺如此刺激，是因為它讓你聯想到時尚攝影。時尚與死亡──這帶給『新黑暗』（new black）一個全新的意義。」（The Face 2003）

寓意已經成為今日時尚與時尚攝影的主要概念。「原本雅致的舞台美學安排，現在已經被寓意的戲劇性給取代了。」吉爾斯・利波維茨基如此表示（Lipovetsky 2002）。他認為，時尚界統一論調的結果，已經損害了時尚服裝的聲譽，那種激躁的情緒已不復見。這種時尚價值愈是低落，對於強烈形象的需求就愈高，利波維茨基表示：「時尚設計師已經無法再給任何人帶來震撼，但時尚攝影師卻可以。」（出處同上）

「雅致的舞台美學」曾經是可以讓人立即理解的，但當時的時尚攝影是從藝術與廣告這兩個親密兄弟身上學習，進而產生一種有層

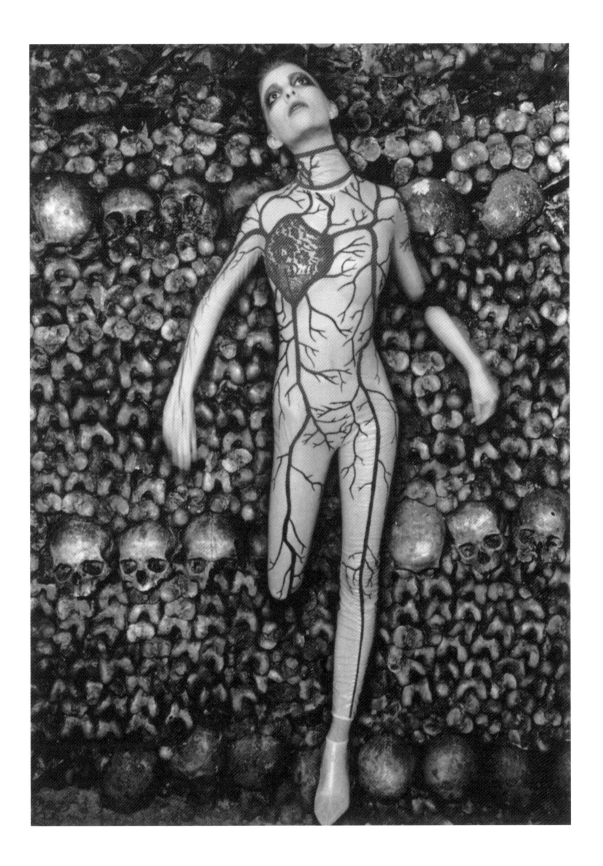

混搭的藝術

14. 農婦，鳥取縣，1985年，服裝：Comme des Garçon。
15. 和尚，崎玉縣，1985年，服裝：三宅一生設計。

次卻模稜兩可的形象，它的誘惑感是來自於一種迂迴的佈局。舉例來說，奧立佛·泰斯金司（Olivier Theyskens）1998/1999年秋冬系列就是由賽克羅普（Cyclopes）掌鏡拍攝，而畫面裡的模特兒畫了一身屍體妝，躺在一堆骷顱頭與骨頭上。令人不可置信的是，這張照片是針對部分大眾買家的變態慾望而創作，但不可否認，它確實體現了突破的勇氣。於是人們就做出了結論，認為泰斯金司的服裝是為有勇氣的人打造的，也就是那些年輕又前衛的族群。你只要買一件他的衣服，就能表示自己屬於那個族群。

色情圖像式的攝影也引發類似的狀況。當暗示性的欲求與遐想，頓時出現於時尚圖片上，引誘著人們透過採購行為滿足這份渴望；這是時尚攝影透過各種細節安排調和出的化學作用，也激發了人們無限的幻想。這種影像

讓人們對於仍有異論的服裝設計與品牌，建構起一種幻想式的附加價值，我們都知道那只是一種展示手法，但依然不自禁⋯⋯

每個人面對自身的欲求都有不同的表現，可能是承認、壓抑或是尋找替代品，因為這些欲求的形式並不受死硬的框架束縛。無法滿足的欲求（一般認為是性愛、自由、孩子或其他等等）可以在某種程度上轉化為不同的欲求，而這種欲求是比較有可能被滿足（好比漂亮的東西、食物等等）。廣告與時尚攝影都可以在這方面發揮作用。在供過於求的市場中，原本不是那麼有吸引力的消費產品，經過包裝後彷彿多了許多誘人的「額外好處」，很能激起採購慾望。不過這種模式只能稍微舒緩這種欲求，如果欲求沒有根除，很快又會浮現。一個優秀的時尚攝影師可以引導人們的欲求，並像個救星般提供各種新的對應選擇，就這方面

來看，時尚攝影師的任務就好比神父一般。

有時，甚至連日常生活的場景也具有神奇的影響力。廣川泰士（Taishi Hirokawa）在八○年代曾經遊歷日本鄉間，拍攝店員、漁夫、農夫與其周遭的平凡人，然而他們卻穿上了重量級設計師的服裝作品，包括三宅一生與川久保玲的設計品牌 Comme des Garçon（Hirokawa 1988）。其實廣川泰士的攝影是一種抵制魅惑式攝影的論述，它在照片中安排了真實人物穿上真實的服裝。這些有名的設計師禁得起這樣的考驗嗎？其中還有什麼樣的誘惑力嗎？還看得出來嗎？

這個創作系列是很有趣的示範，它跨越藝術、時尚與攝影的藩籬。它的概念很好，照片很好，服裝也很好。這些照片中，那種誘惑力與加諸於服裝上的附加價值，就依存於影像的「質感」上。當然，一直都有很多高品質的「著作權照片」刊載出來，但它們並沒有與任何時尚或品牌產生連結。這是明顯不同的地方。一張普通的照片，無論是否具藝術性，它都像是一個密封的世界，不容許其他事物闖入或離開。然而就時尚攝影而言，它對應的是品牌名稱與服裝作品，服裝作為販售之物，自然可以允許消費者進入這個刻意安排的影像世界；他或她獲得的，是在攝影中與那些服裝有著強烈連結性的事物：質感。這種藝術表現何其精彩。

如果一度遙不可及的藝術家地位與其高度個人化的作品表現，現在變成為可買賣的東西，或許本身就提供了一種極致的誘惑。在西方社會中，個人化就是最具價值的事物之一。然而如果它只是專屬某個精英份子，就不符合民主的概念。那類似於政治性的分權概念，可以應用於文化範疇嗎？「每個人都是藝術家。」約瑟夫·波伊斯早在三十年前就說過這樣一句話，儘管他當初的意思並不是指個人的潛力可以透過一個簡單的商業機制，轉化成為商品。

看起來，「全體一致接受個人化」似乎不大容易達成，不過那並不重要。這些時間以來，光是透過這種想望，就創造出豐富而多元的形像與意義，它們本身就是一筆巨額財富。

參考書目

Balla, Giacomo. 'Die antineutrale Kleidung-Futuristisches Manifest', in *Radu Stern, Gegen den Strich. Kleider von Künstlern 1900-1940.* Bern: Benteli Verlag; Zürich: Museum Bellerive; Lausanne: Musée des arts décoratifs, 1992.

De la Motte Fouqué, Caroline. *Geschichte der Moden 1785-1829.* Hanau: Verlag Werner Dausien, 1988 (1829-30).

Enthoven, Wies and Margreeth Soeting. 'Kunst op het mantelpak maakt van mode nog geen museumstuk', *NRC Handelsblad*, 4 Oct. 1990.

Hirokawa, Taishi. *sonomama, sonomama. High fashion in the Japanese countryside.* San Francisco: Chronicle Books, 1988.

'Hype', *The Face* 78 (July 2003).

Lipovetsky, Gilles. 'More than fashion', in *Chic clicks. Creativity and commerce in contemporary fashion photography.* Boston: Hatje Cantz Publishers, The Institute of Contemporary Art, 2002.

Polhemus, Ted. 'Beyond fashion', in *Style Engine.* New York: Monacelli Press Inc., 1998.

Stern, Radu. 'Gegen den Strich: Künstlerund Kleider 1900-1940, in *Radu Stern, Gegen den Strich. Kleider von Künstlern 1900-1940.* Bern: Benteli Verlag; Zürich: Museum Bellerive; Lausanne: Musée des arts décoratifs, 1992.

Tilroe, Anna. 'Kunstenaar, u hebt een taak', *NRC Handelsblad*, 28 Feb. 2003.

Townsend, Chris. *Rapture: Art's seduction by fashion.* London: Thames & Hudson, London, 2002.

Troy, Nancy J. *Couture culture: A study in modern art and fashion.* Cambridge, MA: The IT Press, 2003.

華特・范・拜倫東克（Walter van Beirendonck）
生於1957年（比利時布雷赫特）

在1987年的倫敦英國設計師大展（British Designer Show）上，比利時設計師華特・范・拜倫東克（1957年出生）以他古怪的設計達成了個人的一大突破。他以「安特衛普六君子」之一的身分出現，與德克・比肯伯格斯（Dirk Bikkembergs）、安・迪穆拉米斯特（Ann Demeulemeester）、德里斯・范・諾頓（Dries van Noten）、德克・范・塞恩（Dirk van Saene）以及瑪琳娜・易（Marina Yee）聯手出擊，對一群國際時尚觀眾展出他的作品。范拜倫東克在1982年畢業於安特衛普皇家美術學院，即使在就學期間，他就已經是安特衛普六君子當中最沒有節制、最直言不諱的設計師，而且這個形象一直維持到今天，他依然採取一種非常個人的不凡時尚觀點。

他色彩亮麗的設計通常都裝飾了各種圖案，並且擁有音樂、藝術、連環漫畫、科幻小說與多媒體方面的根源。此外，他還會從部落傳統及母題、以及大自然當中汲取靈感。范・拜倫東克的作品屬於折衷主義，他獨立於所有時尚潮流之外，一再逾越紀律的界線。性愛、時尚體系與當代社會是他作品中不斷出現的主題，而且經常用大量的幽默來處理。他的設計橫跨高級訂製服與街頭服飾，也時常採用尼龍與橡膠等合成高科技材質。他的時裝秀總是突破傳統，在巴黎麗都夜總會（Lido）舉行的一次發表會上，模特兒不是走在伸展台上，而是一個接著一個跌落伸展台。

自1983年起，他就在華特・范・拜倫東克的品牌之下設計自己的系列作品。從1993到1999年，他也與德國Mustang公司合作，生產平價品牌W.&L.T.（Wild & Lethal Trash，意即狂野與致命的垃圾）。在壯觀的巴黎發表會上，范・拜倫東克呈現以超現代布料製成、色彩極為大膽的街頭服飾。1999年，他在全世界推出「美學恐怖份子」（Aestheticterrorists）產品線，基本上是對商業化時尚界的一種攻擊。范・拜倫東克利用醒目的字體和批判性的標語，例如「嚴禁時尚納粹」和「我痛恨時尚奴隸」，將他對時尚體系的觀點表達得十分清楚。從那一刻開始，他就將同名品牌的商品限定在安特衛普的旗艦店「華特」（Walter）銷售；這家旗艦店成立於1998年，由范・拜倫東克與馬克・紐森（Marc Newson）以及安特衛普的建築事務所B-Architecten共同合作設計。他在這家店陳列了自己的作品，另外還包括德克・范・塞恩、Bless、狂暴世

代（Vexed Generation）、永澤陽一（Yoichi Nagasawa），以及伯恩哈德・威荷姆（Bernhard Willhelm）等人的設計。「華特」同時也是一間藝廊。從1985年以來，范・拜倫東克便一直任教於安特衛普美術學院的時裝系。他也設計劇場、芭蕾和電影服裝，不將限定自己在時尚領域。此外，他還出版《驚奇》（Wonder）雜誌、設計物品、繪製書籍插畫，並定期擔任策展人，籌畫過「殘缺」（Mutilate，1998）等展覽，以及Mode Landed-Geland（2001）等活動。

參考資料
Derycke, L. et al. *Belgian fashion design.* Ghent-Amsterdam: Ludion, 1999.
Derycke, L. and W. Van Beirendonck, eds. *Fashion 2001 Landed #1 and #2.* Antwerp: Exhibitions International, 2001.
Te Duits, T. and W. Van Beirendonck, eds. *Believe: Walter van Beirendonck and Wild and Lethal Trash.* Rotterdam: NAI Publishers / Museum Boymans van Beuningen, 1999.

圖片：
1. 華特・范・拜倫東克，W.&L.T.，1996春／夏系列
2. 華特・范・拜倫東克，「美學恐怖份子」，1999春夏系列
3. 華特・范・拜倫東克，W.&L.T.，1995/1996秋冬系列
4. 華特・范・拜倫東克，W.&L.T.，1995/1996秋冬系列

3.

裝，而且還替母親打點特殊場合的穿著。向曹域茲後來到聖保羅的聖塔馬瑟林納（Santa Marcelina）藝術學院就讀；一九九〇年代初期，他在聖保羅為妓女和變裝者設計奢華服裝而打響名號。他在1993年設計的第一個成衣系列深具實驗性，接下來幾年的系列作品也不遑多讓。1996年，向曹域茲設計了所謂的「長褲裙」（skouser），一種結合長褲與裙子的中性服裝。

亞歷山大·向曹域茲在一九九〇年代末期開始將注意力逐漸轉往廣泛大眾。他推出一個牛仔系列，開始與幾家大公司合作，其中包括專門的珠寶品牌Dryzun，以及運動品牌Everlast與康弗士（Converse）。近年來，他的巴西故鄉也在他的作品中扮演了舉足輕重的角色。他融入設計當中的布料與主題往往取自巴西傳統與民間風俗，或與它們有關。1999年，向曹域茲在歐洲倫敦時裝週發表作品，這也是他首度在歐洲的時裝秀；不過地點很快就換到了時尚之都巴黎，當時他是唯一一位排上發表日程的巴西設計師。此後他將目標鎖定在紐約，並在那裡發表最近期的系列作品。

胡笙・夏拉揚（Hussein Chalayan）
生於1970年（賽浦路斯尼古西亞）

胡笙・夏拉揚（1970年出生於尼古西亞）運用罕見的時尚
設計手法，不斷橫越藝術、劇場、建築、設計與時尚的邊
境。時尚向來不是他的出發點，只是他藝術過程的一個面
向。他所設計的創作可能具有雕塑、家具、設備、建築、
表演、電影和影像等形式，實際的例子包括夏拉揚的短
片《短暫的冥想》（Temporal Meditations，2003）以及錄
影作品《旅程》（Place to Passage，2004）和《麻醉劑》
（Anaesthetics，2004）。

胡笙・夏拉揚畢業於倫敦的中央聖馬丁藝術與設計

學院。他在倫敦工作了若干年，並以自己的設計作品於
1999及2000年贏得英國年度最佳設計師大獎。2001
年，他捨倫敦就巴黎，在那裡發表女性成衣系列，一年以
後又推出男裝系列。

雖然夏拉揚總是以一個概念或想法作為設計的基礎，
不過他的實驗一律催生出非常容易親近的服裝──仔細
端詳之下，這些服裝採取創新且奢華的材質、罕見的剪裁
技巧，並應用了新科技，因為顯得十分不尋常。

夏拉揚的名聲主要來自他的時裝發表會，它們往往比
較像是藝術表演，而不太像時裝秀。例如，在「後語」
（Afterwords，2001/2002秋冬）當中，他製作了一系列
可以搖身一變當成衣服來穿的桌椅。夏拉揚利用這種「可

穿式住宅」，試圖讓大家關注難民問題。如果被迫離家，你會隨身攜帶什麼？這個問題來自於他年輕時候的親身經歷，當時賽浦路斯分裂，分別納入土耳其與希臘領土。我們也可以在「Ambimorphous」當中看到這種社會參與，這件作品處理文化轉變的問題，裡面的民俗服裝一一轉變成當代服飾。夏拉揚自2004年起也開始拍攝獨立電影以及創作裝置藝術，例如《旅程》（2004），在時尚界以外的藝廊和博物館展出。2005年，他正式代表土耳其參加威尼斯雙年展。

　　胡笙‧夏拉揚的第一家店於2004年在東京開幕，2005年則在荷蘭格羅寧根博物館（Groningen Museum）以及德國沃爾夫斯堡（Wolfsburg）舉辦個人作品展，並同時出版了一本內容完整的專書。

參考資料
Evans, C. *Fashion at the edge: Spectacle, modernity and deathliness*. New Haven: Yale University Press, 2003.
Evans, C. et al. *Hussein Chalayan*. Rotterdam: NAI Publishers, 2005.
Quinn, B. *The fashion of architecture*.
New York: Berg Publishers, 2003.

圖片：
1.　《旅程》，胡笙‧夏拉揚執導的影片，2003
2.　胡笙‧夏拉揚，「親屬關係之旅」，2003/2004年秋冬系列

克里斯・湯森（Chris Townsend）

喜愛差異性
喜愛藝術與日用品之間的差異性；喜愛生活與生活風格之間的差異性
席爾維雅・科爾波夫斯基（Silvia Kolbowski）與彼得・艾森曼（Peter Eisenman）於1995年與Comme des Garçons合作的專案

1. 席爾維雅・科爾波夫斯基與彼得・艾森曼，「喜愛94/95年秋冬與95年春夏之間的差異性」，紐約蘇活區Comme des Garçons店內的裝置藝術，1995。

1995年五月，藝術家席爾維雅·科爾波夫斯基與建築師彼得·艾森曼攜手合作，在Comme des Garçons位於紐約蘇活區烏斯特街上的店面中，裝置了一件藝術創作，名為「喜愛94/95年秋冬與95年春夏之間的差異性」。這件裝置藝術是以木條搭起骨架，它的體積遮住街上望進店內的部分視野，作用也像是個形式新穎但頗受侷限的入口，框架內架設了一台監視錄影機，還有一張雙色印刷的小傳單，被當作海報般貼在店面櫥窗上。「喜愛差異性」直接對它所處的環境做出回應，而那種回應是透過主題置換與時空上的不確定性來進行。在1995年時，選址的特定性與主題置換被視為一種藝術的表現，一種奠基於六〇年代末與七〇年代初蘇活區藝術家的創作活動。然而這些理念雖然多數是正式且有精闢的論述，在八〇年代卻大多處於休眠狀態，一直到九〇年代才在包括科爾波夫斯基在內的一小撮藝術家帶動下，一點一點地甦醒，而這些藝術家也了解明確性與置換是足以引發並影響某些歷史論述。讓「喜愛差異性」格外具煽動性與原創力的關鍵，在於科爾波夫斯基與艾森曼利用特定地點所在的環境背景，以歷史中的置換與不確定性為主題，特別是針對蘇活區的歷史，提出論述。而這間Comme des Garçons門市，對於這個地處「休士頓街以南」，並自六〇年代開始即被視為紐約前衛藝術起源地的區域的關鍵歷史演變上，發揮了相當的影響力。

到了八〇年代末，藝術狀態的轉變，特別是顯現出雷同時尚用品特徵的部分，對於蘇活區社會與經濟結構的改變愈來愈明顯。先有人在此規劃提供許多居所，與藝術家一起分享資源，接著又有一批為數不少的畫廊進駐，讓現在的蘇活區成為高端時尚零售消費的重鎮，此地的房產成本亦持續飆升。儘管時尚產業以前衛藝術手法展現出它的夢幻性（好比赫姆·朗格[Helmut Lang]在其旗艦店展示珍妮·荷瑟[Jenny Holzer]的作品），然而它選擇蘇活區作為主要零售消費的重鎮，卻加速了此地「從破舊地區改造為中產階級居住地」的進程，而這終將毀滅此地原本作為藝術創作重鎮的條件。對於這個過程，「喜愛差異性」既可作為一種省思，亦顯現出其中不可分割的關係；它像是對於時尚的運作與零售消費的能見度，發起有意識的抵制，但它同時又作為Comme des Garçons贊助計畫的一部分，就因為它對於藝術所展現的關注。

「喜愛差異性」是在紐約市建築協會（Architectural League of New York）規劃的「展示的建築」專案贊助下委任進行，由在地的非營利藝術機構米那塔布魯克（Minetta Brook）聯合舉辦。在這個專案下提出的一系列裝置藝術作品，從當代及歷史層面呈現了建築結構與公開展示之間的關係。這些裝置藝術作品的特色定義，由藝評家暨專案策展人雷恩侯德·馬丁（Reinhold Martin）所制訂：

> 公開展示的期限與傳統手法，對於「公共空間」的定義會有什麼程度的影響？展品間所展現出來的那種可以為眾人所理解的關連性又是什麼？它們的作用又是什麼？（Martin 1995）

科爾波夫斯基與艾森曼的裝置作品，利用介入「公共空間」（街道）與Comme des Garçons門市展地之間的問題區，回答這項委任所設定的

普遍條件。這兩位藝術家打造的結構體，不僅改變了消費者、店內空間與陳設之間的具體關係，同時也蓄意地阻擋了民眾從街道觀望店內的視野（圖1、2）。這件裝置藝術以提出與「建築體」對應的結構，對於零售空間與街道之間的分界提出質疑，如同我們後面會看到的，這個結構體現了伴隨時尚為商品這個概念所衍生而來的短瞬性。也可以說，「喜愛差異性」是從根本改變了Comme des Garçons企圖透過店內展示，表現出那種可以為眾人所理解的關連性；之前，這裡有無礙的視野且容易進出，但現在不僅在觀賞店內物品時感受到阻礙，在實際上也造成出入這個零售空間的侷限與牽絆。但也因為如此，在店內瀏覽時，人們必然會對店內展示的服裝對於身體與個人觀點造成的轉變有更深入的了解。

科爾波夫斯基與艾森曼針對「喜愛差異性」專案列出了一份「選址條件」，其細節如下：

1. 一間與「高端」藝術為鄰的「高端」時尚店面。

2. 位在（蘇活）鐘形區域中，具備當季時尚的「新穎性」。

3. 玻璃猶如一片在恆變與不變之間的薄膜。

4. 二十世紀末，一個從膚淺店前陳列的物品敘事性，跨越到透明感與非敘事性的轉變。

5. 從橫向的舞台美學轉變為地域場景的深度探究的歷史性轉變。

6. 讓純藝術介入商業場所。

7. 部分展示為可供販售商品（櫥窗擺設），部分物品僅為展示（純觀賞）。（出處同上）

Comme des Garçons，作為首批進駐蘇活區的

高端時尚商店之一（它於1983年在烏斯特街上開設店面），很明顯已符合上述第一項要求。況且Comme des Garçons在一九八〇年代至九〇年代間，已經將藝術與時尚結合，並建構起一個愈來愈緊密的互動關係，品牌企業不僅贊助藝展與藝術家專案，同時也在藝術雜誌上刊登廣告，自家旗下的雜誌《Sixth Sense》也跨越了藝術與時尚兩個領域。如同葛雷恩‧歐布黎恩（Glenn O'Brien）對於這間公司的評論：「它生產的服裝與它的市場性，從任何一個層面來看都跟藝術相似，差別只在它本身不是藝術。而現在它更是創造了這個時代最優秀的藝術雜誌之一，雖然它並不真正屬於藝術雜誌，而是一本服裝目錄。」（O'Brien 1988:18）

除了合乎「高端」時尚商店的設定，Comme des Garçons的狀況也符合科爾波夫斯基與艾森曼提出的第二項條件：季節性時尚是該區呈現的一種新現象，儘管其實際特色為在產業經濟與文化、藝術與零售之間持續轉移，因為該區域內的藝術家似乎是被牢牢地密封住[1]。後續的三項條件，皆與展示議題相關，是「喜愛差異性」的據點渴望突顯出的獨特性；假如Comme des Garçons的室內因其不斷翻新的季節商品，而代表了持續不休的變化性，那麼這個如同一個明顯障礙物的結構體，則可讓人將注意力放在街道與商店之間，那種透明的、可望穿且遭忽視的如薄膜般的關係上。「喜愛差異性」同樣也佔據了櫥窗展示區與它表現敘事性的傳統「戲劇性」空間；雖然Comme des Garçons並未利用這樣的空間，而是將現場空間作實地的商品深度展示，藉此吸引顧客進入店內，而且拒絕針對販售的服裝作任何敘事

貝雷斯（Bless）

愛內斯・卡格（Ines Kaag），生於1970年（德國紐倫堡）
黛絲瑞・海斯（Desiree Heiss），生於1971年（德國布金根）

參考資料
Jones, Terry and Avril Mair, eds. *Fashion now: i-D selects the world's 150 most important designers*. Cologne: Taschen, 2003.
http://www.bless-service.de

圖片：
1. 貝雷斯，「髮型」，Bless no. 20 o.kayers，2003年，與「髮梳」，髮梳美容產品，1999年
2. 貝雷斯，「檔案椅」，Bless no. 20 o.kayers，2003年
3. 貝雷斯，「Mobil # 1B」，Bless no. 20 o.kayers，永久家庭運轉機，2004年

設計師愛內斯・卡格（生於1970年）與黛絲瑞・海斯（生於1971年）在1995年開始以貝雷斯為名合作，共同展開她們的事業。海斯在1994年畢業於維也納應用藝術學院（College of Applied Arts in Vienna），卡格則在一年之後完成漢諾瓦藝術設計學院（College of Art and Design in Hannover）的學業，兩人相識於巴黎的一項設計競賽。雖然這兩人自當時就展開密切合作，不過卡格的工作地點在柏林，海斯則在巴黎。自1995年起，她們已經推出了二十二個系列作品或產品，而貝雷斯並不加以分類。這兩位設計師偏好運用不同的媒介來進行每一個系列。

貝雷斯作品的特色是實驗，以及挑戰與嘲弄傳統的時尚觀念。她們創作的領域是時尚、美術以及應用藝術交錯的範疇。她們運用極端創新的手法，試圖滲透這些學科內部的既存傳統。卡格與海斯會將事物循環利用，她們處理現有的物品，賦予它們新的意義與新的目標。兩人工作方法的重點是服務顧客，預先考慮人類的日常需求。她們堅信所有東西都能循環利用，產品也必須具有實用性，因此設計了這樣的產品：由兩隻鞋底、布料，加上運動鞋的製作指南所組成的一套組件，另外還有整合舊首飾的不同元件（如珍珠）和腕表而製成的項鍊。她們為愛迪達設計以各式各樣碎布製成的鞋子，也為馬丁・馬傑拉做了一組假髮，材料則是取自馬傑拉在1997年秋冬系列中發表的毛皮。她們的「靴襪」（Bootsocks）是靴子與襪子的組合，「髮梳美容產品」（Hairbrush Beauty Product）則是一搓人髮，顯示她們有相當的能耐，將每種現有的產品轉變成全新的東西。

雖然貝雷斯的設計實用又實穿，卻也具有濃烈的藝術品味道。但在討論到她們的作品時，時尚與藝術、商業與非商業之間的界線並不容易劃分，因為她們往往破壞了所有的規則。卡格與海斯透過雜誌、型錄與明信片，在全世界各地將她們的產品當作消費品來銷售，不過這些產品同時也在頂尖的博物館與藝廊展出，例如巴黎的龐畢度中心、東京的Speak For藝廊，以及阿姆斯特丹市立現代藝術館（Stedelijk Museum Bureau）。這樣的特殊對比讓這個雙人組合更顯不凡。

3.

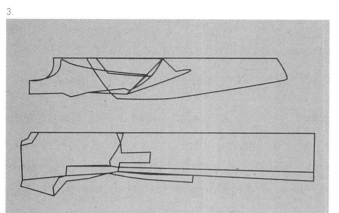

4.

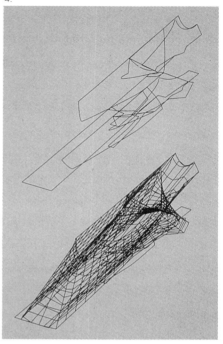

3. 4. 5.
　　科爾波夫斯基與艾森曼,為Comme des Garçons'94/'95秋
冬季與'95春夏季系列製作的電腦型變草圖。

5.

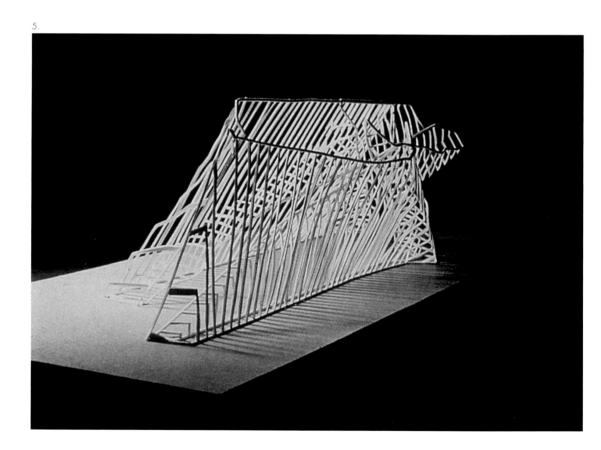

表現。在這個概念下，「喜愛差異性」也以其對於敘事性的明白抗拒，追隨了前衛風格的傳統，這等於是明白地示範了，「高端」時尚自一九六〇年代以來追隨「高端」藝術放棄故事性，轉而將注意力放在結合物件的正式條件做法。從一九三〇年代至六〇年代，甚至更晚期崛起的藝術家當中，一直有一部分人曾受邀至商店內，以櫥窗擺設形式建構起吸人眼球的視覺印象的獨特敘事性，並藉此確認店家的時尚等級；而科爾波夫斯基與艾森曼製作的卻是一個衍生自擺脫奇觀的奇觀，某種或許已然成為 Comme des Garçons 商品陳列模式與當時川久保玲所設計服裝的要件。

「喜愛差異性」可說是針對店內陳列的服裝而創作的產品和回應；其實就某些層面來看，它也是對那些不再陳列上架的過季服裝所做的回應。這個在 Comme des Garçons 店內劃出一條新通道的「路障」，實際是由木頭製成，但它給人們的觸覺感官，卻像是介於兩季作品之間的暫時性「鴻溝」，它的兩邊各陳列著94/95年秋冬與95年春夏系列商品。科爾波夫斯基與艾森曼在規劃這個專案作品時，結構體的形狀是以設計師創作這兩季服裝時的草圖作為發想[2]，然後利用電腦的型變設計軟體，創作出一個可以呼應兩季服裝在結構元件與設計主題差異的結構體（圖3）。也就是說，「喜愛差異性」不僅在當季服裝設計中追溯出端倪（上一季作品），也從兩季作品彼此間的如下關連性中衍生——在場與不在場之間，省略與強調之間，已撤除與即將撤除之間。

這個形成自「喜愛差異性」最清晰可見部分的結構體，既開放又封閉：它形成了從街道望

入店內的視野阻隔，卻又具有穿透性——你可以透過它看到店內的景觀，也可以穿越它進入店內，雖然它看起來不是一條容易穿越的路徑。它既是障礙物，也是導引路線，而它的開放性則突顯出了這個結構體對其所佔據空間的一種抗拒性。或許採用更為傳統的白牆會更符合現有空間的需求。確實，人們可能已經在某種程度上注意到藝術與時尚零售業對於建築的要求，已經融入這個白色立方的現代派展示空間。

要建構出一條可以讓人穿越的暫時性通道，以及要讓人無可迴避地鑽過這條通道進入店內的想法，一開始就已成形，而那些畫面也透過裝置在此結構體一端的錄像裝置重複播放。科爾波夫斯基與艾森曼也將那兩季服裝作品的發表會影像剪輯註解，且都將它們加諸於這個結構體之上（圖4）。它的結果是交叉剪接這兩季發表會的模特兒走秀畫面，讓人們看不出哪個是新一季作品，哪個是上一季的作品，製造出一種「鬼影」般的撲朔迷離。兩部影帶的幕後音樂同樣交錯進行，就好像一段令人摸不著頭緒且帶點奇異感的現代主義配樂。這兩季的時裝發表會，呈現在過去兩個不同時間點出現的場景，二者地位平等。當然，讓它們透過「攝影影像」狀態重現，或許可以讓我們從伸展台上的形象，對應羅蘭·巴特所提出的存在（presence）與不在（absence）的概念，並藉此解釋何以兩個在不同時間點拍攝的影像，可以透過相片（或許我們還可以加進影片）形式同步展示。

如果說這種化學機械照片，透過它的化學痕跡展示對於一件物品或人類主題其現象學

6.

確定性（也就是巴特所謂「曾經存在的事物」；Barthes 1993:99-100），那麼錄像作品這種電磁影像也同樣是透過對於某種痕跡的詮釋，讓人理解它。科爾波夫斯基與艾森曼在此留給了人們一項任務，去思考過去與現下相互交融，你中有我，我中有你的現象，也就是對於現時符號與過往符號，以及過往符號以痕跡之姿存在於現下的思考。存在於「喜愛差異性」作品中的兩種元素不僅記錄種種符號間的錯置替換，如同建築與影像上的定影，同時也示範了兩者間的活動，亦即差異性。

雖然科爾波夫斯基與艾森曼分別從不同角度切入探究，但這個「喜愛差異性」卻切合了兩人各自的大型專案所需。科爾波夫斯基在她於一九八〇年代初期發表的攝影作品系列「模特兒之樂」（Model Pleasure）中，運用時尚廣告中符號間的移動性與嵌入彼此特性。她在一九九〇年代也曾經與零售業者的櫥窗展示設計部門合作，針對一段特定時間內的櫥窗變化進行探究。有一個櫥窗展示設計可作為案例，那是科爾波夫斯基與哈利·溫斯頓公司（Harry Winston Inc.）這個本身就具備設計能力，且要求顧客必須提前預約才能進入店內的「全球最具特色珠寶商」，「合作」的一件〈下午五點十七分到五點三十四分時段〉（1990）案子。在這件作品中，她以店內櫥窗在一天即將結束營業前會出現的景象為內容，也就是店員們將那些價值數百萬美金的珠寶撤下，換上背光照片作為替代時的舉動。這個安排沒有任何一個環節舉動是由科爾波夫斯基所發想，它只是店內到了某個特定時間就會執行的例行動作。科爾波夫斯基所做的，是透過藝術

7.

8.

6. 科爾波夫斯基與艾森曼以蒙太奇手法，為Comme des Garçons '94/'95秋冬季與'95春夏季系列發表，剪輯一段錄像。1995。

7. 8.
科爾波夫斯基的「穿著過時服裝的自畫像」，2000/2002。

雜誌上的廣告，讓大家將焦點放在這個指示對象與索引物之間的轉化動作，而且最終還可以避免因為在過程中牽涉到零售業者，而惹上因「濫用品名」可能導致的法律糾紛。根據科爾波夫斯基形容，這個專案的構想「是將金錢與產品的價值、觀看與展覽常規手法、公眾與私人的定義，以及介於珠寶與女性身體之間的歷史關聯主題上，諸多交疊重複的評論做出一個凝聚」（Kolbowski 1993:92）。在「喜愛差異性」中，我們可以見到類似的表現，它不僅在形式層面上，執行將符號凝結與置換的動作，也關注公眾與私人的分界，以及時尚與女性身體的關聯，還有對「價值」的關注。「喜愛差異性」提出的最後一項關注，是將已經撤除與當時正展示中物件的差異總結，並於一段時間內清楚地陳述出來，而這個也是科爾波夫斯基在她

的作品系列「穿著過季服裝的自畫像」（Self-Portrait with Outmoded Clothing, 2000/2），再次引用的主題。（圖7, 8）

這位藝術家在1995年提出的第二件作品〈這些東西可利用〉（These goods are available at），是以倫敦的零售場地為基礎，而1997年的專案「閉合電路」（Closed Circuit）同樣延續了她對於零售及物件移位的興趣；後面提到的這件作品是「對於上城的藝術活動追根溯源的一個企圖」（上城指的是從蘇活區到雀兒喜）（Kolbowski 1997:5）。科爾波夫斯基初步擬定的一個專案，是將蘇活街道上三種不同類型、且足以體現這個地區轉化特色的商店——家具零售業者、時尚商店，還有食物店家，搬移到蘇活區郵政局長藝廊藝廊（Postmasters Gallery）的展廳裡，並且在贊助商店內播放一

9.

10.

9. 10.
科爾波夫斯基的「閉路電視」，店內裝置，1997。

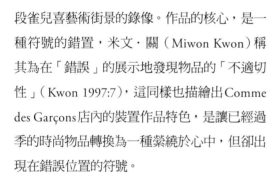

段雀兒喜藝術街景的錄像。作品的核心，是一種符號的錯置，米文‧關（Miwon Kwon）稱其為在「錯誤」的展示地發現物品的「不適切性」（Kwon 1997:7），這同樣也描繪出Comme des Garçons店內的裝置作品特色，是讓已經過季的時尚物品轉換為一種縈繞於心中，但卻出現在錯誤位置的符號。

彼得‧艾森曼的建築研究被設計為如同一個「對抗它（建築）刻板存在印象的掙扎反抗」（Somol 1999:19）。艾森曼對於形式的關注是透過它的置換或轉化來表現，我們可以說艾森曼的建築（或設計）形式總是遊走於轉化為他物的邊緣。就堅實穩固的建築幾何學而論（建築物，終歸需要豎立於某地），它們是身份模糊的臨時性結構。這點讓建築表現出一種類似於「語言」的感覺；好像有某些重要的意

涵，好像有某些東西是由其他事物的符號所構成，而不是事物本身，這讓人理解了一點，就是建築的意識型態其實更甚於自然特質。在一九七〇年代，艾森曼在這方面的關注，讓他進而將喬姆斯基（Noam Chomsky）結構語言學中的術語，融入他自己的建築理論中。到了七〇年代中期，艾森曼甚至不再從傳統的形式範疇來思考建築。如同索默（R.E. Somol）所下的註解，「柯林‧羅（Colin Rowe）在其風格主義（或矯飾主義）-現代（mannerist-modern）形式概念中，所指出的空間與結構之間的關係，現在被理解為一種更近似於時間與活動的臨時性結果（出處同上）」。艾森曼開始將建築結構視為一個凝結的時刻，是停留於某個時間與影像的「電影」片段。有一點對於理解「喜愛差異性」很重要，即不能單就艾森曼對於裝

置錄像所呈現的顯著成果來看，也該同時關注這件作品的「建築」結構，如何將介於川久保玲近兩季作品代表的時間點之間的活動具體演繹。

這個結構體最精準呈現的一點，是將一段受壓抑的記憶又突顯了出來，特別是讓這個已經下架的94/95年秋冬系列作品，在當時最新發表的95年春夏系列的面貌中追溯自身存在痕跡的過程作視覺化呈現。在這件作品的表現上，法國哲學家德希達（Jacques Derrida）以被刪除符號的不確定性與受壓抑徵兆提出的概念，也就是他所謂的「在場形上學」（metaphysics of presence），顯然帶給科爾波夫斯基與艾森曼很大的啟示。德希達的理念在一九八〇年代對艾森曼產生了很大的影響，到了1987年，他召集建築師與哲學家協力完成了「拉維特」（La Villette）專案。在德希達論述的核心，那個現在儼然已被濫用的「解構」（deconstruction）一詞，也就是他所說的「延異」（différance）裡，在場與缺席、正向與負向的二元安排，如今被重新思考為一種同步發生且相互依存的活動，一詞的意涵無法跳過另一個而能被理解。

由於科爾波夫斯基對於被壓抑與置換痕跡的關注，可以看出她在藝術創作上一直是與德希達的概念並行不悖。雖然在一九八〇及九〇年代期間，我們可以看到有許多不同形式表現、但明顯受此概念影響的實踐者，或是透過「解構」從事創作者，然而他們並沒有公然提出任何理論性陳述。在「拉維特」專案中，艾森曼轉向出現於德希達〈陰性空間〉（Chora）文章中的「銘刻印象」（imprinting），以此作為該專案的基礎，我們可能會因此認為科爾波夫斯基的作品是在探究一種手法，該手法會讓（空間或符號的）一種極性必然連結到其他極性，二者都是〈陰性空間〉論述的核心[3]。我會在後面再回過頭來討論延異在「喜愛差異性」中的重要性，但我希望先行建構其歷史背景，但是我也想要從歷史的角度來探討符號的延遲與置換活動（這與德希達的想法息息相關），如何出現在蘇活區的空間背景裡，而蘇活區的藝術家又是如何在他們的作品中建立對於置換與地點特定性的常規。

蘇活區是紐約曼哈頓的一部分，西臨第六大道，南至運河街（Canal Street），東臨拉法葉街，北至東休士頓。它是「South Houston」、「South of Houston」的縮寫，在此之前，也就是一九四〇年代末至五〇年代間，當時工業已經呈現衰退跡象，但仍然尚未出現任何足以作為此地表徵的藝術家或時尚商店進駐此地時，則是稱為「南休士頓工業區」（South Houston Industrial Area）。它的名字本身或許就已經象徵性地透露著此地域的不穩定性。這種從某種狀態進入另一種狀態的移動，同樣也是一種歷史性的運作；南休士頓工業區──這個位於城市心臟地帶，但卻如同廢棄工廠荒地的地區，在二十世紀中葉一度成為紐約都市計畫規劃者心頭隱憂──後來轉變為「蘇活區」（SOHO）──在一九七〇年代初期成為美國前衛藝術重鎮（假如在一九七〇年代，前衛的概念除了那種針對風格與市場定位的宣告之外，任何其他事物依然可行的話。）[4]

更大規模的置換歷史隨著藝術活動的轉變與分歧持續前進，蘇活區也因此成了藝術活

動的同義詞：畫廊遷移來到曼哈頓境內的幾個最後工業行政區（首先是雀兒喜，現在則是肉類加工區）；年輕藝術家開始在威廉堡（Williamsburg）、綠點（Green Point）、長島市與紐沃克（Newark）尋找房租較低廉的場地作為工作室。假如，在一九九〇年代初期的蘇活區已經變成高端時尚界開設店面的據點之一，那麼到了新世紀初，時尚業者也會跟現在的畫廊業者一樣，得另覓據點。也因此，位於百老匯大道與王子街道口，由雷姆·庫哈斯（Rem Koolhaas）所設計的普拉達（Prada）店面，也就不至於是地點上的一個建築失誤。今日的蘇活區看起來有點像是個露天商場，裡面有許多大型連鎖商場，通常它們在郊區出現時都是位於室內空間裡。然而，這個露天商場的存在是同時依附於那些前衛藝術家（藉此樹立該地的名聲並在十年間「保存」它），及其最終的置換之上（讓 J.Crew 與 Sephora 等品牌得以進駐）。即使在 2004 年，蘇活區仍然帶有先鋒藝術的痕跡。它就像是「喜愛差異性」所創造的那種置換過程的一部分：先是對於蘇活區在歷史上的某個特定時期與當時的時尚工業角色，進行評論，然後採用一種特殊的藝術手法——置換與地點的特定性——而這已經是蘇活區在過去三十年來所顯現出的藝術特質。

自一九六〇年代末以降，置換成了諸多蘇活區藝術家的創作主題，其中幾個典型例子，包括李察·塞拉（Richard Serra）以在場與缺席在雕塑作品製作程序中的輪替出現，創作出〈潑灑〉（Splashing）（1969）；作曲家史提夫·萊奇（Steve Reich）維繫於休止符的累進節拍安排所製作的〈小提琴階段〉

（Violin Phase）（1967）；以及荷里斯·福蘭波頓（Hollis Frampton）的影像作品〈羅恩斯·雷瑪〉（Zorns Lemma）（1970），於文本系統中所採用的漸進式意象替代手法（福蘭波頓的友人兼工作伙伴，藝術家卡羅·安德烈[Carl Andre]形容其為「衰竭的字母表」[an alphabet of exhaustion]）[5]。這些作品的形式都是建構於符號的不穩定性之上，是從一件事物到另一件事物的意義轉化，同時也以此不穩定性作為其創作主題。他們從符號的不穩定性中找出意義的不確定性，以此運用延異的原則，而德希達對此的理解，是種溝通的制定，即使它仍受到西方思想的形而上傳統嚴苛地壓抑。

在蘇活區藝術家的置換藝術創作中，最傑出者當屬高登·馬塔-克拉克（Gordon Matta-Clark）的作品。他經常將鑿穿和剪裁的創作手法應用於自己居住的蘇活區建築上，以呈現出當地空間的某種特質。帕莫拉·李（Pamela M. Lee）曾針對此寫道：

他的切割是將此地區的建築視為一種新形式媒介，讓他可以從中擷取並展示非連貫歷史的片段。雖然就馬塔—克拉克早期在蘇活區創作的作品而言——對於工業化潮流之後的空間進行探索——他在特定地區的藝術創作系譜上堪稱先驅，但它們還稱不上是獨一無二的創作。其實除他之外，他的多位朋友與同儕也在附近區域共同展開創作活動，他們都是在七〇年代初期進駐此區，住在這附近佈近足以應付生活開銷，也能實踐創作理想。受到極限主義的熱潮影響，就另一方面來看，也受觀念藝術中土地和系統取向選址創作的影響，這些作

品無論在觀念或實際上皆與選址相關（Lee 2004）。

儘管馬塔-克拉克的創作手法並不是獨樹一幟（特別是在一九七〇年代初期，曾與建築團隊的同儕分享），但是他針對蘇活區狀態所提出的作品，通常伴隨著形式與主題的置換：展現某種選址的特定性。他把不確定性（無論就空間或時間而言）帶進至一個符號顯然是最穩定、最「自然」且包含最多其各種可能意義的背景環境中。

所以，如果說蘇活區就其當時社會與經濟進程而言，已然處於不穩定狀態，那麼那些在一九六〇年代與七〇年代進駐此地的前衛藝術家，則是透過這些過程，以對應的創作主題詮釋這段置換的歷史。這些前衛藝術家透過選址的特定性所提出的作品，以生活在此的社會與經濟經歷為背景，將「南休士頓工業區」與「蘇活區」的差異性加以突顯。蘇活區，作為一個歷史過程、一個前衛藝術活動的想像空間，以及實現房地產天價的真實空間，一如它是由其在場軌跡所構成，它也是由其省略軌跡所構成。它就像是自身對於內在的短暫性與置換的強烈主張下的產物，一如它也是一組穩定的歷史與虛構現象集合。

德希達對於其延異性理念的詮釋，已經成為他學術生涯中的重要論述，並激了大量相關的詮釋與評論；因此，我得先行在此表示歉意，因為我在簡述科爾波夫斯基與艾森曼攜手合作的 Comme des Garçons 專案，與此論述的相關性時，必然得提出評論抨擊。延異此一理念應用了「本源的延異」（originary difference，

或者明確來說，如同德希達所言為「延異」，本源這樣的想法在此就是有問題的，但在策略上卻有其必要性），意指在一套符號系統中出現的延遲與抵觸，本源的延異不僅將不同物件或符號加以區別，並且也透過成為「不同」事物的狀態，同時組構物件或符號。粗略來說，我們只能透過觀念與狀態尚有跡可尋的對立論，去理解它的觀念與狀態。或許，其中最明顯的一項就是夜晚與白天的二元對立論；如果其中一個事物不是透過另一事物的恆久在場（presence），而是透過它的缺席（absence）來表示，那麼我們對該事物的理解會變得如何？因此，一個符號本身並不是同質的，而是由差異組構而成，以及差異之間作用的結果。同理，一連串的符號也不會是同質且靜止不動的，而是由差異性之間的差異所組構的活動。德希達就這種存在於符號本身內的差異元素提出了「痕跡」（the trace）此一用語。如同史碧瓦克（Spivak）所述：「德希達的**痕跡**（trace）是對於一種存在的不在，即一種總是已經不在的存在的標示，對於缺乏思想與經驗這種狀態的由來的標示。」（Spivak 1976:xvii）

我已經就實際觀點說明，「喜愛差異性」如何在一個系列中體現另一個系列的痕跡，然而我們必須了解，每個系列是各自存在於一個無盡的差異性鏈結中，在這種鏈結中一組符號又可以根據另一組符號加以追溯，甚至還提供了預告與回溯的功能。我們對於 Comme des Garçons 過季系列的評鑑，會因為新一季作品的表現而調整，而這正是時尚不可避免的一種現象。我們知道總會有新一季的作品推出，好比秋冬季之後會有春夏季作品的發表，這就

好像是時尚依循著季節「自然化運作」。我認為科爾波夫斯基與艾森曼的錄像特別呈顯出這種關係的波譜特質，除非我們如同專家般對於時裝秀的內容瞭若指掌，否則不會清楚知道哪件衣服是何時推出的。這兩個不同時期的狀態（透過表演空間的平面條件展現身體），對等地交叉呈現。那兒沒有原有的痕跡與後續出現者之分，而像是有兩條痕跡脈絡，透過延遲與預告的同步作用，彼此相互交疊。雖然德希塔曾論述過「存在的主題」如何左右了胡賽爾（Husserl）的「即時存在」（Living Presence/lebendige Gegenwart）概念，減輕或刪除了那些痕跡，但我認為影片與錄像就如同媒材般有某些特定狀態（是以一種超自然的感知，透過其即時存在的永續復現），可以讓我們看出這些痕跡在某個時間點是如何延續作用。與德希塔分析的語言學格局不同，時間基礎的媒材（或許我應當將攝影含括於此，儘管它缺乏實際活動）如同羅蘭·巴特在《投影描繪機》（*Camera Lucida*）所言，都是仰賴於兩個特定時期的功能性。諷刺的是，這些媒材同樣也仰賴於一條索引的痕跡，無論是化學的或電磁的。透過這些，那些在媒材中製造符號的動作，詳細解釋了差異性，或者說是德希達所謂「形式構成」的過程（Derrida1976:63）。

假如「喜愛差異性」是有意識地突顯出構成任何交流的差異性，那麼這個概念，如同德希塔所言為「摧毀它的名字」（出處同上），對於這件作品，什麼又是比這個空間更具有歷史貼切性的位置，是可以真切地摧毀它的名字？或者，是在某一個空間，是可以讓它的新名字，蘇活區——藝術界來來去去之地——在人們賦予它意義後仍維持著痕跡，即使這個意義已經轉移至他地？喜愛94/95年秋冬系列與95年春夏系列之間的差異性，是在一個置換轉化的空間，透過主題的置換轉化，評論其歷史的置換轉化；其中的置換轉化歷史已然如空間概念般實現。「喜愛差異性」的差異性是即刻的短暫時間性與空間性，但它同時也是觀念性。這件作品同步表現了意義的理論結構，並且將這個出現於歷史場域中的理論意義串連成一個系統。（對於蘇活區藝術家而言，早期將置換轉化主題化處理時，有些事不是總能被述說，而那些已知的諸多解構主義評論，在這些作品中只有著微弱甚至近乎零的對應關係。）

在高端時尚出現於高端藝術群聚地的背景條件下，這件作品指出了藝術與時尚之間根本的差異性，而且是在一個特別的時間點，是高端時尚零售者開始贊助純美術，好比Comme des Garçons自己的歷史秀，並想像自己是層層疊蓋於藝術社群與評論中。在它短暫時期脈絡的評論中，「喜愛差異性」揭露了時尚持續將過往遺忘的承諾——為了轉變（置換）其主觀性，必須推出無止盡的消費新品發表。在「喜愛差異性」中顯現的差異性，是物件之間的短暫時期落差：它是藝術—物件的持久性的切割，而置換轉化在當中的演繹，相當於現代主義的歷史中出現的連續性，它宣告自身的分裂，時尚—物件的短暫性也如同商品般無止盡地轉變著。那種差異性同樣也是一個世界跨到另一個世界的軌跡。我們在觀賞「喜愛差異性」時，可以透過它如同美學表現般的置換再現，如同在某種程度上反映出蘇活區藝術世界自身的解構關係，那是後極限前衛最終發

展成自我解構的做法。若視「喜愛差異性」為兩面一體的作品，它的其中一面是如純美術創作般，應用選址的特定性重申蘇活區自身傳統，另一面則是勾勒出此空間在兩種傳統之間的觀念落差：一是藝術家被置換轉化的生活，屬於工作室與咖啡館的世界，可以創作自己世界的世界；一是模擬藝術美學與社會規範的生活型態，但卻吞噬了它在無止盡的商品循環與無止盡的現成物發表世界中的主觀體認。

註釋

1. 羅賓·布蘭塔諾（Robyn Brentano）早在1973-1974年間，即已對蘇活區市區重整改造一開始出現的徵兆做出評論。「蘇活區正處於改變中——精品店與高價的餐館吸引人們關注這個地區，並將其視為一個有待開發的房地產市場來運作，租金因此逐漸攀升，這迫使許多原本駐於此地的藝術家不得不遷出。但相對的，或許正因為這些改變，也讓越來越多藝術家持續湧進蘇活區，渴望藉此打開一個足以跨進此「系統」的缺口；但就現在看來，它已經轉往下城發展了。」（Brentano1981）

2. 雖然科爾波夫斯基與艾森曼是分別就其藝術家與建築師的身分進行創作，但在那段時間，科爾波夫斯基同時也是艾森曼在杜爾（Tours）的「地區音樂文化保留與當代藝術中心」（1993-1994）以及「獻給1938-1945年於奧地利納粹統治區受害猶太人的紀念地」（1995）提案的設計顧問。

3. 我特別思量德希達所提出的論述架構：「當你以一個對立的狀態取代另一個狀態（以標籤或神話），就好像是讓它不再拘泥於它確實所處狀態下的規則，人們會怎麼思考其必要性？」（Derrida and Eisenman 1990:15）就我看來，這種針對替換性的規則所提出的評論，正是科爾波夫斯基從「模特兒之樂」（至少是）一直到「閉合電路」的創作基礎。

4. 參照《inter alia》，Bürger 1984, Buchloh 2000 and Foster 1996.

5. 與作者的對話。ICA, London, February 2004.

參考書目

Barthes, R. *Camera Lucida*. London: Vintage Books, 1993.

Brentano, R., ed. Introduction to *112 Workshop / 112 Greene Street: History, artists and artworks*. New York: New York University Press, 1981.

Buchloh, B. *Neo-avantgarde and Culture Industry: Essays on European and American art from 1955 to 1975*. Cambridge, Mass.: M.I.T. Press, 2000.

Bürger, P. *Theory of the Avant-Garde*. Ann Arbor: University of Minnesota Press, 1984.

Derrida, J. *Of grammatology*. Baltimore: Johns Hopkins University Press, 1976.

— 'Chora'. Translated by I. McLoud. In *Chora L Works*, by J. Derrida and P. Eisenman. New York: Monacelli Press, 1990.

Foster, H. *The Return of the Real*. Cambridge, Mass.: M.I.T. Press, 1996.

Kolbowski, Silvia. *XI projects*. New York: Border Editions, 1993.

— E-mail to Miwon Kwon, 19 March 1997. *Closed Circuit*, 5. New York: Postmasters Gallery, 1997.

Kwon, Miwon. E-mail to Silvia Kolbowski, 3 April 1997. *Closed circuit*, 5. New York: Postmasters Gallery, 1997.

Lee, P.M. 'As the weather', in *The Art of Rachel Whiteread*, edited by C. Townsend. London: Thames & Hudson, 2004.

Martin, R. Martin. *Architectures of display*. New York: Architectural League of New York, 1995.

O'Brien G. 'Like Art'. *Artforum* XLVI, no. 9 (May 1988): 18.

Somol, R.E. 'Dummy text, or the diagrammatic basis of contemporary architecture', in *Peter Eisenman: Diagram Diaries*. London: Thames & Hudson, 1999.

Spivak, G. Chakravorty. 'Translator's preface', in *Of Grammatology*, by J. Derrida. Baltimore: Johns Hopkins University Press, 1976.

桑妮亞‧德洛內（Sonia Delaunay）
生於1885年（烏克蘭格拉迪茲克），卒於1979年（法國巴黎）

藝術家桑妮亞‧德洛內1885年出生於烏克蘭，本名蘇菲
雅‧伊林尼納‧托爾克（Sofia Ilinitchna Terk）。她的青春
期在俄國聖彼得堡度過，但是1905年遷往巴黎；德洛內
在這個時期的畫作受到野獸派的影響甚深。1910年，她
嫁給藝術家羅伯特‧德洛內（Robert Delaunay），兩人都
是抽象藝術領域的先驅，也是巴黎前衛藝術的重要人物。
他們的創作風格後來被稱為奧費主義（Orphism）或同步
主義（Simultaneism），且在一九一〇年代發展成立體主
義。這種風格的基礎是純色幾何形區塊的組合，創造出充
滿動感的影像。我們在奧費主義當中看到立體主義的寫實
部分，不過立體主義運用單色調，而色彩在奧費主義中則
是主要的表達手段。而且奧費派畫家與立體派畫家不同，
他們繼續往完全抽象的境界邁進。

　　桑妮亞‧德洛內除了在繪畫上採用奧費主義的原則，在
布料、陶瓷、馬賽克、玻璃、平面與室內裝潢等的設計上
也是如此，她的主要靈感來源之一是俄羅斯民間藝術。後
來織品設計讓她變得特別知名，例如1913年的同步派洋
裝就是代表作。德洛內圖樣的形式、色彩與質感，造就出
她的設計在視覺上顯得相當複雜。從她第一件抽象作品
即可看出這一點，那是她在1911年用不同布料與材質縫
合起來的被褥；不過，同步派洋裝表達得甚至更為強烈。
1911年的那條被子，她運用的主要是正方形與長方形，
但是在同步派洋裝中，她更進一步採用了剪裁成曲線形與
三角形的布料，形成一種強烈的韻律感。德洛內的創作方
法深受未來派思想的影響，而現代工業社會在這一派的
思想中扮演著中心角色。在德洛內的眼中，時尚是一種十
足當代的媒介，而她的動態設計便與現代的都市景象緊密
連結。

　　德洛內的抽象色彩和諧對當代時尚產生了重大的影
響。例如，我們在賈克‧海姆（Jacques Heim）的外套上
看到互補色的幾何形印花，在尚‧巴度（Jean Patou）與
愛爾莎‧夏帕瑞利（Elsa Schiaparelli）的設計中同樣也見
得到。德洛內的服裝剛開始主要是供同儕藝術家穿著，但
到了一九二〇年代，她的作品開始受到外界歡迎。然而，
在第二次世界大戰來臨前的那幾年，德洛內重返抽象畫領
域。她和夫婿羅伯特‧德洛內共同創作大量的公共計畫，
直到羅伯特於1941年辭世為止。此後，桑妮亞持續扮演
畫家與設計師的角色。她1979年於巴黎與世長辭。

參考資料
Baron, Stanley and Jacques Damase. *Sonia Delaunay: The life of an artist*. London: Thames & Hudson, 1995.
Buckberrough, Sherry A. *Sonia Delaunay: A retrospective*. New York: Albright-Knox Art Gallery, 1980.
Damase, Jacques. *Sonia Delaunay: Fashion and fabrics*. New York: H. N. Abrams, 1991.
Vreeland, Diana. *Sonia Delaunay: Art in fashion*. New York: George Braziller, 1994.

圖片：
1. 桑妮亞‧德洛內，「毯」，1911年

克里斯・湯森（Chris Townsend）

耽溺於節奏
桑妮亞・德洛內的時尚專案與斷裂、流動的現代主義身體

1. 桑妮亞・德洛內，綴有銀色刺繡的黑色薄紗晚裝，1926年

在對其身處的現代性所提出的種種批判中，作為一種運動的現代主義從未全然適應與其同一時代的媒體。無論是那些實驗性的文本，或是那些今日已然成為經典的、對於烏托邦科技之歷史情境或幻想的謾罵，常常都是透過近來被它們所批判或讚美的環境所淘汰的媒體而出現的。想想普魯斯特（Proust）、喬伊斯（Joyce）與小說；艾略特（Eliot）、康明斯（Cummings）、龐德（Pound）與詩；或是薄邱尼（Boccioni）、秀拉（Seurat）與繪畫。現代主義藝術家的確採用了運用現代媒體的計畫，例如攝影界的查爾斯‧席勒（Charles Sheeler）、拉斯洛‧莫荷里-奈吉（Lásló Moholy-Nagy），以及電影界的漢斯‧李希特（Hans Richter）、費爾南‧雷捷（Fernand Léger）、法蘭西斯‧畢卡比亞（Francis Picabia），又是莫荷里。然而，當它們在更傳統的媒體中、被放在更廣大的作品群裡時，它們常常是被視為邊緣的邊緣化作品與活動（畢竟，除了《機械芭蕾》[Ballet mécanique]之外，雷捷沒有拍過別的電影；而畢卡比亞在《幕間》[Entr'acte]之後也只計畫了另一部電影）。雖然在更廣泛地思考過她的作品之後，會發現桑妮亞‧德洛內（Sonia Delaunay）的時尚計畫並未全然被忽略，但在這篇文章裡，我還是想指出：德洛內是將時尚當作一種特殊的「現代性媒介」來加以運用，在其中，現代主義的身體一方面被再現為在時空之中移動的身體，另一方面也被再現為表象。因此，我的焦點會從社會史（特別是前衛運動的部分歷史）中的德洛內時尚事業，轉移到此一做為藝術的事業如何透過現代主義美學的更迭，來尋求傳達現代性對主體性的

影響，這種現代主義美學首先創建於一個已過時的媒介中，並透過當時的媒介作用於身體之上。在這樣的理解下，就容許現代主義藝術家重新思考身體對時間與空間的主觀能力與關係一事而言，時尚與電影其實是十分相似的。[1]

特別是，時尚容許德洛內將身體想像為同時是既破碎又流動的，也容許她將身體理解為對於環境的經驗狀態，而也正是透過這個環境，身體才可能移動。羅伯特‧德洛內（Robert Delaunay）和桑妮亞‧德洛內夫婦所提出的「同步」——此一概念是從謝弗勒爾（Michel-Eugéne Chevreul）的色彩明暗感知理論中發展出來的——因此不僅和並列不同平面的表面色彩，以一個實體來襯托、定義另一個實體有關；也同時和一個平面移動到另一個平面之上或之下有關，亦即與一個實體（人類主題）插入另一個實體（前者的「風景」）之中有關。德洛內的時尚既是為巴黎蒙馬特的布麗葉夜總會（Bal Bullier）設計的，也是在夜總會中首次被穿著的。在這一點上，服飾變得不只是現代性中的現象——時尚中的一個物件——它也變成了空間中的現代主義身體的一個關節，表現了成為夜總會中流動、破碎的主題的意義，而在此同時，它也對那些狀態有所貢獻。這「藝術」和「日常物品」的雙重身份弔詭地在另一個作品中得到特別承認，而此一作品又是在一個被現代經驗所淘汰的媒介中被實現的——出自布萊斯‧桑德拉爾（Blaise Cendrars）1913年的詩作〈在她的衣服上，她穿著身體〉（Sur la robe elle a un corps）。德洛內的時尚計畫因此採取了現代主義計畫，來表現現代生活的動態狀況，舉例而言，這成為了未來主義繪畫與

雕塑的特徵，但它卻是在生活經驗的情境中喚醒它，而非維持一個疏遠的關係。在1914年以前，現代主義藝術家透過在快過時的媒介中陳述（不論是在工廠機器的震動中、在運輸中，或是在流行文化的脈動中）持續地喚醒了節奏的概念。整體而言，他們並未製造出物品參與在那個文化中，其實這些物品就是他們所做出的努力。

德洛內的服裝作品明顯地展現了蘿莎琳・克勞絲（Rosalind Krauss）所說的：將時間與形體連結以創造節奏，而透過節奏，視覺空間的穩定性乃被分解（Krauss 1998：51-75）。對她來說，外在的身體不僅僅只是另一種形式的靜態畫布，雖然它是從大眾文化中挪用而來的。相反地身體會從這塊畫布中成形，而德洛內替換了它，利用短瞬性強調大眾文化的生活經驗。時尚化的衣裝身體不是畫布，而是「螢幕」：一個可以在它上面展現動作的表面在德洛內讓色彩平面相連、互動，而將身體作為抽象視覺節奏的承載者和生產者來運用時，其實和法國藝術家（如雷歐普爾德・蘇瓦奇[Léopold Survage]）在一次大戰前為抽象電影所提出的計畫相似。兩者都根植於對現代主義藝術家所貶抑的「現代性的媒體」（時尚與電影）的批判性重構（critical rearticulation）；此外，它們也都以一種和大多數現代主義藝術家極端不同的方式，來接近它們所挪用的媒體（他們不會假定它得在一個優越、合法而高級的文化中得到恢復）；最後它們也都試圖要將節奏當作一個消解視覺的、主觀的穩定性的方法來運用，好更精確地傳達現代性的主觀狀態。最後，我們還可以多說一句：德洛內和這些早

期電影理論家——特別是蘇瓦奇和義大利的李喬托・卡努多（Riccioto Canudo）——都是圍繞著詩人居歐姆・阿波利耐爾（Guillaume Apollinaire）的知識圈中的人。

然而，對於這些冒險運用「現代性的媒體」的現代主義藝術家來說，我認為他們會遇到一個根本的問題：整體而言，這些媒體並不是被製造出來對歷史進行批判性反省的；我們還能進一步地說：特別是在電影方面，它們正是用來否定批判性反省的。甚至，我們甚至還能連袂蘿莎琳・克勞絲進一步地表明：一般而言，只有在媒體被淘汰之時，它們與歷史的關係才會變得極為有用（Krauss 1997:5-33；Krauss 1999）。在這樣一個現代主義的轉折中，必然潛藏著內在的危險——對於「現代性的媒體」的前衛使用，必然會具體化某些媒體特性，而引發某些狀況招來藝術家的批評。因此，雖然德洛內的計畫可以被視為破壞布爾喬亞主體穩定視覺空間，它所可能提出來作為一套替代方案的，是頌揚表面的不穩定性——一種在更廣大的視覺與觸覺環境中的肉體認同消逝。大衛・哈維（David Harvey）曾說：工業化資本主義社會裡對於標準時間與空間的倡導（特別是其泰勒主義[Taylorism]的形式），促使現代主義前衛派人士以創造時間與空間制度以及藝術作品的方式來加以回應——在制度方面，我認為，這一點又特別會以同時具有實際及概念意義的波希米亞社群形式來展現；而在藝術作品之中，事物則是依照不同的時程表來運轉（Harvey 1989：201-283）。然而，我們仍然可以將這些制度或藝術作品理解為一個特殊的空間（特別是在它們

被「現代性的媒體」實現之時），這個空間乃是為了反骨的布爾喬亞特權菁英而存在的，他們異乎尋常地複製著那些時間與空間的局部的、合法的分裂，這些分裂是工業化資本主義為了他們的主題、做為他們他處組織的補償而創造的。於是，藝術家所表達出來的局部差異歸根究底就是模仿，甚至在它對酒吧、夜總會、職業運動的描述中，歌頌工業化資本主義在虛假的娛樂自由裡對主體性的總體貶抑。如同在更全面性的日常生活領域裡，在這些局部性制度中，深刻的經驗可透過提倡技術為一種精采的表演，而被主動地替換為直接的感官經驗，而此精采表演裡又必然會有特定媒介──被現代性生產，也可生產現代性的媒介──的參與（Benjamin 1997：107-154）。

在賦予物品雙重功能──一方面作為「東西」，一方面作為一種表現形式──一事上，我認為桑妮亞・德洛內的時裝作品不僅展現了在一個典型的現代性環境中移動的身體的主觀經驗，在它表面的流動化之中，它也預示了物品（以及身體）的碎裂，以便去模仿被一次大戰戰場上的偽裝所影響的「風景」（Adorno 2002：316）。在德洛內和桑德拉爾對國際鐵路旅行浪漫情懷的讚頌〈西伯利亞大鐵路與法國小潔安娜頌歌〉（圖2），以及於1914至1918年間載著穿制服的士兵前往西部前線的軍用火車之間，有著令人不快且無意義的相關共鳴。在穿著優雅的西伯利亞大鐵路現代主義旅行者（或許還穿著一件德洛內設計的「同步派」服飾）（圖1），以及那些不過稍晚幾年、制服和裝備都模仿他們將被禁閉、甚至葬身其中的法蘭德斯（Flanders）景色色調的男

2. 桑妮亞・德洛內，「西伯利亞大鐵路與法國小潔安娜頌歌」，1913年，水彩畫

人之間，很難讓人不去聯想一個令人戰慄的連結。在身體與景色的關係之中，我們或許也能將「同步主義」視為對一九二○年代法國風景畫新保守主義的一個無意識的預告，戰前對於畫面的現代主義碎裂實驗，從此透過後來被稱為「立體派法則」的方式，併入陣亡將士為了祖國而犧牲的碎裂屍體中，以作為一種紀念。

因此，不但在一次大戰前極端樂觀主義及其後文化與政治重建的「同步主義」之中存在著一個歷史樞紐；也存在於它對於該主題的宣告——因其透過時尚對現代主義美學的運用提升其能見度——及該主題的隱晦不明之中，二者存在於在它對於景色的模仿之中，也在它埋葬於景色之中，因此一個交疊著一個。我認為，這雙重的樞紐就是狄奧多·阿多諾（Theodor Adorno）在《美學理論》（Aesthetic Theory）中所指的時尚的「危險樞紐」的裂縫（dehiscence）（出處同上）的延伸——這是一個存在於「反身、獨立，但遭到現代性的歷史情境所威脅的主體性」以及「工業化現代性的被納入主題」之間所存在的危險樞紐。當然，這些截然不同的主體立場，我們可以由此定位現代主義藝術家與大眾文化的主體：前者是體現了決定權操之在己的藝術菁英，後者則展現了順服的肉體存在和工業社會的本體。

然而，我們是透過沿著這道裂縫的裂口，才回到時尚作為現代主義藝術中實驗的媒介的角色這個問題上來。它又特別引領我們認識到：德洛內時裝作品對身體的強調，也具現了現代主義的基本困境之一。一方面，德洛內的計畫既反映了對於歷史環境的干預欲望（身體被置於歷史環境之中，以瞭解此環境），也反映了欲擴大那種主觀地解放的完全可能性的願望（藉由宣告時尚為一種明確的「現代」現象）。在這樣的背景下，我們必須接受這項計畫的「失敗」——它在一九二○年代迅速恢復，以服務一個為了社會、文化菁英而存在的虛構的自主權。正是這群菁英持續地推動著一種主觀的情態，這種主觀情態對於現代性的結果往往具有與生俱來的敵意，也不斷地想要與之對抗，即使這項結果直接提供了大部分的現代性前衛文化，或是間接地透過贊助來達成，也不例外。時尚也許可以作為一種新美學或批判性媒介，但是它仍保有權利將陳舊過時的主體性作為批判起點，或是透過它對於簽名和奢華的強調，而在那個批判之中拿回它。

1913年夏天，桑妮亞是布麗葉夜總會的常客，那是一家位於天文台大道上的舞廳。在這個時候，德洛內夫婦已經成為巴黎前衛圈裡的重要人物。他們在1909年相識，並於1910年結婚，當時桑妮亞（生於烏克蘭，娘家姓史騰[Stern]，1905年於聖彼得堡被舅舅收養時又多了騰克[Terk]這個姓氏）剛與德國藝術品商人暨評論家威廉·伍德（Wilhelm Uhde）離婚。桑妮亞·騰克的早年生涯深受野獸派影響，而她也與羅伯特·德洛內分享對色彩的興趣。桑妮亞受過正規的藝術訓練，但羅伯特——他的童年與他時尚又逍遙的母親蘿絲女伯爵（Comtesse de Rose）一起度過——卻未接受過主流藝術教育。羅伯特在一個劇場裝潢師手下當學徒，他的母親於1906年邀請亨利·盧梭（Henri Rousseau）繪製「舞蛇人」，他也因此認識了這位畫家。大衛·哥廷頓（David Cottington）認為，這個不尋常的背景

使羅伯特‧德洛內「深深地與一組相關的文化價值觀相繫，並將這些價值觀視為理所當然」（Cottington 1998：181）。當然，這種對於「從人性深處萌發的藝術」[2]的興趣，或能解釋羅伯特為什麼會轉向謝弗勒爾的色彩理論（謝弗勒爾曾是哥白林壁氈工廠的廠長，而他的概念至少有一部分是為了商業用途），這也可以解釋為什麼德洛內夫婦對與日常生活直接相關的藝術知識，遠比他們對立體派繪畫的理論知識來得豐富。

哥廷頓認為，德洛內夫婦共同採取了「雙重動能」：「將一個被普遍認定為傳統主義的、地方性的、隱含著男性的概念，被一個界定為現代的、都會的、消費主義的，而且在許多方面顯然是女性的概念所替換。」（Cottington 1998：178）。雖然這種對於日常生活與流行素材的關切，似乎可以理解為反映了「純」立體派已經淪為裝飾，但我卻認為這是一種肯定（特別是在桑妮亞那一方），肯定時尚作為「現代性的媒介」，作為一個讓現代性經驗可以透過它來被表達也被檢驗的媒介，因為它既被現代性塑造為**媒介**，又是一個特定的現代歷史時刻的象徵。就這一點而言，它和1912年立體派畫家轉向裝飾性大不相同，當時安得烈‧瑪赫（André Mare）成立了「立體派之家」，與雷捷、葛萊斯（Gleizes）、弗萊斯涅（de la Fresnaye）以及羅宏桑（Marie Laurencin）等藝術家合作。雖然這些藝術家在政治上原本可能比他所能允許的更激進（Antliff 1999：444-450），但就像哥廷頓所注意到的，這項計畫的結果是「拒斥……推動藝術工業化以及美的民主化」——而這就是**社會藝術**理想的核心

（Cottington 1998：175）。雖然德洛內的計畫在1914年後快速成形——一方面透過「桑妮亞之家」（Casa Sonia）為花柳界提供奢侈品與時尚；二方面則摒棄隨大戰而出現的偽裝設計中的主體性與肉體性——但這項專案的最初目的是希望能發揮其做為媒介、而非做為商品的功能，並讓它自己成為現代的。相反地，我們卻看到「立體派之家」的作品是特別為布爾喬亞階級製作的，這些東西通常是由沒有手工基礎的藝術家設計，再交給手工工作室製造。在這裡展示的物品，是作為布爾喬亞階級消費之用的立體派藝術品，以及具有歷史意涵，希望能在立體派的現代主義立場與法國傳統之間建立正當化連結的作品。

在1909至1912年間，桑妮亞並沒有生產畫作，相反地，她將注意力轉向刺繡，可能是在她被俄羅斯布爾喬亞家庭收養的那段時間學會的。我們或許可以將她暫停作畫解釋成她為了丈夫而犧牲了這項藝術才能，而這也會是對現代主義前衛運動藝術家性別關係最普遍的解釋，亦即女性藝術家居於從屬地位，會為了伴侶犧牲自己的事業。[3]然而並不是這樣的。首先，在1909年之後，家道中落的蘿絲女伯爵開始以設計刺繡花紋來營利，而同時也有證據顯示桑妮亞與她的婆婆產生摩擦：一方面婚後，羅伯特就很少去探望母親；二方面，雖然蘿絲女伯爵曾經答應要資助這對夫婦，但他們的主要經濟來源依然來自騰克家族的資助，和販賣藝術作品的收入（Baron 1995：20, 29）。因此對當時以裝飾技巧謀生的桑妮亞來說，蘿絲女伯爵的新事業不但對她的生意構成威脅，也令人惱火。哥廷頓認為：桑妮亞在

「裝飾藝術」上的作品（至少在1912到1913年）「將這對夫婦的事業之路，擴展到在歐洲前衛運動市場裡推銷他們的畫作」（Cottington 1998：187）。然而，當她在那時重拾畫筆之後，我們或能把她轉向刺繡當做是創作概念改變的一個徵兆——尤其在她將對動態的興趣融入野獸派調色盤時，又尤其明顯。伊莉莎白・莫拉諾（Elizabeth Morano）注意到：從桑妮亞1909年於亞麻布上以緞針羊毛繡所織出的葉紋看來，「她已不再依賴她所自信的繪畫能力來繪製圖形。相反地，她所使用的彩色造型現在是用細小且不同方向的針腳組成，表現了葉子的波動節奏」（Morano 1986：12）。

這表示：桑妮亞之所以轉向熟悉的居家媒介，有部分原因是為了讓自己脫離野獸派的作畫方式，並透過另一些媒介，來實現他們夫妻提出的色彩及節奏議題。1909年，這樣的實驗主要透過編織展開——就像羅伯特在1907年以點畫法來進行這項實驗一樣，他所使用的方法跟秀拉一樣，只不過毛刷的筆觸較粗。賈克・達瑪斯（Jacques Damase）以放棄角度來解釋桑妮亞的這項轉變。當然，她知道「裝飾性」技法與她先生的繪畫以及他們對色彩理論的共同興趣是一致的：「在我的繪畫以及我所謂的裝飾性作品之間，並不存在著鴻溝……次要藝術從來不是藝術的敗筆，而是一種自由的擴張，也是對於新空間的征服。它也是同一研究的應用」（Delaunay 1978：96）。然而，到了1911年，這項新實驗（及其居家應用）讓桑妮亞為她的小孩（查爾斯）做了一條被子。雖然她認為這條被子是依照傳統俄羅斯農民風格做出來的，但這個由不同顏色的各式長方

3.　桑妮亞‧德洛內，「布麗葉夜總會」，1913年，油畫

形所構成的作品，卻是以既互補又不調和的形狀、色彩與織法所構成的複雜視覺節奏。雖然朋友們都從立體派藝術的觀點看待這件作品，但事實上，德洛內夫婦的藝術品味卻與葛萊斯和梅辛格（Metzinger）那樣的畫家和理論家絕不相近。桑妮亞很快地繼續將節奏片段的練習融入家中物品的著色平面上，例如：燈罩、椅墊等。到了1913年，她也將這種風格帶入她的紙本繪畫及作品中，運用鏤花模版印刷，並粘合色紙來裝訂桑德拉爾和卡努多等前衛作家的著作，她最後也同樣地運用於廣告、1916年《Vogue》雜誌封面設計，更在1916至1930年間全面運用於時尚及室內設計上。[4] 我們正是要在這樣的生產脈絡中——尤其是她以布麗葉夜總會以及卡努多這類批評家的知識圈為對象的繪作——來理解桑妮亞的「同

步派服裝」。

形式上，這種服飾與被子或是其他家用物品本質上並不相同：後者是由彩色方塊組成的，而這種服飾則是用一連串繞著身體的彩色弧形所纏繞而成的，一系列邊上切角的三角形和矩形，也一樣是用著一連串的對比色，環繞於裙身之上。[5] 阿波利耐爾是這樣形容德洛內稍晚於1914年創作的一套衣服：

這件衣服是紫色的，有著大面的紫以及綠色的腰帶，在上衣底下，緊身馬甲巧妙地融進數個淺色區塊，在它們之上混合著數種顏色：古玫瑰色、黃橙色、淡藍色、絳色等等，它們紛紛出現在羊毛、塔夫綢、薄紗、棉織法蘭絨、波紋綢與蠶絲等材質上，讓這些不同的材質藉此被並置。（Apollinaire 1914）[6]

即使只是作為靜態的表面,「同步派服裝」與當時的立體派繪畫也沒有正式關係。首先,它完全是抽象的,上面的形體都是殘缺不全的;其次,它反抗成為單色調色盤的趨勢(但這卻是葛萊斯及當時許多藝術家的作品特色)。所以,當傑佛瑞・魏斯(Jeffrey Weiss)對照演員兼導演阿蒙・貝息茲(Armand Berthez)在1911年秋推出的戲劇「就是這樣!」(Et Voila!)中所穿著的服飾後(這件衣服明顯試圖模仿立體派繪畫),他誤以為德洛內的服飾是「將神秘的立體派風格應用於服裝設計」。當魏斯接著討論德洛內的服飾和另一設計師的設計——路易・馬庫西斯(Louis Marcoussis)的奇特設計,後來被訂製為實際的衣服,1912年秋被瑪莉・馬克斯(Mary Marx)所穿著,當時的評論雜誌《如您所願》(A Vos Souhaits)稱她為「未來主義的使徒」——之間的關係時,他也犯下了這個錯誤(誤以為「幾何式」的設計也必然是「立體派」的設計)。傑佛瑞・魏斯認為:

> 德洛內的服裝如同現代主義的化妝舞會,它們是劇場概念的一種延伸(…)山寨式的模仿與真誠之間的界線,幾乎要被大眾舞台的幻想抹去,而那舞台乃是德洛內和瑪莉・馬克斯所共享的場域。的確,作為一個概念,前衛風格的劇場化或許可以讓所有的菁英視覺文化,變形為大眾的、惡搞的;在這樣的意義下,布麗葉夜總會的同步主義時尚,其實也就像音樂廳「未來主義」的方格紋邊飾及八角形飛行護目鏡一樣——根本是在惡搞。(ibid.:207)

如此解讀德洛內為布麗葉夜總會所做的設

4.　桑妮亞・德洛內,同步派服裝,1913年

計，會出現兩個根本的問題。第一個問題，是認為「同步服飾」是「劇場概念的一種延伸」——亦即，德洛內是在一個特殊的脈絡之中將「同步服飾」視為展演的——而這又是一場「現代主義的化妝舞會」；而魏斯的第二個問題，是將這種服飾的製作視為由高級文化轉向低級文化的過程，而且認為必然是受到美學由沈思的轉為展演的之影響。然而，這卻與德洛內的藝術觀點全然背道而馳，也與她長年關注大眾、日常以及邊緣文化的想法格格不入。雖然立體派或許非常樂於在高級與低級文化之間做出區隔，但對於像德洛內夫婦這樣的亨利·盧梭追隨者而言，這樣卻是相當有問題的。德洛內的服飾並不是現代主義作品的變形，容許高級藝術在維持一個更具距離也更曖昧的評論之前，就與流行文化的某些面向做結合。相反地，德洛內認為高級藝術是從流行文化中產生的，而其本身也直接參與在流行文化之中。德洛內後來評論道：「狐步與探戈在流行舞蹈的新神廟中相互競爭，而節奏也使我們想讓色彩跳舞」[7]（Delaunay 1978：36）。她還多加了一句，讓聲音、動作與色彩之間的關係更形穩固：「古玫瑰色與探戈對話，淺藍與絳紅嬉戲」[8]。

不過，這樣的涉入卻並不是「劇場式的」，甚至也不是「展演的」；除了近來由波瓦雷（Poiret）這樣的服裝設計師所引入的色彩之外，「同步派服裝」（以及由羅伯特·德洛內所穿著的相應服飾）甚至不算是「時尚」。德洛內評論道：「我們對當時的時尚並不感興趣；在剪裁方面我沒有做什麼創新，我所做的是讓服飾的藝術更活潑、更有生氣，而在此同時，也以各式各樣的色彩重新運用新的、可穿的衣料」（ibid.）[9]據阿波利耐爾的說法，德洛內不會在布麗葉夜總會起舞，而只是坐在樂團旁邊。她或許是在尋找一種更有效的、將樂團的節奏與服飾的節奏相互結合的方式：這並不需要真的穿上正式服裝去跳舞，因為這件事本身便已反映也回應了做為對象的環境。當德洛內將服飾中的色彩喻為音階之時，她其實更強化了這個概念。服飾便是德洛內的舞蹈，它參與了節奏一事，同時在空間裡消解身體，又創造出一個與其身處的環境有著和諧（或共鳴）關係的新的、現代的、縮寫的（syncopated）的主題。

服飾是「視覺音樂」的某種螢幕，它是一種在視覺模式與氛圍模式之間製造延伸的暫時關係的方法，而氛圍模式——節奏——又是在夜總會裡所產生的現代性徵兆。如果就像蘿莎琳·克羅斯所觀察到的那樣：「節拍具有分解、消溶形式的一致性——許多人可能會認為視覺性乃立基於此——的力量」（Krauss 1988：51），那麼我們也許就能將桑妮亞·德洛內對布麗葉夜總會的涉入，視為現代主義視覺制度的爭論點——至少在它被立體派理解與實踐之時——而非其惡搞版本的延伸，甚至，這樣的涉入又特別能被視為對二十世紀早期現代主義野心——「將視覺藝術奠基於視覺獨立這樣的特殊概念上之野心」（ibid.）——的一種挑戰。穩定的視覺主題其實並不存在：身體不僅被分裂到視覺平面之中，也以某種模擬的方式被分裂到它的環境之中。為了要達到這種狀態，將身體連結於環境的切面必須是暫時的：它是節奏性的。德洛內的服飾，更像是

延伸的現代主義概念，而非延伸的劇場概念：它是身體參與在現代性之中、反映著現代性，而非作為一個有距離的觀察者的概念。

我們也能從德洛內於1913年所繪製的多幅布麗葉夜總會繪作（見圖3）發現類似的形體消解。這些畫中最主要的一幅有一公尺高、四公尺寬，它不但可以被當成壁畫來展示，也可以被視為某種形式的公共藝術，它試著打亂觀看者傳統的、主宰的視覺關係，好勾勒出繪畫，就好像它的內部架構幾乎都在一個同樣抽象的形式與色彩的模式中消解了形體。正如賈克‧達瑪斯所觀察的：「我們在此發現一個傳達舞者主觀印象的意圖…失落在噪音與動作的渾沌之中」（Damase 1972：75）。雖然畫中有著許多殘缺的身體，但卻只有一個是獨立的。有三對舞者彼此糾結著（應該是在舞池地板之上），看起來有他們自己的韻律關係——第二、三對舞者之間的距離，約是第一、二對舞者間距離的兩倍。這幅畫和「同步派服飾」還有著另一層平行關係：它們的配色幾乎完全一樣。這幅畫沒有主題色，卻運用了絳紅、不同色調的綠色、紫色、橘色、咖啡色，但只有一小部分是黑色。挽著舞伴腰部與肩膀的手臂的弧度，呼應著交錯橫越畫面的三角形、矩形的抽象、彩色的曲線。我們很難看出舞者身體與它的影像、它的舞伴以及牆上、地板上的光線之間的差異。雪莉‧布克伯羅（Sherry Buckberrough）認為這種融合以及中心人物的闕如，正好與未來主義的舞廳形象相反（有些人可能還會加上渦紋派）：「它更像是一幅群體活動與互動的圖畫，十分接近居爾‧羅曼（Jules Romains）的哲學，亦即『人同此心理

論』」（Buckberrough 1980：39）。德洛內有羅曼的那本《巴黎的力量》（*Puissance de Paris*），而羅曼對於團體生活的的想法——亦即放棄個人主體性，特別是在大眾文化脈絡其中之時——可能與德洛內夫婦兩人對日常生活的興趣十分相應。

在這幅布麗葉夜總會的繪作中有著某種節奏；這節奏並不是韻律的，而是在左半部有著一系列粗糙的垂直區塊，在右方碎裂為較圓潤的區塊。正如達瑪斯注意到的那樣（Damase 1972：75）：在它所傳達的節奏與模糊動作之下，有某種像是早期電影藝術的東西。藉著這幅畫作，德洛內的確是力圖要獲得適用於抽象形式的節奏與動作概念，而這樣的概念，不僅也是早期抽象電影理論家（如蘇瓦奇）及其後的實踐者（如漢斯‧李希特）所感興趣的，在與德洛內同年代的雷捷電影「機械芭蕾」中也一樣出現過。在討論到這個作品時，雷捷這樣寫道：

> 這部電影的特殊興趣，是集中於我們給予「固定圖像」及其算術的、獨立的投影——無論這些投影或快或慢、有多相似——的重要性。這部電影是在兩個協同因素上被建構的：投影速度的變化，以及那些速度的節奏（Léger 1924-25, 42-44）。[10]

雷捷的電影或許可以被視為一個中介階段，在這個階段，前衛藝術家對於作為現代性之時空連結的節奏的興趣，正從抽象轉向攝影形象——這一點在吉卡‧維爾托夫（Dziga Vertov）的「持攝影機的人」之韻律蒙太奇中臻於完美。然而，至少早在未來主義者布魯

諾・寇拉（Bruno Cora）1912年的論文〈抽象電影——半音階音樂〉（Abstract Movie – Chromatic Music）之中（該文又發展了卡努多在1911年發表的〈第六藝術之誕生〉[Birth of a Sixth Art]中的概念），他就已開始探索同樣的時間效果之視覺想像。大致說來，這樣的興趣是以哲學家亨利・柏格森（Henri Bergson）的著作為基礎，在1914年前特別為法國前衛運動者所接受。舉例來說，柏格森認為：「形式的持續**變動**乃是真實的，因為形式只是變化的一瞥」，也相信：「我們知識的機制乃是電影式的」（Bergson）。然而，如果柏格森關於形式隨著時間持續變動的論點，開啟了一種思索電影的方式，他的哲學卻與「構造媒介的時間」概念格格不入——電影是透過將連續的時間／空間規律地分割，再在公認的時間單位中放入固定的空間（格）——在默片時代，是一秒播放16格——來製造出一種幻覺；但雖然將時間分割成公認的大小是現代性的特徵之一——舉例來說，正是這樣的分割讓工廠勞動、泰勒式效率模式以及火車時刻表成為可能——這卻也正是柏格森所反對的，因為他深信時間／空間經驗的流動能力。[11]對於前衛藝術家來說，電影因此變成了一個極具誘惑力的媒介，因為它有讓動作成為可能的能力；但在另一方面，因為電影要是被當成相片來看，它便是以一種與柏格森主義相斥的方式來管控這個動作，所以電影也是具有爭議性的。不過，因為抽象電影讓不侷限於暫時、固定節奏的動作得以存在，它便能相當程度地緩和此一爭議。正如哈維所注意到的：「困擾著柏格森的困境」也「變成了未來主義者和達達藝術的中心問題」，而此一困境在於「普遍層次的空間化，以及特殊層次的美學實踐」該如何「表現流動與變化」（Harvey 1989：206）。其他還有：在讓空間動態化之時，「節奏」在何種程度上讓主觀精神和自我意識更接近立體派繪畫？又在何種程度上繼續做為表面效力的媒介？

不論是德洛內的服飾，或是她的布麗葉夜總會畫作，在某種意義上都是「電影式的」：在服飾的例子中，它們都是在大眾文化之**內**；它們是有節奏的，而且似乎試圖要傳播「時段」的概念，這個概念和柏格森哲學有關，亦即認為主體是**參與**在自身的時空之中，而不僅僅是**旁觀**一個時空都已被現代化主體性之工具化為它創造好了的世界。然而，德洛內在此所探索的節奏活動其實是與立體派格格不入的——雖然此一運動的藝術家也對柏格森主義有興趣——因為它原本即是「投影的」，亦即是在平面上運作的，而且無論是身體或主體都是如此。立體派理論家認為，時間深植於藝術作品之中——舉例來說，梅辛格在〈立體派與傳統〉（Cubisme et Tradition）（1911）一文中宣稱，它藉著隨著物體活動而納入了時間（Metzinger 1966）。正如馬克・安特理夫（Mark Antliff）所說的，我們可以發現，梅辛格、葛萊斯、傅康尼（Fauconnier）等人以一種通過空間的節奏**通道**替代了對於空間的量化分析，而後者，則正是畢卡索和布拉克（Braque）等立體派畫風的特色（Antliff 1993：13）。

然而，作為一種切分音的運動或其字面化表現，「節奏」似乎令人厭惡，而其實節奏及

其「電影式的」這樣的修飾語也的確常常被用來當成批評或是差辱。舉例來說，在羅傑·亞拉爾德（Roger Allard）對於未來主義者的攻擊中，他便寫道：

> 英格列斯（Ingres）感官式的寧靜，應該能讓肚子上有台放影機的你知道：考驗、固定動作，並對此動作進行分析，實在是愚蠢至極（…）；詩文、書籍、均衡與平靜才是藝術家該去尋求的資源；沒有哪一種詭計可能造成節奏的幻覺！（Allard 1911：134）[12]

當勃糾尼對此做出回應時，他也引用了亨利·德·普呂荷斯（Henri des Pruraux）的話：

> 像以下這樣的怪異言論，是來自於快照的：一匹在跑的馬有著二十雙腿；快照以及比它還更糟的電影分解了生命，以單調、急促的節奏將生命翻來覆去──難道這兩個東西，剛好就是未來主義者所支持的新典範，而他們也因此放逐了畫廊裡的大師？（《聲音》[La Voce] 1912）[13]

然而，節奏可能被放在哪裡？它的主體性質又是什麼？雖然的確有些藝術家會在兩極之間游移，但這場辯論卻有效地在深層與表面的二者之間消解了自己；就在專注於柏格森，以一種平衡的、「私人的」主觀性來將生命的節奏理解為內在地展示自身，以及以表面動力──投射於個人之上，而主觀性可能也在這些個人的現代展現中被消解──來理解柏格森的「時段」之間。對於亞拉爾德──在他對未來主義的批評深處，有著對電影之膚淺效果的疑慮──來說，節奏基本上與「深層結構」有關，而時段則是深度的屬性，以旋律、和諧與綜合為其特色。正如安特理夫所說的：「當…亞拉爾德在象徵主義期刊《人文》[L'Art libre]1910年11月號中，指出立體派將走向『未來古典主義』之時，他是透過宣稱立體派畫布的節奏屬性反映了內在於時段的音樂結構，來指出這一點的」（Antliff 1993：18）。仿效著畢卡索與布拉克的立體派繪畫，不僅和時段被內在化的方式有關，也和這個內在化行動作為此一主題屬性之節奏敏感性有關。如果在立體派主題中有音樂性動力在作用著，它也絕不會是狐步或探戈。

我們能在諸如梅辛格「品嚐」（Le Goûter）（1911）這樣的畫作中看到這一點，而安特理夫也留意到，這幅畫「不只呈現了一個品茶的女人，也隱含了一種美學洞視，一種立體派連結於他們作品的持續屬性之直覺掌握的美學洞視」（ibid.：13）。因此，無論是在作品之中，或是作為它有眼光的旁觀者，立體派主題都是關於「品味」的主題。透過像是葛萊斯「賈克·內哈爾畫像」（1911）（見圖5），這樣的立場被重述，而主觀性的情況也延伸到立體派藝術家之中，這幅畫雖然將這位沈思中的作家、思想家描繪為一個處在節奏場域裡的平衡形體，但同時這位藝術家卻是憑著他自己的內在記憶、而非近身坐在它的主題旁邊來完成這幅畫（ibid.：54-56）。我們在立體派主題中所看到的，是一個雖然在空間上有著一切的「現代性」，但基本上卻屬於古典主義風格的形體，而亞拉爾德也承認這一點。我們的確可以將這個形體視為被華特·班雅明指為被現代性所替代的那個主題──詩人（Benjamin

1997：111）。無論是賈克‧內哈爾或是「品嚐」中的不知名女性模特兒，都在將經驗內在化的過程中，被當成形體放進畫裡。他們的主體性，是班雅明所謂的「經驗」而帶來的結果，亦即一個經驗被累積、強調、和諧化、組織，而非被表面感官所支配的生命（ibid.：117, 154）。

在其《演化之書：人類》（Le Livre de l'évolution. L'Homme）（1907）中，卡努多追尋著同樣的音樂類比，直至亞拉爾德所提出的概念。這本書認為音樂對「人類」的未來發展極其重要，並認為音樂和視覺藝術都能超越文學的感情用事，然而在這本書中，界定主題的自我知識卻是從節奏之中昇華而來，以「再次發現它與無限之間的共融」（Canudo 1907：325）。卡努多與寇拉後續幾篇討論電影的文章指出：與未來主義有關的藝術家與批評家們，認為視覺藝術及其節奏的身體效果與主觀位置，與立體派的身體效果與主觀位置相當不同。未來主義的繪畫和表演——例如卡努多於

5. 亞伯特‧葛萊斯（Albert Gleizes），「賈克‧內哈爾畫像」（Portrait of Jacques Nayral），油畫，Georges Houot收藏，拉弗萊舍（La Flêche），法國。

1913年12月，與舞者瓦倫汀娜‧德‧聖波瓦（Valentine de Saint-Point）合作創作她的「後設舞蹈」（抽象、幾何式的舞步，並伴以詩文）；或是像巴拉（Balla）的畫作「小提琴家的節奏」（1912）——對節奏十分投入，認為節奏的影響在於將主體插入現代世界之中，而非讓主體在其中得到內在的、反思的平衡。從卡努多開始研究人類及音樂，到他宣告電影是「第六藝術」的這四年間，他對於電影所做的理論分析，是認為電影從音樂中獲得了促進人類發展的能力，並將電影視為過去種種分裂的、節奏式的藝術之間的辯證綜合（「它會是空間節奏[平面藝術]與時間節奏[音樂與詩]的偉大結合」[Canudo 1988：59]）。不過，卡努多也將電影視為一種特別「現代」的媒介，透過科技象徵化了現代性對於「悠閒之愛」的毀滅（ibid.：60）。如果說對於亞拉爾德以及（潛在地對於）立體派而言，節奏是人們用來反映世界及其在世界中之位置的主觀效能，那麼對於未來主義來說，節奏便是世界施加在物質表面的效能，藉著它，人類被製造為一個主題。我認為，這是一種類似於班雅明描述為特別現代主義的、描述為「體驗」的主體性，而它是被經驗的表面效應（而非其內在化）所生產而出的（Benjamin 1997：117, 154）。班雅明也是將電影理解為一種表面效應的媒介，它特別現代，在其中「衝突形式的認知被設立為正式原則」（ibid.：132）。

一種類似於卡努多的對節奏的關心，對德洛內的思考來說顯然相當重要，而這一點對於那些野獸派藝術家——亦即那些與德洛內一樣對色彩深感興趣的藝術家——來說也是十分

關鍵的，他們在年後轉向一種更多變的立體派風格。一如馬克·安特理夫所指出的，這些他稱之為「節奏的野獸派」的藝術家及相關批評家，「運用了柏格森哲學來重新界定野獸派，就在葛萊斯和梅辛格將他們的柏格森式觀點融入《論立體派》（Du Cubisme）（1912）的文本之前」（Antliff 1993：69-70）。安特理夫也注意到了這個團體裡的保守性別政治，他還指出弗格森（J.D. Fcrgusson）的畫作是「自傳統領域奔向『自然』領域之布爾喬亞式逃離的象徵」（ibid.：76）。對於弗格森來說，服飾與環境不僅都是主體性的徵兆，也提供了一個讓主體得以浮現的環境——就像德洛內的「同步派服飾」不僅揭露了穿衣者，也用它的環境包圍了穿衣者；也像卡努多的想像那樣，透過音樂將自我融入永恆。法蘭克·魯特（Frank Rutter）評論弗格森「優雅地採用了節奏，來特殊化每一個他所描繪的人」（Rutter 1911：207）。這樣的典型化常常是時尚所帶來的效應——例如「點紋圍巾」（The Spotted Scarf）（1908-09）——但在這幅畫裡，圍巾和女主角所身處的位置之間還有更深的節奏聯繫，它與「賈克·內哈爾畫像」形成了明顯的對比。從1916年後直至1920年代，由於「桑妮亞之家」的銷售需求、與製造商巴爾·湯斯曼達爾（Bal Transmental）的合作關係，以及送衣服給巴黎前衛界的朋友，德洛內的時尚設計作品暴增，而在此時，她也將她的時尚主題放在這些領域裡。到一九二〇年代中期時，人們已經有可能配戴著種種德洛內設計的物品、穿著德洛內的衣服、開著一輛有著德洛內特色的雪鐵龍，進入一個現代、破碎的城市。形體與環境間主

題身份的模糊——這是戰前現代主義繪畫以及當代抽象電影的特色——已經從表現的領域，滑向經驗的領域（見圖6）。

時尚是「現代性的媒介」，透過它，德洛內得以同時搬演、接合都會、工業化生活的經驗，並平行比較她自己知識圈中的人對於其他現代媒體的理論化。這項行動是與「同步派服飾」一同開始的，但到了一九二〇年代，這項行動卻透過運用「時尚」而成為她作品中的主要部分。卡努多將電影理解為「在時間中發展的繪畫與雕塑」（Canudo 1988：59）。很明顯地，這和德洛內於1913年運用同步服飾的方式相同，亦即透過身體而被賦予了時間性的視覺環境與觸覺對象。布克伯羅試圖要以美學為基礎，將德洛內與未來主義者分別看待，特別是德洛內在描繪舞廳之時，並沒有畫出中心人物一事，讓她與未來主義之間確實存在著距離（Buckberrough 1980：39）。凱瑞·諾蘭（Carrie Noland）認為，第一件「同步派服飾」，是在德洛內與未來主義藝術家的一次交流之中，被審慎地發展出來的（Noland 1998：n. 7, 26）。但我認為，在德洛內透過羅曼的互為主體概念（此一概念也有受到柏格森的影響）及其展現，將柏格森的節奏概念滲入作為投影表面的流行文化之時，她其實已經參與了未來主義的計畫。她既歌頌了現代性，又將身體浸潤於其表面效應之中，但她所使用的，卻可能並不是塞弗里尼曾經用來描繪夜總會內部的方式，而是未來主義者用以描繪群眾的方式。

的確，有些未來主義者似乎從德洛內那裡得到了啟發：即使塞弗里尼的用色更加奔放，但在塞弗里尼的「海洋＝舞者」（Sea = Dancer）

6. 桑妮亞・德洛內設計的雪鐵龍汽車CV 5，兩位模特兒
   身著的衣裝也是桑妮亞・德洛內的作品，1925年
7. 桑妮亞・德洛內所設計的櫥櫃，1924年
8. 桑妮亞・德洛內的服裝設計手稿，1923年，廣告顏料

（1914）的節奏式抽象，以及德洛內的布麗葉夜總會全然抽象畫作之間，有著驚人的形似之處。然而，更驚人的可能還是德洛內對未來主義者巴拉1915年的繪作「反中性服飾」（Anti-Neutral Dress）的影響。這幅畫裡的衣服就像是德洛內的衣服一樣，有著一連串橫跨身體的弧形，不過褲腿上畫著相似的三角形，以及不同顏色的不規則矩形。[14]未來主義時尚的調色方式，其實也是德洛內式的。然而巴拉在此宣告了一種「有力的」──實際上便是男性的──調色方式，也在這個義大利即將面臨大戰的時刻，從現代戰爭的觀點明確地表達了時尚的樣式。適於身體的服飾──無論是適於夜總會之機械化環境中的節奏式舞蹈，或是適於在那裡作用於身體之上的節奏式聲光效果──在另一個同樣現代、昇華個體性、同時也充滿著機械化衝突的環境之中，也變得適於回應對身體的要求。未來主義服飾不僅「適於擊發來福槍，適於過河、適於游泳」，也「以這樣的方式⋯來加以剪裁⋯好讓皮膚在長期行軍以及累人的攀爬之時，仍能自由地呼吸」（Taylor 1979：77）。

如果說電影是讓現代性得以毀滅悠閒的媒介，或許也可以說布麗葉夜總會是讓主體在「娛樂」的領域裡被「自願地」融入感官性的環境──它既是對勞動領域裡規律而強加的感官性的補償，也是脫離這些感官性的慰藉。這明顯不是亞拉爾德所想、葛萊斯所描述的那種屬於自我、內在的節奏式合成的空間。而對於戰後巴黎生活的主觀經驗（德洛內為它們預備了她的主題，而她實際上也將它們「偽裝」於其中），我們其實也能做出相同的評論。

然而卻也正是這樣的內在化，變成了另一件計畫要進行的作品的基礎，要是它能被實現，這個作品將與德洛內服飾的形式動力與時間特質極為接近。這個作品便是雷歐普爾德·蘇瓦奇的「彩色節奏」（Le Rhythme coloré），它提出了一種動態的藝術，這種藝術「奠基於彩色視覺形式（其作用類似於音樂中的聲音）之上」（Survage 1988：90）。不過，蘇瓦奇的作品不試圖分析這個主觀經驗可能是什麼（這是立體派所要做的事），卻似乎想要透過表面效應來誘導它，希望能藉著「使它（形式）活動、轉化它，並將它與其他形式結合」，讓它「能夠喚起感覺」（ibid.：91）。此外，它也是在嘗試著要否定在古典立體派所看重的「時段」之中，競爭的種種合成要素最終會達到平衡。蘇瓦奇寫道：

> 彩色節奏」並不是在描繪或詮釋一首音樂作品。它本身就是一件藝術品，即使它立基於與音樂相同的心理事實之上（⋯）它是在時間之中延續的形式（the mode of succession），它在音樂中的聲音節奏與色彩節奏之間做出類比──我藉著電影方法促進她的實現（ibid.）。

蘇瓦奇為「彩色節奏」所畫的大面積、不規則的動態色塊，似乎實現了「節奏野獸派」評論家福爾摩斯（C.J. Holmes）的呼籲：「如果我們想得到詩一般的節奏，那麼我們除了要處理音調與輪廓（以及**我們已經提過的色彩**）之外，我們還需要處理大而不相同的要素」（Holmes 1911：3）此外，桑妮亞·德洛內為時尚工業所提供的「同步派」織品在1924年於秋之沙龍展出，與此亦有雷同之處。布克伯羅寫

道，在秋之沙龍裡，這些織品「被擺在她的丈夫所設計的活動圈圈中…『電影式地』加以展示」（Buchberrough 1980：65）。如果夜總會是一個我們可以嗅出現代性脈動的地方、一個這樣的脈動會不斷出現的地方，那麼電影便有可能是另外一個這樣的地方。班雅明在他對於媒介的技術結構的強調中，也指出了這一點（Benjamin 2002：101-133）[15]，但它也是它本體論的功能——彼此之間有著細微差異的影格，一個接著一個，被投射在以固定的脈動閃爍著的光上（在年代的「結構」電影中，這個效果還被刻意強調）——及其修辭形式：文類的建構、重塑的文化。內在的「脈動」——圖像通過的暫時性——在下列這些計畫中都受到了強化：在蘇瓦奇所提出的電影中；在抽象電影的實現中（例如李希特在一九二〇年代早期的「節奏」練習）；在甘斯（Gance）與雷捷在「輪子」和「機械芭蕾」裡的剪輯策略中；最後，也在吉卡·維爾托夫作品裡的蒙太奇節奏中。

無論是在德洛內的計畫裡，或是在抽象電影的節奏運動中，都存在著視覺領域的斷裂。它並不穩定，形體與環境總是相混著，[16]也並不存在優勢觀點的位置。這兩者還實現了克羅斯為節奏所描繪的另一個角色的面向——作為「現代主義視覺之正式前提」的對反（Krauss 1988：53）。它們「不去挑戰這樣一個概念，亦即：低級藝術，或者說大眾文化活動，可以作為一種變質的附屬品，被用來為高級藝術的野心服務」（ibid.：53-54）。這兩項活動在一九二〇、三〇年代的歷史，顯示的都不是將流行文化提升到高級藝術之中，而是將現代主義波希米亞風以及藝術活動具體化為預示了後現代行動的大眾文化。[17]克羅斯所觀察到的視覺領域混亂，其實並不總是容許主題被提醒它已成為景觀的層疊，或是景觀的產物；而相反地，它僅僅展演它或重述它。[18]在某些例子中，現代主義對現代性的迷戀——同時它也將它自身傾向轉向於賦予布爾喬亞主題不容質疑的優越性——透過加速、甚至頌揚（除了能最有效地為工業資本主義服務以外）任何形式的主體性墮落，為現代性做了它的工作。

對於現代性效應的迷戀，既存在於德洛內與布麗葉夜總會相關的作品中（這些作品在大戰前夕影響了未來主義的服飾概念），也存在於早期電影理論家以及之前的前衛人士對於電影可能性的想像之中。我認為這是一種對現代化景觀之征服效應的迷戀，而非對於對這些效應的挑戰的迷戀。大衛·哈維認為，羅伯特·德洛內試圖要「透過空間的碎裂來表現時間…與福特車廠裝配線上的工作差可比擬」（Harvey 1989：266）；亦即，現代主義藝術自現代性效應中的局部撤退，將這些效應模仿為嶄新的、令人興奮的，甚至是良善的，即使當現代主義藝術家與它們沒有關係時也是如此。桑妮亞對布麗葉夜總會的表現方式，也一樣能被視為這種對現代性經驗的時空重設的參與——在這個例子中，是透過管理效能與資本主義產品的論述，來參與了對於主觀時空外在組織的娛樂補償。「同步服飾」與這個空間是相合的，但既不是作為批評，也不是做為節奏的內在化，而是作為其表面效應的重複與延伸：主體並不試著尋找自身，而是在現代性對身體性的遊戲中消失。當桑德拉爾用他

9. 雷歐普爾德．蘇瓦奇（Léopold Survage），「色彩韻律」，水墨畫，圖片
   提供：CNAC / MNAM Dist. RMN / Rights reserved

反身戲劇《在她的衣服上，她穿著身體》作為他為德洛內服飾所寫的詩的標題時，他比他自己所瞭解的還要來得更為貼切。弗格森的畫作走向布爾喬亞對「自然」的執迷，而在布麗葉夜總會的畫作以及「同步服飾」之中，面對我們的是從傳統領域走向壯觀、現代的領域的布爾喬亞符號，在這個領域裡，大眾主體是被反身而非反思所構成的。

班雅明觀察道：「過客在群眾中所擁有的驚奇體驗[Erlebnis]，是與工人在其『機械』當中所得到的體驗相似的」（Benjamin 1997：134）。這樣正是主體在夜總會中的情況——在那裡，它從受薪勞力的場域，轉化為付費娛樂的場域。正是這樣的主體性及其相互主體性（在他人的經驗中失去自我），讓桑妮亞·德洛內和許多未來主義者如此著迷。在哈維眼中，現代主義者透過空間的破碎來表現現代經驗中的時間變形的嘗試，「可能並未意識到」他們與現代工廠裡福特式裝配工作之間的相似性（Harvey 1989：267）。我也贊同安特理夫認為哈維對立體派的批評被誤導了，因為在立體派對柏格森的特殊解讀裡（當時這樣的解讀或許也沒什麼錯），他們認為柏格森所關切的是存在於主觀累積之內在場域中的流動的時間經驗，而立體派也因此拒絕了哈維稱之為「公共時間」的那個東西，並轉而堅持私人、內在化、時空中的建構的重要性。正如安特理夫所說的：「立體派的想像不僅僅來自於觀察外在世界，它也從意識的持續流動中浮現出來」（Antliff 1993：53）。

然而，哈維的論點用於解釋桑妮亞的作品可能更為正確——因為它們不但對「流行文化」十分投入、樂於將日常生活的時空經驗納入高級藝術之中，它們也參與了現代文化中主觀來說較為次要的效應，並同時試圖去表現它們——而我們可能也能將這個不一樣的關係運用在時空經驗上，以區隔1914年之前的立體派，以及那些與它一同出現在現代主義前衛運動中那些看似相關的破碎美學。正如班雅明在其更烏托邦的時期所相信、而克羅斯也同樣認為的：德洛內重感官而輕意識的傾向，及其對於節奏的膚淺的、統合的效果的耽溺，是讓她去模仿現代性中個人反思的次要性（無論是個人的或歷史的）——當我們看到現代主義色彩及服飾剪裁之空間破裂的概念所能發揮的功能時，這一點變得更為清晰——而非讓她促使主體對其在現代生活中的（失去）位置產生自我覺醒。對於走向「現代」的努力的否定，預示了對抽象電影在1918年後力圖成為「神秘的」、「美麗的」的努力的否定。如果沒有探戈與狐步的聲音，我們幾乎可以聽見載著現代文化通向現代戰爭災難的鐵道節奏聲。

註釋

1. 這是一個越來越引起跨科際興趣的主題——可參考 Michaud 1994。

2. R. Delaunay, R. 'Mon ami Henri Rousseau' part 1, Les Lettres françaises, 7 August 1952, cited in Cottington 1998 : 179.

3. 關於現代主義中女性藝術家的邊緣化，可參見 Suleiman 1990，Chadwick & De Courtivron 1993，以及 Duncan 1973。

4. 卡努多是前衛雜誌《石堆》（Montjoie）的創辦人，也是桑妮亞·德洛內與現代主義者之間的一個重要連結。很可能是他而非塞弗里尼（Severini），提醒未來主義者注意到德洛內「同步服飾」的首次出現。

5. 在桑妮亞・德洛內的封面設計中，我們也能發現同樣的轉變，在桑德拉爾《紐約的復活節》（*Pâques à New York*）的裝幀上，她用的完全是矩形；但在卡努多的《移民》（*Les Transplantés*）上，她用了弧形、三角形，以及矩形。

6. 在《我們將直奔太陽》（*Nous Irons Jusqu'au Soleil*）這本回憶錄中，德洛內也引用了阿波利耐爾的描述，來作為第一次穿上「同步服裝」的註腳。

7. 原文為法文：「Le fox-trott le disputait au tango dans ce nouveau temple de la danse populaire. Les rythmes nous donnaient envie de faire danser aussi les couleurs.」此處據作者英譯譯為中文。

8. 原文為法文：「Le vieux-rose dialoguait avec le tango, le bleu nattier jouait avec l'écarlate.」此處據作者英譯譯為中文。

9. 原文為法文：「La mode du jour ne nous intéressait pas, je ne cherchais pas à innover dans la forme de la coupe, mais à égayer et animer l'art vestimentaire, en réutilisant les matières nouvelles porteuses de nombreuses gammes de couleurs.」此處據作者英譯譯為中文。

10. 與此處相關的還有桑妮亞・德洛內的密友桑德拉爾和卡努多。在戰後，桑德拉爾成為阿貝爾・甘斯（Abel Gance）的批評家與編劇，與電影產業走得很近。而正如我們接下來會看到的，卡努多不僅在1911年將電影理論化為一種藝術形式，還在1922年成立了「第九藝術之友會」（Club des Amis du Septième Art, CASA）。這個組織的籌備委員會（「第九藝術的週五」[Les Vendredis du Septième Art]）的最早幾項活動之一，是在1924年春天放映甘斯「輪子」（La Roue, 1921-22）一片——片中包含了工業機器的影像——所有蒙太奇連續鏡頭的抽象化專集，而這已證明對雷捷的後續作品有極大影響。雷捷和桑德拉爾一樣是CASA的成員。到了年代中葉，德洛內自己也變得與電影業關係密切，她分別為馬歇爾・雷畢爾（Marcel l'Herbier）的「暈眩」（Le Vertige）和何內・勒・松提耶（René Le Somptier）的「小巴黎人」（Le P'tit Parigot）提供了服裝和系列設計。

11. 班雅明認為柏格森「想讓他的哲學避開這個經驗，或者不讓這個經驗回應他的哲學所激發的東西。那是大規模工業化的冷淡、盲目的年代。」（Benjamin 1997：111）

12. 轉引自安貝托・勃糾尼（Umberto Boccioni）的回

應文〈未來主義的動態主義與法國繪畫〉（Futurist Dynamism and French Paintings）發表於Lacerba, (1 August 1913)。

13. 轉引自〈未來主義的動態主義與法國繪畫〉。

14. 巴拉的宣言與繪畫，重印於Taylor 1979：77-79。

15. 對於班雅明作品中遊戲與經驗處境的分析，我從Bratu Hansen 2004一書中獲益良多。

16. 對早期抽象電影中此項特點的讚賞，見Turvey 2003：13-36。

17. 藉著德洛內時尚計畫的顯著例子，我在此不禁想到讓抽象電影具體化的不同階段與方向，無論那是奧斯卡・費辛傑（Oscar Fischinger）在一九三〇年代製作的「交響曲」（Symphonies），或是一九六〇年代在搖滾音樂會和迪斯可舞廳「燈光秀」裡使用的投射光。

18. 克羅斯討論的是一種「雙重效應，不但具有經驗，還能從外部看到自身有經驗」（Krauss 1988：58）。這種雙重效應接近於班雅明在卓別林（Chaplin）之身體「碎裂」（fragmentation）中所指出的策略，透過它，「他藉著讓自我異化明確可見，來讓自我異化具生產性」（Bratu Hansen 2004：26）。

參考書目

Adorno, T. *Aesthetic theory*. Translated by R. Hullot-Kentor. London: Continuum, 2002.

Allard, R. 'Les Beaux arts', *Revue indepéndante* no. 3 (August 1911): 134.

Antliff, M. *Inventing Bergson: Cultural politics and the Parisian avant-garde* (Princeton: Princeton University Press, 1993) p. 13.

— 'Cubism in the Shadow of Marx', *Art history* (September 1999): 444-450.

Apollinaire, G. 'The Seated Woman', *Mercure de France*, 1914.

Baron, S. Sonia Delaunay: *The life of an artist*. London: Thames & Hudson, 1995.

Benjamin, W. 'Some Motifs in Baudelaire', in *Charles Baudelaire: A lyric poet in the era of high capitalism*. London: Verso, 1997.

— 'The Work of Art in the Age of its Technological Reproducibility' (second version), in *Walter Benjamin: Selected writings, vol. 3, 1935-1938*, edited by H. Eiland and M.W. Jennings. Cambridge, Mass.: Harvard University Press, 2002.

Bergson, H. *Creative evolution*. Translated by A. Mitchell. New York: 1911.

Boccioni, U. *La Voce* 44 (31 October 1912).

— 'Futurist Dynamism and French Painting', *Lacerba* (1 August, 1913).

Bratu Hansen, M. 'Room for Play: Benjamin's Gamble with Cinema', *October 109* (Summer 2004).

Buckberrough, S.A. 'A Biographical Sketch', in *Sonia Delaunay: A retrospective*. Buffalo: Albright-Knox Gallery, 1980.

Canudo, R. *Le Livre de L'évolution. L'Homme (Psychologie musicale des civilisations)*. Paris: E. Sansot & Cie, 1907.

— 'Naissance d'un sixième art', translated in *French Film Theory and Criticism: A history/anthology*, vol. 1: 1907 1929, edited by R. Abel. Princeton: Princeton University Press, 1988. Originally published in Les Entretiens idéalistes (25 October 1911).

Chadwick , W. and I. de Courtivron. *Significant others: Creativity and intimate partnership*. London: Thames & Hudson, 1993.

Cottington, D. *Cubism in the shadow of war: The avant-garde and politics in Paris, 1905-1914*. New Haven: Yale University Press, 1998.

Damase, J. *Sonia Delaunay: Rhythm and colours*. London: Thames & Hudson, 1972.

Delaunay, S. *Nous Irons Jusqu'au Soleil*. Paris: Éditions Robert Lafont, 1978.

Duncan, C. 'Virility and Domination in Early Twentieth Century Vanguard Painting', *Artforum* (December 1973).

Harvey, D. *The condition of post-modernity: An enquiry into the origins of social change*. Cambridge, Mass.: Harvard University Press, 1989.

Holmes, C.J. 'Stray thoughts on rhythm in painting', *Rhythm* 1, no. 3 (Winter 1911): 3.

Krauss, R. 'The Im/Pulse to See', in *Vision and visuality: Dia Art Foundation discussions in contemporary culture*, no. 2, edited by H. Foster, 51-75. Seattle: Bay Press, 1988.

— '...and then turn away? An essay on James Coleman', *October 81* (summer 1997): 5-33.

— 'Reinventing the Medium', *Critical inquiry* 25, no. 2 (winter 1999).

Léger, F. 'Mechanical Ballet'. *The little review* (Autumn-Winter 1924-25): 42-44.

Metzinger, J. 'Cubisme et tradition', in *Cubism*, translated by E.F. Fry. New York: McGraw-Hill, 1966. Originally published in Paris-Journal (16 August 1911).

Michaud, P-A. *Aby Warburg and the image in motion*. Translated by S. Hawkes. New York: Zone Books, 2004.

Morano, E. *Sonia Delaunay: Art into fashion*. New York: George Braziller, 1986.

Noland, C. 'High Decoration: Sonia Delaunay, Blaise Cendrars, and the Poem as Fashion Design', Journal x: A biannual *journal in culture & criticism* 2, no. 2 (spring 1998). http://www.olemiss.edu/depts/english/pubs/jx/2_2/noland.html

Rutter, F. 'The Portrait Paintings of John Duncan Fergusson', *The studio* 54, no. 225 (December 1911): 207.

Suleiman, S.L. *Subversive intent: Gender, politics and the avant garde*. Cambridge, Mass.: Harvard University Press, 1990.

Survage, L. 'Le Rhythme coloré', translated in French *film theory and criticism: A history/anthology*, vol. 1: 1907-1929, edited by R. Abel. Princeton: Princeton University Press, 1988. Originally published in Les Soirées de Paris 26-27 (July-August 1914).

Taylor, C.J. *Futurism: Politics, painting, performance*. Ann Arbor: UMI Research Press, 1979.

Turvey, M. 'Dada Between Heaven and Hell: Abstraction and Universal Language in the *Rhythm* Films of Hans Richter', October 105 (Summer 2003): 13-36.

Weiss, J. *The popular culture of modern art: Picasso, Duchamp, and avant-gardism*. New Haven: Yale University Press, 1994.

致謝

我要感謝蘇菲・西蒙（Sophie Symons）讓我認識德洛內與桑德拉爾的合作關係，也引發了我對二十世紀早期現代主義的興趣；我也要感謝貝琪・比斯利（Becky Beasley）讓我注意到蘿莎琳・克羅斯關於節奏、視覺與現代性的傑出論文，並再次激起了我對華特・班雅明思想的興趣；對於莫妮卡・歐契斯勒（Monika Oechsler）就本文觀點的討論，我也想在此並致謝忱。

愛爾沙・夏帕瑞利（Elsa Schiaparelli）
生於1890年（義大利羅馬），卒於1973年（法國巴黎）

以「震驚！愛爾莎・夏帕瑞利的藝術與時尚」（Shocking! The Art and Fashion of Elsa Schiaparelli）為題，美國費城美術館（Philadelphia Museum of Art）在2003年為義大利設計師愛爾莎・夏帕瑞利舉辦第一次大型作品回顧展，並同步出版一本圖片豐富的精美目錄；這項展覽2004年也在巴黎流行時裝博物館展出。過去從未曝光的數百張圖片證明，這位一度領先時代的設計師如今已漸漸為世人所淡忘。

　　愛爾莎・夏帕瑞利於1890年誕生在羅馬的一個富裕家庭裡，小時候就對美術、戲劇、音樂與詩歌產生興趣。1919年，夏帕瑞利到紐約旅行，在那裡認識了一群新潮藝術家，其中包括馬塞爾・杜象（Marcel Duchamp）和曼・雷（Man Ray）。三年後她遷居巴黎，接觸到她的良師榜樣保羅・波瓦雷（Paul Poiret）；波瓦雷激勵愛爾莎展開她自己的設計工作。夏帕瑞利為現代女性製作簡單的作品與運動服，風格正好與當時盛行的現代主義有志一同，例如一款搭配白色蝴蝶結的基本款黑色毛衣，旋即風行了起來。這些早期設計的特色往往是服裝上融入了突出的細節，例如白色蝴蝶結、羽毛、彩色刺繡、胸針，以及鈕釦。

　　夏帕瑞利在巴黎很快就成為前衛藝術界的一份子。一九三〇年代，在曼・雷圈子中超現實主義藝術家的影響之下，她的作品變得較為輕佻、古怪，尤其是細節部分，還有她所設計的配件。超現實主義的影響，可以從她以輕鬆戲謔的方式將日常物品融入作品中看得出來。一只鞋子和一個墨水瓶轉變成一頂帽子，一隻手變成一只手套，還加上指甲。書桌抽屜被融入一件洋裝，而首飾則加上了甲蟲和蜜蜂。薩爾瓦多・達利（Salvador Dalí）、尚・考克多（Jean Cocteau）與亞伯托・傑克梅第（Alberto Giacometti）等藝術家的作品往往都是她的靈感來源。這些藝術家也經常參與布料、配件和廣告的設計，例如，達利為夏帕瑞利設計了舉世聞名的黑色電話包，傑克梅第設計了各式各樣的鈕釦，考克多則設計過刺繡。這些設計結合她愛用的色彩，例如橘色、綠色，尤其是亮粉紅色，再加上創新的材質，成就出來的便是貨真價實的藝術品。夏帕瑞利並未限制自己只設計成衣或訂製服系列，她也製作戲劇或電影服裝，例如莎莎・嘉寶（Zza Zza Gabor）主演的《紅磨坊》（Moulin Rouge）等經典名片就是她的作品。後來她也在產品線中加入了香水和化妝品。

　　直到第二次世界大戰之前，愛爾莎的設計都是大明星的最愛，像是凱薩琳・赫本（Katharine Hepburn）、瓊・克勞馥（Joan Crawford）以及葛麗泰・嘉寶（Greta Barbo）等人，而她對美國時尚業的影響力尤其不容小覷。戰後她深受財務問題所苦，在1954年關閉了自己的沙龍，1973年離開人間。

參考資料
Blum, Dilys E. *Shocking! The art and fashion of Elsa Schiaparelli*. Philadelphia: Philadelphia Museum of Art, 2003. White, P. *Elsa Schiaparelli: Empress of Fashion*. New York: Rizzoli, 1986.

圖片：
1.　愛爾莎・夏帕瑞利，龍蝦洋裝，1937年系列
2.　愛爾莎・夏帕瑞利，泳裝，1928年系列，攝影：George Hoyningen-Huene
3.　愛爾莎・夏帕瑞利，蝴蝶結毛衣，1927年系列
4.　愛爾莎・夏帕瑞利，由絲質圍巾製成的洋裝，印有著名的法國軍團旗幟圖案，1940年系列
5.　愛爾莎・夏帕瑞利，印有尚・考克多畫作的洋裝，1937年系列
6.　愛爾莎・夏帕瑞利，有唇型鈕釦的短外套，1936年系列
7.　愛爾莎・夏帕瑞利，具有形狀輪廓的洋裝，1951年系列
8.　愛爾莎・夏帕瑞利，飾有昆蟲的透明項鍊，1938年

GIMBEL BROTHERS

Fashion theories
時尚理論

漢克・霍克斯（Henk Hoeks）、傑克・普斯特（Jack Post）

時尚理論的五位先驅

百科概論

引言

要決定時尚究竟涵蓋了哪些內容，並不容易，因為它的範疇廣及風格、色彩、態度與行為模式，甚至是髮型設計、配件、珠寶、彩妝與建築等，也都歸屬於時尚的環節。不過，我們這裡僅討論服裝領域裡的時尚。

在時尚世界裡，可以從兩個關鍵角色來看待它的發展；其一是時間，其二是社群。時尚發展瞬息轉變，每一段潮流都有它的生命週期，一波推著一波向前邁進。除了隨著時間異動而產生的變化，時尚構成的另一個必要特質，就在於穿著那些服裝的族群，也可以說，時尚意味著一種特殊的收藏行為。

從1850年到現在的一個半世紀期間，時尚現象提供許多思想家與作者創作與發揮的材料，而我們在本章中將介紹其中五位代表人物，因為他們的論點不僅僅是道德評價或是純粹的描述，而是將時尚當作一種新的事物看待，嘗試以不同程度的突破，並在與現代社會性保持一定連結的情況下來理解時尚的各種表現。詩人查爾斯·波特萊爾將時尚當做一種新美學範例，對於他以及其他作家，包括馬拉美、齊美爾、班雅明與巴特來說，時尚與現代主義密不可分，必須將兩者放在一起討論。義大利詩人吉亞寇莫·雷歐帕迪（Giacomo Leopardi）在他就時尚與死亡提出的對話（1827），就將這兩者視為時間與短暫性的孩子，並將死亡比喻為時尚的姊妹，而他的論述也相當程度影響了前述這五位代表。他們彼此間的論述也有相當的關聯性，使後人在討論時尚與現代性時，仍然有著相當關鍵的參考價值。

查爾斯．波特萊爾（Charles Baudelaire）

生於1982年（法國巴黎），卒於1867年（法國巴黎）

查爾斯．波特萊爾堪稱是十九世紀最重要的一位詩人，他生於1821年，成長於一個相當富裕的家庭環境，但卻在1867年身心病痛的折磨下，慘淡地走完人生最後一程。

十九世紀中期橫掃歐洲，特別是為法國帶來極大影響的新布爾喬亞風氣，讓波特萊爾與社會秩序格格不入，如同化外之民的身分，也讓波特萊爾被歸類於被詛咒的詩人或是註定毀滅的詩人。在他看來，布爾喬亞就是一個過度著眼於營收、利益、德行與進步的社會體系，因而他對此提出嚴峻反對。他情願像個風尚型男（dandy）般地過日子，這個角色在他眼裡是個英雄，是自私且精於計算的市民裡的一種新型態貴族。為了避免陷入每天精打細算度日的庸俗人生，風尚型男透過經常是過於誇張的行徑，致力於美的一切，並灌溉使其成長。

基於對於現存秩序的對立，波特萊爾構思了一個「邪惡國度」。他捨棄德行、婚姻與家庭的題材，而是從罪行、娼妓與毒品中尋找創作靈感，他詩作中的人物通常也是類似罪犯、酒鬼、拾荒者與妓女等社會邊緣人的形象。於是，當他在1857年出版一部詩集時，即將它

取名為《惡之華》（Les fleurs du mal）。這本著作的出版，引來一陣討伐聲浪，並被扣上猥褻與不敬的帽子，法庭甚至下令刪去其中六篇詩作。1861年這本書重新編輯後出版，波特萊爾也為它加上幾篇新的詩作。雖然《惡之華》加入了新的詩作，原有的詩作進行了修飾潤筆，但依然只編錄波特萊爾個人的作品。

《惡之華》奠定了波特萊爾作為十九世紀最重要詩人的地位，也讓他成為現代詩作的首位大師。這本詩選出版那麼多年後的今日，他作品中不可思議的完美技法、讓人驚嘆的現代內涵與深度，依然讓讀者們傾心，並從中得到了啟發。身為詩人的波特萊爾，在作品中採用了一個完善但激進的手法，他的野心不僅僅在於他透過文字捕捉了他那個時代的新美感，他同時也超越了同儕，對於眼前的文化改革有獨到的見解，精闢地描述巴黎從中世紀城市轉化為現代布爾喬亞都會的徹底改造。詩人的波特萊爾從奧林匹克山巔來到巴黎，如同「群眾中的一人」（也是愛倫．波一部作品的名稱，由波特萊爾翻譯）漫步於嶄新的大道與街頭，吸取著那些他所追隨的美學的細節，也讓自己浸淫於這個需要新態度、新觀察與新經驗形式的嶄新大都會實境中。

德國／猶太作家暨哲學家華特．班雅明（1892-1940，參見華特．班雅明篇）從《惡之華》這部作品中，創造出詩作的獨特詮釋法，精闢地表現出詩作如何反映那些大都會生活的新態度。例如，他指出了這些詩作背後隱藏的真實主觀，是遊蕩於城市的群眾，並且在連續性與深思熟慮的基礎上，取代了傳統經驗的震驚感受。

根據波特萊爾的說法，原本盛行於他所處年代的美學古典主義概念，在那個嶄新大都會世界裡，已經成了過時的想法。古典美沒有時間性，是不變且完美的，就好像一個古老的塑像般，這種美是從抽象的原則汲取而得，或者是被賦予了某些概念而成立。這種類型的美所缺乏的，是自身立足於新時代與新都會文明實景的根基，少了這些，讓它顯得多餘而無用。

除了詩人的身分，波特萊爾同時也是一位有天分的藝術評論者。他在1860年完成了一部小品，但一直到1863年才以《現代生活中的繪畫》為書名，出版發行。這部生動作品的主角是法國繪師康斯坦丁·蓋斯（1802-1892）。波特萊爾在蓋斯的繪圖基礎上，發展了一個新的美感概念，並稱其為「現代性」（la modernité）。他對於現代美的釋義，相對成了傳統美學詮釋的一種駁斥，現代美的組成，包含了「一個恆久不變的元素，它的分量異常地難以決定，還有一個隨著內容而定的相關元素[-]是由時尚、道德與重要時刻的熱情所決定。」他在文章中著重的焦點，是那個帶有相關性且隨著內容定義的元素：「那個瞬間存在且持續轉化著形式的元素，決定不能處於一個受到鄙視或排擠的狀態下。若排除了它，終將不可避免地落入無法定義的美感與抽象的混沌狀態中。」時尚，或許正是所有大都會現象中最為瞬息萬變的一環，它是這種短暫性與持續變化元素的一個主要構成，也在當代美學中烙下了一個重要的印記。

時尚，就狹隘的理解角度來看，指的是服裝與彩妝，而這在波特萊爾的眼中，卻是一種超越自然的勝利。自然是未經加工、通俗而醜陋的；就像是美德一般，美只能夠靠理性達成，它是深思熟慮的結果。在某些超自然的理念引導下，發展出服裝、彩妝範本以及將自然體態扭曲為宏偉模樣的設計，身體與服裝也成為難以分割的整體。不幸的是，它的魅力週期只能持續相當短的時間，因為每一種時尚都只不過為了成功達到「理想」的某種手段，它是在記憶裡得到滿足的時光，與「憂鬱」，亦即空無時間的感知，是相對的事物。也正是因為時尚的這種對應天性，一次又一次地激發了我們的慾望。

藝術家收集了這種存在於現代生活中，短暫而瑣碎的細節，並將它們合併為一個整體，一項展示。而且，他不能只是任它肆意發展。對於波特萊爾來說，這樣的展示只算是原始材料，詩人／藝術家必須透過他的想像，將它轉化為一種超越時間的本體。換句話說，詩人是追尋著一種不可能性：是一個沒有典型現代性的瞬間消逝與死亡印記的現代生活概念。

參考資料

Baudelaire, Charles. *The Painter of Modern Life and Other Essays*. London: Phaidon, 1964/2005. Translation by Jonathan Maine of *Le peintre de la vie moderne*.

— *Oeuvres Complètes*. Edited by Claude Pichois. Paris: Gallimard, 1975.

— *The Flowers of Evil*. Translation by James McGowan of *Les fleurs du mal*. Oxford: Oxford University Press, 1998.

史提芬 · 馬拉美（Stéphane Mallarmé）

生於1842年（法國巴黎），卒於1898年（法國巴黎）

史提芬 · 馬拉美（1842 -1898）被視為法國最卓越的象徵主義詩人之一。馬拉美在他有生之年一直擔任英語教師，當時在那個學者、作家與畫家的小小交誼圈之外，真正對他有所認識的並不多。一直到他過世之後，當他大量未完成作品被出版發表，才讓他獲得了聲望。馬拉美反對自然主義的工具式與描述式的語言文字，以及十九世紀巴拿斯派（Parnassien）的詩作技巧，他將重點放在每一個個別語彙的象徵特質，以及語言文字的即時詩韻印象，這讓他形成了一種具備高度視覺化、律動化、感知性與印象主義特質的風格。他的文學創作堪稱是一種不斷進展的語言文字學實驗，也是一種不藉助於外在現實或詩人本身的主觀經驗，持續創作出象徵式與感知性的語言文字學實際狀態的成就。

除了讓他揚名的著作《純粹無華的詩歌藝術》（*pure and unadulterated poerty*），很少人知道馬拉美其實還曾經編輯了於1874年九月至十二月間出版的八期時尚雜誌《新潮時尚》（*La Dernière Mode*）。扮演著這個身分的馬拉美，是以瑪古瑞特 · 波提（Marguerite de Ponty）、薩丁小姐（Miss Satin）與Ix為筆名，撰述了許多關於珠寶、帽子、蕾絲、精緻布料、室內設計與巴黎人美麗世界的文章，而在這部分，傳統的文學評論筆法總是讓他掙扎不已。馬拉美幾乎一手完成了整本雜誌，其中還包括致編輯的信，這對於象徵主義詩人根本是極度不可能實現的事，因為他深奧的詩韻與對語言文字的膜拜，應該會對記者工作與時尚這一類的瞬間現象，給予明確的否決回應。

然而，近期的研究與收錄了馬拉美作品的新版著作，扭轉了這種印象。事實上，與十九世紀竄起的布爾喬亞大眾文化之間的持續對話，正是馬拉美所追求的。在十九世紀的時尚主題作家之中，他的定位顯得與眾不同，因為他不僅從理論的角度切入，來論述時尚產業，同時也關注了它在應用層面的表現。他當初發行《新潮時尚》的初衷，就是要將研究的觸角延續至波特萊爾開啟的時尚美學領域（參見波特萊爾篇）。如同波特萊爾，馬拉美也是將時尚與現代性視為不可分割的連體；但與波特萊爾不同的是，馬拉美並不是嘗試著要確認現代美學的那種絕對而持續性的本質，而是強調出現代時尚那種瞬間變化的短暫之美。馬拉美曾說過，時尚，就是外貌女神，而這個外貌不是指古老女神的外在之美，而是巴黎大都會街道上的女人——這個女人只會在「路過」巴黎大道時出現，她的服裝是如同藝術品般設計而成，而且通常傾向於讓人只穿一次。存在於時尚裡的那種稍縱即逝且具有當代性特質的美，就是馬拉美嘗試要在他的雜誌、插畫，特別是在語言文字中捕捉的。他在文字中運用了圖像式與具體化的時尚專業術語，但也喚起

了人們對於服裝品質與使用材質的感知，他的語言文字就跟那些華美服裝與帽子的外在一般，瞬息萬變、精心打造，且具體呈現。它們的美終將會永遠消失，而他並不為此橫加干預。時尚本身才是需要被記錄的對象，但不是透過新發明的攝影機來記錄；就馬拉美的觀點來看，唯有語言文字可以捕捉住時尚瞬息萬變的外在之美，像是，雜色布料上的色彩律動、頂級布料沙沙的摩擦聲、珠寶的光彩，或者衣料輕輕觸摸過肌膚的過程。這就是馬拉美跟當時的時尚記者不同之處；他們對於時尚物件的描述，大致與生活用品無異，就是人們應該在流行風潮褪去之前，及時採購那些物件。馬拉美則是將時尚視為一個超脫個別設計的創意過程。隱藏在他第二個自我背後的馬拉美，好比是以瑪古瑞特・波提身分撰寫專欄「時尚」（La Mode），以薩丁小姐身分撰寫的「時尚報」（Gazette de la fashion），或是Ix為名所寫的「巴黎紀事」（Chronique de Paris），提供了讀者源源不絕的風格新意與建議，甚至還描述出並非真實存在，而是透過他想像臆測而得的時尚。他並詢問女性讀者們，哪一件服裝是她們最喜歡的，包括真實存在的與虛構出來的服裝。儘管馬拉美可以從許多管道掌握時尚世界的訊息，但是他明顯不是將他的雜誌設定為「最新時尚潮流」的實況報導；對他來說，《新潮時尚》最主要還是作為一個修辭學的專案計畫，目標是達成一種時尚與現代美感的「詩性召喚」。有人相信，這就是讓他在完成八期內容後，即被其他編輯取而代之的原因。

馬拉美在他所編輯出版的《新潮時尚》裡，嘗試擺脫必須得掌握現有流行訊息的壓力，他知道只要一經報導紀錄，時下流行就成了過去式的「舊時尚」。這在他所處年代的時尚產業環境，就像是鐵的定律，但在許多人看來，當時竄起的消費者文化，也是普遍處於這種狀態。對於馬拉美來說，時尚的生存景象僅存在語言文字當中，它與街頭或是沙龍裡那些穿著時髦服裝的女士的現實狀況，並沒有太多共通之處。將時尚從現有狀態中「解救」出來，並讓它在語言文字中得到庇護，就是發表一種「現代美」印象的唯一途徑。或許，真實的時尚印象就是：將一種想像的經驗綑綁在雜誌裡的敘述中。

參考資料

Lecercle, J.-P. *Mallarmé et la mode*. Paris : Libr. Séguier, 1989.

Mallarmé, S. *La dernière mode. Gazette du monde et de la famille* [Facsimile reproduction]. Paris: Ramsay, 1978.

— *Oeuvres complètes*, vol. 2. Paris: Gallimard, 2003.

Mallarmé, S., P. N. Furbank and A. M. Cain. *Mallarmé on Fashion: A Translation of the Fashion Magazine, La Dernière Mode, with commentary*. Oxford, New York: Berg, 2004.

喬治‧齊美爾（Georg Simmel）

生於1858年（德國柏林），卒於1918年（當時屬德國、現歸於法國的斯特拉斯堡）

喬治‧齊美爾1858年出生於柏林，1918年逝於斯特拉斯堡，他當時身分是當地大學的教授。他在柏林就學時，攻讀的是哲學與歷史，1885年開始擔任起編制外講師的職務，也就是無給薪的大學講師。齊美爾素有社會學之父的美名，而社會學是在他身後，於十九世紀下半期才開始發展為一門嚴肅的學科。當我們以社會學家的身分來看待齊美爾時，通常是將他視為一位分析社會現象理論學家，而不是一位以當代經驗為依據的社會學研究者。齊美爾被視為正統社會學的創始者，是因為他分析並描述了社會化過程的各種形式。他對於個體與個體之間、個體與群體之間，以及群體與群體之間，所發展出來的聯繫與關係感到興趣，無論其具體內容為何。

齊美爾是一個非常多產的作家，曾出版大量備受好評且主題廣泛的著作。他是一個有影響力的人，而且不光是在於社會學的專業領域，而是涵蓋了文化與人文哲理領域，地域廣及他的祖國德國以及義大利、法國與美國。

在他的作品中經常出現的一個主題，就是大都會（Grossstadt）的文化。諸如都市化、工業化與大眾化的現代化現象，很早就引起齊美爾的關注，他對於這些過程如何影響個體與他的行為，特別感到有興趣。在他於1900年出版的重量級著作《金錢哲學》（Philosophie des Geldes），齊美爾將金錢視為現代生活的象徵符號，以非個人化及愈形疏離且冰冷的關係為特色。對於日漸發展、且從根本影響了人類活動與對應的金融經濟的結果，他是抱持著一種矛盾的看法；逐漸擴張的金融經濟所促進的內在生活、象徵化、精神化與解放，是他表示肯定的部分，但同時間，他也密切觀察著這個可能導致人們將「金錢的思考」視為一種「絕對手段」的病態過程。舉例來說，他曾指出，因為生活變成一種持續的數學式計算，或者因為生活本身即被邊緣化，讓質化價值轉變為量化價值。總之，齊美爾在《金錢哲學》中提出的最重要主張，是客觀想法凌駕主觀想法的優勢與日俱增，換句話說，就是經濟世界作為一個工作與消費性的整體，凌駕於人類之上。

後續，齊美爾又從當代大都會文化的多種面向切入研究，發表了一系列的論述。其中的精華要素，當屬他在備受推崇的作品《大都會與精神生活》（Die Grosstädte und das Geisteleben），提出了城市居民為了對抗大都會生活的壓抑力量，已然發展出一套精神盔甲，這套盔甲以閃避作為防護。過度的刺激麻痺了感官，導致城市居民在對應個別項目與細節時，已經出現了一種相當程度的漠不關心。他們學會了與其他人保持距離，彼此間也只進入一種形式關係，那種厭倦而無動於衷的態度，成為城市居民的典型特色。由於持續性處於過度刺激，讓人即使面對最強烈的刺激，依然

時尚的力量

冷淡地、帶著懷疑且麻木無感地予以回應。若是想要讓這樣的一個人感到慌亂，必須得搬出重砲，並且發動無止盡的砲轟。

齊美爾也是最先將時尚視為大都會空間裡的現象，而給予關注的哲學家之一。雖然時尚不是一種獨特的現代現象，但它確實需要一個有強烈差異性的社會。「南非布西曼族[…]，他們的社會沒有階級之分，也從未發展出任何時尚，同樣地，他們也從未對於變換衣服與飾物感到興趣。」時尚畫出了許多界線，這種界線不僅存在於各種階級裡，更是存在於社會的不同階級與層次之間。時尚，是嫁接於人類亟欲顯露自身差異性並融入某個公眾團體的驅動力之上。根據齊美爾的說法，唯有前衛團體是與時尚有所掛勾，然而這個團體整體看來也僅僅在於它的活動路線是朝著時尚前進。也可以說，時尚就是一種區隔與模仿的遊戲。齊美爾表示，人類從本質來說就是一種雙重性的生物，他既想要表現出自己的與眾不同，同時又想要歸屬於某個團體，這種雙重性糾葛出一個活動與反應無止盡重複上演的過程。

這種區隔差異與模仿的遊戲雖然也在社會頂層的團體間進行，但在不同的社會層次與社會階層之間，特別能產生直接效力。社會等次較低的族群，會嘗試著模仿在經濟上略勝一籌的族群——這就是時尚的社會面向——然而對於較高層級的人，他們卻是努力要讓自己與較低階層的人畫出界線。為了達到目的，較高層級的人開始在周遭尋求新的象徵符號，藉此吸引同類共聚。於是，一種新的時尚因應而生。而這種連續性的時尚動力，則可被稱為時尚的時間面向。根據這個由齊美爾提出的主張，社會階層的差異就是時尚的唯一發展基礎。但對於一個共產主義者或是平等主義的社會來說，人人都是平等的，那就少了那種統治階級的社會差異可能混合或褪去的恐懼，而在「文化族群的階級」之間，將會引發在服裝、行為與品味等等產生的變異。

在一個社會中，時尚潮流是從上至下慢慢推動，是由地位較佳的族群決定時尚律動與輪廓的發展。依據齊美爾的看法，較低層級的社會族群沒有劃分界線或加入某個群體的類似需求，就是因為如此，所以他們自己不會去探索新的時尚，而僅僅是追隨著更高階層的族群設定的潮流。「社會習俗、服裝與品味潮流——人類經驗的所有形式都因為時尚而不斷改變，也因為如此，時尚只對上層階級發生作用。」所以，時尚只能算是一種出現於社會局部的現象，它是屬於那種「以一種漸進式且無限制的分佈，以及一種漸進式改良的現實狀態為目標，而且儘管在努力達成這個絕對目標的同時，也會讓自身面臨相互衝突，甚至導致毀滅的現象。」那意味著，時尚追尋的必然是一個它從未達到的目標，否則，它就喪失了它強烈的動機。「它的問題不是在於要不要成為某種東西，而是在於同時間裡什麼是存在與不存在的；時尚總是將自己置身於過去與未來的分水嶺，只要它是處於它這個頂點，會給我們一種感覺，那就是比起其他多數現象更為強烈的過往，是可以喚得回的。」

由於齊美爾只是將時尚視為一種社會現象，他並沒有探究它的意義或是內容，而且新時尚潮流的湧現也已經超越了他的研究領域，儘管他確實也從這個角度做了有趣的觀察。齊

美爾表示，在時尚內容受到關注之處，新時尚
就未必得從社會頂層浮現，那些階層的成員
會寧可「從現有的選擇中挑出特定的內容，並
透過這種方式讓它們成為流行。」根據齊美爾
的看法，新的內容通常是透過「半社會」而產
生，因為它「生活的遷離方式」，讓它先天傾
向於如此做法。它的存在就是一個被驅逐、遺
棄的人，引發了一種開放或潛在的敵意，仇視
任何已經合法存在或已經建立的事物。而摧
毀事物的強烈慾望，似乎也成為典型的「被驅
逐、遺棄者經驗」，以對於嶄新暨未知時尚的
永恆追逐，做出美學觀點性地表述。齊美爾的
觀察，在時尚研究領域開設了一個有趣的新觀
點。

參考資料

Georg Simmel devoted three essays to the topic of fashion, the most important
of which is *Philosophie der Mode* (Philosophy of Fashion) published in
1905. The other two are *Zur Psychologie der Mode: Sociologische Studie*
(On the Psychology of Fashion: A Sociological Study, 1895) and *Die
Frau und die Mode* (The Woman and Fashion, 1908), all of which are
included in: Georg Simmel. *Gesamtausgabe*. 24 Volumes. Frankfurt a/
M: Suhrkamp Verlag, 1989 (volumes 10, 5 and 8 respectively).

華特・班雅明（Walter Benjamin）

生於1892年（德國柏林），卒於1940（西班牙波港）

華特・班雅明1892年出生於柏林的一個富裕的猶太家庭，1940年在法國淪陷後，試圖逃往美國未果，在（希特勒）民族社會主義的脅迫下，自我了斷生命。班雅明在大戰前於德國知識份子圈有著相當重要的地位。

班雅明於家鄉柏林與其他地方就學時，研讀的是哲學，並且於1917年在瑞士的伯恩大學取得博士學位。在1925年，當他提出的資格論文被駁回時，他感覺到自己學院生涯的希望大受打擊，自此他靠著撰文維生，成就其現代學者的地位。他的作品涵蓋不同形式、風格與主題內容，而且有大量作品是到了1970年才被出版發表。他完成了許多哲學專著與評論、藝術評論、文學評論、格言、詩歌與書信，探究關於認識論（epistemology）、當時的前衛文學，以及17世紀巴洛克悲悼式的德國悲劇。而生活與社會的現代性帶來的文化效應，是他特別感興趣的一環。班雅明在早期是與學院派哲學保持著距離，他所反應的主題至今尚且劃分於哲學思考領域之外，好比是童書、色情性、娼淫、攝影、電影與時尚。他的風格是精工雕琢式，有時因為其中隱晦深奧的內容，

讓人難以理解，然而那些內容通常是非常出色且精闢。回顧當時，他是足以作為威瑪共和國（1918-1933）最重要且筆鋒犀利的文化評論者。

從班雅明所引申的思想，很難認定一個中心理念。分裂化（fragmentary）與解說式（essayistic），是對於他作品特色的最佳解讀。

從早期開始，班雅明就不認同當時人們看待歷史的權威觀點，還有那種將史料學視為是對於某一段時期的歷史，進行系統化知識積累的想法。對他而言，史料學不是歷史的講述，而是為了照亮那個與現在有種特殊連結的過往「真實」形象，所做的努力。班雅明稱呼這樣一個「星叢」（constellation，指藝術構成的要素）為一種「辯證式形象」，是一個有能力讓歷史的運作短暫停留的形象。班雅明以這種引人注目的歷史天使形象，來闡明一個觀點：進展的風暴，「無可抵擋地驅策他進入未來之間」，然而他卻「想要停留，讓死亡甦醒，並讓曾有的一切粉碎」[1]。這種救主降臨式（Messianistic）的想法，出自他於1939年所寫的《關於歷史的概念》（*On the Concept of History*），這部作品像是有意為他的另一部《穿堂計畫》（*Passagen-Werk*）提出解說式辯護；而這兩部作品合在一起，則被視為是班雅明的信仰聲明。

班雅明在三十餘歲的階段，致力於一部關於十九世紀巴黎的大型研究計畫，這本著作即名為《穿堂計畫》（英文版以The Arcade Project為名）。這個研究是於1927年啟動，但一直到他過世時，仍未完成，其中還標註了摘錄於廣泛題材資料且為數眾多的引言，並穿插著班雅明自己的意見。這部《穿堂計畫》一直到1980

年代才得以出版發行，當時的版本有多達上千頁內容，而班雅明在生前出版的多篇論述，像是關於詩人波特萊爾、超現實主義與藝術的那些作品，都可以被視為《穿堂計畫》的引言，而主要的角色則是班雅明稱呼為十九世紀首都的巴黎城市。在十九世紀，巴黎經歷了從中世紀古城蛻變為現代城的徹底質變，在全面現代化的專案計畫中，為這個城鎮規劃了新的街道圖，涵蓋一個份寬廣人道的規劃網絡，以及包括長廊商場、活動畫景、冬季花園、遊戲廳、車站與展覽館在內的新式建築。不過，班雅明並不是要以文獻或文字描述，呈現這些現代化效應。這些，齊美爾已經完成了其中大多數的工作（參見齊美爾篇）。在班雅明心裡想的是另一種做法：是要去描繪出一個在製造著日常用品時，卻不想要知道它所做的這一切，卻情願由文化、快樂與進步的觀點來思考自身，如此徹頭徹尾的資本主義社會。班雅明在提到這種對於現實的不經意時，使用「千變萬化的幻景」（phantasmagoria）作為比喻。

這種千變萬化的幻景是一種幻象，但實際上，卻又不僅是如此。它是那個商品的資本主義世界裡，令人著迷且充滿誘惑的知覺感應，也是十九世紀城市居民的生活環境。在十九世紀下半葉，資本主義文化在巴黎是以系統性且著重於美學觀點地自我體現，在當時的歐洲，沒有任何一個地方可以與其比擬。

就班雅明的觀點，工業資本主義的出現，已經讓歐洲陷入一種「夢境式睡眠」，而他相信，應該讓它在這個危險時刻甦醒。要將現在從十九世紀的幻象之夢中解放，批判式回顧是必需的。但要怎麼進行呢？班雅明認為，不是透過評論或揭示那種意識形態，而是將重點放在那些存在於幻象之中，但已經觸探到自由彼端的元素。那些是快樂的預示，是班雅明想要從歷史中「解救出來」的。一旦那個早期現代文化表現形式的幻象迷惑被消滅了，它就可以被清楚辨識。

在《穿堂計畫》這部未完成的大作，從它的寬廣架構中，也可以看到班雅明對於時尚的想法。他在作品中引用了波特萊爾、馬拉美與齊美爾的時尚論述，並且嘗試要將這些理念整理出一個綜合的結果。

班雅明對於時尚的觀點，接近於齊美爾提出的一個新概念，是一種統御了現代城市並以時間為基礎的新制度；而同樣就是這個新制度，引發了波特萊爾稱呼為「厭倦無趣」（ennui）的感覺——時間一秒秒消逝，卻未留下痕跡。所有在資本主義大都會生活的人都受到抽象、量化計算的時間牽制，浪蕩閒晃的人與玩輪盤的人皆然。而這兩個人物的出現，是為了對回應這個新的時間秩序。浪蕩閒晃的人有意地放慢腳步，過著一種好逸惡勞的生活形式，而輪盤遊戲將時間具體化而不去經歷，是一種恆久地重回原點的原則。這種無止盡反覆的空洞，在波特萊爾的「憂鬱」（Spleen）中也可以感受到。這種老舊但卻持續地以新式作為自我展現的環行運作，該如何打破？

時尚，就班雅明看來，是將新事物的夢想具體化。它有能力可以一次又一次地更新自己，但它所帶來的新，其實是老調重彈。這就是為什麼班雅明會以一種相同輪廓的新，來比擬時尚。時尚是從過去挑選出基本圖案與形式，然後讓它像是新事物般重新使用。然而，班雅明

相信時尚有能力打破那種看似創新但卻總是舊模樣的循環。如同班雅明在《關於歷史的概念》中所道，那是因為「時尚對於反映現實有種敏銳的感知，即便對於某個很久以前出現於叢樹林一隅的小騷動，亦然。」當時尚「引用」過往事物時，它表演了一個班雅明稱呼為「躍進過去的一個虎躍」（a tiger's leap into the past）動作。在那個時刻，過去浮現於現在，歷史的進展也被打斷了。

因此，對於時尚至關重要的一點，就是它與時間的關係。時尚精於頃刻的表現，它的時間性不是永遠，而是當下（參見馬拉美篇）。時尚是一門引申沿用的藝術，不能持續性地使過去復活，就沒有存在的條件。在它引用那些被棄置、過時的時尚的時候，它在摧毀它們的同時又賦予了新生，使它們復活。時尚玩的是瞬間的遊戲，設法要從中捕捉一個完美的表現形式。在某一刻，時間似乎是停止了，永恆似乎也到位了，但等到「似乎是」的假象又被不斷前進的時間打破了，揭露了這個時刻的感知的存在其實是稍縱即逝且烏托邦式的。就是這個無常的經驗，將那個時間封存於憂鬱的靈光（aura）裡。

在班雅明的現代大都會文化分析中，時尚扮演了一個重要的角色。他稱呼它為一個「辯證式溫夏拉佩吉車站」（dialectical Umschlageplatz），那是一個變遷發生的地方（或許可以用一種如同「passage」的特定反諷來解釋）。班雅明暗指著波特萊爾在《惡之華》中著名的詩作「對一位路過者」（A une passante），構思了他的格言：「至少，永恆是一件衣服上的一個小皺褶，而不光是一個想法。」這個暗示是，在那個被時尚短暫制止的時刻之外，沒有其它的永恆是存在於現代文化中。時尚將瞬間翻轉為永恆，就如同連結了有機與非有機，生命與死亡。

在班雅明的歷史哲學中，時尚所扮演的角色不該被低估，那其實就像是現在與過去之間的一種新的、獨創的關係模式。他相信時尚在他解救過去的計畫中，可以擔綱重任。在班雅明將改革觀念轉譯為密碼的表現形式中，終歸，還是靠時尚完成了那個跳入過去的虎躍動作。

班雅明揭露了之所以讓波特萊爾、馬拉美與齊美爾等學者，嚴肅地看待時尚的關鍵。他們之中任何一個都不是站在道德的高基準鄙視看待時尚，或是將它降級為一種純粹的經濟化現象，他們先知先覺地認清時尚是一種新文化領域，這讓他們必須、且有能力，改變一個方式來他們思考自己所處年代的文化。

註釋

1.　Translated by Lloyd Spencer: http://www.tasx.ac.uk/depart/media/staff/ls/WBenjamin/CONCEPT2.html

參考資料

Benjamin, Walter. *Baudelaire*. Amsterdam, 1979. [English: *Charles Baudelaire: A lyric poet in the era of high capitalism*. Translated by Harry Zohn. New York: Verso, 1997.]

—　*Das Passagen-Werk*. 2 vols. Frankfurt a/M: Suhrkamp 1983. [English: *The Arcades Project*. Edited by Roy Tiedemann. Translated by Howard Eiland and Kevin McLaughlin. Cambridge MA: Harvard University Press, 1999.]

—　*Maar een storm waait uit het paradijs. Filosofische essays over taal en geschiedenis*. Nijmegen: SUN, 1996.

Vande Veire, Frank. *Als in een donkere spiegel*. Amsterdam: SUN, 2002.

Vinken, Barbara. *Mode nach der Mode: Kleid und Geist am Ende des 20. Jahrhunderts*. Frankfurt a/M: Fisher Taschenbuch, 1993.

羅蘭·巴特（Roland Barthes）

生於1915年（法國雪兒堡），卒於1981年（法國巴黎）

羅蘭·巴特是一位多才多藝的學者，他在校主修古典與現代文學、戲劇與音樂，並研習包括電影、攝影與旅行在內的大眾文化現象。他在1950年代推出的一部重要著作，並延續作為1963年論文撰述的主題，就是時尚。時尚之於巴特，亦如食物、城市或文學，它是我們用來溝通與交換訊息的一套複雜符號系統。

巴特以一個介於一種語言系統（任何語言）、應用語言（每天說的荷蘭語）以及語言（荷蘭語）的語言學識別系統為參照，創作了一套時尚識別系統，用來區隔訂製服（時尚系統）、成衣單品（人們穿戴的時尚）以及服裝（屬於某種文化的服裝品項）。由於這套記號學研究的是時尚（訂製服）系統，他便將之命名為「時尚系統」（Système de la Mode）。時尚的變化是由一個蘊生於底層的系統操控著，光從裙子的長度分析就能看出端倪。就好比披頭四的髮型若跟傳統髮型相比，顯然是長了許多，但若比較後續幾年的流行，相形又短了些；裙子長度基本也是如此，但它的變化又較為細微——總是比前一陣子長一點或短一點罷了。

根據語言學家的研究，荷蘭人之所以可能察覺一個現象的特定結果的意義，是因為大家採用同一套語言系統，這套語言系統只是作為日常用語的應對，不將個人因素納入考量。語言學家從日常語言的具體事實中，擷取出一套潛在的抽象語言系統；巴特認為同理可證，時尚系統也可以從某個特定文化的穿著中擷取而得。這套系統涵蓋了一系列可以依據特定規則搭配的元素，像是有一些組合方式是會在某一年出現（好比短裙「正流行」時），而那時，其他組合則成為時尚禁忌（像長裙就是「過時的流行」，而半長不短的裙子則「尚未成為風潮」）。

當巴特開始探究主體時，時尚的研究資料仍然很有限，可以參考的寥寥幾本相關出版品，也多是由熟悉該領域知識的鑑賞家所撰寫，多半是以趨勢、社會學或人類學現象，像是性別、婚姻狀態或社會階層等為基礎，來解析時尚的多樣化。但這些研究都不能為巴特的疑問提供解答，他想知道時尚究竟是什麼，還有它是如何作為一個社會溝通系統來運作。

要如何研究時尚，該從何處著手？在巴特看來，要從街頭上人們的實際穿著來探索所謂時尚，事實上是不可行的。當然，那會有些邏輯上的問題，但最主要的困難點，還是在於要如何決定那些服裝的意義。從某方面來看，時尚涵蓋了所有包括性、社會學、文化與專業面向的意義，但相對地，要讓這些意義與特定的衣服劃出連結，卻不是件容易的事。時尚是由衣服的組合決定的嗎？還是由任何一件服裝單品、配件或色彩決定？假如時尚只是隨著時間與歷史階段改變，而且依循著某種服裝對應的

特定時尚系統，隨著它的限制與規範而決定，那麼，時尚所傳達的內容確實難以認定。只有很少數的衣服本身是具有一個永恆的象徵意義，好比是日本的和服，或是南美的披風外套。其他，要知道一件衣服在哪一個層面具備意義，以及具備了什麼樣的意義，很難斷定。但是巴特發現一個解答問題的方式，而且答案其實已經簡單明白地攤在那裡。他決定不去分析街頭上的流行或時尚攝影，而去研究時尚雜誌上的時尚報導。

為什麼研究時尚報導呢？因為像是《Jardin des Modes》與《Elle》等時尚雜誌，是扮演著一個演繹時尚並在廣大範圍的讀者群中傳遞訊息的角色，在這些雜誌裡，時尚是以一種非常特殊的方式呈現，那些衣服是從現實中抽離，並透過圖示與圖說傳達其中意義。不斷變換新面貌的時尚，在雜誌上是停止在某狀態上，而且是搭配文字出現，可以讓人們好好研究觀察一番。時尚的新貌，其實並不是如一般所認為，是透過圖示來傳達，而是透過那些「引述」時尚並對它加以描述的文字來傳達。

在巴特的分析中，他讓大家看到時尚雜誌不僅僅是告訴大眾什麼事物「很時尚」（in fashion），它們也模糊了人們的視線，讓人看不清時尚其實是經過謀策且人為操作的社會現象。就是因為讀者們會一年又一年地採購最新時尚商品，所以時尚產業才有存在的條件，而雜誌在這個經濟系統裡扮演了一個重要的角色，它細心地粉飾了時尚的商業與人為面向，並讓人感覺那些衣服的意義似乎是自然而然地產生，同時穿插了一些功能或自然天性的演繹——但事實上，這些多變且隨性決定的

意義，在下一年又會被其他意義取而代之。最後，所有時尚雜誌談的都是時尚：時尚也成了一種流行。這些，在巴特看來，就是一種無謂的重複：一段時間接著一段時間，一張照片接著一張照片，一個圖說接著一個圖說，訊息是重複地述說這個是流行，而這個是現在正流行的；唯一改變的事物，就是每一季出現的服裝。也就是說：時尚賣的其實不是物件，而是它的意義，也是靠著如此來滿足消費者擁有「很時尚」的事物的慾望。

參考資料

Barthes, R. *Système de la mode*. Paris: Éditions du Seuil, 1967.
— 'Systeem van de Mode: De retoriek van de signifié', *Versus: Kwartaalschrift voor film en opvoeringskunsten* 4 (1985): 45-53. (Translated fragment from *Système de la mode*, with a brief introduction by van Eric de Kuyper.)
— 'De modefotografie' *Versus: Kwartaalschrift voor film en opvoeringskunsten* 4 (1985): 107-109. (Translated essay from *Système de la mode*.)
— *Le bleu est à la mode cette année et autres articles*. Paris: Institut français de la mode, 2001.
R. Barthes and M. Ward. *The fashion system*. Berkeley: University of California Press, 1990.

作者簡介

娜達・凡・登・柏格(Nanda van den Berg)

藝術史學者、編輯與時事評論者，撰述主題為時尚與時尚攝影。近期作品包括「Echter dan echt. Over hedendaagse modefotografie」(發表於《De Gids》, no.1, 2003)與「Dooie poppen met jurken. Dilemma's rond een Nederlands modemuseum」(發表於《Boekman》, no.61, 2004)。她也是《Mode in Nederland》(Uitgeverij Terra Lannoo, 2006年出版)的投稿作者。

簡・布蘭德(Jan Brand)

ArtEZ藝術機構規劃的藝術活動dAcapo-ArtEZ負責人，同時也為視覺藝術、建築與設計領域的多本刊物擔任編輯。出版品包括：與José Teunissen合編的《De Ideale Vrouw》(SUN Uitgeverij, 2004)、《Look and Feel》(Zeewolde: De Verbeelding, 2004)、《NEO》(Utrecht: Centraal Museum, 2003)、《Kunstmatige Natuurlijk Netwerken》(Zeewolde: De Verbeelding, 2002)、《Het Drinkglas》(Fort Asperen, 1997)、《Sonsbeek 93》(Arnhem: Sonsbeek, 1993)、《Allocaties, kunst in een natuurlijke en kunstmatige omgeving》(Zoetermeer: Floriade, 1992)、《De Woorden en de Beelden》(Utrecht: Centraal Museum, 1991)與《Architectuur en Verbeelding》(Uitgeverij Waanders, 1989)。

羅賽特・布魯克斯(Rosetta Brooks)

以南加州為據點的藝評家兼策展人，目前是MA藝術評論社與加州Pasadena設計學院藝術中心理論小組的核心成員。她也是倫敦設立的《ZG》雜誌前創辦人兼編輯，後來於2006年改組成立了ZG出版社。她撰寫過多篇重要報導，並且為美國惠特尼美術館以及華盛頓國家畫廊、倫敦維多利亞與亞伯特美術館以及英格蘭新堡的巴爾逖克中心寫過簡介內文。曾經撰文介紹的藝術家包括勞森伯格(Robert Rauschenberg)、帕克(Sigmar Polke)、愛德華與南西・金霍茲(Edward and Nancy Kienholz)以及辛蒂・雪曼(Cindy Sherman)，並在2003年將她撰寫的美國當代普普藝術家理查王子(Richard Prince)研究報告授權給Phaedon Press出版專題論文(2003)。

派翠西亞・克雷費托(Patrizia Calefato)

義大利巴利大學副教授，教授社會語言學、電影、攝影與電視。她關注的領域包括語言、時尚研究、社會語言學、社會符號學、文化研究、女性主義與視聽媒體研究。她是「時尚理論：服裝、身體與文化期刊(Oxford-Washington, D.C.:Berg)顧問團的成員，曾撰寫《Mass moda: Linguaggio e immaginario del corpo rivestito》(Genoa: Costa & Nolan, 1996)以及許多關於社會語言學與社會符號學的著作，編輯過的作品則包括：《Moda & mondanità》(Bari: Palomar, 1992)、《El sentido del vestir》(with Paola Zaccaia, Valencia: Engloba, 2002)、《Segni di moda》(Bari: Palomar, 2002)、《Moday y cine》(Valencia: Engloba, 2003)、《Lusso》(Rome: Meltemi, 2003)與《The Clothed Body》(Oxford-Washington, D.C.: Berg, 2004)。

金吉・葛利格・達根(Ginger Gregg Duggan)

身兼獨立策展人、Remote Control Curatorial的創始人以及伊立諾大學卡瑞納美術館的客座策展人。也曾於西雅圖美景美術館、勞德岱堡美術館與棕櫚海灘當代藝術機構，擔任過策展工作。她近期的專案作品為「Fashion: The Greatest Show on Earth」，是一場揭示時尚與行為藝術關連的多媒體展覽。

深井晃子

京都訂製服機構的首席策展人，曾經在京都、東京、巴黎與紐約策劃過幾場重要的訂製服展覽：「Revolution In Fashion」、「Japonism in Fashion」、「Visions of the Body」以及「COLORS Viktor & Rolf & KCI」。她曾發起一項針對時尚與日本風格的延伸研究，並於2000年獲得日本Japonism學會特別獎。1993年獲日本時尚協會補助研究日本風格對於法國布料的影響。她也在靜岡藝術與文化大學(濱松)擔任教授，並在東京大學開課。晃子曾撰寫與編輯過許多著作，其中包括：《Japonism in Fashion》(Heibonsha, 1994)與《Fashion》(Taschen, 2002)。

漢克・霍克斯(Henk Hoeks)

Uitgeverij SUN出版社資深編輯(從1970年起)，經手過的著作領域為：哲學(包括海德格、班雅明與傅柯)、建築(包括阿多・羅西)、歷史(包括阿姆斯特丹系列)與文化哲理(包括法蘭克・凡德・費爾)。他也曾經翻譯過班雅明的《Het kunstwerk in het tijdperk van zijn technische reproduceerbaarheid》(SUN, 1985)與阿多・羅西的《De Architectuur van de Stad》(SUN, 2002)。

艾瑞克・迪・凱波(Eric de Kuyper)

曾擔任BRT Flemish廣播公司製作人、奈美根(Nijmegen)大學電影工作室資深講師、荷蘭電影美術館副總監。目前投入於文字與導演工作。製作過多部影片，也是香塔兒・阿克曼(Chantal Akerman)的電影劇本共同作者之一。他曾為RO劇

院改編普魯斯特的劇本，並翻譯過劇作。文字創作部分，曾出版與電影、歌劇、舞蹈與戲劇相關的著作，也曾經撰寫過多部自傳體裁作品與理論研究報告，其中包括探討好萊塢男女明星行銷策略的《De Verbeelding van het Mannelijk Lichaam》（SUN Kritak, 1993）。而訂製服、服裝與時尚更經常是他作品的主題。

德克‧洛維特（Dirk Lauwaert）

時事評論者，領域涵蓋電影、電視、攝影、視覺藝術與時尚。於布魯塞爾Hogeschool SintLukas教授攝影，於Erasmus Hogeschool的RITS部門教授電影。曾經為比利時電視台製作文化記實節目，目前正進行十九世紀的歐洲城市攝影、電影中的服裝表現與攝影主題的調查。他在1996年出版了作品集《artikels》（Yves Gevaert, 1996）。

尤瑞奇‧雷曼（Ulrich Lehmann）

倫敦皇家藝術學院裡設計史助教，也是維多利亞與亞伯特美術館的策展人，關注研究於啟蒙時代至今的現在性演化史，其中包括哲學、現代史、社會學、心裡學與藝術暨設計史的方法論。近期的出版品與策展專案包括：2002年於美國波士頓ICA的「Chic Clicks: Creativity and Commerce in Contemporary Photography」、瑞士溫特蘇相片博物館的展覽與簡介，和以時尚哲學與概念為主題的《Tigersprung: Fashion in Modernity》（MIT Press, Cambridge, Mass/London, 2001）。

吉爾斯‧利波維茨基（Gilles Lipovetsky）

哲學家，並於多所大學擔任講師，同時也是國家專案顧問（Conseil National des Programmes, Education Nationale）成員。研究領域為個人主義、時尚、奢侈品與消費主義。出版著作包括：《L'Ere du Vide》（1983）、《L'Empire de L'Ephémere》（1987）、《La Troisième Femme》（1997）、《Le Luxe éternel》（2003，與Elyette Roux合著）、《Les Temps hypermoderns》（2004），以及他最具影響力的著作之一《The Empire of Fashion: Dressing Modern Democracy》（Princeton University Press, 1994）。

傑克‧普斯特（Jack Post）

符號學家與媒體哲理家，也在荷蘭馬垂斯特大學文化學院擔任講師。曾出版一部關於電影光學特效的報告（Peter Leuven, 1998），目前是荷蘭科學研究組織（NWO）數位遊戲資深研究員，近期執行的研究是關於新媒體與群眾的感知互動的符號學分析，並曾針對這項研究出版不同主題的論述作品，像是電腦遊戲、網路、電影市場、電子文學、電影觀賞體驗與電影

年度盛會現象等主題。也針對電視的藝術節目進行研究，尤其是比利時電視製作人康奈立斯（Jef Cornelis）的作品。

泰德‧波西莫斯（Ted Polhemus）

居於倫敦，人類學者、作家、記者、攝影師、教師與策展人等領域的自由工作者，同時也擔任廣告與企畫公司的時尚暨風格顧問。他以近年的次文化為題所出版的《Streetstyle: Form Sidewalk to Catwalk》，以及探討一群不再採用特定時尚風格，而是以自我風格混搭不同設計的新消費者作風的著作《Style Surfing: What to Wear in the 3rd Millennium》，在國際間獲得極高的評價。他曾於倫敦維多利亞與亞伯特美術館策劃「Streetstyle」展覽（1994-1995），並於荷蘭馬垂斯特波尼芳頓美術館策劃「Style Surfing」展覽（2000）。近期出版著作是是關於身體裝飾與身體藝術的《Hot Bodies, Cool Styles》，。

凱琳‧夏奈特（Karin Schacknat）

在荷蘭ArtEZ阿爾漢藝術與設計學院時尚系教授理論課程，也在杜塞道夫大學教授時尚與傳播課程，並且擔任時尚評論的自由撰稿人。她畢業於阿爾漢藝術中心（現在的ArtEZ），主修時尚與設計，之後，轉赴奈美根大學研讀荷蘭文學以及電影暨行為藝術。曾出版多部著作，主題涵蓋時尚、服裝與其他文化行為面向。

安妮可‧斯梅麗科（Anneke Smelik）

目前擔任荷蘭奈美根大學的視覺文化教授。她畢業於烏特勒支大學電影與戲劇系，在1995年完成以女性主義電影為題的論文，取得阿姆斯特丹大學的博士學位。她的著作包括：《Effectief beeldvormen: Theorie, analyse en praktijk van beeldvormingsprocessen》（與R. Buikema及M. Meijer合著，Assen: Van Gorcum, 1999）以及《And the Mirror Cracked: Feminist Cinema and Film Theory》（London: Macmillan, 1998）。她近期的研究著重於兩個領域：數位文化（光碟藝術、攝影與科幻電影）以及媒體知識與教育。

荷西‧突尼辛（José Teunissen）

自1998年起即於烏特勒支中央美術館擔任時尚暨訂製服特展策展人，並於2002年開始於ArtEZ藝術機構教授時尚設計課程。她的著作包括：《Mode in Beweging: Van modeprent naar modejournaal》（Amsterdam: Nederlands Filmmuseum, 1992）、《De nieuwe Kleren: Overmode en ecologie》（Amsterdam: De Balie, 1993）、《De Ideale Vrouw》（與Jan Brand合著，Nijmegen/Amsterdam: Uitgeverij SUN, 2004）、《Wpman By》

（Utrecht: Centraal Museum, 2003）以及《Global Fashoin/ Local Tradition: Over de globalisering van mode》（與Jan Brand 合著，Warnsveld: Uitgeverij Terra, 2005）。

克里斯・湯森（Chris Townsend）

倫敦大學皇家哈洛威媒體藝術系的資深講師，也是一位藝術史學家。他近期出版的著作包括：《Rapture: Art's Seduction by Fashion, 1970-2001》（2002）、《The Art of Tracey Emin》（與Mandy Merck共同編輯，2002）、《The Art of Bill Viola》（編輯，2004）以及《The Art of Rachel Whiteread》（編輯，2004）等等。他的策展作品包括：「Rapture: Art's Seduction by Fashion」（巴必康藝廊，2002）以及「The Ugly Show」（李茲大都會大學及其他展場，1998）。

芭芭拉・范肯（Barbara Vinken）

德國慕尼黑大學法國文學及通用暨比較文學教授，同時也是雜誌《Fashion Theory》（Berg Publishers）的學院顧問。她曾撰寫多本關於時尚、女性主義、兩性與色情圖像的著作。出版品包括：《Mode nach der Mode: Geist und Kleid am Ende des 20. Jahrhunderts》（Frankfurt am Main: Fischer, 1993; second editon 1994，英文譯本以《Postfashion》為名，由Berg Publishers出版，2004）以及《Stigmata/Körperinschriften》（與Bettine Menke共同編輯，Paderborn: Fink, 2004）。

安妮・凡・德・瓦格（Anne van der Zwaag）

藝術史學者兼策展人，策劃的展覽包括：「Extra Forte」（Fort Asperen, 2005）、「Kleurbeurs」（Sikkens Foundation, 2005）以及「Het kunstenaarboek als wetenschappelijke bron」（Centraal Museum, 2003）。她也在烏特勒支大學、ArtEZ藝術機構與紀念日協會（Open Monumentendag）的委任下，參與多個專題論文座談、展覽與相關活動組織，並投入視覺藝術、時尚、3D設計、印刷工藝與文化遺產等出版品的撰述及編輯工作。

圖片來源（Photocredits）

American Fine Arts Co., Inc., New York: p. 355, p. 356
Richard Avedon為Vogue雜誌所攝（1968年）: p. 38
Boissonnas en Taponier為 Les Modes 雜誌所攝（1907年）: p. 62（上）
CNAC / MNAM Dist. RMN / Droits réservés: p. 382
CNAC / MNAM Dist. RMN / Philippe Migeat: p. 367, pp. 370-371
Diesel: p. 167（左）, p. 266, p. 278, p. 279, p. 280, p. 281

André Durst 為Vogue雜誌所攝（1938年）: p. 63
Anders Edström: p. 45（左）
Peter Eisenman, Silvia Kolbowski: p. 347, p. 352, p. 354
Marco Fasoli: p. 339
Marina Faust: p. 41, p. 45（右）
Jean François: p. 42, p. 302, p. 303（上）
Shoji Fujii: p. 108, p. 109
Guy Bourdin Estate: pp. 248-249, p. 250, p. 251, p. 252, p. 253, pp. 254-255, p. 256, p. 258
George Hoyningen-Huene: p. 286
Hulton Getty Picture Collection: p. 200（右）
Matt Jones: p. 135
Tatsuya Kitayama: p. 32, p. 44
Micha Klein: p. 159
Hans Kroeskamp: p. 170
Kazumi Kurigami: p. 296
Dan Lecca: p. 277
Les Modes雜誌1908年一月號（第85期）: p. 64（上）
Les Modes雜誌1910年十月號（第118期）: p. 50（上）
Christophe Luxereau: p. 175
Guy Moberly: p. 268（右）
Helmut Newton: p. 260, p. 261, p. 262
Sandra Niessen: p. 267（左）
Port Discovery, Baltimore, USA: p. 89（左）
Power Plant, Baltimore, USA: p. 87（右）
Ralph Lauren: p. 272（右）, p. 286
Man Ray為Harpers Bazaar雜誌所攝（1940）: p. 62（上）
Léopold Reutlinger為Les Modes雜誌所攝（1904）: p. 46
Peter Stigter: 封面, p. 26, p. 39, p. 42（上）, p. 115, pp. 188-191, pp. 218-219, p. 220, p. 221, p. 224, p. 239, p. 307, p. 315
Ronald Stoops: p. 40
Javier Vallhonrat: p. 55
Marcel van der Vlugt: p. 171（上）
Vogue雜誌1983年七月號: p. 294
www.adje.punt.nl: p. 167（右）